개정증보판

법인부동산 세무리스크 관리노하우

신방수(세무사) 저

SAMIL | 삼일인포마인

www.samili.com 사이트 **제품몰** 코너에서 본 도서 **수정사항**을 클릭하시면 정오표 및 중요한 수정 사항이 있을 경우 그 내용을 확인하실 수 있습니다.

서문

회사(법인)가 보유하고 있는 부동산에도 다양한 세무리스크가 크게 발생하고 있습니다. 본래 회사와 관련된 세제에 부동산에 관련된 독특한 세제들이 결합되어 복잡성이 더 커지기 때문입니다. 예를 들어 수도권에 본점을 설치하거나 전입 또는 지점을 설치하거나 주식을 매입하면 취득세 중과세를 적용받는 일들이 종종 발생합니다. 이러한 문제는 회사규모가 크든 작든 상시적으로 발생하는 주제들이기도 합니다.

이외 사업을 위해 취득해 놓은 토지를 장기간 보유하게 되면 업무무관자산으로 취급되기도 하고, 이를 양도하면 비사업용 토지에 몰려 더 많은 세금을 내야 합니다. 이외에도 법인을 통해 주택 등을 매입한 후 이를 보유하거나 양도하는 경우에도 세제들이 강화되어 이래저래 고민이 많을 것입니다.

이 책은 이러한 배경 아래 법인 CEO와 실무자들이 아래 법인의 부동산과 관련된 다양한 세무리스크를 진단하고 이에 대한 해결책을 제시하기 위해 집필했습니다.

그럼 이 책의 특징들을 알아보겠습니다.

첫째, 국내 최초로 부동산 세무리스크 관리법을 다루었습니다.

CEO와 실무자들은 평소 자신이 경영하고 있는 회사에 대한 세무리스크를 진단하고 이를 예방할 수 있어야 합니다. 특히 부동산을 많이 보유하고 있거나 부동산업을 영위하는 경우에는 이의 취득 및 보유 그리고 양도하는 과정에서 다양한 세무리스크가 발생합니다. 예를 들어 보유 중에 건물을 증축・재축・개수 등을 할 때 이에 대한 판단을 잘못하여 예기치 못한 세금을 내야 하는 경우도 있습니다. 주주가 주식을 취득하거나 양도할 때에도 마찬가지입니다. 따라서 CEO와 실무자들은 회사의 기본적인 세무리스크 외에 부동산에 대해서도 특별한 관심을 둘 필요가 있습니다.

둘째, 회사가 맞닥뜨릴 수 있는 부동산에 대한 모든 내용을 다루고 있습니다.

지금까지 회사의 부동산을 다룬 책들은 찾아보기도 힘들거니와 있더라도 세목별로 법조문을 그대로 실은 것들이 대부분이었습니다. 두껍기만 하고 별로 얻을 게 없는 것이 솔직한 심정이었을 것입니다. 그 결과 평소 부동산에 관한 세무 등에 대한 정보를 쉽게 접할 수가 없었는지도 모르겠습니다. 이에 저자는 CEO와 실무자들의 눈높이에 맞춰 부동산과 관련해 맞닥뜨릴 수 있는 모든 유형의 세무리스크 내용을 조사하고 분석했습니다.

이 책의 주요 내용을 통해 이 부분을 확인해 보시기 바랍니다.

- 제1편 : 부동산 세무리스크의 실체와 관리법
- 제2편 : 법인부동산의 세무회계관련 세무리스크 관리법
- 제3편 : 부동산매매 및 임대법인의 세무리스크 관리법
- 제4편 : 주택 · 건물신축판매법인의 세무리스크 관리법
- 제5편 : 주주의 배당 · 주식관련 세무리스크 관리법
- 제6편 : 법인설립 및 법인전환관련 세무리스크 관리법
- 부록 : 개인(수요자) 부동산관련 세무리스크 관리법

셋째, 업무활용도 제고를 위해 실전 사례를 많이 들었습니다.

모름지기 책은 독자들이 편하게 읽고 실무에서의 활용도 또한 높아야 합니다. 특히 법을 다루는 책은 더더욱 그렇습니다. 이 책은 이러한 추세에 맞춰 독자들의 눈높이에 맞추고, 실무에서의 활용도를 높이기 위해 부동산에 관련된 모든 주제에 대한 세무리스크 발생 사례를 보물 캐듯이 발굴했습니다. 물론 실무에서 핵심적으로 자주 등장하는 사례들입니다. CEO와 실무자들은 회사 내에서 발생할 수 있는 사례들과 책의 내용을 비교 · 분석하다보면 다양한 형태의 세무리스크를 미연에 방지할 수 있는 효과를 거둘 수 있을 것으로 확신합니다.

이 책은 각 회사의 CEO와 실무자들이 부동산 세무리스크를 발견하고 이에 대한 관리법을 스스로 찾는 것을 목표로 하고 있습니다. 이러한 맥락 속에서 앞으로 각 회사의 CEO들께서는 실무자들과 함께 부동산 세무리스크를 관리하겠다는 자세로 같이 학습하고 토론도 해보시기 바랍니다. 분명 그동안 막연하게 생각했던 세무리스크 관리가 그렇게 힘든 것은 아니라는 것을 알 수 있을 것입니다. 이외 부동산과 관련된 업에 종사하는 분들에게도 유용한 도서가 될 것으로 생각합니다. 또한 교육현장에서 교육교재로도 사용될 수 있을 것입니다.

혹시 책을 읽다가 미흡한 부분이 있다면 언제든지 저자의 카페를 활용해 궁금증을 해결하시기 바랍니다. 저자가 운영하고 있는 카페(네이버 '신방수세무아카데미')에서는 실시간 세무상담은 물론이고 각종 세무회계에 대한 정보를 제공하고 있습니다.

끝으로 이 책이 세상에 나올 수 있도록 출간을 허락해준 삼일인포마인의 이희태 대표이사님과 조원오 전무님께 감사의 말씀을 드립니다. 이 책을 깔끔하게 편집해주신 임연혁 차장님께도 감사의 말씀을 드립니다.

또한 항상 저자를 응원해주는 카페 회원들에게 무한한 감사의 말씀을 드립니다. 그리고 대학생이 된 두 딸 하영과 주영이 그리고 가정의 안녕을 위해 늘 봉사하는 아내에게 감사의 말씀을 전합니다.

아무쪼록 이 책이 회사의 부동산 세무리스크를 조금이라도 줄이고 싶어 하는 대한민국 모든 회사에 조금이라도 도움이 되었으면 합니다.

2022년 1월

역삼동 사무실에서

저자 신방수

차례

제1편 부동산 세무리스크의 실체와 관리법

| 제1장 | 법인부동산의 세무리스크 실체와 기본적인 세무리스크 관리법 ············ 13

제1절 법인부동산관련 세무리스크 진단 / 14
제2절 법인부동산 세무리스크의 실체 / 15
제3절 이해관계인별 세무리스크 관리법 / 20
제4절 부동산 보유목적별 세무리스크 관리법 / 24
제5절 부동산 과다보유법인관련 세무리스크 관리법 / 29
[필수 세무상식] 부동산과 관련된 가산세 규정 / 34
[필수 세무상식] 재무상태표와 손익계산서 구조의 이해 / 35

| 제2장 | 부동산 세목별 세무리스크 관리법 ············ 38

제1절 부동산 세목별 세무리스크 진단 / 39
제2절 취득세관련 세무리스크 관리법 / 40
제3절 보유세관련 세무리스크 관리법 / 50
제4절 양도소득세관련 세무리스크 관리법 / 57
제5절 종합소득세관련 세무리스크 관리법 / 63
제6절 법인세관련 세무리스크 관리법 / 67
제7절 부가가치세관련 세무리스크 관리법 / 72
[필수 세무상식] 취득세 중과세 규정 분석 / 81
[필수 세무상식] 부동산 세율체계 / 95

제2편 법인부동산의 세무회계관련 세무리스크 관리법

| 제3장 | 법인의 자금관련 세무리스크 관리법 ······ 105

제1절 법인의 자금관련 세무리스크 진단 / 106
제2절 법인의 자금조달관련 세무리스크 관리법 / 107
제3절 차입금 이자비용관련 세무리스크 관리법 / 111
제4절 법인의 자금사용관련 세무리스크 관리법 / 116
제5절 가지급금과 가수금관련 세무리스크 관리법 / 120
[필수 세무상식] 자금조달계획서관련 세무리스크 관리법 / 125

| 제4장 | 재무상태표 계정분류관련 세무리스크 관리법 ······ 130

제1절 재무상태표 계정분류관련 세무리스크 진단 / 131
제2절 부동산 재무상태표관련 세무리스크 관리법 / 132
제3절 재고자산(부동산매매업, 신축판매업)관련 세무리스크 관리법 / 138
제4절 투자자산(일반기업의 보유자산)관련 세무리스크 관리법 / 143
제5절 유형자산(자가사용 또는 임대용 자산)관련 세무리스크 관리법 / 147
제6절 사택과 기숙사관련 세무리스크 관리법 / 153
[필수 세무상식] 취득가액의 변동과 세무리스크 관리법 / 157
[필수 세무상식] 특수관계인 간에 거래할 때 알아두어야 하는 세법상의 시가 / 161

| 제5장 | 부동산업의 손익계산관련 세무리스크 관리법 ······ 164

제1절 부동산업의 손익계산관련 세무리스크 진단 / 165
제2절 부동산업의 손익계산관련 세무리스크 관리법 / 166
제3절 부동산매매업의 손익계산관련 세무리스크 관리법 / 170
제4절 부동산임대업의 손익계산관련 세무리스크 관리법 / 176

제5절 신축판매업의 손익계산관련 세무리스크 관리법 / 182
[필수 세무상식] 부동산업의 손비처리법 / 188

제3편 부동산매매 및 임대법인의 세무리스크 관리법

| 제6장 | 주택매매 및 임대법인의 세무리스크 관리법 ······ 195
제1절 주택매매 및 임대법인의 세무리스크 진단 / 196
제2절 주택매매 및 임대법인의 사업자등록관련 세무리스크 관리법 / 197
제3절 주택취득관련 세무리스크 관리법 / 204
제4절 주택보유관련 세무리스크 관리법 / 209
제5절 주택임대관련 세무리스크 관리법 / 213
제6절 주택양도관련 세무리스크 관리법 / 218
[필수 세무상식] 법인 주택임대업관련 세무리스크 관리법 / 224
[필수 세무상식] 법인의 주택매각에 따른 부가가치세 리스크 관리법 / 227
[필수 세무상식] 개인의 양도소득세 중과세 대 사업자의 비교과세 대 법인의 추가과세 비교 / 231
[필수 세무상식] 개인이 특수관계법인에 부동산을 저가양도 시의 세무리스크 관리법 / 238

| 제7장 | 토지매매 및 임대법인의 세무리스크 관리법 ······ 243
제1절 토지매매 및 임대법인의 세무리스크 진단 / 244
제2절 토지매매 및 임대법인의 사업자등록관련 세무리스크 관리법 / 245
제3절 토지취득(건설용지 등)관련 세무리스크 관리법 / 250
제4절 토지보유관련 세무리스크 관리법 / 255

제5절 토지임대관련 세무리스크 관리법 / 259
제6절 토지양도(매매)관련 세무리스크 관리법 / 263
[필수 세무상식] 법인세가 추가과세되는 비사업용 토지 / 267

| 제8장 | 건물임대법인의 세무리스크 관리법 ······ 272
제1절 건물임대법인의 세무리스크 진단 / 273
제2절 건물임대법인의 사업자등록관련 세무리스크 관리법 / 274
제3절 건물취득관련 세무리스크 관리법 / 278
제4절 건물보유관련 세무리스크 관리법 / 283
제5절 건물임대관련 세무리스크 관리법 / 287
제6절 건물양도관련 세무리스크 관리법 / 290
[필수 세무상식] 부가가치세 계산과 포괄양수도 / 295

제 4 편 주택 · 건물신축판매법인의 세무리스크 관리법

| 제9장 | 주택신축판매법인의 세무리스크 관리법 ······ 301
제1절 주택신축판매법인의 세무리스크 진단 / 302
제2절 주택신축판매법인의 사업자등록관련 세무리스크 관리법 / 303
제3절 토지구입부터 착공 전까지의 세무리스크 관리법 / 312
제4절 착공 후부터 공사완료 시까지의 세무리스크 관리법 / 317
제5절 주택분양관련 세무리스크 관리법 / 324
[필수 세무상식] 주택건설용 부지관련 세무리스크 관리법 / 330
[필수 세무상식] 주택신축판매업 개인 대 법인선택 / 334
[필수 세무상식] 건설임대주택관련 세무리스크 관리법 / 336

| 제10장 | 건물신축판매법인의 세무리스크 관리법 ······ 340
제1절 건물신축판매법인의 세무리스크 진단 / 341

제2절 건물신축판매법인의 사업자등록관련 세무리스크 관리법 / 342
제3절 토지구입부터 착공 전까지의 세무리스크 관리법 / 349
제4절 착공 후부터 공사완료 전까지의 세무리스크 관리법 / 353
제5절 건물분양관련 세무리스크 관리법 / 357
[필수 세무상식] 건설업의 부가가치세 처리법 / 362
[필수 세무상식] 건설업의 주상복합건물 부가가치세 처리법 / 368

제5편 주주의 배당 · 주식관련 세무리스크 관리법

| 제11장 | 배당관련 세무리스크 관리법 373

제1절 배당관련 세무리스크 진단 / 374
제2절 잉여금발생관련 세무리스크 관리법 / 375
제3절 잉여금처분관련 세무리스크 관리법 / 379
제4절 기업 잉여금(초과배당 포함)관련 세무리스크 관리법 / 382
[필수 세무상식] 주주의 종류와 세법상의 규제 / 386

| 제12장 | 주식관련 세무리스크 관리법 389

제1절 주식관련 세무리스크 진단 / 390
제2절 주식취득관련 세무리스크 관리법 / 391
제3절 과점주주관련 세무리스크 관리법 / 394
제4절 주식양도관련 세무리스크 관리법 / 400
제5절 부동산 과다보유법인의 주식양도관련 세무리스크 관리법 / 405
제6절 주식상속 · 증여관련 세무리스크 관리법 / 409
[필수 세무상식] 부동산 법인의 주식평가법 / 412
[필수 세무상식] 부동산 보유 비상장법인의 주식평가관련 세무리스크 관리법 / 418

제6편 법인설립 및 법인전환관련 세무리스크 관리법

| 제13장 | 법인설립관련 세무리스크 관리법 ······ 425

제1절 법인설립관련 세무리스크 진단 / 426
제2절 사업목적(업종선택)관련 세무리스크 관리법 / 427
제3절 법인설립방법관련 세무리스크 관리법 / 431
제4절 본점소재지관련 세무리스크 관리법 / 436
제5절 자본금관련 세무리스크 관리법 / 440
제6절 사업자등록관련 세무리스크 관리법 / 445
[필수 세무상식] 법인설립 절차 / 451
[필수 세무상식] 개인과 법인의 장부작성법 비교 / 455

| 제14장 | 법인전환관련 세무리스크 관리법 ······ 459

제1절 법인전환관련 세무리스크 진단 / 460
제2절 법인전환실익관련 세무리스크 관리법 / 461
제3절 법인전환절차관련 세무리스크 관리법 / 467
제4절 양도소득세 이월과세(과세이연)관련 세무리스크 관리법 / 474
제5절 취득세 감면관련 세무리스크 관리법 / 481
[필수 세무상식] 개정 세법에 맞춘 현물출자 법인전환관련 세무리스크 관리법 / 486
[필수 세무상식] 법인전환 사례와 전환비용(종합) / 489

| 부록 | 개인(수요자) 부동산관련 세무리스크 관리법 ······ 491

제1절 주택관련 세무리스크 관리법 / 492
제2절 오피스텔관련 세무리스크 관리법 / 501
제3절 상가빌딩관련 세무리스크 관리법 / 505
제4절 상가주택관련 세무리스크 관리법 / 510
제5절 단독 · 다가구 · 다중 · 다세대 주택관련 세무리스크 관리법 / 515

제6절 토지관련 세무리스크 관리법 / 520
제7절 입주권관련 세무리스크 관리법 / 528
제8절 분양권관련 세무리스크 관리법 / 533

제 1 편

부동산 세무리스크의 실체와 관리법

이번 편에서는 먼저 개인과 법인의 운영원리를 비교하는 한편 법인이 부동산을 거래하는 과정에서 발생하는 취득세와 부가가치세, 법인세 등 주요세금에 대한 기본적인 내용들을 살펴본다.

제 1 장

법인부동산의 세무리스크 실체와 기본적인 세무리스크 관리법

부동산 거래와 관련하여 법인[1]이 부닥치는 세무리스크는 생각보다 광범위하다. 취득할 때에는 취득세 중과세가 보유할 때에는 보유세가 양도할 때에는 법인세 추가과세 등이 자리를 잡고 있다. 이러한 과정에서 법인과 특수관계를 맺고 있는 자들과 부당거래가 있다면 세법상의 규제를 피할 수 없다. 본 장에서는 법인부동산과 관련된 세무리스크 실체 그리고 이를 관리할 수 있는 기본적인 내용을 살펴본다.

본 장에서 살펴볼 주요 내용들은 아래와 같다.

- 법인부동산관련 세무리스크 진단
- 법인부동산 세무리스크의 실체
- 이해관계인별 세무리스크 관리법
- 부동산 보유목적별 세무리스크 관리법
- 부동산 과다보유법인관련 세무리스크 관리법
- 부동산관련 가산세 규정
- 재무상태표와 손익계산서 구조의 이해

1) 이 책에서의 법인이란 주로 주식회사나 유한회사를 말하나, 개인과 법인의 구분이 필요없는 경우에는 기업이라는 용어도 혼용하고 있다.

제1절 법인부동산관련 세무리스크 진단

CEO와 실무자들은 법인의 부동산에서 발생하는 세무리스크의 존재를 점검하고 이에 문제가 있는 경우에는 적극적으로 대책을 세워야 한다. 아래에서 진단을 해보고 대책을 세워 보자.

STEP1 각 항목별 체크

아래 해당되는 곳에 '○, ×' 표시를 한다.

구분	상 황	해당 여부
1	부동산 세무리스크가 무엇인지를 알고 있다.	
2	부동산 세무리스크가 발생하는 이유를 알고 있다.	
3	법인과 관련된 특수관계인의 범위에 대해 알고 있다.	
4	조세회피유형을 알고 있다.	
5	부당행위계산부인규정에 대해 정확히 알고 있다.	
6	재무상태표 작성기준에 따라 부동산에 대한 계정과목을 정할 수 있다.	
7	재고자산과 투자자산은 감가상각비를 계상할 수 없는 이유를 알고 있다.	
8	부동산 과다보유법인은 어떤 식으로 판정하는지 알고 있다.	
9	부동산과 관련된 가산세 규정을 알고 있다.	
10	재무제표의 작성원리를 알고 있다.	

STEP2 대책수립

위에서 파악된 '×'표시에 따라 다음과 같이 대책을 세운다.

- ×표시가 7개 이상 → 부동산 세무리스크에 대한 이해가 전혀 안되어 있다. 따라서 지금 당장 이에 대한 대비책을 세우도록 한다.
- ×표시가 4~6개 → 부동산 세무리스크에 대한 이해가 어느 정도 되어 있다. 따라서 현행의 제도를 정비하고 부족한 부분을 보완한다.
- ×표시가 3개 이하 → 부동산 세무리스크에 대한 이해가 되어 있다. 현행의 제도를 유지한다.

제2절 법인부동산 세무리스크의 실체

세무리스크(tax risk, 세무위험)란 세무문제로 인해 법인들이 손해를 볼 수 있는 위험을 말한다.[2)] 따라서 부동산 세무리스크는 부동산과 관련된 세무문제로 발생할 수 있는 위험을 말한다. 그런데 실무에서 보면 부동산과 관련된 세무리스크도 매우 다양하게 발생한다. 거래유형이 다양하기 때문이다. 이하에서는 주로 법인이 보유하고 있는 부동산 세무리스크의 실체를 파악한 후에 이에 대한 관리법을 알아보자.

1 법인부동산 세무리스크 발생 사례

K법인은 수도권인 경기도 고양시에서 설립되어 5년이 경과한 법인에 해당한다. 이 법인은 서울시로 전입한 후 5년 이내에 서울시 내의 부동산(빌딩 등)을 취득하고자 한다. 상황에 맞춰 답을 하면?

- 상황1 : 현행 「지방세법」 제13조에서는 수도권 과밀억제권역 내에서 법인이 부동산을 취득하면 취득세를 중과세하고 있다. 그 이유는 무엇일까?
- 상황2 : 현행 「지방세법」 제13조의 중과세 규정을 살펴보면?
- 상황3 : 이 사례에서 K법인이 서울의 부동산을 취득하면 취득세 중과세가 적용될까?

상황에 맞게 답을 찾아보면 다음과 같다.

첫째, (상황1) 현행 「지방세법」 제13조에서는 수도권 과밀억제권역 내에서 부동산을 취득하면 취득세를 중과세하고 있다. 그 이유는 무엇일까?

이는 과밀억제권역 내로의 인구집중이나 경제집중으로 인한 폐단을 방지하기 위한 조세정책적인 이유에서 도입되었다. 다만, 취득세 중과세 규정을 적용할 때에는 이 지역 중 각 조항별로 산업단지나 유치지역, 공업지역이 제외되는 경우가 있으므로 주의해야 한다.

---

2) 회사와 관련된 일반적인 세무리스크 관리법은 저자의 책 「회사 세무리스크 관리노하우」를 참조하기 바란다.

둘째, (상황2) 현행「지방세법」제13조의 중과세 규정을 살펴보면?

①중과세 과밀억제권역 내에서의 법인을 설립하거나 지점 또는 분사무소를 설치하면서 부동산을 취득할 때 취득세를 중과세하며, ②법인의 본점·주사무소·지점 또는 분사무소를 대도시로 전입함에 따라 부동산을 취득할 때에 취득세를 중과세한다. 이때 수도권의 경우 서울시 외의 지역에서 서울시로의 전입도 대도시 전입으로 본다. 그리고 ③법인·지점·분사무소의 설립·설치·전입 이후 5년 이내에 취득하는 일체의 부동산에 대하여 중과세한다. 사례의 경우 ②와 ③이 해당된다. 따라서 본점을 대도시 내로 전입할 때 본점용으로 취득한 부동산이 있거나, 전입 이후 5년 내에 취득한 일체의 부동산에 대해서는 취득세가 중과세된다.

셋째, (상황3) 이 사례에서 K법인이 서울의 부동산을 취득하면 취득세 중과세가 적용될까?

고양시 및 서울시의 경우 수도권 과밀억제권역에 해당한다. 따라서 이처럼 같은 과밀억제권역 내로의 전입은 원칙적으로 대도시 전입에 따른 취득세 중과세를 적용하지 않는다. 하지만 사례처럼 서울시를 제외한 수도권 지역에서 서울시 내로 전입한 경우에는「지방세법」제13조상의 대도시(과밀억제권역을 말함. 단 산업단지는 제외) 내로의 전입으로 보게 된다. 따라서 사례의 경우에 대도시 전입에 해당하므로 서울시 전입일부터 5년 이내에 서울시 내의 모든 부동산을 취득하면 취득세 중과세가 적용된다. 이때 참고할 것은 서울시 외의 부동산은 중과세를 적용하지 않는다는 것이다. 고양시에서 이미 5년을 경과했기 때문이다.

이상과 같이 수도권 과밀억제권역으로 본점을 이전할 때에는 반드시 취득세 중과세 규정을 검토해야 한다. 이러한 것들을 놓치면 바로 세무리스크가 현실화가 된다. 이와 관련된 자세한 내용은 뒤에서 살펴보자.

2 법인부동산 세무리스크의 실체들

위의 사례는 법인의 본점을 이전하는 경우에 발생할 수 있는 취득세와 관련된 세무리스크에 해당한다. 실무에서 보면 본점을 수도권으로 전입할 때 취득세 중과세 문제가 발생하는데, 이의 판단을 잘못해 세금이 크게 추징되는 경우가 많다. 사실 이러한 문제는 개인과는 관련이 없는데, 유독 법인에게는 가혹할 만큼 다양한 세무리스크가 발생한다.

그렇다면 법인부동산과 관련된 세무리스크는 주로 어디에서 발생할까?

(1) 법인 자체에서 오는 세무리스크들

부동산을 보유하고 있는 법인이라고 해서 일반법인과는 다르게 취급할 이유가 없다. 하지만 신축판매업을 영위하는 법인이 아닌 일반법인 등이 부동산을 보유하는 것은 자칫 법인의 자금이 비생산적으로 사용될 수 있는 위험이 있다. 그래서 「법인세법」 등에서 다양하게 규제를 하고 있다.

첫째, 업무무관자산에 대한 규제가 있다.

부동산을 투자목적으로 보유하고 있는 경우 이를 업무무관자산으로 판정해 이와 관련된 비용들을 법인의 비용으로 인정하지 않는다. 업무무관자산과 관련된 차입금 이자에 대한 비용 불인정이 대표적이다.

둘째, 부동산 과다보유법인에 대한 규제가 있다.

부동산비중이 50%, 80% 이상인 법인의 주식을 양도할 때에는 일반적인 주식 양도소득세율 10~20%이 아닌 6~45%가 적용된다. 한편 비상장법인의 주식을 평가할 때 부동산비중이 50%, 80% 이상인 경우 자산가치의 비중을 늘려 주식을 평가하게 된다. 이들은 부동산 과다보유법인에 대한 불이익을 가중시키는 조치들에 해당한다.

셋째, 특수관계인 간의 거래에 대한 규제가 심하다.

법인의 주요 특수관계인에는 대표이사와 주주가 해당하는데, 이들은 우월적인 지위를 활용해 언제든지 자신들에게 유리한 의사결정을 내릴 수 있다. 이에 세법은 특수관계인 간의 거래를 통해 조세회피행위가 발생한 경우에는 부당행위계산부인제도를 적용해 세금을 재계산하도록 하고 있다. 이의 대표적인 행위에는 대표이사와 법인간의 저가 또는 고가 양수도 거래가 있다.

(2) 실무처리에서 오는 세무리스크들

실무자의 실수에 의해 세무리스크가 발생한 경우를 말한다. 부동산의 경우에는 아래와 같은 일들이 많이 일어난다.

첫째, 자산과 비용을 제대로 구분하지 못하는 경우가 많다.

실무에서 보면 재무상태표상에 자산으로 등재되는 부분과 손익계산서상 비용으로 처리되는 부분을 구분하는 것이 힘들기 때문이다. 예를 들어 건설에 들어간 차입금이자나 철거비용을 지출하는 경우 사업연도 중에 수선비를 지출하는 경우가 대표적이다.

이외에도 일괄취득이나 일괄공급 시에 토지와 건물의 안분문제 등도 실수하기 좋은 사안에 해당한다.

둘째, 세법해석 적용에서 오류가 발생하는 경우가 많다.

법인과 관련된 세법에는 크게 「법인세법」, 「지방세법」, 「소득세법」, 「부가가치세법」, 「상속세 및 증여세법」 등 모든 세법이 관여된다. 그런데 문제는 이러한 세법들이 서로 연관되다보니 이를 한꺼번에 다루기가 힘들다는 문제점이 있다. 특히 이와는 별도로 해마다 세법개정이 있다 보니 아무리 오랜 경력이 있더라도 실수하는 경우가 종종 있다.

셋째, 주식과 관련된 세법적용에서 실수가 발생하는 경우가 많다.

주식과 관련된 업무는 일상적인 업무에 해당하지 않는다. 따라서 실무자들이 이에 관련된 업무를 접하지 못한 상태에서 일처리를 할 때 실수가 많이 발생한다. 예를 들어 주식의 평가, 합병이나 분할, 증자나 감자, 주식의 소각, 초과배당 등이 이에 해당한다.

(3) 정부규제에서 오는 세무리스크들

부동산에 대한 정부의 세제규제가 상당히 심한 편이다. 정책적인 효과를 얻기 위해 세제정책을 도입하는 경우가 많기 때문이다. 대표적인 것에는 다음과 같은 것들이 있다.

첫째, 취득세 중과세가 있다.

수도권 과밀억제권역의 인구집중과 경제집중을 억제하기 위해 이 지역 내에서 부동산을 취득하면 취득세를 중과세한다. 이외 주식의 과반을 차지하는 주주들에게 취득세를 별도로 부과하기도 한다. 그런데 최근에는 법인이 주택을 취득하면 과밀억제권역 내외를 막론하고 12%까지 취득세를 과세하는 식으로 법이 강화되었다.

둘째, 종합부동산세가 과세된다.

개인이나 법인이 주택 등 부동산을 보유하면 재산세 외에 종합부동산세를 부과하고 있다. 종합부동산세는 기준시가[3]를 기준으로 주택은 6억 원, 영업용 부속토지는 80억 원, 기타 나대지 등은 5억 원이 넘어가면 높은 세율로 부과된다. 개인과 법인이 조정대상지역[4]

3) 기준시가는 정부에서 발표한 공동주택가격, 개별주택가격, 개별공시지가 등을 말한다. 「지방세법」상의 시가표준액과 유사한 개념이다.

4) 조정대상지역이란 주택 값이 다른 지역에 비해 많이 상승하는 지역으로 2022년 1월 현재 서울시 전역 등

내에서 2주택, 전국에 걸쳐 3주택 이상을 보유하면 종합부동산세가 크게 올라간다.

셋째, 양도소득세 중과세, 법인세 추가과세가 된다.

개인이나 법인이 주택이나 토지를 투자목적으로 양도하면 개인은 양도소득세 중과세, 법인은 일반법인세 외에 추가과세가 적용된다. 양도소득세 중과세율은 과세표준의 6~45% + 20~30%p, 법인세 추가세율은 양도차익의 10~20%(미등기자산은 40%)가 된다.

개인과 법인에 대한 정부의 세제규제 차이

구 분	개 인		법 인
	일 반	매매사업자	
취득	취득세 중과세	좌동	취득세 중과세*
보유	종합부동산세 중과세	좌동	좌동
양도	양도소득세 중과세	좌동(비교과세)	법인세 추가과세

* 법인은 「지방세법」 제13조에 따른 과밀억제권역 안 취득 중과세와 최근에 신설된 「지방세법」 제13조의2에 따른 법인 등 주택 취득 중과세를 적용받게 된다.

부동산에 대한 전반적인 세무리스크를 관리하기 위해서는 부동산 소유주체별로 어떤 식으로 세제가 적용되고 있는지를 이해할 필요가 있다.

Tip

■ 2020년 7·10대책에 따른 주택 세제의 변화

구분	개 인	법 인
취득	취득세 중과세 도입(1~4% → 8~12%)	좌동(12%)
보유	종합부동산세 중과세 강화 (0.6~3.2% → 1.2~6%)	좌동(3~6%)
양도	양도소득세 중과세 강화 (기본세율+10~20%p → 20~30%p)	법인세 추가과세 강화(10 → 20%) ※ 토지는 10%를 적용함.

비영리법인의 부동산 세제도 영리법인과 같다. 다만, 비영리법인이 고유목적사업용으로 3년 이상 사용한 부동산은 법인세를 비과세하는 차이가 있다.

이 지정되어 있다. 구체적인 지역은 '대한민국 전자관보'를 통해서 확인하기 바란다.

이해관계인별 세무리스크 관리법

법인의 경우 다양한 이해관계인이 존재한다. 대표이사를 포함한 임직원과 주주 그리고 관계회사 등이 그렇다. 실무적으로 보면 세무리스크는 이들을 중심으로 발생하는데 이하에서 이들과 관련해 발생하는 세무리스크 발생 사례와 이에 대한 관리법을 정리해보자.

1 이해관계인별 세무리스크 발생 사례

K씨가 보유한 주택은 2억 원에 취득했으나 현재 시가가 4억 원 정도 된다. 그런데 이를 본인이 직접 양도하면 양도소득세가 60%만큼 나온다고 하자. 그래서 법인에 2억 원에 양도한 다음 그 법인이 다시 4억 원에 양도하는 식의 계획을 하고 있다. 상황에 맞게 답을 하면? 단, 취득세율은 12%, 법인세율은 20%를 적용한다. 이외의 상황은 무시하기로 한다.

- 상황1 : K씨가 생각하는 대로 실행할 경우에 예상되는 세금의 크기는?
- 상황2 : 이러한 거래를 세법은 인정하는가?
- 상황3 : 그렇다면 어떤 식으로 이를 해결해야 할까?

상황에 맞게 답을 찾아보면 다음과 같다.

첫째, (상황1) K씨가 생각하는 대로 실행할 경우에 예상되는 세금의 크기는?

K씨가 직접 양도하면 양도소득세가 법인이 취득 후 양도한 경우에는 취득세와 법인세가 부과된다. 물론 법인의 경우 잔여이익에 대해서는 배당소득세가 추가될 수 있다.

개인이 양도		법인이 취득 후 양도		
양도소득세	법인에 저가 양도 ⇒	취득세	법인세	계
1억 2천만 원		2,400만 원	4,000만 원	6,400만 원
근거 : 2억 원×60%		근거 : 2억 원×12%	근거 : 2억 원×20%	-

사례의 경우 양도소득세는 1억 2천만 원, 법인이 부담하는 세금은 6,400만 원 정도 된다.

둘째, (상황2) 이러한 거래를 세법은 인정하는가?

세법은 특수관계를 이용해 세부담을 낮추는 행위를 적극적으로 규제한다. 대표적인 규제제도가 바로 부당행위계산부인제도이다. 이는 개인이 법인 등 특수관계인[5)]과의 거래를 통해 저가로 양도하는 경우에는 시가[6)]에 맞게 양도소득세를 부과하도록 하고 있다.

셋째, (상황3) 그렇다면 어떤 식으로 이를 해결해야 할까?

특수관계에 있는 개인과 법인간의 거래 시에는 실익분석을 정확히 한 후에 만약 거래를 하겠다고 결정하는 경우에는 거래가액을 객관적으로 정할 필요가 있다. 감정평가 등도 하나의 대안이 된다.[7)]

2 이해관계인별 세무리스크 관리법

앞의 사례는 개인에게 양도차익이 많이 발생하고 중과세제도가 적용되는 상황에서 많이 발생할 수 있다. 특수관계인 간에는 이러한 거래행위를 하는 것이 쉽기 때문이다. 하지만 세법은 거래금액이 시가와 차이가 난 경우에는 조세회피행위[8)]로 보아 세금을 추징할 가능성이 높으므로 이에 대해 유의해야 한다. 이하에서 법인과 밀접한 이해관계를 가지고 있는 대표이사와 주주, 관계회사와 관련해 세무리스크를 어떤 식으로 관리하는 것이 좋을지 알아보자.

(1) 대표이사

대표이사는 법인의 업무집행을 하는 임원에 해당하는데 이들은 다양한 방법으로 법인과 거래를 할 수 있다. 이에 세법은 이러한 행위가 부당하면 법인과 개인에게 법인세와 소득세

---

5) 세법상 특수관계인의 범위는 아래와 같이 규정되어 있다.

구분	근 거	적용 범위
국기법	국기법 2조(정의), 국기령 1조의2(범위)	다른 세법에 규정 없는 경우 준용
법인세법	법법 2조(정의), 법령 2조(범위)	부당행위계산부인
소득세법	소령 98조(정의+범위)	상동
상증법	상증법 2조(정의), 상증령 2조의2(범위)	증여세 과세

6) 시가는 통상 시장에서 거래되는 가격을 말한다.

7) 「법인세법 시행령」 제89조에서는 제2항에서는 1 이상의 감정가액을 인정한다. 만약 2 이상의 감정가액이 있으면 이를 평균해야 한다.

8) 조세회피행위 유형은 아래와 같이 예시되어 있다.

를 과세하는 방식으로 불이익을 준다. 실무에서 보면 가장 문제가 된다. 이에는 아래와 같은 유형이 있다.

- 대표이사로부터 부동산을 고가로 매입하는 경우
- 대표이사의 사무실을 고가로 임차하는 경우
- 대표이사가 법인의 사택을 무료로 이용하는 경우 등

(2) 주주[9)]

법인의 주주는 배당을 받거나 또는 그들이 보유한 주식을 양도·상속·증여 등을 할 때 다양한 리스크가 발생한다. 따라서 사전에 주식의 관계를 명확히 하여 과세받지 않도록 할 필요가 있다. 이에는 아래와 같은 유형이 있다.

- 초과배당을 하는 경우
- 주식을 50% 초과해서 보유하는 경우(과점주주 취득세, 제2차 납세의무)
- 주식을 양도하는 경우
- 주식을 증여 또는 상속하는 경우 등

유 형	내 용
1) 출자관계에서 발생되는 유형	① 시가를 초과하는 가액으로 현물출자를 받았거나 그 자산을 과대상각한 경우 ② 무수익자산을 현물출자받았거나 그 자산에 대한 비용을 부담한 경우 ③ 출자자 등의 출연금을 대신 부담한 경우
2) 자산의 매입·양도에서 발생되는 유형	① 출자자 기타 특수관계인으로부터 무수익자산을 매입하거나 그 자산에 대한 비용을 부담한 경우 ② 출자자 등으로부터 불량자산을 차환하거나 불량채권을 양수한 경우 등
3) 이율, 요율, 임대차관계에서 발생되는 유형	① 출자자 등에게 금전, 기타자산 또는 용역을 무상으로 또는 낮은 이율·요율이나 임대료로 대부 또는 제공한 때. 다만, 주주 등이나 출연자가 아닌 임원(소액주주인 임원을 포함한다) 및 직원에게 사택을 제공하는 경우를 제외한다. ② 금전 기타 자산 또는 용역을 시가보다 높은 이율·요율이나 임차료로 차용하거나 제공받은 경우
4) 자본거래에 해당하는 유형	특수관계인인 법인간의 합병에 있어서 주식 등을 시가보다 높거나 낮게 평가하여 불공정한 비율로 합병한 경우 등
5) 위의 행위에 준하는 행위(포괄규정)	위에 준하는 행위 또는 계산 및 그 외에 법인의 이익을 분여하였다고 인정되는 경우

9) 주주인 동시에 임원(출자임원)인 경우에는 임원 및 주주에 대한 세법규제를 동시에 받는다.

(3) 관계회사

특수관계에 해당하는 관계회사에게 일감을 몰아주거나 비정상적인 거래를 하는 경우에는 이익을 본 주주 등에게 증여세 등이 부과된다. 이에는 아래와 같은 유형이 있다.

- 특수관계회사에게 일감을 몰아주는 경우
- 특수관계회사에게 업무무관 자금을 대여하는 경우 등

Tip

■ 부동산에 대한 세법의 규제원리

법인 등이 세법상의 규정을 위배한 경우 1차적으로 법인에게 불이익(법인세 추가 등)을 주고, 2차적으로 수혜를 입은 개인 등에게 소득세를 과세하는 식으로 규제한다.

STEP1		STEP2		STEP3
법인 행위	⇨	세법 위반 (세무리스크 발생)	⇨	세법 위반에 따른 제재 • 법인 : 법인세 부과 • 개인 : 소득세 부과

부동산 보유목적별 세무리스크 관리법

부동산과 관련된 세무리스크는 일반법인의 일상적인 세무리스크에 못지않게 다양하게 발생한다. 하지만 각 법인의 CEO와 실무자들이 법인의 부동산 세무리스크를 관리하는 것이 쉽지가 않는 것이 현실이다. 따라서 이럴 때에는 먼저 부동산 보유목적을 정확히 파악하는 것이 좋다. 일반법인이 보유하고 있는지 신축판매법인 등이 보유하고 있는지에 따라 적용되는 제도들이 달라지기 때문이다.

① 부동산 보유목적별 세무리스크 발생 사례

서울에서 설립된 K법인의 재무상태표[10] 내용이 다음과 같다. 각 상황별로 답을 하면?

자료

구 분			금 액
유동자산	재고자산	① 주택	2억 원
비유동자산	투자자산		
	유형자산	② 주택 (건물감가상각누계액)	1억 원 (1천만 원)
		토지(주택부수토지)	1억 원

- 상황1 : 유동자산과 비유동자산이란?
- 상황2 : 재고자산과 투자자산 그리고 유형자산은 무엇을 의미하는가?
- 상황3 : 위의 ①과 ②의 주택은 보유성격이 다르다. 어떻게 다른가?
- 상황4 : 재고자산에 있는 주택을 3억 원에 양도하면 법인세 외에 추가과세 20%를 내야 하는가?
- 상황5 : 유형자산에 있는 주택을 3억 원에 양도하는 경우의 양도차익은 얼마인가? 그리고 이 주택에 대해서도 추가과세가 적용되는가?

10) 일정 시점의 재무상태를 보여주는 표를 말한다.

상황에 대한 답을 찾아보면 다음과 같다.

첫째, (상황1) 유동자산과 비유동자산이란?

유동자산은 12월 31일로부터 단기간(1년) 내에 현금화가 되는 자산을, 비유동자산은 장기간에 걸쳐 현금화가 되는 자산을 말한다. 유동자산에는 현금, 매출채권, 재고자산 등이 있다. 이에 반해 비유동자산에는 투자목적으로 보유하는 유가증권이나 부동산, 경영에 활용되는 비품 또는 건물 같은 유형자산, 산업재산권처럼 눈에 보이지 않는 무형자산 등이 있다.

둘째, (상황2) 재고자산과 투자자산 그리고 유형자산은 무엇을 의미하는가?

재고자산은 주요 영업활동인 판매를 목적으로 보유하고 있는 자산을 말한다. 대표적으로 매매업용 또는 신축판매용 등으로 보유하고 있는 부동산이 이에 해당한다. 투자자산은 법인의 유휴자금으로 투자해 보유하고 있는 부동산이, 유형자산은 경영활동에 이용되거나 임대 중에 있는 부동산이 이에 해당한다.

셋째, (상황3) 위의 ①과 ②의 주택은 보유성격이 다르다. 어떻게 다른가?

①주택은 재고자산에 해당하는데 이는 부동산판매를 주업으로 하는 것을 의미한다. ②의 주택은 임대용 또는 경영목적으로 사용하고 있는 것을 말한다. 이처럼 재무제표에 어떤 식으로 표시되어 있느냐에 따라 그 자산의 성격이 달라짐을 이해할 수 있다.

넷째, (상황4) 재고자산에 있는 주택을 3억 원에 양도하면 법인세 외에 추가과세 20%를 내야 하는가?

재고자산은 부동산자체가 상품이므로 이를 매매하는 것은 하등 문제가 없다. 하지만 「법인세법」 제55조의2에서는 업종불문하고 세법에서 정하고 있는 주택과 토지에 대해 투기예방의 목적 하에 20%(토지는 10%) 추가과세제도를 적용하고 있다. 다만, 신축판매업은 투기와 관계없으므로 이 제도를 적용하지 않는다.

- 부동산매매업 → 주택과 토지 중 세법상의 요건을 충족한 것들은 추가과세제도를 적용한다.
- 신축판매업(주택, 주택 외) → 추가과세제도를 적용하지 않는다.

다섯째, (상황5) 유형자산에 있는 주택을 3억 원에 양도하는 경우의 양도차익은 얼마인가? 그리고 이 주택에 대해서도 추가과세가 적용되는가?

양도가액이 3억 원이고 장부가액은 당초 취득가액 2억 원에서 감가상각비를 제외한 1억 9천만 원이므로 양도차익은 1억 1천만 원이 된다. 한편 유형자산으로 분류된 주택도 추가과세대상인 주택에 해당하면 추가과세제도를 적용한다. 다만, 「민간임대주택법」에 의해 등록한 주택에 대해서는 선별적으로 이 제도를 적용하지 않는다.

- 「민간임대주택법」에 의해 주택을 등록하지 않은 경우 → 추가과세제도를 적용한다.
- 「민간임대주택법」에 의해 주택을 등록한 경우 → 추가과세제도를 적용하지 않는다(단, 세부적인 요건을 확인해야 함).

2 부동산 보유목적별 세무리스크 관리법

부동산은 아래처럼 보유목적별로 계정과목명이 달라진다. 이들 계정과목별로 세무리스크를 관리하는 방법을 정리해보자.

구 분	금 액	비 고
Ⅰ. 유동자산		
1. 재고자산 건물 토지		부동산매매업, 건설업 관련하여 보유 중에 있는 자산
Ⅱ. 비유동자산		
1. 투자자산 건물 토지		투자목적으로 보유하고 있는 자산
2. 유형자산 건물 (감가상각누계액)		경영 및 임대활동에 사용하고 있는 자산*
3. 무형자산		
계		

* 사옥 등뿐만 아니라 임대용 부동산도 유형자산으로 분류된다.

(1) 재고자산

재고자산은 부동산매매업이나 신축판매업 영위 사업자들이 보유하고 있는 자산을 말한다. 이러한 재고자산을 판매하면 매출이 발생하며 취득원가는 매출원가로 대체된다. 다만, 세법은 신축판매업은 건설업으로 분류하여 다양한 세제지원을 해주고 있지만, 기존 주택 등을 사고파는 매매업은 일반 법인세 외에 추가과세를 하는 등의 불이익을 주고 있다.

참고로 판매용이나 매매용으로 보유한 주택이나 상가나 오피스텔을 미분양 등의 이유로 일시적으로 임대하는 경우가 있다. 이때에는 재고자산으로 자산을 등재해도 되지만, 그 기간이 비교적 장기인 경우에는 유형자산으로 계정과목을 재분류하는 것을 검토해야 한다.[11]

(2) 투자자산

투자자산은 일반법인이 시세차익 등의 목적으로 보유하고 있는 자산을 말한다. 주택이나 토지 등을 단순 보유하는 경우가 이에 해당한다. 이러한 투자자산은 경영이나 임대에 사용되는 것이 아니기 때문에 감가상각을 할 수가 없다.[12] 한편 투자자산은 법인의 자금이 비생산적으로 사용되기 때문에 세법상의 규제가 가장 심하다. 예를 들어 주택이나 비사업용 토지를 양도하면 차익의 10~20%를 추가로 과세하거나 종합부동산세를 과세하기도 한다.

(3) 유형자산

유형자산은 일반법인이 경영활동에 사용하고 있는 자산을 말한다. 사옥건물, 기숙사, 사택, 연수원, 공장건물 등이 이에 해당한다. 이외에 임대용으로 사용하고 있는 빌딩이나 상가, 주택 등도 유형자산으로 분류된다. 이러한 유형자산은 소득창출에 기여하므로 감가상각비를 계상할 수 있다. 한편 유형자산은 경영활동에 직접 사용되는 경우가 많으므로 앞의 투자자산에 비해 세법상의 규제가 많지 않다.

11) 수익형 부동산인 상가나 오피스텔 등을 일시임대하는 경우 사업자등록은 부동산매매사업장은 총괄장소에 그대로 사업자등록을 두고, 부동산임대사업장은 별도로 사업자등록해야 한다.

12) 만일 일시적으로 이를 임대하는 경우에는 임대수입에 해당하는 감가상각비를 계상할 수 있다. 이때에는 투자자산이 아닌 유형자산으로 계정과목을 재분류하는 것이 타당할 것으로 보인다.

부동산관련 계정분류와 세무회계

부동산과 관련된 자산은 크게 재고자산과 투자자산, 그리고 유형자산으로 구분할 수 있다. 이들과 관련된 세무회계의 내용을 정리하면 다음과 같다.

구 분	재고자산	투자자산	유형자산
업종	• 부동산매매업 • 신축판매업	• 일반업종	• 부동산임대업 • 일반업종
계정과목 명	상품	투자부동산	토지 또는 건물
감가상각비 계상여부	불가	불가	가능
건설자금이자 계상여부	불가	불가	가능
양도차익의 종류	매출총이익	영업외수익(투자자산처분이익)	영업외수익(유형자산처분이익)
세법규제	• 재산세 일반과세(종합부동산세는 일정기간 과세유예) • 양도차익 추가과세(단, 부동산매매업용 주택과 비사업용 토지에 한함)	• 재산세와 종합부동산세 • 지급이자 손금불산입 • 양도차익 추가과세(단, 주택과 비사업용 토지에 한함)	• 재산세와 종합부동산세 • 양도차익 추가과세(단, 주택과 비사업용 토지에 한함)

참고로 이러한 계정과목 분류는 기업회계기준에 따르지만 구체적으로 재고자산인지 투자자산인지 또는 유형자산인지의 여부는 부동산 보유목적에 따라 달라진다. 예를 들어 법인이 주택을 취득한 경우 보유목적에 따라 아래와 같이 계정과목이 달라진다.

- 사택으로 사용하는 경우 → 유형자산에 해당함.
- 투자목적용으로 보유하는 경우 → 투자자산에 해당함.

부동산 과다보유법인관련 세무리스크 관리법

법인형태를 갖추어 사업을 진행하는 동안 부동산이 자산 중에서 차지하는 비중이 높으면 다양한 세무상 리스크들이 발생할 수 있다. 이하에서 이와 관련된 세무리스크 발생 사례 및 이에 대한 관리법을 알아보자.

1 부동산 과다보유법인관련 세무리스크 발생 사례

K법인은 투자목적으로 부동산을 보유하려고 한다. 하지만 부동산이 과다하면 여러 가지 측면에서 세무리스크가 발생할 것을 우려하고 있다. 이 법인의 현재 총자산은 100억 원이며 이 중 부동산이 차지하는 금액은 30억 원에 해당한다. 아래 상황에 맞게 답을 하면?

- 상황1 : 부동산이 자산 중에서 차지하는 비중이 크면 세무상 어떤 문제점이 있는가?
- 상황2 : 부동산이 차지하는 비율을 정할 때 재고자산과 건설 중에 있는 자산도 포함하는가?
- 상황3 : 만일 이 법인이 30억 원짜리 빌딩을 구입하는 경우 세무상 어떤 문제점이 발생할까?

상황에 맞게 답을 찾아보면 다음과 같다.

첫째, (상황1) 부동산이 자산 중에서 차지하는 비중이 크면 세무상 어떤 문제점이 있는가?

우선 부동산 보유비중이 큰 경우 「소득세법」상 비상장 주식에 대한 양도소득세율이 높아진다. 일반적인 주식 양도소득세율은 10~20%(과세표준 3억 원 초과 시는 25%) 정도되나, 부동산 과다보유법인의 주식은 6~45%(16~55%) 같은 누진세율이 적용된다. 한편 「상속세 및 증여세법」상 비상장법인의 주식을 평가할 때 평가방법이 달라질 수 있다. 일반법인은 순손익가치와 순자산가치의 비중을 3:2로 하여 주식을 평가하나 부동산 과다보유법인은 2:3로 하여 이를 평가한다.

둘째, (상황2) 부동산이 차지하는 비율을 정할 때 재고자산과 건설 중에 있는 자산도 포함하는가?

부동산 과다보유법인 판정 시의 부동산은 재고자산을 포함한 투자자산이나 유형자산에 포함되어 있는 모든 부동산을 말한다.[13)]

☞ 신축판매업의 재고자산은 제외하는 것이 타당해 보인다. 이 재고자산은 투자자산 등의 성격과 다르기 때문이다.

셋째, (상황3) 만일 이 법인이 30억 원짜리 빌딩을 구입하는 경우 세무상 어떤 문제점이 발생할까?

현재 총자산이 100억 원이고 부동산이 30억 원이므로 부동산 비율은 30%가 된다. 그런데 만일 30억 원짜리 빌딩을 사면 어떻게 될까? 이 경우에는 구입자금을 어떤 식으로 조달하느냐에 따라 그 비율이 달라진다.

- 현금으로 구입하는 경우 → 부동산 비율은 60%가 된다.
- 부채로 구입하는 경우 → 부동산 비율은 46%가 된다.

왜 이러한 결과가 나올까?

이를 이해하기 위해서는 재무상태표의 원리를 이해할 수 있어야 한다.

현재 K법인의 재무상태표는 아래와 같다.

<table>
<tr><td rowspan="2">자산
(현금) 70억 원
(부동산) 30억 원</td><td>부채</td></tr>
<tr><td>자본</td></tr>
<tr><td>계 100억 원</td><td>계 100억 원</td></tr>
<tr><td>(부동산 비율 60%)</td><td></td></tr>
</table>

13) 비상장법인의 주식을 평가하기 위한 1주당 순자산가치의 산정은 「상속세 및 증여세법 시행령」 제55조의 규정에 의하여 평가기준일 현재 당해 법인이 보유하고 있는 자산(재고자산을 포함함)을 「상속세 및 증여세법」 제60조 내지 제66조의 규정에 의하여 평가한 가액에서 부채를 차감하는 것임(재재산 46014-47, 2002.2.22.). 다만, 법인의 장부가액 중 "건설 중인 자산"의 금액은 자산가액(토지·건물 및 부동산에 관한 권리)에 포함되지 아니하는 것이나, "건설 중인 자산"의 준공일(사용검사필증교부일), 임시사용승인일, 실제 사용개시일 중 가장 "빠른" 날이 양도일 현재 자산(토지·건물 및 부동산에 관한 권리)으로 포함되는 경우에는 그러하지 아니하는 것임(부동산-134, 2010.1.27. ; 부동산-573, 2012.10.25.).

그런데 만일 이를 현금으로 구입하면 아래와 같이 재무상태표와 부동산 비율이 바뀌게 된다.

자산 (현금) 40억 원 (부동산) 60억 원	부채 자본
계 100억 원	계 100억 원
(부동산 비율 60%)	

하지만 부채로 이를 구입하면 아래와 같이 재무상태표와 부동산 비율이 바뀌게 된다.

자산 (현금) 70억 원 (부동산) 60억 원	부채 30억 원 자본
130억 원	130억 원
(부동산 비율 46%)	

위에서 본 것처럼 구입자금을 어떤 식으로 조달하느냐에 따라 부동산 비율이 달라짐을 확인할 수 있다.

❷ 부동산 과다보유법인관련 세무리스크 관리법

부동산을 과다하게 보유한 법인은 일반법인에 비해 세법상의 불이익이 있다. 이하에서 이를 어떤 식으로 관리할 것인지에 대해 정리해보자. 부동산 과다보유법인에 대한 판정방법 및 기타 세부적인 사항은 제5편에서 살펴보자.

(1) 주식양도 시 높은 양도소득세율 적용

부동산 과다보유법인의 주식 양도차익에 대해서는 10~20%의 세율이 아닌 기본세율(6~45% 등)을 적용한다. 따라서 일반주식에 비해 더 많은 양도소득세를 부담할 가능성이 높다. 이에 대한 세부적인 요건을 알아보면 다음과 같다.

구 분	과점주주의 주식	특수업종 영위법인의 주식
업종	모든 업종	골프장 등 영위법인[14)]
부동산 비율	50% 이상	80% 이상
소유비율	50% 이상	제한 없음.
양도비율	50% 이상	1주만 양도해도 대상

한편 해당 법인의 자산총액 중 비사업용 토지가액의 비율이 50% 이상인 법인의 주식양도 시에는 위 기본세율에 10%p 등을 가산하여 과세한다. 만일 비사업용 토지에 대한 세율이 인상되면 이와 관련된 주식 양도소득세율도 인상될 것으로 보인다.

(2) 과점주주에 대한 간주취득세 부과

법인의 주식 과반을 초과해 차지하고 있는 과점주주의 주식이 증가되는 경우 취득세를 추가로 낼 수 있다. 이를 과점주주의 간주취득에 대한 취득세납부제도라고 한다. 부동산 과다보유법인에서 주식변동이 있는 경우 이 제도가 적용될 수 있으므로 사전에 주의해야 한다.

사례

설립당시 30%의 주식을 보유했으나 주식의 매수나 증자를 통해 60%의 주식을 보유하게 되었다면 취득세 납부의무가 있는가?

그렇다. 최초 과점주주가 된 때[15)]의 지분율 60%에 해당하는 취득세를 내야 한다. 그리고 과점주주가 된 이후라도 지분이 증가하면 증가된 지분율에 대해서 취득세를 내야 한다. 다만, 과점주주가 된 이후로써 지분이 감소되고 다시 증가한 경우에는 최종 지분율이 감소 전의 최고 지분율을 상회해야 납세의무가 발생한다.

참고로 과점주주가 된 때에 법인이 취득세 과세대상 자산을 보유하고 있지 않으면 과점주주는 취득세를 내지 않아도 된다. 그리고 이후에 법인이 취득한 부동산 등에 대해서는 지분율이 증가하지 않는 한 과점주주로서의 취득세 납부의무는 없다.

14) 골프장, 스키장, 휴양콘도미니엄, 전문휴양시설업을 말한다.

15) 단, 설립 시에 이미 과점주주가 된 경우에는 그 이후 지분율이 증가되지 않는 이상 간주취득에 대한 취득세 납세의무가 없다.

(3) 주식평가 시 평가액이 높게 나올 수 있음

「상속세 및 증여세법」에서는 비상장법인의 주식을 평가할 때 부동산 과다보유법인의 부동산 비율에 따라 주식평가방법을 달리 적용하고 있다. 주식평가액이 높을수록 주식관련 상속세나 증여세가 많이 나올 수 있다.

부동산 비율	내 용	비 고
50% 미만	1주당 순손익가치와 순자산가치의 비율 → 3 : 2	가중평균한 가액이 1주당 순자산가치에 100분의 80을 곱한 금액 보다 낮은 경우에는 1주당 순자산가치에 100분의 80을 곱한 금액을 비상장주식 등의 가액으로 한다.
50% 이상	1주당 순손익가치와 순자산가치의 비율 → 2 : 3	
80% 이상	순자산가치로만 평가	

부동산과 관련된 가산세 규정

부동산세금 중 국세 즉 법인세, 소득세(양도소득세 포함), 부가가치세 등에 대해 공통적으로 적용되는 가산세 규정을 알아보자.

1. 신고불성실가산세(국기법 제47조의2, 제47조의 3)

구 분	2007.1.1. 이후 양도
일반 무신고	산출세액 × 일반무신고과세표준 / 과세표준 × 20%(예정신고 누락 후 확정신고 시 10%)
부당 무신고	산출세액 × 부당무신고과세표준 / 과세표준 × 40%
일반 과소신고	산출세액 × 일반과소신고과세표준 / 과세표준 × 10%
초과환급신고	초과환급신고세액의 10%(부당 : 40%) * 납부세액발생은 과소신고가산세 적용

※ **부당한 방법 :** 국세의 과세표준 또는 세액계산의 기초가 되는 사실의 전부 또는 일부를 은폐하거나 가장하는 것에 기초하여 국세의 과세표준 또는 세액의 신고의무를 위반하는 것(예 : 허위계약서 작성)을 말한다.

2. 납부지연가산세(국기법 제47조의 4)

2003.1.1. ~ 2019.2.12.	2019.2.12. 이후 ~ 현재
미달세액 × 경과일수 × 3/10,000	미납세액 × 경과일수 × 2.2/10,000('22 이후 적용)

국세부과 제척기간

사 유	일반조세(법인세, 부가가치세 등)	상속세 및 증여세
시기나 그밖의 부정한 행위로 국세를 포함하거나 환급·공제 받은 경우	10년	15년(단, 포탈 재산가액이 50억 원을 초과하는 경우 안날로부터 1년)
법정신고기한까지 과세표준신고서를 제출하지 아니한 경우	7년	15년
기타의 경우	5년	10년

필수 세무상식 재무상태표와 손익계산서 구조의 이해

앞으로 부동산과 관련하여 다양한 세무회계상의 문제점을 해결하기 위해서는 재무상태표와 손익계산서에 대한 지식이 있어야 한다. 이하에서 재무제표 중 재무상태표(대차대조표)와 손익계산서에 대한 기본적인 지식을 습득해보자.

1. 재무상태표

재무상태표는 일정 시점에 법인의 재무상태를 보여주는 표를 말한다. 오른쪽의 부채와 자본으로 조달된 자금이 왼쪽의 자산에 어떤 식으로 투자되었는지를 보여준다. 따라서 왼쪽의 자산 계와 오른쪽의 부채와 자본 합계액은 항상 일치한다.

<table>
<tr><td rowspan="2">자산
Ⅰ. 유동자산
1. 당좌자산
현금
매출채권
(대손충당금)
2. 재고자산
건물
토지
Ⅱ. 비유동자산
1. 투자자산
건물
토지
2. 유형자산
건물
(감가상각누계액)
토지
3. 무형자산
4. 기타비유동자산</td><td>부채
Ⅰ. 유동부채
1. 외상매입금
2. 예수금
Ⅱ. 비유동부채
1. 장기차입금</td></tr>
<tr><td>자본
Ⅰ. 자본금
Ⅱ. 자본잉여금
1. 주식발행초과금
2. 감자차익
Ⅲ. 자본조정
1. 주식발행할인차금
Ⅳ. 기타포괄적손익누계액
1. 매도가능증권평가손익
Ⅴ. 이익잉여금
1. 법정적립금
2. 차기이월이익잉여금(당기순이익 포함)</td></tr>
<tr><td>자산 계</td><td>부채와 자본 계</td></tr>
</table>

부동산과 관련해서는 자산에 대한 계정과목 분류가 중요하다. 법인이 부동산을 보유하고

자 하는 목적에 따라 재고자산, 투자자산, 유형자산으로 크게 구분된다.

2. 손익계산서

손익계산서는 사업연도 중에 발생한 모든 수익과 비용을 기업회계기준에 따라 회계처리를 하여 당기순이익을 산출하는 과정을 보여주는 표를 말한다.

구 분	금 액
매출	
- 매출원가 재고자산	
= 매출총이익	
- 일반관리비 임직원급여 광고비 임차료 기타비용	
= 영업이익	
+ 영업외수익 투자자산처분이익 유형자산처분이익	
- 영업외비용 이자비용	
= 법인세비용차감전순이익	
- 법인세비용	
= 당기순이익	

손익계산서는 세금의 크기를 직접적으로 결정한다. 당기순이익에 세무조정[16]을 한 과세소득에 대해 법인세가 과세되기 때문이다. 부동산의 경우 아래와 같은 유형의 손익이 발생한다.

16) 세무조정은 기업회계상의 당기순이익과 회계이익을 일치시키는 작업 과정을 말한다. 이에 대한 자세한 내용은 저자의 「회사 세무리스크 관리노하우」를 참조하기 바란다.

• 신축판매업 또는 매매업의 부동산양도 → 매출총이익 또는 매출총손실
• 일반법인이 부동산을 처분하는 경우 → 영업외수익(투자자산은 투자자산처분이익, 유형자산은 유형자산처분이익) 또는 영업외비용으로 처리

Tip

■ **법인(회사)부동산에 대한 세무상 이슈**

법인(회사)이 보유하고 있는 부동산과 관련된 주요 이슈는 아래와 같다.

1. 재무상태표 측면

재무상태표 측면에서 가장 중요한 것은 해당 부동산을 어느 계정과목으로 분류하느냐 하는 것이다. 부동산과 관련된 계정과목은 재고자산과 투자자산 그리고 유형자산으로 분류할 수 있는데 분류에 따라 세무상 취급이 달라질 수 있기 때문이다. 만일 주택을 임대목적으로 분류한다면 유형자산이 될 것이고 매매목적으로 분류한다면 재고자산이 될 것이다. 계정과목은 법인이 보유목적에 따라 정할 수 있다. 이렇게 계정과목이 결정되면 취득세를 포함한 부대비용을 취득가액에 가산하는 등 후속업무에 만전을 기하는 것이 좋다. 이때 취득세 중과세와 건설자금이자 등의 처리법에도 주의해야 한다. 한편 향후 부동산을 보유하는 과정에서 가치가 변동할 수 있다. 이러한 부분을 어떤 식으로 재무제표에 반영해야 하는 지에도 관심을 둘 필요가 있다.

2. 손익계산서 측면

부동산 보유 시에는 재산세나 종합부동산세 등이 부과되며, 임대 중에는 임대소득에 대한 법인세와 부가가치세 등이 발생한다. 그리고 이를 처분할 때에는 일반법인세 외에 추가법인세가 발생할 수 있는데 이러한 관점에서 다양한 세무관리 활동이 필요하게 된다. 한편 세후 이익은 향후 배당 등의 재원으로 사용되는데 배당을 어떤 식으로 관리해야 하는지 등에도 관심을 둬야 한다.

제 2 장

부동산 세목별 세무리스크 관리법

앞 장에서 살펴본 부동산 세무리스크의 실체는 CEO와 실무자들의 관점에서 살펴보면 상당히 심각한 것들이 될 수 있다. 따라서 기업경영을 원활히 하기 위해서는 이에 대한 관리법을 제대로 알고 있어야 한다. 본 장에서는 세목별로 부동산 세무리스크를 관리하는 방법을 살펴본다.

본 장에서 살펴볼 주요 내용들은 아래와 같다.

- 부동산 세목별 세무리스크 진단
- 취득세관련 세무리스크 관리법
- 보유세관련 세무리스크 관리법
- 양도소득세관련 세무리스크 관리법
- 종합소득세관련 세무리스크 관리법
- 법인세관련 세무리스크 관리법
- 부가가치세관련 세무리스크 관리법
- 취득세 중과세 규정 분석
- 부동산 세율체계

부동산 세목별 세무리스크 진단

CEO와 실무자들은 부동산 세목별로 발생할 수 있는 세무리스크의 존재를 점검하고 이에 문제가 있는 경우에는 적극적으로 대책을 세워야 한다. 아래에서 진단을 해보고 대책을 세워보자.

STEP1 각 항목별 체크

아래 해당되는 곳에 '○, ×' 표시를 한다.

구분	상 황	해당 여부
1	취득세 과세대상의 범위를 알고 있다.	
2	취득세 중과세제도에 대해 정확히 알고 있다.	
3	법인도 종합부동산세를 내야 함을 알고 있다.	
4	종합부동산세를 안 내는 방법을 알고 있다.	
5	양도소득세에 대한 전반적인 내용을 알고 있다.	
6	종합소득세에 대한 과세원리를 알고 있다.	
7	추가법인세제도를 알고 있다.	
8	부가가치세가 발생하는 경우를 알고 있다.	
9	법인에 부과되는 지방소득세를 어떤 식으로 신고하는지 알고 있다.	
10	상속·증여세율 체계를 알고 있다.	

STEP2 대책수립

위에서 파악된 '×'표시에 따라 다음과 같이 대책을 세운다.

- ×표시가 7개 이상 → 부동산 세목별로 발생하는 세무리스크에 대한 이해가 전혀 안되어 있다. 따라서 지금 당장 이에 대한 대비책을 세우도록 한다.
- ×표시가 4~6개 → 부동산 세목별로 발생하는 세무리스크에 대한 이해가 어느 정도 되어 있다. 따라서 현행의 제도를 정비하고 부족한 부분을 보완한다.
- ×표시가 3개 이하 → 부동산 세목별로 발생하는 세무리스크에 대한 이해가 되어 있다. 현행의 제도를 유지한다.

제2절 취득세관련 세무리스크 관리법

법인 등이 부동산과 관련된 사업을 하는 경우에 발생하는 세금 중 가장 중요한 세목은 취득세, 부가가치세, 법인세(개인은 소득세)이다. 따라서 이러한 세금들을 잘 다루는 것은 실무에서 매우 중요하다. 하지만 실무능력을 제고시키기 위해서는 보유세 같은 세목도 잘 알아둬야 한다. 지금부터는 취득세를 필두로 하여 이들에 대한 세무리스크 발생 사례 및 이에 대한 관리법을 차례대로 알아보자.

1 취득세관련 세무리스크 발생 사례1

K씨는 부동산을 취득해 이를 적절한 시기에 양도하고자 한다. 각 상황별로 답을 하면?

자료

- ○ 주택 예상취득가액 : 3억 원(전용면적 85㎡ 초과)
- ○ 업무용 오피스텔 예상취득가액 : 3억 원

- 상황1 : 취득세는 어떤 세금인가?
- 상황2 : K씨가 개인자격으로 위 부동산을 취득하면 관련세금은 얼마인가? 단, 세율은 1~3%와 8~12%를 적용한다.

상황에 대한 답을 찾아보면 다음과 같다.

첫째, (상황1) 취득세는 어떤 세금인가?

취득세는 부동산, 차량, 기계장비, 항공기, 선박, 입목, 광업권, 어업권, 양식업권, 각종 회원권을 취득한 자에게 부과하는 세목에 해당한다. 따라서 이러한 재산에 대해 취득행위가 발생하면 취득세 납세의무가 발생한다. 여기서 취득의 개념이 중요하다.

「지방세법」 제6조 제1호에서 정하고 있는 취득의 개념을 표로 정리하면 다음과 같다.

구 분	유상취득	무상취득
원시취득[17]	건축물[18]의 신축·증축·재축·이축, 토지의 공유수면매립·간척 등	「민법」상 시효취득
승계취득	매매, 교환, 현물출자[19], 대물변제, 위자료, 부담부 증여	상속(유증 포함), 증여, 합병 등
간주취득	지목변경, 과점주주 취득, 건축물의 개수[20]	

이러한 취득세 과세대상은 상당히 중요한 개념에 해당하므로 「지방세법」 관련 규정을 정교히 검토해야 한다.

둘째, (상황2) K씨가 개인자격으로 위 부동산을 취득하면 관련세금은 얼마인가?

단, 세율은 1~3%와 8~12%를 적용한다. 사례의 경우 주택과 업무용 오피스텔에 대한 취득세는 다음과 같이 부과된다.

구 분	총 취득세				총 취득세
	취득세	농어촌특별세	지방교육세	계	
주택	1%	0.2%	0.1%	1.3%	390만 원
	8%	0.6%	0.4%	9%	2,700만 원
	12%	1.0%	0.4%	13.4%	4,020만 원
업무용 오피스텔	4%	0.2%	0.4%	4.6%	1,380만 원

주택은 일반적으로 세율이 낮으나, 다주택자가 취득한 경우에는 8~12%까지 세율이 올

17) 원시취득은 없던 권리를 처음으로 취득하는 것을 승계취득은 권리를 유상으로 취득한 것을 말한다. 간주취득은 소유권 취득과는 무관하지만 사실상 취득한 것으로 간주하는 것을 말한다.

18) "건축물"이란 「건축법」 제2조 제1항 제2호에 따른 건축물(이와 유사한 형태의 건축물을 포함한다)과 토지에 정착하거나 지하 또는 다른 구조물에 설치하는 레저시설, 저장시설, 도크(dock)시설, 접안시설, 도관시설, 급수·배수시설, 에너지 공급시설 및 그 밖에 이와 유사한 시설(이에 딸린 시설을 포함한다)로서 대통령령으로 정하는 것을 말한다(「지방세법」 제6조 제4호).

19) 법인설립 시나 자본금 증자 시에 현금 대신에 물건으로 자본금으로 출자하는 것을 말한다.

20) "개수"란 다음 각 목의 어느 하나에 해당하는 것을 말한다(「지방세법」 제6조 제6호).
가. 「건축법」 제2조 제1항 제9호에 따른 대수선
나. 건축물 중 레저시설, 저장시설, 도크(dock)시설, 접안시설, 도관시설, 급수·배수시설, 에너지 공급시설 및 그 밖에 이와 유사한 시설(이에 딸린 시설을 포함한다)로서 대통령령으로 정하는 것을 수선하는 것

라간다. 여기서 12%는 1세대 2주택 상태에서 조정대상지역 내의 시가표준액 1억 원 초과의 주택을 추가로 취득할 때 적용된다(「지방세법」 제13조의2, 2020.8.12. 신설).

2 취득세관련 세무리스크 발생 사례2

앞 사례의 부동산을 법인이 취득하였다고 하자. 그리고 이 부동산에 대해서는 「지방세법」 제13조에서 규정하고 있는 과밀억제권역 안 취득에 따른 취득세 중과세가 적용된다고 하자. 각 상황별로 답을 하면?

- 상황1 : 이 규정에 의한 취득세 중과세는 무슨 제도일까?
- 상황2 : 부동산을 취득하여 매매할 경우 이 규정에 의한 취득세 중과세 요건은?
- 상황3 : 사례의 경우 취득세 중과세율은?

상황에 대해 순차적으로 답을 찾아보자.

첫째, (상황1) 이 규정에 의한 취득세 중과세는 무슨 제도일까?

중과세는 일반세율에 비해 세금을 무겁게 과세하는 제도를 말한다. 세금을 무겁게 하는 이유는 부동산취득자들에게 부담을 주어 부동산취득을 억제하려는 취지가 있다. 주로 사치성 재산이나 수도권 과밀억제권역 내에서 부동산을 취득하는 경우 이 제도가 적용되고 있다.

둘째, (상황2) 부동산을 취득하여 매매할 경우 이 규정에 의한 취득세 중과세 요건은?

이는 전형적인 부동산매매업으로써 취득세가 중과세되기 위해서는 아래와 같은 요건을 동시에 충족해야 한다.

- 법인은 수도권 과밀억제권역(산업단지는 제외)[21] 내에서 설립(이전도 포함하며 지점을 포함함)되어야 한다.
- 수도권 과일억제권역 내에서 설립된 지 5년이 경과되지 않아야 한다.
- 수도권 과밀억제권역 내의 부동산을 취득해야 한다.
- 중과세에서 제외되는 업종(예 : 주택건설업, 주택임대업 등)에 해당되지 않아야 한다.

---

21) 수도권 과밀억제권역 : 서울, 경기도의 시 등을 말한다. 이에 대한 범위는 「수도권정비계획법(법제처 홈페이지 검색가능)」에서 정하고 있다. 참고로 과밀억제권역이라도 산업단지의 경우에는 취득세 중과세를 제외한다. 서울의 경우 구로가산디지털산업단지가 있다(취득 전 관할 지자체 문의요망).

셋째, (상황3) 사례의 경우 취득세 중과세율은?

일반적으로 수도권 과밀억제권역 내에서 5년이 경과하지 않는 법인이 이 지역 내의 부동산을 취득하면 취득세 중과세가 적용된다. 사례의 주택과 오피스텔을 살펴보면 다음과 같다.단, 해당 주택(시가표준액 1억 원 이하 가정. 초과 시는 무조건 12% 적용)은 중과세를 벗어나기 위해 주택임대등록을 했다고 하자. 이렇게 되면 중과세율이 아닌 1~3%를 적용받게 된다.

구 분		취득세			농어촌특별세	지방교육세	합계
		표준세율	가산	계	2% × 10%	아래 참조	
5년 미경과한 법인의 유상취득	주택	1~3%[22]	4%	5~7%	0.2%[23]	0.3.~0.9%	5.3~8.1%
	주택 외 부동산	4%	4%	8%	0.2%	1.2%	9.4%
	참고 : 신축 (원시취득)	2.8%	4%	6.8%	0.2%	0.48%	7.48%

3 취득세관련 세무리스크 발생 사례3

앞 사례에서의 주택을 법인이 취득하였는데 이때 최근 신설된 「지방세법」 제13조의2가 적용된다고 하자. 각 상황별로 답을 하면?

- 상황1 : 이 규정에 의한 취득세 중과세는 무슨 제도일까?
- 상황2 : 이 규정에 의한 취득세 중과세 요건은?
- 상황3 : 과밀억제권역 안 취득에 따른 중과규정과 이 규정의 관계는 어떻게 되는가?
- 상황4 : 사례의 취득세 중과세율은?

상황에 대해 순차적으로 답을 찾아보자.

22) 종전 주택에 대한 취득세율은 6억 원 이하는 1%, 6~9억 원 이하는 2%, 9억 원 초과분은 3%가 적용되고 있다. 그런데 6억 원 및 9억 원에서 조금만 취득가액이 증가해도 세액이 큰 폭으로 증가하는 문턱효과를 해소하여 거래가격을 조작하려는 유인을 제거하고, 세부담을 합리화하기 위해 2020년 이후부터 6억 원 초과~9억 원 이하의 구간에 해당하는 세율을 아래와 같이 적용한다. 나머지 구간은 현행과 같다.
Y = X × (2/3억 원) − 3(여기서 X는 취득가액을, Y는 세율을 말한다. 소수점 다섯째 자리에서 반올림한다) 예를 들어 취득가액(X)이 7.5억 원인 경우 '(7.5억 원 × (2/3억 원) − 3) × 100%'로 계산하면 세율(Y)은 2%가 된다.

23) 전용면적 85㎡ 이하 주택은 농어촌특별세(농특세)가 비과세된다. 그리고 이 농특세는 취·등록세가 통합되기 전에는 중과세가 적용되지 않았으나, 이후에 신설된 주택 취득세 중과 시에는 이를 적용하고 있다(법리상 문제 있음).지방교육세는 주택의 경우 '1~3% × 1/2 × 지방교육세율 20% × 3배'에서 0.4%로 단일화해 중과세를 적용한다. 농특세에 대한 자세한 내용은 이 장의 '필수 세무상식'을 참조하기 바란다.

첫째, (상황1) 이 규정에 의한 취득세 중과세는 무슨 제도일까?

이는 2020년 7 · 10대책에 의해 2020년 8월 12일부터 시행되고 있는 규정으로, 법인 등이 투자용으로 주택을 취득하면 주택 수와 관계없이 취득가액의 12%로 과세하는 제도를 말한다. 이는 개인에게도 적용되는데 주로 다주택을 보유한 상태에서 주택을 취득한 경우에 적용된다. 개정된 내용을 표로 요약하면 아래와 같다.

세 율			
개인	1주택	주택 가액에 따라 1~3%	
	2주택	조정대상지역 8% (일시적 2주택은 1~3%)	비조정대상지역 1~3%
	3주택	조정대상지역 12%	비조정대상지역 8%
	4주택 이상		비조정대상지역 12%
법 인		12%(사택 등은 제외)	

둘째, (상황2) 이 규정에 의한 취득세 중과세 요건은?

이 규정에 따라 법인이 취득한 주택에 대해 취득세가 중과세되기 위해서는 아래와 같은 요건을 충족해야 한다.

- 법인(법인으로 보는 단체, 법인 아닌 사단 · 재단 등 개인이 아닌 자를 포함)이 주택을 취득해야 한다.
- 「지방세법 시행령」 제28조의2에서 정하고 있는 중과세에서 제외되는 주택에 해당하지 않아야 한다. 이에는 시가표준액 1억 원 이하인 주택, 농어촌 소재 주택, 건설사업자의 멸실 예정인 주택, 60㎡ 이하의 사원용 주택 등이 해당한다.

셋째, (상황3) 과밀억제권역 안 취득에 따른 중과규정과 이 규정의 관계는 어떻게 되는가?

전자는 「지방세법」 제13조, 후자는 제13조의2로 각각 규정되어 있다. 이때 세율은 전자는 표준세율에 4%가 가산되고, 후자는 8%가 가산된다. 즉 후자의 세율이 훨씬 높다. 따라서 법인이 취득한 주택에 대해서는 어떤 세율을 적용할 것인지가 중요한데, 「지방세법」 제13조 제2항에서는 법인이 주택을 취득하면 제13조의2의 규정을 적용하도록 하고 있다. 따라서 주택에 대해서는 원칙적으로 12%가 적용된다. 다만, 시가표준액 1억 원 이하의 주택 등은 이 규정에 의한 취득세 중과세를 적용하지 않으므로 일반세율 1~3%가 적용된다. 물론 이러한 주택에 대해서는 「지방세법」 제13조에 규정된 과밀억제권역 안의 취득에 대한 중과규정을 적용받는다(49페이지 사례 참조). 한편 법인이 사치성 재산 중 중과주택인 별장이나 고급주택을 취득하면 12%에 8%를 가산해 20%를 적용한다(「지방세법」 제13조의2 제3항).

넷째, (상황4) 사례의 취득세 중과세율은?

사례의 주택은 일반주택에 해당한다. 따라서 시가표준액이 1억 원 넘는다면 아래와 같이 세율이 결정된다.

구 분	취득세율	농어촌특별세	지방교육세	계
법인의 주택 취득	12%	1%	0.4%	13.4%

이처럼 법인이 시가표준액 1억 원을 초과한 주택을 취득하면 취득세율이 12%로 결정된다. 이외 농특세는 취득세 표준세율 4%의 1/2인 2%와 중과세율 8%를 더한 10%에 농특세율 10%를 곱한 1%가 적용된다. 한편 지방교육세는 주택에 대한 취득세가 중과세되는 경우 0.4%를 더하도록 최근에 개정되었다(「지방세법」 제151조 제1항 제1호 나목). 참고로 앞에서 본 농특세를 1%로 적용하는 것은 법리상 문제가 있다. 「농특세법」 제5조 제1항 제6호에 따라 농특세율이 결정되는데, 「지방세법」 제13조에 따라 취득세 중과세가 적용되면 0.2%, 제13조의2에 따라 취득세 중과세가 적용되면 1%가 되기 때문이다. 하루빨리 입법적인 보완이 필요해 보인다.

4 취득세관련 세무리스크 관리법

취득세와 관련된 세무리스크 관리법을 정리하면 아래와 같다.

(1) 취득개념에 주의

앞에서 보았지만 취득개념은 생각보다 그 범위가 넓다. 취득세가 부과되는 "취득"이란 매매, 교환, 상속, 증여, 기부, 법인에 대한 현물출자, 건축, 개수, 공유수면의 매립, 간척에 의한 토지의 조성 등과 그 밖에 이와 유사한 취득으로서 원시취득(수용재결로 취득한 경우 등 과세대상이 이미 존재하는 상태에서 취득하는 경우는 제외한다), 승계취득 또는 유상·무상의 모든 취득을 말하기 때문이다. CEO와 실무자들은 이러한 취득의 개념을 이해하고 구체적으로 어떤 대상에 대해 취득세가 부과되는지 이를 잘 구분할 필요가 있다. 특히 지목 변경이나 과점주주의 취득, 건축물의 개수에 대해서도 취득세가 나올 수 있음에 유의해야 한다. 취득세 중과세에 대해서는 이 장의 마지막 부분에서 상세히 분석한다.

(2) 취득세 중과세에 유의

취득세와 관련된 세무리스크 중 가장 으뜸이 되는 것은 바로 취득세 중과세규정이다. 이에 해당하면 상당한 양의 취득세를 내야 하기 때문이다. 따라서 부동산을 취득하기 전에 중과세 적용여부를 검토해야 하고, 취득 후 5년 내에 취득세 중과세가 적용될 수 있음에도 관심을 둬야 한다.

(3) 취득세 감면을 받은 경우 추징에 유의

지식산업센터용 부동산이나 기업부설연구소 등을 취득할 때 취득세의 일부를 감면받은 경우가 있다. 그런데 이를 감면받은 후에 「지방세특례제한법」에서 정하고 있는 사후관리 요건을 위반한 경우에는 감면받은 취득세를 추징한다. 예를 들어 지식산업센터를 취득해 취득세 감면을 받은 경우 아래와 같은 행위가 발생하면 감면세액을 추징한다.

- 정당한 사유 없이 그 취득일부터 1년이 경과할 때까지 해당 용도로 직접 사용하지 아니하는 경우
- 그 취득일부터 5년 이내에 매각·증여하거나 다른 용도로 사용하는 경우

Tip

■ 부동산 법인의 과밀억제권역 안 취득에 따른 취득세 중과세 해법

수도권 과밀억제권역(산업단지는 제외) 내에서 설립된 지 5년이 경과되지 않은 법인이 주택 등을 투자목적으로 이 지역 내의 부동산을 취득하면 취득세가 중과세되는 것이 일반적이다. 그렇다면 이러한 중과세에서 벗어나는 방법들에는 어떤 것들이 있을까?[24)]

첫째, 수도권 과밀억제권역을 벗어난 지역에서 법인을 설립한다.[25)]
법인이 취득한 부동산에 대한 취득세 중과세규정은 수도권 과밀억제권역 내에 설립된 법인에 대해 적용된다. 이 제도는 수도권 인구집중을 억제한다는 취지하에 마련된 것이기 때문이다. 따라서 수도권 과밀억제권역을 벗어나 법인을 설립하면 이러한 중과세

24) 취득세 중과세 규정에 대한 자세한 내용은 이 장의 마지막부분에서 살펴본다.
25) 수도권 과밀억제권역 외의 지역에서 본점을 설립해 두고 실제 사업은 이 지역 내에서 하는 경우 취득세 중과세가 적용될 수 있음에 유의해야 한다.

를 피할 수 있게 된다. 이외에 산업단지 내에서 설립된 법인이 취득해도 역시 중과세를 적용받지 않게 된다(서울은 구로가산디지털단지가 이에 해당함).

※ 수도권 과밀억제권역 범위

수도권	수도권 과밀억제권역
서울특별시, 인천광역시, 경기도	서울특별시, 인천광역시(강화군, 옹진군, 서구 대곡동·불로동·마전동·금곡동·오류동·왕길동·당하동·원당동, 인천경제자유구역 및 남동 국가산업단지는 제외한다), 의정부시, 구리시, 남양주시(호평동, 평내동, 금곡동, 일패동, 이패동, 삼패동, 가운동, 수석동, 지금동 및 도농동만 해당한다), 하남시, 고양시, 수원시, 성남시, 안양시, 부천시, 광명시, 과천시, 의왕시, 군포시, 시흥시[반월특수지역(반월특수지역에서 해제된 지역을 포함한다)은 제외한다]

둘째, 이 지역 내에서 설립된 지 5년이 경과한 법인을 인수한다(단, 휴면법인은 제외).
만일 수도권 과밀억제권역 내에 법인이 있어야 한다면 업무실적이 5년이 넘는 법인을 인수하는 방법을 생각해볼 수 있다. 이때 주의할 것은 「지방세법 시행령」 제27조 제1항에서 정하고 있는 휴면법인(해산법인, 해산간주법인, 폐업법인, 법인 인수일 이전 2년 이상 사업 실적이 없고, 인수일 전후 1년 이내에 인수법인 임원의 100분의 50 이상을 교체한 법인 등)은 해당사항이 없다는 것이다.

셋째, 이 지역 밖의 부동산을 매입한다.
이 지역 내에서 설립된 법인으로써 설립된 지 5년이 미경과된 경우라도 이 지역 밖의 부동산을 매입하면 중과세를 벗어날 수 있다. 예를 들어 서울에서 법인을 설립한 후 부산에 있는 부동산을 취득하면 설립경과연수와 관계없이 취득세 중과세를 적용하지 않는다는 것이다.

넷째, 중과세가 적용되지 않은 업종[26]을 영위한다(예 : 주택임대업, 주택건설업).
법인경력이 짧은 경우에는 취득세 중과세를 적용받을 수 있다. 다만, 이때 중과세를 배제하는 업종에 해당하면 이를 적용하지 않는데, 대표적으로 주택임대업이 있다. 물론 이에 대한 중과세를 적용받지 않기 위해서는 「민간임대주택법」에 따라 관할 시·군·구청에 등록한 후 4년(또는 8·10년) 이상 의무적으로 임대해야 한다.

다섯째, 개인 명의로 부동산을 취득하는 것도 하나의 대안이 된다.
취득세 중과세제도는 개인이 아닌 법인에 대해서만 적용된다. 따라서 개인 명의로 이를 취득하면 중과세를 적용받지 않는다.

26) 「지방세법 시행령」 제26조
아래에 대해서는 대도시 법인 중과세를 적용하지 않는다.
3. 주택건설사업(주택건설용으로 취득한 후 3년 이내에 주택건설에 착공하는 부동산만 해당한다)
31. 「민간임대주택법」 제5조에 따라 등록을 한 임대사업자 등

☞ 취득세 중과세의 관점에서 보면 분명히 개인으로 취득하는 것이 유리하다. 하지만 부동산 양도소득세 중과세나 기타 다른 요소를 감안하면 오히려 법인이 유리한 경우가 있다. 따라서 부동산을 취득하기 전에 개인으로 취득할 것인지 법인을 설립하여 취득할 것인지 등을 정교하게 검토하는 것이 중요하다.

■ 부동산 법인의 주택 취득에 따른 취득세 중과세 해법

2020년 8월 12일 이후에 다주택자와 법인이 주택을 취득하면 취득세가 최고 12%까지 부과된다. 그렇다면 이에 대해서는 어떤 식으로 관리를 해야 할까?

「지방세법」 제13조의2 규정에 따른 주택 취득세 중과세는 과밀억제권역 내 신설법인 등과는 무관하게 무조건 12%가 적용되는 것이 원칙이다. 따라서 주택임대사업자등록을 하더라도 이 규정에 따른 12%를 벗어날 수 없다. 다만, 「지방세법 시행령」 제28조의2에서 아래와 같이 열거가 되어 있어야 중과세를 적용하지 않는다(이 장의 '필수 세무상식' 참조).

- 시가표준액 1억 원 이하의 주택(단, 정비구역 내의 주택은 제외)
- 건설사업자의 멸실 예정인 주택
- 사원용 주택 등

■ 법인의 주택 취득세 관리법

법인이 보유한 주택도 「지방세법」 제11조 제1항 제8호에 따라 1~3%로 부과되는 것이 원칙이다. 하지만 해당 취득이 「지방세법」 제13조와 동법 제13조의2에 해당하면 취득세 중과세를 적용받을 수 있다. 따라서 주택에 대한 취득세는 앞으로 3가지 규정을 검토해야 한다.

1. 「지방세법」 제11조 제1항 제8호

   법인이 주택을 취득하면 거래가액에 따라 1~3%가 적용된다.

2. 「지방세법」 제13조 제2항

   과밀억제권역 내에서 설립된 지 5년이 미경과한 법인이 이 지역 내의 주택을 취득하면 12%의 중과세율을 적용한다. 다만, 대도시 내 중과배제업종에 해당하는 경우에는 이 규정에 의한 중과세를 적용하지 않는다. 이에는 주택임대업 등이 있다. 한편 일반법인의 주택취득에 대해서는 「지방세법」 제13조가 아닌 아래의 제13조의2를 적용한다.

3. 「지방세법」 제13조의2 제1항 제1호

   법인이 주택을 취득한 경우에는 「지방세법」 제13조의2를 적용한다. 다만, 시가표준액 1억 원 이하의 주택 등에 대해서는 취득세 중과세를 적용하지 않는다(단, 대도시 내 설립된 지 5년 미경과한 법인은 12% 적용).

사례

서울에서 설립된 지 5년이 미경과한 법인이 이 지역에서 1억 원 이하의 주택을 취득하면 취득세율은 어떻게 결정될까?

시가표준액 1억 원 이하의 주택은 2020년 8월 12일에 신설된 「지방세법」 제13조의2 규정에 따른 12%를 적용하지 않는다. 따라서 이 경우에는 원칙적으로 「지방세법」 제11조 제1항 제8호에 따른 1~3%의 세율이 적용된다. 그런데 이 법인이 설립된 지 5년이 안된 상태에서 이 지역 내의 부동산을 취득한 것에 해당하면, 「지방세법」 제13조의 규정에 따라 취득세가 중과세된다. 이때 중과세율은 제13조의2 제1항 제1호에 해당하는 세율 즉 12%를 적용한다(2020.8.12. 개정). 물론 이러한 중과세를 적용받지 않으려면 「지방세법」 제13조 제2항에서 정하고 있는 대도시내 중과배제업종을 영위해야 한다. 여기에는 주택임대업 등이 있다.

※ 저자 주

최근 시가표준액 1억 원 이하 주택에 대한 개인 및 법인의 매수가 많아지자 이에 대한 취득세율을 대폭 올릴 가능성이 점쳐지고 있다. 한편 주택에 대한 추가 법인세율이 20%에서 50% 등으로 상향조정될 가능성도 있어 보인다. 확정 여부는 별도로 확인하기 바란다.

☞ 2022년 1월 현재 위의 안들은 국회를 통과하지 못했다. 그 이유는 부동산시장이 어느 정도 안정화되었고 이 제도의 도입으로 선의의 피해자를 양산할 수 있다는 우려가 있었기 때문이었다.

제3절 보유세관련 세무리스크 관리법

개인이든 법인이든 부동산을 보유하고 있으면 보유세를 내야 한다. 여기서 보유세란 재산세와 종합부동산세를 의미한다. 그런데 기업이 보유한 부동산의 규모가 크면 보유세 부담이 만만치가 않다. 이런 기업일수록 보유세 내용을 소상히 파악하고 있어야 한다. 이하에서는 보유세관련 세무리스크 발생 사례 및 이의 관리법을 파악해보자.

1 보유세관련 세무리스크 발생 사례

사례

K법인은 2018년 1월 초에 다세대 주택 8채를 지어서 준공검사를 마쳤으나 모두 분양이 되지 않았다. 이 경우 K법인은 어떻게 해야 종합부동산세를 내지 않는가?

미분양 주택은 과세기준일 현재 주택신축판매업으로 사업자등록을 한 후 분양 또는 판매를 목적으로 건축하여 당해 주택건설사업자가 보유하고 있는 주택을 말한다. 이러한 주택은 부득이하게 보유한 경우가 많으므로 세법은 5년 정도는 종합부동산세 과세대상에서 제외를 해준다. 통상 9.16.~30. 사이에 관할 세무서에 합산배제 신청을 한다.

사례

L법인은 주택건설용 토지를 매입하고자 한다. 그런데 당장 착공을 들어가기 힘들다. 이 경우 보유세는 어떤 식으로 과세될까?

일반적으로 주택을 짓기 위해 주택건설사업자(정비사업시행자 포함)가 토지를 구입한 경우에는 재산세가 분리과세되는 토지에 해당한다. 즉 이러한 토지는 사업용 토지에 해당하므로 저율로 과세하는 것이 바람직하다. 이에 맞춰 종합부동산세도 부과되지 않는다. 다만, 여기서 주의할 것은 이 토지는 사업계획승인을 받아야 분리과세가 된다는 점이다. 사업계획승인을 받지 않으면 일반 대지로 보아 재산세가 종합합산과세되는 것이 원칙이다. 이렇게 되면 재산세가 많아질 수 있다. 참고로 「주택법」상 사업계획승인을 받은 후에 사업을 추진하지 아니함으로써 사업계획승인이 취소된 경우에는 토지분 재산세를 소급하여 종합합산이나 별도합산차액을 추징할 수 없다.

사례

주택건설사업자로서 주택신축용 토지를 보유하고 있으나 아직 사업계획승인을 받지 못했다고 하자. 이 경우 합산배제 신청을 하면 종합부동산세는 과세에서 제외될까?

재산세가 분리과세되지 않는 토지는 종합부동산세가 과세되는 것이 원칙이다. 하지만 「종합부동산세법」에는 「주택법」에 따른 주택건설사업자 등록을 하지 아니하거나 주택건설사업자가 해당 토지를 취득한 날부터 5년 이내에 사업계획의 승인을 받지 못하는 경우에는 종합부동산세가 과세된다고 한다(종부－50, 2009.12.23.). 따라서 토지 취득 후 5년 정도를 종합부동산세 과세에서 제외해주고 있다.

2 보유세관련 세무리스크 관리법

보유세와 관련해 발생하기 쉬운 세무리스크에 대한 관리법을 정리하면 다음과 같다.

(1) 보유세 납세의무자

보유세는 보유하고 있는 부동산에 대해 부과되는 세금이다. 재산세는 지방세, 종합부동산세는 국세로 되어 있다. 매년 6월 1일 현재 소유권이 있는 개인과 법인에게 과세한다. 법인도 종합부동산세를 부과받는다는 점에 유의해야 한다.

(2) 보유세 과세대상

보유세의 과세대상을 살펴보면 다음과 같다.

<table>
<tr><th colspan="2">구 분</th><th>재산세 과세대상</th><th>종합부동산세 과세대상</th></tr>
<tr><td colspan="2">주택</td><td>① 주택
② 별장</td><td>○(6억 원)
×</td></tr>
<tr><td rowspan="2">토지[27)]</td><td>분리과세</td><td>① 저율분리과세 : 전, 답, 과수원, 목장용지, 임야 중 일부 토지
② 고율분리과세 : 골프장, 고급오락장용 부속토지
③ 기타분리과세 : 공장용지, 주택건설용 용지 등</td><td>×</td></tr>
<tr><td>별도합산</td><td>① 영업용 건축물의 부속토지로 기준면적 이내 토지
② 건축물이 없더라도 건축물의 부속토지로 보는 토지 등</td><td>○(80억 원)</td></tr>
</table>

<table>
<tr><th colspan="2">구 분</th><th>재산세 과세대상</th><th>종합부동산세 과세대상</th></tr>
<tr><td>토지[27]</td><td>종합합산</td><td>① 나대지
② 분리과세 대상토지 중 기준면적초과 토지
③ 별도합산 대상토지 중 기준면적초과 토지[28]
④ 분리과세, 별도합산과세대상에서 제외된 모든 토지</td><td>○(5억 원)</td></tr>
<tr><td colspan="2">기타</td><td>① 건축물
-골프장, 고급오락장
-도시의 주거지역 내의 공장용 건축물 등
② 선박과 항공</td><td>×</td></tr>
</table>

재산세는 모든 부동산에 대해 과세되는 것이 원칙이다. 그런데 종합부동산세는 주택과 재산세가 별도합산되거나 종합합산되는 토지만 과세대상이 된다. 다만, 주택은 기준시가로 6억 원, 별도합산 토지는 공시지가로 80억 원, 종합합산 토지는 공시지가로 5억 원을 초과해야 과세된다.

(3) 재산세와 종합부동산세 비과세와 감면

재산세와 종합부동산세에 대한 비과세와 감면을 정확히 판단하는 것도 매우 중요하다.

1) 재산세

재산세 비과세는 대통령령으로 정하는 도로·하천·제방·구거·유지 및 묘지 등에 대해 한정적으로 적용된다. 이외 「지방세특례제한법」에서 다양하게 감면을 적용하고 있다.

① 주택임대사업자에 대한 재산세 감면

「민간임대주택법」에 따라 등록한 임대사업자가 85㎡ 이하의 공동주택을 2호 이상 등을 임대 시 재산세를 감면한다.

② 기업부설연구소 재산세 감면 등

기업의 경쟁력 확보를 위해 대기업(과밀억제권역 제외)과 중견기업은 취득세 35%, 재산세 35%를 감면하며, 중소기업은 취득세 60%, 재산세 50%를 감면한다. 또한 신성장동력·원

27) 토지에 대한 재산세 과세방식은 제7장을 참조할 것

28) 영업용 토지라도 건물바닥면적의 일정 배수를 벗어나면 그 초과분은 종합합산과세토지가 된다. 제8장을 참조하기 바란다.

천기술분야는 현행 감면율에 10%p를 추가한다. 이외에도 다양한 감면유형이 있다. 이에 대한 자세한 내용들은 「지방세특례제한법」을 참조하기 바란다.

2) 종합부동산세

법인이 보유하고 있는 다음과 같은 주택들은 종합부동산세 과세대상에서 제외된다.

① 임대주택

종류	전용면적	임대주택 수	시가표준액	임대기간
건설임대주택	149㎡ 이하	2호 이상	6억 원 ('21 9억 원) 이하	5년/8년 이상
매입임대주택	-	1호 이상	6억 원 이하 (수도권 밖 3억 원)	5년/8년 이상

다만, 2020년 6월 18일 이후에 조정대상지역 내의 주택을 신규로 임대등록한 경우에는 종합부동산세 합산배제를 받을 수 없다(2020년 6·17대책관련).

② 사원용 주택

종업원에게 무상이나 저가로 제공하는 사용자 소유의 주택으로서 국민주택규모 이하이거나 과세기준일 현재 공시가격이 3억 원 이하인 주택을 말한다. 단, 6촌 이내의 혈족, 4촌 이내의 인척, 배우자(사실상의 혼인관계에 있는 자를 포함한다) 등은 제외한다.

③ 「건축법 시행령」 별표 1 제2호 라목의 기숙사

④ 주택건설업자(주택신축판매업자)의 미분양 주택

과세기준일 현재 주택신축판매업으로 사업자등록을 한 자가 소유한 5년이 경과하지 아니한 미분양 주택을 말한다.

⑤ 공사 대물로 받은 미분양 주택(5년이 경과되지 않아야 함) 등

(4) 재산세 중과세와 종합부동산세 중과세

재산세와 종합부동산세에 대해 비과세와 감면을 받지 못하면 계산구조에 따라 과세가 된다. 이때 재산세와 종합부동산세가 중과세되는 경우가 있다.

1) 재산세 중과세

납세의무자가 「지방세법」에서 정하고 있는 고급오락장 등을 임대한 경우에는 재산세 과세표준의 4%로 과세한다. 일반세율은 0.25%이므로 최대 16배까지 재산세가 증가한다.

2) 종합부동산세 중과세

납세의무자가 3주택 이상을 소유하거나, 조정대상지역 내 2주택을 소유한 경우에는 종합부동산세 세율을 개인은 1.2~6.0%(이외는 0.6~3.0%), 법인은 6%(이외는 3%)로 한다. 이러한 조치로 인해 법인이 주택을 보유하는 것이 결코 쉽지 않을 가능성이 높다.

2020년 7·10대책에 따라 개인 및 법인에 대한 종합부동산세가 아래와 같이 개정되었다. 2021년 6월 1일 과세분부터 적용된다.

① 주택분 종합부동산세율 인상 및 법인에 대한 단일세율 신설(「종합부동산세법」 제9조)

개인이 보유한 주택에 대해서는 누진세율이 적용되나, 법인은 단일세율이 적용된다.

종 전	현 행
□ 종합부동산세율 ○ 2주택 이하 (조정대상지역 내 2주택 제외)	□ 일반세율 ○ 2주택 이하 (조정대상지역 내 2주택 제외)

종전 – 2주택 이하

과세표준	세율(%)
3억 원 이하	0.5
3~6억 원 이하	0.7
6~12억 원 이하	1.0
12~50억 원 이하	1.4
50~94억 원 이하	2.0
94억 원 초과	2.7

현행 – 2주택 이하

과세표준	세율(%)
3억 원 이하	0.6
3~6억 원 이하	0.8
6~12억 원 이하	1.2
12~50억 원 이하	1.6
50~94억 원 이하	2.2
94억 원 초과	3.0

○ 3주택 이상·조정대상지역 2주택 (종전)

과세표준	세율(%)
3억 원 이하	0.6
3~6억 원 이하	0.9
6~12억 원 이하	1.3
12~50억 원 이하	1.8
50~94억 원 이하	2.5
94억 원 초과	3.2

○ 3주택 이상·조정대상지역 2주택 (현행)

과세표준	세율(%)
3억 원 이하	1.2
3~6억 원 이하	1.6
6~12억 원 이하	2.2
12~50억 원 이하	3.6
50~94억 원 이하	5.0
94억 원 초과	6.0

종 전	현 행
〈신 설〉	□ **법인*에 대한 중과세율** * 종합부동산세를 부과하는 목적을 고려하여 시행령으로 정하는 법인은 제외 ○ **2주택 이하 법인** : 3.0% (조정대상지역 내 2주택 제외) ○ **3주택 이상 및 조정대상 지역 2주택** : 6.0%

② 1세대 1주택자 고령자 공제율 상향 및 합산 공제한도 확대(「종합부동산세법」 제9조)

1세대 1주택에 대해 적용되는 세액공제가 아래와 같이 상향조정된다. 이 공제는 단독명의에 대해 적용된다(단, 공동명의자는 단독명의로 선택해 신고 가능).

<table>
<tr><th>종 전</th><th>현 행</th></tr>
<tr><td>
□ 1세대 1주택자의 세액공제
○ 고령자 공제
<table>
<tr><th>연 령</th><th>공제율(%)</th></tr>
<tr><td>60~65세 미만</td><td>10</td></tr>
<tr><td>65~70세 미만</td><td>20</td></tr>
<tr><td>만 70세 이상</td><td>30</td></tr>
</table>
○ 장기보유 공제
<table>
<tr><th>보유기간</th><th>공제율(%)</th></tr>
<tr><td>5~10년 미만</td><td>20</td></tr>
<tr><td>10~15년 미만</td><td>40</td></tr>
<tr><td>15년 이상</td><td>50</td></tr>
</table>
</td><td>
○ 고령자 공제율 +10%p 인상
<table>
<tr><th>연 령</th><th>공제율(%)</th></tr>
<tr><td>60~65세 미만</td><td>20</td></tr>
<tr><td>65~70세 미만</td><td>30</td></tr>
<tr><td>만 70세 이상</td><td>40</td></tr>
</table>
○ (좌 동)
</td></tr>
<tr><td>□ 합산 공제한도
(고령자 공제 + 장기보유 공제)
○ 최대 70%</td><td>□ 합산 공제한도 +10%p 인상
○ 최대 70% → 80%</td></tr>
</table>

③ 주택분 세부담 상한율 개정 및 법인 적용 제외(「종합부동산세법」 제10조)

주택분에 대한 종합부동산세 계산 시 세부담 증가폭을 제한하는 상한율이 변경되었다. 다만, 법인의 경우에는 이 상한율을 적용하지 않는다.

종 전	현 행
□ **주택분 세부담 상한** ○ **(적용방식)** - **금년도 합산보유세액***은 **상한 이내**로 **부과** 가능 * 종합부동산세액 + 재산세액 ○ **(금년도 상한)** - **전년도 합산보유세액** × **상한율** ○ **(상한율)**	□ **개인**에 대한 **세부담 상한** ○ (좌 동) ○ **상한율 개정**

보유기간	공제율(%)
2주택 이하	150
조정대상지역 2주택	200
3주택 이상	300

보유기간	공제율(%)
2주택 이하	150
조정대상지역 2주택	300
3주택 이상	300

종 전	현 행
〈신 설〉	□ 중과세율*이 적용되는 법인은 세부담 상한 미적용 * 2주택 이하 : 3.0%, 3주택 이상 및 조정대상지역 2주택 : 6.0%

④ 법인에 대한 종합부동산세 과세 시 기본공제 폐지(「종합부동산세법」 제8조)

법인에 대한 종합부동산세 과세 시 6억 원만큼 공제되던 것이 폐지되었다.

종 전	현 행
□ **주택분 과세표준**	□ 법인에 대한 종합부동산세 과세시 기본공제 폐지
○ (주택 공시가격의 합계 − **6억 원***) × 공정시장가액 비율** * 1세대 1주택자는 11억 원 ** 2021년 공정시장가액비율 : 95%	○ **(개인)** 좌 동
〈신 설〉	○ **(법인)** 중과세율 적용 법인은 기본공제 6억 원 폐지 - **주택 공시가격의 합계** × **공정시장가액 비율** * 해당 법인은 공시가격에 관계없이 재산세 과세대상 주택 보유 시 납세의무자에 해당

제4절 양도소득세관련 세무리스크 관리법

양도소득세는 개인이 일시적으로 부동산 등을 양도하여 발생한 소득에 대해 부과되는 세금이다. 한편 법인은 이러한 소득에 내해 법인세로 과세한다. 이하에서 이에 대한 세무리스크 발생 사례와 이의 관리법을 알아보자.

1 양도소득세관련 세무리스크 발생 사례1

K씨는 다음과 같이 부동산 등에 대한 투자를 계획하고 있다. 각 상황별로 답을 하면?

자료

ㅇ 투자대상 물건 : 주택, 주식 등

- 상황1 : 양도소득세는 어떤 세금을 말하는가?
- 상황2 : 주식에도 양도소득세가 과세되는가?
- 상황3 : 매매횟수와 양도소득세의 관계는?

위의 상황에 대해 순차적으로 답을 찾아보면 다음과 같다.

첫째, (상황1) 양도소득세는 어떤 세금을 말하는가?

양도소득세는 부동산 등 양도소득세 과세대상자산의 양도로 인해 발생한 양도차익에 부과되는 세금을 말한다. 일종의 자본이득에 대해 과세가 되는 셈이 된다.

둘째, (상황2) 주식에도 양도소득세가 과세되는가?

일반적으로 주식을 양도하더라도 양도소득세가 과세되는 것이 원칙이다. 다만, 상장주식의 경우 자본시장의 발전을 위해 소액주주가 양도하는 주식에 대해서는 양도소득세를 면제하고 있다. 하지만 비상장주식은 소액주주 불문하고 무조건 과세되는 것이 원칙이다.

셋째, (상황3) 매매횟수와 양도소득세의 관계는?

매매횟수가 많으면 사업소득에 해당될 수 있다. 따라서 실무상 양도소득인지 사업소득인지 이를 구분하는 것이 중요하다. 이 둘의 세금체계가 다르기 때문이다. 이 둘의 세목을 비교해보자.

구 분	양도소득	사업소득(매매소득)
개념	일시적으로 양도	사업적으로 양도(사업자등록 또는 부가가치세 1과세기간 내 1회 이상 취득+2회 이상 양도)
과세표준	양도차익-장기보유특별공제 등	수입금액-필요경비-종합소득공제
세율	70%, 60%, 6~45% 등	6~45%
기타	-	비사업용 토지는 비교과세[29]가 적용됨.

② 양도소득세관련 세무리스크 발생 사례2

K씨는 아래와 같은 부동산을 보유 중에 있다. 각 상황별로 답을 하면?

자료

- ○ 주택(예상양도가액 5억 원), 1세대 2주택자에 해당함.
- ○ 상가(예상양도가액 10억 원, 취득가액 5억 원)
- ○ 토지(예상양도가액 2억 원)

- 상황1 : 주택의 보유기간은 10년이다. 이 경우 비과세를 받을 수 있는가?
- 상황2 : 상가에 대한 임대소득세 계산 시 감가상각비가 1억 원이 포함되었다. 양도차익은 얼마인가?
- 상황3 : 토지를 양도하여 양도차익 1억 원이 났다. 보유기간이 10년이며 비사업용 토지에 해당한다. 양도소득세율은 어떻게 적용되는가?

위의 상황에 대해 답을 찾아보면 다음과 같다.

첫째, (상황1) 주택의 보유기간은 10년이다. 이 경우 비과세를 받을 수 있는가?

1세대 2주택 상태에서 비과세를 받을 수 있는 경우의 수를 찾아내야 한다.

29) 양도소득세와 종합소득세 중 많은 세금으로 과세하는 제도를 말한다.

• 일시적 2주택에 해당하는 경우
• 상속주택, 농어촌주택, 동거봉양주택 등이 포함되어 있는 경우
• 주택 수에서 제외되는 감면주택, 임대주택 등이 포함되어 있는 경우

따라서 1세대 2주택 이상이 되더라도 비과세를 받을 수 있는 길이 많음을 알 수 있다.

둘째, (상황2) 상가에 대한 임대소득세 계산 시 감가상각비가 1억 원이 포함되었다. 양도차익은 얼마인가?

상가에 대한 양도차익 계산 시 감가상각비는 취득가액에서 차감하여 계산한다. 임대소득세와 양도소득세에 대한 이중 공제혜택을 주지 않기 위해서이다. 따라서 양도차익은 다음과 같이 계산한다.

구 분	금 액	비 고
양도가액	10억 원	
－취득가액	4억 원	5억 원－1억 원＝4억 원
＝양도차익	6억 원	

셋째, (상황3) 토지를 양도하여 양도차익 1억 원이 났다. 보유기간이 10년이며 비사업용 토지에 해당한다. 양도소득세율은 어떻게 적용되는가?

비사업용 토지의 양도소득세율은 보유기간에 따라 다음과 같이 적용된다.

구 분	1년 미만 보유	1~2년 미만 보유	2년 이상 보유
비사업용 토지	Max[50%, 16~55%]	Max[40%, 16~55%]	16~55%
비고	단기양도 시 단기양도세율과 중과세율 중 많은 세액을 산출세액으로 함(비교과세).		

따라서 사례의 경우 보유기간이 2년 이상에 해당하므로 세율은 40%와 16~55% 중 높은 세율이 적용된다.

3 양도소득세관련 세무리스크 관리법

부동산을 양도할 때 발생하는 양도소득세와 관련하여 점검해야 할 내용들을 과세형태별로 정리하면 다음과 같다.

(1) 비과세

비과세는 국가가 과세권을 포기한 것을 말한다. 따라서 납세의무자는 신고의무가 없다.

주택의 경우 1세대 1주택, 일시적 2주택, 상속 · 농어촌주택 소유자에 대한 비과세 특례, 주택임대사업자에 대한 거주주택 비과세 특례 등이 다양하게 존재하고 있다. 토지의 경우에는 농지의 교환과 분합 정도에서 비과세제도가 존재하고 있다.

참고로 이러한 비과세는 주로 국민들의 생활과 밀접한 관련성을 맺으므로 법인에게는 비과세를 적용하지 않는 것이 타당하다. 다만, 종교법인이나 사회복지법인 또는 장학재단 같은 공익법인이 고유목적사업용으로 부동산을 3년 이상 사용한 후에 이를 양도하면 비과세를 해준다.

(2) 중과세

세금을 기본보다 무겁게 과세하는 것을 말한다. 이는 세제로 정책적인 목적을 달성하기 위해 시행되고 있다.

첫째, 주택에 대한 양도소득세 중과세가 있다.

다주택 세대가 조정대상지역 내의 주택을 양도할 때 기본세율에 +20~30%p를 적용한다. 이러한 중과세 대상 주택은 장기보유특별공제를 적용하지 않는다.[30] 참고로 2019년 12월 16일 12 · 16대책에 의해 2019.12.17.~2020.6.30. 사이에 10년 이상 보유한 주택을 양도하면 중과세를 적용하지 않는다(단, 이러한 조치는 2022년 중에도 발생할 수 있다).

둘째, 토지에 대한 양도소득세 중과세가 있다.

개인이 보유하고 있는 비사업용 토지를 양도할 때 기본세율에 +10~20%p를 적용한다. 이러한 중과세 대상 토지는 주택과는 달리 장기보유특별공제를 적용한다(단, '22 공제 배제).

30) 개인과 매매사업자 그리고 법인에 대한 세제비교는 제6장의 마지막 부분을 참조하기 바란다.

셋째, 주식에 대한 양도소득세 중과세가 있다.

부동산 과다보유법인의 주식은 10~20%의 단일세율이 아닌 6~45% 누진세율 또는 16~55% 같은 중과세율이 적용될 수 있다.

참고로 법인의 경우에는 이러한 양도소득세 중과세에 보조를 맞추기 위해 추가과세(10~20%p)를 적용한다. 이러한 법인세 추가세율은 양도소득세 중과세율에 비해 다소 저렴하다.

(3) 감면

감면은 세금의 일부나 전부를 경감하는 것을 말한다. 이에는 대표적으로 아래와 같은 것들이 있다.

- 주택 : 감면주택 → 50~100% 감면
- 도지 : 8년 자경, 대토감면 농지 → 100% 감면
- 공통 : 수용된 부동산 → 10~40% 감면[31)]

※ 저자 주

현재의 양도소득세는 비과세와 중과세 그리고 주택임대업에서 다수 발생하고 있다. 최근 정부에서 대책을 내놓을 때마다 이에 대한 세제를 변경시켰기 때문이다. 이하에서는 이에 대한 내용들을 조금만 살펴보자. 자세한 내용은 저자의 「양도소득세 세무리스크 관리노하우」를 참조하기 바란다.

1. 양도소득세 비과세
   2017년 8월 3일 이후부터 조정대상지역 내에서 주택을 취득하면 2년 거주를 해야 비과세를 받을 수 있고, 조정대상지역 내의 1주택자가 이 지역 내의 주택을 취득해 갈아타기하는 경우에는 원칙적으로 1년 내에 종전주택을 처분해야 한다. 한편 다주택자가 처분 등을 통해 비과세를 받으려면 비과세 대상 주택만 보유한 날로부터 2년 이상 보유 등을 해야 한다. 특히 이 제도는 다주택자들이 비과세를 쉽게 받는 것을 억제하기 위한 제도이므로 평소에 비과세요건을 잘 준수해두는 것이 좋을 것으로 보인다.

2. 양도소득세 중과세
   양도소득세 중과세는 3주택 중과세와 2주택 중과세로 구분되는데, 주택 수 판정이 상당히 난해하다. 특히 2021년 이후에 취득한 분양권도 주택 수에 포함되면서 다양한 쟁점들이 발

31) 최근 개발제한구역 내의 토지를 협의매수나 수용 등을 통해 양도하는 일이 많아지고 있다. 이러한 상황에서는 최대 40%까지 양도소득세 감면을 받을 수 있으므로 사전에 검토하기 바란다(「조세특례제한법」 제77조의3).

생하고 있다. 또한 중과배제되는 장기임대주택의 범위가 부동산 대책에 따라 수시로 달라지고, 상속주택 등에 대한 중과배제 내용도 상당히 복잡해 이래저래 리스크가 가중되고 있다.

3. 주택임대업 세제

주택임대사업자들은 취득세부터 양도소득세까지 다양한 방법으로 세제지원을 받고 있으나, 2018년 9월 13일과 2020년 7월 10일을 기점으로 세제지원이 거의 중단되다시피 했다. 특히 2020년 8월 18일 「민간임대주택법」의 개정으로 아파트는 신규등록을 할 수 없게 되었으며, 기존 등록자들의 경우 자동말소 등의 제도가 도입됨에 따라 세제변화가 불가피하게 되었다.

Tip

■ 2020년 7·10대책에 따라 개정된 주택 양도소득세율

① 단기양도소득세율의 인상

2021년 6월 1일 이후부터 주택 및 조합원입주권 그리고 분양권의 단기거래에 대한 세율이 아래와 같이 개정되었다.

<table>
<tr><th colspan="2" rowspan="2">구 분</th><th colspan="3">종 전</th><th colspan="2">현 행</th></tr>
<tr><th>주택 외
부동산</th><th>주택·
조합원입주권</th><th>분양권</th><th>주택·
조합원입주권</th><th>분양권</th></tr>
<tr><td rowspan="3">보유
기간</td><td>1년 미만</td><td>50%</td><td>40%</td><td rowspan="3">(조정대상지역)
50%
(기타지역)
기본세율 등</td><td>70%</td><td>70%</td></tr>
<tr><td>2년 미만</td><td>40%</td><td>기본세율</td><td>60%</td><td rowspan="2">60%</td></tr>
<tr><td>2년 이상</td><td>기본세율</td><td>기본세율</td><td>기본세율</td></tr>
</table>

② 다주택자 중과세율 인상

2021년 6월 1일 이후부터 다주택 소유자가 조정대상지역 내의 주택을 양도할 때 양도소득세 중과세율이 아래와 같이 인상되었다.

구 분	종 전	현 행
2주택 중과세율	기본세율 + 10%p	기본세율 + 20%p
3주택 중과세율	기본세율 + 20%p	기본세율 + 30%p

제5절 종합소득세관련 세무리스크 관리법

부동산과 관련된 개인사업에는 크게 임대업, 매매업, 신축판매업 등이 포함되는데 이러한 소득은 근로소득 등에 더해져 종합과세를 적용받는 것이 원칙이다. 이하에서는 부동산과 관련된 종합소득세 과세문제를 정리해보자.

1 종합소득세관련 세무리스크 발생 사례1

K씨는 아래와 같은 부동산을 임대 중에 있다. 각 상황별로 답을 하면?

자료

○ 주택임대 : 월 100만 원
○ 업무용 오피스텔 임대 : 월 100만 원

• 상황1 : 종합소득세는 어떤 세금을 말하는가?
• 상황2 : 위 주택의 임대소득에 대한 과세방식은?
• 상황3 : 위 업무용 오피스텔의 임대소득에 대한 과세방식은?

위의 상황에 대해 답을 찾아보면 다음과 같다.

첫째, (상황1) 종합소득세는 어떤 세금을 말하는가?

종합소득세는 종합소득(근로소득, 사업소득 등)에 대해 6~45%로 과세하는 세금을 말한다. 이 세목은 소득이 많아질수록 세금이 누진적으로 증가한다는 특징이 있다. 참고로 종합소득이 발생하더라도 어떤 소득의 경우에는 비과세나 분리과세가 되는 경우가 있는데 이를 정리하면 다음과 같다.

• 비과세 → 국가가 과세권을 포기하는 제도(예 : 9억 원 이하 1주택자의 주택임대소득, 농지·임야·염전 임대소득 등)
• 분리과세 → 다른 소득과 분리하여 일정한 세율(14%)로 과세되는 제도(예 : 연간 2천

만 원 이하의 주택임대소득, 이자·배당소득 등)

둘째, (상황2) 위 주택의 임대소득에 대한 과세방식은?

주택임대소득의 경우 원래 종합소득에 해당하나, 세법은 개인별로 연간 2천만 원 이하의 주택임대소득에 대해서는 분리과세를 적용하고 있다.

주택임대소득 과세체계

구 분	원 칙	예 외
1주택 이하 소유상태에서 임대 시	비과세	고가주택(기준시가 9억 원)의 월세소득은 과세
2주택 이상 소유상태에서 임대 시	월세소득 과세	연간 2천만 원 이하 분리과세와 종합과세 중 선택

위의 주택 수는 부부의 주택 수를 합산하여 계산한다. 한편 '연간 2천만 원 여부'는 개인별로 따진다. 따라서 부부가 공동소유 등을 통해 소득을 분산하면 분리과세를 받을 수 있게 된다.

셋째, (상황3) 위 업무용 오피스텔의 임대소득에 대한 과세방식은?

업무용 오피스텔은 비과세나 분리과세제도가 없으므로 무조건 종합과세가 적용된다.

2 종합소득세관련 세무리스크 발생 사례2

앞 사례의 K씨에게 근로소득이 있다면 종합과세되는 임대소득에 의해 증가하는 세금은 얼마인가? 아래 자료를 참고하라.

자료

- K씨의 근로소득에 적용되는 세율 : 24%
- 임대소득의 50%는 경비로 인정됨.
- 기타사항은 무시함.

위의 상황에 대해 순차적으로 답을 찾아보면 다음과 같다.

STEP1 쟁점은?

사례의 경우 주택(주거용 오피스텔 포함)의 임대소득에 대해서는 분리과세가 적용된다. 따라서 이러한 소득은 근로소득과 합산되지 않으므로 업무용 오피스텔의 임대소득만 근로소득에 합산시킨다.

STEP2 계산은?

일단 근로소득에 대해 24%의 세율이 적용되고 있으므로 임대소득에도 최소한 24%의 세율이 적용된다. 대략적으로 다음과 같은 세금이 예상된다.

- 과세되는 임대소득 : 월 100만 원×12개월×50%(소득률) = 600만 원
- 예상되는 소득세 : 600만 원×24%(지방소득세 포함 시 26.4%) = 144만 원 (158만 4,000원)

STEP3 결론은?

임대소득 외 다른 소득이 있는 경우에는 합산과세로 인해 세금이 증가한다. 만일 이 임대소득이 소득이 없는 배우자에게 발생한다면 다음과 같이 세금이 예상된다.

- 예상되는 소득세 : 600만 원×6%(지방소득세 포함 시 6.6%) = 36만 원(39만 6,000원)

임대소득의 경우 명의가 상당히 중요함을 알 수 있다.

3 종합소득세관련 세무리스크 관리법

부동산을 매매하거나 임대, 또는 기타 근로소득이나 배당소득 등이 발생하면 종합소득세를 내야 하는 것이 원칙이다. 하지만 어떤 경우에는 비과세 등이 적용될 수 있으므로 이 부분을 먼저 정리해두는 것이 좋다.

(1) 비과세

부동산업을 영위하는데 있어 소득세가 비과세되는 경우에는 극히 드물다. 다만, 부부가 1주택을 보유한 상태에서 임대한 경우로써 해당 주택의 기준시가가 9억 원 이하이면 임대소득의 크기를 불문하고 비과세를 적용하고 있다.

(2) 분리과세

분리과세는 임대소득을 다른 소득에서 분리해 기본세율이 아닌 저렴한 세율로 과세를 종결시키는 방법을 말한다. 주택임대소득의 경우 개인별로 연간 2천만 원 이하인 경우 해당 소득만을 가지고 분리과세를 적용하는데, 해당 과세표준의 14%를 적용하게 된다.

(3) 종합과세

여러 소득을 합산해 6~45%로 정산하는 것을 말한다. 세율이 최고 45%까지 올라가므로 세부담이 상당히 많다. 법인의 경우 대표이사의 근로소득과 주주로서의 배당소득 그리고 개인 앞으로 발생하는 임대소득 등이 합산되는 경우 종합과세로 인해 세부담이 많아진다. 이외 종합소득에 연간 2천만 원이 넘는 금융소득이 포함된 경우 금융소득 종합과세가 적용된다. 여기서 금융소득은 '이자소득과 배당소득'을 말한다. 참고로 부동산매매업의 경우에는 종합소득세와 양도소득세 중과세 중 많은 세액을 납부하는 비교과세 제도가 적용된다.

(4) 감면

이는 분리과세되거나 종합과세되는 경우 산출세액의 일부나 전부를 감면하는 것을 말한다. 예를 들어 주택임대사업자등록을 한 상태에서 임대소득이 발생하면 산출세액의 30~75%[32] 등을 감면하는 것을 말한다. 이외 주택신축판매업(건설업) 등도 「조세특례제한법」에 따라 5~30% 감면이 적용되기도 한다.

32) 2021년 이후부터 2주택 이상 자에 한해 20~50%로 인하한다.

제6절 법인세관련 세무리스크 관리법

법인이 부동산을 임대하거나 양도할 때 발생하는 소득에 대해 부과되는 세금이 바로 법인세(개인은 종합소득세)이다. 이러한 법인세는 투자수익률에 절대적인 영향을 미치므로 이 세금을 잘 관리해야 한다. 이하에서는 주로 법인의 입장에서 부담하게 될 법인세관련 세무리스크 발생 사례 및 이에 대한 관리법을 알아보자.

1 법인세관련 세무리스크 발생 사례

K씨는 부동산을 취득해 이를 적절한 시기에 양도하고자 한다. 각 상황별로 답을 하면?

자료

- 예상양도차익 : 1억 원
- 보유기간 : 1년 미만 또는 2년 이후

- 상황1 : K씨가 개인자격으로 위 부동산을 양도하면 어떤 세금을 얼마나 내는가? 단, 기본공제 등은 적용하지 않는다.
- 상황2 : K씨가 법인을 세워 위 부동산을 양도하는 경우 양도관련 세금은 얼마인가? 단, 법인세 추가과세제도는 적용하지 않는다.
- 상황3 : 위 부동산에 대해 법인세 추가과세제도가 적용된다고 한다. 이 경우 총 법인세는?

상황에 대한 답을 찾아보면 다음과 같다.

첫째, (상황1) K씨가 개인자격으로 위 부동산을 양도하면 어떤 세금을 얼마나 내는가? 단, 기본공제 등은 적용하지 않는다.

개인이 부동산을 양도하는 경우 양도소득세(매매사업자는 종합소득세)가 부과된다. 보유기간이 1년 미만인 경우와 2년 이상인 경우를 예로 살펴보자. 세율은 50%, 6~45%를 적용한다.

구 분	양도소득세		종합소득세
	보유기간 1년 미만	보유기간 2년 이상	
양도차익	1억 원	1억 원	1억 원
× 세율	50%	35%	35%
- 누진공제	-	1,490만 원	1,490만 원
= 산출세액	5천만 원	2,010만 원	2,010만 원

양도소득세는 개인이 일시적으로 부동산을 양도하는 경우, 보유기간에 따라 세율(50%, 40%, 6~45% 등)이 달라지는 세목을 말하며, 종합소득세는 개인이 사업적으로 부동산을 양도(매매업)하는 경우 소득세 기본세율(6~45%)이 적용되는 세목을 말한다. 다만, 양도소득세에 대해서는 중과세가 적용될 수 있고, 사업자는 비교과세(종합소득세와 양도소득세 중 많은 세금을 납부)제도가 적용될 수 있다.

☞ 부동산을 일시적으로 매매하는 경우에는 양도소득세를 내야 하나, 사업적으로 하는 경우에는 종합소득세를 내는 것을 검토해야 한다.[33)]

둘째, (상황2) K씨가 법인을 세워 위 부동산을 양도하는 경우 양도관련 세금은 얼마인가? 단, 법인세 추가과세제도는 적용하지 않는다.

법인이 부동산을 양도하는 경우 기본세율(10~25%)을 적용한 일반법인세가 발생한다.

구 분	일반법인세	비 고
양도차익	1억 원	일반관리비 등은 고려하지 않음.
× 세율	10%	기본세율 중 10%가 적용됨.
- 누진공제	-	
= 산출세액	1천만 원	

법인이 부동산을 양도하면 개인에 비해 세금이 적다. 다만, 법인이 투자목적으로 주택과 토지를 양도하면 추가법인세가 발생할 수 있고, 배당 시 추가적인 소득세를 부담할 수 있다. 이러한 부분을 이해해야 최종적으로 사업주체에 대한 실익판단을 할 수 있다.

33) 간헐적으로 양도해서 발생한 소득은 양도소득, 사업적으로 양도한 경우에는 사업소득으로 구분된다. 소득의 종류가 달라지면 과세방식이 달라진다.

셋째, (상황3) 위 부동산에 대해 법인세 추가과세제도가 적용된다고 한다. 이 경우 총 법인세는?

법인세가 추가과세되는 경우 10%(주택은 20%)의 단일세율이 적용된다. 사례에서 일반법인세와 같이 계산하면 다음과 같다.

구 분	일반법인세	추가법인세	계
양도차익	1억 원	1억 원	
× 세율(기본세율, 10%)	10~25% 중 10%	추가과세 단일세율 10%	
- 누진공제	-	-	
= 산출세액	1천만 원	1천만 원	2천만 원

참고로 개인에게 양도소득세 중과세가 적용되는 경우에는 개인매매사업자에게는 비교과세(양도소득세와 종합소득세 중 큰 세액으로 납부)가 적용되어 개인사업의 의미가 없으므로 이때에는 법인설립을 검토해야 하며, 법인을 설립한 경우라도 주주에게 배당 등을 할 때 14% 이상의 소득세가 추가될 수 있으므로 이러한 점을 고려해야 한다.

2 법인세관련 세무리스크 관리법

부동산업을 영위할 때 알아야 할 법인세관련 세무리스크 관리법을 알아보자.

(1) 법인은 순자산증가설에 의해 과세됨에 유의

법인은 개인처럼 세법에 열거된 소득에 대해 과세하는 것이 아니라 법인이 벌어들인 모든 소득에 대해 무조건 과세하는 방식을 채택하고 있다. 이러한 특징으로 인해 아래와 같은 문제점들이 발생한다.

첫째, 법인은 비과세를 받기가 힘들다.

개인은 1세대 1주택 등에 대한 다양한 비과세제도 등이 적용되지만, 법인은 법인자체가 실거주할 수 없기 때문에 이러한 제도가 적용되지 않는다.

둘째, 장기보유에 따른 혜택도 없다.

개인의 경우 부동산이 삶의 필수재화에 해당하지만 법인은 그렇지 않다. 따라서 개인은 이를 오랫동안 보유하면 장기보유에 따른 공제혜택[34)]을 부여하지만 법인은 이러한 것과 관계가 없다.

셋째, 양도에 따른 감면혜택도 없다.

미분양 주택 등을 취득한 경우 양도소득세 감면을 많이 허용하는 것은 주택은 기본적으로 개인들이 거주할 대상이기 때문이다. 하지만 법인은 이와 거리가 멀기 때문에 이러한 혜택이 없다.

(2) 법인에 대한 세법규제제도에 유의

법인에 대한 세법규제는 개인에 비해 비교적 센 편이다. 주요 내용을 살펴보자.

첫째, 자금규제가 심하다.

법인의 자금을 대표이사 등이 무분별하게 인출하면 가지급금으로 구분하여 이에 대한 이자상당액(4.6%)을 법인의 소득으로 보는 한편 대표이사 등의 상여로 보아 세금을 과세한다.

둘째, 업무무관자산에 대한 규제가 심하다.

법인의 자금으로 부동산 등을 무분별하게 매입해 보유하고 있는 경우 이를 업무무관자산으로 분류하여 이에 대한 유지비용 등을 비용으로 인정하지 않는다.

셋째, 추가과세제도가 있다.

이는 양도차익의 10%(주택은 20%)를 추가로 과세하는 제도를 말한다.

(3) 이익관리에 유의

법인이 벌어들인 이익은 임직원의 상여, 주주의 배당, 향후 재투자용 등으로 사용될 수 있다. 그런데 이러한 이익을 밖으로 유출할 때에는 세금이 따라다니므로 편법적인 방법이 동원될 수 있다. 이에 대해 세법은 다양한 방법으로 이를 규제한다.

- 과다경비에 대한 비용 불인정

---

34) 3년 이상 보유하면 6~30% 등을 공제하는 제도를 말한다.

• 부당행위계산부인제도 적용 등

Tip

■ 법인세 추가과세에서 벗어나는 방법

법인세 추가과세제도는 법인의 자금이 비생산적으로 사용되는 것을 방지하기 위해 취득세 중과세와 더불어 「법인세법」에서 정하고 있는 대표적인 규제제도에 해당한다. 이 제도를 적용받게 되면 양도차익의 10%(주택 20%)를 무조건 추가로 내야 하는 불이익이 뒤따를 수 있다. 이하에서 법인세 추가과세를 적용받지 않는 방법에 대해 알아보자.

첫째, 추가과세의 대상을 정확히 이해하자.
법인세 추가과세제도는 「법인세법」 제55조의2 등에서 정하고 있는 주택과 별장, 비사업용 토지에 대해 적용한다. 이를 요약하여 정리하면 다음과 같다.

구 분	원 칙	제 외
주택 (입주권, 분양권 포함)	추가과세제도 적용	• 주택건설사업자의 재고주택 • 「민간임대주택법」에 의해 등록한 임대주택 등
별장		법에서 정한 농어촌주택
비사업용 토지		사업용 토지

참고로 오피스텔의 경우 원래 추가과세제도를 적용하지 않지만 주거용 오피스텔은 실질과세 원칙에 따라 이 제도를 적용한다(서면2팀-2676, 2006.12.28. 등). 한편 2009.3.16.~2012.12.31. 사이에 취득한 주택과 비사업용 토지에 대해서는 추가과세제도를 적용하지 않는다.

둘째, 주택의 경우 주택임대사업자등록을 내면 된다.
주택의 경우 아래와 같은 조건을 충족한 후 양도하면 이 제도를 적용하지 않는다.

구 분	내 용
등록요건	「민간임대주택법」에 따른 임대주택으로 등록할 것(단, 일부는 미해당)
의무임대기간요건	5년(또는 8년[35]) 이상 임대할 것(단, 자동말소, 자진말소는 제외)
가액요건	임대를 개시한 날의 해당 주택의 기준시가가 6억 원(「수도권정비계획법」 제2조 제1호에 따른 수도권 밖의 지역인 경우에는 3억 원) 이하일 것

셋째, 토지의 경우 비사업용 토지에서 제외되도록 한다.
농업을 주된 사업으로 하지 아니하는 법인이 소유하는 토지나 나대지 등을 보유하고 있다면 「법인세법」상 비사업용 토지에 해당된다. 따라서 보유한 토지가 비사업용 토지에 해당한다면 사업용 토지로 전환하는 방법을 검토한 후 양도에 나서야 한다.

제7절 부가가치세관련 세무리스크 관리법

부동산관련 사업을 할 때 가장 중요한 세목 중의 하나는 바로 부동산 거래단계마다 빠짐없이 등장하는 부가가치세이다. 부동산의 경우 '취득 → 임대 → 양도' 등의 과정에서 이와 관련된 다양한 세금문제가 파생하기 때문이다. 이하에서 이 세목에 대한 세무리스크 발생 사례 및 이의 관리법을 알아보자.

1 부가가치세관련 세무리스크 발생 사례1

어떤 개인 혹은 법인이 아래와 같은 물건을 거래하려고 한다. 각 상황별로 답을 하면?

자료

- ○ A주택 : 전용면적 85㎡ 초과
- ○ B오피스텔(업무용) : 전용면적 85㎡ 이하

- 상황1 : 일반적으로 부가가치세는 어디에 부과되는가?
- 상황2 : A주택을 개인이 양도하는 경우와 법인이 양도하는 경우 부가가치세 과세방법에서 차이가 있는가?
- 상황3 : B오피스텔을 개인이 양도하는 경우와 법인이 양도하는 경우 과세방법에서 차이가 있는가?

상황에 대해 순차적으로 답을 찾으면 다음과 같다.

첫째, (상황1) 일반적으로 부가가치세는 어디에 부과되는가?

부가가치세는 주로 사업자(개인사업자와 법인을 말함)[36]가 창출하는 부가가치에 대해 과세하는 세목을 말한다. 여기서 부가가치는 재화나 용역을 사업자가 공급할 때 발생한다.

---

35) 2020년 8월 18일 이후에 등록한 경우에는 10년 이상의 임대기간이 필요하다.

36) 「부가가치세법」에서의 "사업자"란 사업 목적이 영리이든 비영리이든 관계없이 사업상 독립적으로 재화 또는 용역을 공급하는 자를 말한다.

부동산의 경우 건물공급가액의 10%를 부가가치세로 과세한다.

☞ 사업자등록을 하지 않더라도 그 실질이 사업행위(계속적 · 반복적)에 해당하면 부가가치세가 과세된다. 또한 영리목적과 관계없이 사업적으로 재화 등을 계속적 · 반복적으로 공급하면 부가가치세 납세의무가 성립한다.

둘째, (상황2) A주택을 개인이 양도하는 경우와 법인이 양도하는 경우 부가가치세 과세 방법에서 차이가 있는가?

개인이 일시적으로 주택을 양도하면 이는 비사업적으로 양도하는 것인 만큼 부가가치세가 발생하지 않는다. 하지만 개인사업자나 법인이 부동산을 공급하는 경우에는 부가가치세가 발생하는 것이 원칙이다. 그러나 전용면적이 85㎡ 이하인 주택의 경우에는 조세정책적인 목적에 따라 부가가치세를 면제하고 있다. 이를 정리하면 다음과 같다.

구 분	비사업자인 개인의 양도	개인사업자 또는 법인의 공급
주택	VAT 과세제외	VAT 과세(단, 85㎡ 초과분)[37]
건물	VAT 과세제외	VAT 과세

☞ 사업자가 전용면적 85m² 초과 주택을 양도하면 부가가치세 과세여부를 검토해야 한다. 단기매매를 하는 사업자들이 주의해야 할 대목이다.

셋째, (상황3) B오피스텔을 개인이 양도하는 경우와 법인이 양도하는 경우 과세방법에서 차이가 있는가?

차이가 없다. 이 오피스텔은 업무용으로 임대 또는 사용되고 있으므로 양도자가 개인이든 법인이든 무조건 부가가치세가 발생한다. 참고로 주거용인 경우에는 부가가치세가 면세되므로 이때에는 부가가치세가 발생하지 않는다.

② 부가가치세관련 세무리스크 발생 사례2

K법인이 취득하고자 하는 부동산은 다음과 같다. 각 상황별로 답을 하면?

37) 부가가치세가 과세되는 경우라도 건물부분만 과세되는 것이며, 토지부분은 과세되지 않는다(토지의 공급은 면세). 따라서 안분계산의 문제가 발생한다.

자료

○ 전용면적 85㎡ 초과 주택(예상취득가액 3억 원)
○ 건물(예상취득가액 4억 원, VAT 별도)
○ 토지(예상취득가액 1억 원)

- 상황1 : 위 부동산을 취득하는 경우 부가가치세가 발생하는가?
- 상황2 : 건물에 대한 부가가치세는 얼마인가? 단, 건물과 토지의 기준시가 비율은 1 : 3 이다.
- 상황3 : 토지를 취득하는 경우에는 부가가치세가 발생하지 않는다. 왜 그럴까?
- 상황4 : 위 K법인이 비영리법인이면 건물매입 시의 부가가치세는 환급가능한가?

상황에 대한 답을 찾아보면 다음과 같다.

첫째, (상황1) 위 부동산을 취득하는 경우 부가가치세가 발생하는가?

먼저 부가가치세가 발생하기 위한 조건을 정리하면 다음과 같다.

- 공급하는 자가 사업적으로 재화나 용역을 공급할 것
- 면세되는 재화나 용역에 해당되지 않을 것

이 내용을 위의 사례에 적용하여 답을 찾아보면 다음과 같다.

구 분	VAT 발생 여부	비 고
주택	△	• 비사업자로부터 취득 : 면세 • 사업자로부터 취득 : 과세(단, 전용면적 85㎡ 초과 주택에 한함)
건물	○	사업자로부터 취득 : 과세
토지	×	토지의 공급 : 면세

둘째, (상황2) 건물에 대한 부가가치세는 얼마인가? 단, 건물과 토지의 기준시가 비율은 1 : 3이다.

건물의 공급가액 중 토지는 면세, 건물은 과세가 된다. 따라서 사례처럼 토지와 건물을 일괄공급하면 '감정가액 비율 → 기준시가 비율'순으로 안분계산을 해야 한다. 사례의 경우 건물과 토지의 기준시가 비율이 1 : 3이므로 아래와 같이 건물가액과 부가가치세를 계산할 수 있다.

구 분	금 액	비 고
건물공급가액	1억 원	4억 원×1/4 = 1억 원
부가가치세	1천만 원	위 건물공급가액×10%

따라서 총 거래금액은 4억 원과 부가가치세 1천만 원을 더한 4억 1천만 원이 된다. 만일 거래 시에 부가가치세에 대한 언급이 없으면 위 거래금액 4억 원에 부가가치세가 포함되는 것으로 보기 때문에 'VAT 별도'란 문구를 계약서에 반영하는 것이 중요하다. 참고로 감정가액 비율이나 기준시가 비율이 아닌 임의로 토지와 건물의 가액을 구분한 경우가 있다. 이러한 가액도 인정되나 기준시가 비율로 계산한 가액과 30% 이상 차이가 나는 경우에는 임의로 구분한 가액은 인정하지 않고 기준시가 비율에 의한 가액으로 경정됨에 유의해야 한다. 임의로 구분 기재하여 세부담을 낮추는 행위를 방지하기 위한 규정에 해당한다.

셋째, (상황3) 토지를 취득하는 경우에는 부가가치세가 발생하지 않는다. 왜 그럴까?

본래 토지의 공급은 재화에 해당하므로 원칙적으로 부가가치세가 과세되어야 한다. 하지만 토지는 대부분 비사업자인 개인들이 공급하며 이들에 대해서는 면세를 적용하고 있으므로 과세형평의 차원에서 사업자가 이를 공급하더라도 면세를 적용하고 있다. 그러나 토지를 임대하는 경우에는 이는 재화의 공급이 아닌 용역의 공급에 해당하고 면세대상으로 열거되어 있지 않으므로 부가가치세가 과세되고 있다.

☞ 토지공급 시에는 면세가 적용되므로 이를 취득할 때 부대비용 등과 관련하여 발생하는 부가가치세도 환급되지 않는다. 토지를 취득하여 신축판매하는 사업자들이 관심을 둬야 한다.

넷째, (상황4) 위 K법인이 비영리법인이면 건물매입 시의 부가가치세는 환급가능한가?

비영리법인이 고유목적사업용으로 취득한 경우에는 환급이 가능하지 않다. 하지만 임대용 등으로 임대하는 경우에는 수익이 창출되므로 이에 대한 부가가치세를 환급받을 수 있다. 물론 이렇게 환급받은 후에 임대료에 대한 부가가치세를 징수해서 이를 납부해야 하는 것이 원칙이다.

부동산 거래와 부가가치세 발생

부동산의 '취득, 임대, 양도' 과정에서 만나는 부가가치세를 부동산 종류별로 요약하면 다음과 같다.

구 분		공급에 대한 부가가치세 과세여부		매입 시 부담한 부가가치세 공제 여부
		재화[38] 공급	임대용역 공급	
주택	⇒	• 토지 : 면세 • 건물 : 과세 (단, 85㎡ 초과)	면세	• 재화(주택건물) : 공제가능 • 임대용역 : 불공제
⇩				
토지	⇒	면세	과세	• 재화(토지) : 불공제 • 임대용역 : 공제가능
⇩				
건물	⇒	• 토지 : 면세 • 건물 : 과세	과세	• 재화(건물) : 공제가능 • 임대용역 : 공제가능

☞ 과세사업자 중 일반과세자가 부가가치세 과세대상인 재화나 용역을 공급하면 거래상대방으로부터 부가가치세를 징수해야 하며, 이때 자신이 부담한 매입세액은 매출세액에서 공제를 받을 수 있다.

3 부가가치세관련 세무리스크 관리법

부동산을 공급하거나 임대용역을 제공하면 부가가치세가 과세되는 것이 원칙이다. 다만, 일정한 재화나 용역의 공급에 대해서는 다양한 이유로 부가가치세를 면제하는데 이하에서 이러한 내용들을 정리해보자.

(1) 재화·용역의 공급과 과세·면세의 구분

부가가치세는 사업자가 재화와 용역을 공급하면 공급가액의 10%만큼 발생한다. 하지만 아래와 같은 재화와 용역의 공급에 대해서는 부가가치세를 부과하지 않는다.

38) 재화는 경제적 가치가 있는 물건 등을 말한다.

구 분	면세대상[39]
기초생활 필수품 재화	주택(부수토지 포함)의 임대용역 등
국민후생 관련 용역	• 국민주택[40] 공급 • 국민주택의 건설용역(설계용역 포함)
부가가치 구성요소	토지의 공급

참고로 위 표에서 국민주택규모 이하의 주택을 시행사가 분양하거나 시공사가 건설한 경우에는 부가가치세가 면세된다. 이는 수분양자들의 부담을 줄여주기 위한 조치에 해당한다(「조세특례제한법」 제106조).

(2) 부동산의 일괄공급 시의 토지와 건물의 안분계산

부가가치세가 과세되는 부동산을 양도하면 과세대상금액의 10%를 부가가치세로 징수해야 한다. 그런데 이때 토지의 공급부분은 면세대상이며, 건물부분만 과세대상이 된다. 따라서 일괄적으로 공급되는 부동산은 '감정평가 → 기준시가 등'의 순으로 토지와 건물공급가액을 안분계산한다(실무상 상당히 주의를 요한다).

사례

K법인은 아래와 같은 부동산을 취득하고자 한다. 각 상황별로 답을 하면?

구 분	금 액	비 고
오피스텔 취득	2억 원(토지가액 1.5억 원)	업무용 오피스텔에 해당함.

- 상황1 : 오피스텔을 취득할 때 부가가치세는 별도였다. 이 경우 부가가치세는 얼마인가?
- 상황2 : 오피스텔을 양도할 때 매수자로부터 징수해야 할 부가가치세는 얼마인가? 단, 매매예상가액은 2억 4천만 원이며 토지와 건물의 기준시가 비율은 4 : 1이다.
- 상황3 : 만일 계약서상에 토지가액 2억 원, 건물가액 4천만 원이라고 기재한 후 부가가치세를 400만 원으로 계산하면 어떤 문제가 발생하는가?

39) 이러한 품목을 공급하는 사업자를 면세사업자라고 한다.

40) 여기서 국민주택이란 「주택법」 제2조 제5호의 주택을 말하며, 이때 "국민주택규모"란 주거의 용도로만 쓰이는 면적이 1호(戶) 또는 1세대당 85제곱미터 이하인 주택(「수도권정비계획법」 제2조 제1호에 따른 수도권을 제외한 도시지역이 아닌 읍 또는 면 지역은 1호 또는 1세대당 주거전용면적이 100제곱미터 이하인 주택을 말한다)을 말한다.

상황에 대한 답을 찾아보면 다음과 같다.

첫째, (상황1) 오피스텔을 취득할 때 부가가치세는 별도였다. 이 경우 부가가치세는 얼마인가?

오피스텔은 토지와 건물부분으로 구성되어 있고 이 중 건물부분에 대해서만 부가가치세가 부과되므로 사례의 경우 건물공급가액 5천만 원의 10%인 500만 원이 부가가치세가 된다.

☞ 만일 토지와 건물의 공급가액 구분이 안되어 있는 경우에는 기준시가 비율로 나누는 것이 원칙이다. 참고로 위의 K법인이 취득할 때 발생한 부가가치세 500만 원은 환급받을 수 있다. 다만, K법인은 일반과세자로 등록되어 있어야 한다.

둘째, (상황2) 오피스텔을 양도할 때 매수자로부터 징수해야 할 부가가치세는 얼마인가? 단, 매매예상가액은 2억 4천만 원이며 토지와 건물의 기준시가 비율은 4 : 1이다.

이 경우 오피스텔에 대한 부가가치세는 아래와 같이 계산된다.

일괄공급가액 (①)	건물기준시가 비율(②)	건물공급가액 (③=①×②)	부가가치세율	부가가치세
2억 4천만 원	1/5	4,800만 원	10%	480만 원

K법인이 오피스텔을 2억 4천만 원에 양도하는 경우 이는 재화의 공급에 해당한다. 따라서 당초 취득과는 무관하게 부가가치세가 발생한다. 그런데 토지와 건물의 공급가액이 구분되지 않았으므로 부득이 기준시가 비율로 안분계산해야 한다.

셋째, (상황3) 만일 계약서상에 토지가액 2억 원, 건물가액 4천만 원이라고 기재한 후 부가가치세를 400만 원으로 계산하면 어떤 문제가 발생하는가?

세법은 계약서상에 구분된 거래가액을 인정하는 것이 원칙이다. 다만, 정상적인 거래가 아닌 경우에는 기준시가 비율 등으로 경정될 수도 있다.[41] 한편 건물이 있는 토지를 취득하여 건물을 철거하고 토지만 사용하는 경우에도 이러한 규정이 적용되는 폐단이 있었다. 이에 정부는 2022년 1월 1일 이후 공급분부터 토지만 사용하기 위해 건물을 취득할 때에는

41) 법인이 구분한 기준이 기준시가 비율로 계산했을 때와 차이가 30% 이상 발생한 경우에는 법인이 제시한 가액을 인정하지 않고 기준시가 비율로 재계산해 세법을 적용한다. 한편 건물이 있는 토지를 취득하여 건물을 철거하고 토지만 사용하는 경우에도 이러한 규정이 적용되는 폐단이 있었다. 이에 정부는 2022년 1월 1일 이후 공급분부터 토지만 사용하기 위해 건물을 취득할 때에는 이 규정을 적용하지 않을 예정이다. 따라서 개정 후부터는 사업자가 임의로 구분한 가액을 인정받을 수 있게 될 것으로 보인다.

이 규정을 적용하지 않을 예정이다. 따라서 개정 후부터는 사업자가 임의로 구분한 가액을 인정받을 수 있게 될 것으로 보인다.

잠깐퀴즈

위 부가가치세를 생략한 채 매매계약을 체결할 수 있다. 어떻게 하면 되는가?
포괄양수도계약을 맺어 거래하면 이를 생략할 수 있다. 이 계약은 사업의 모든 권리와 의무를 포괄적으로 양수도한다는 것을 의미한다.

(3) 재화 · 용역의 매입 시 부담한 부가가치세 환급

재화와 용역을 공급하는 사업자는 면세로 규정되어 있지 않는 이상 부가가치세(10%)를 징수하여 이를 국가에 납부해야 한다. 그렇다면 부가가치세가 과세되는 사업을 영위하던 중에 취득 또는 매입한 재화나 용역에서 발생한 부가가치세(이를 '매입세액'이라 한다)는 어떻게 처리할까?

일단 자기의 사업을 하면서 부담한 매입세액은 재화 등을 공급하면서 받은 부가가치세(매출세액)에서 차감한 후 그 잔액을 납부하는 것이 타당하다. 따라서 자기가 부담한 매입세액은 전액 환급이나 공제를 받을 수 있다. 하지만 면세사업자는 재화와 용역을 공급하면서 거래상대방으로부터 부가가치세를 징수하지 않으므로 자신이 부담한 매입세액도 환급 또는 공제를 적용하지 않는다.

Tip

■ 부동산관련 부가가치세 징수 및 환급원리

부가가치세는 자신의 사업자유형에 따라 부가가치세 징수의무 및 매입세액 환급여부가 달라진다.

공급 시	
• 일반과세자	부가가치세 징수
• 면세사업자	부가가치세 부징수

공급받을 시	
• 일반과세자	부가가치세 환급
• 면세사업자	부가가치세 불환급

부동산임대업, 부동산매매업, 주택신축판매업 등으로 구분하여 부가가치세 징수의무 및 매입세액 환급여부를 살펴보면 다음과 같다.

구 분		사업자유형	과세여부	
			공급 시	공급받을 시
부동산 임대업	주거용 부동산 임대업	면세사업자	부가가치세 부징수	부가가치세 불환급
	비주거용 부동산 임대업	과세사업자	부가가치세 징수	부가가치세 환급
부동산 매매업	85㎡ 이하 주택 매매업	면세사업자	부가가치세 부징수	부가가치세 불환급
	85㎡ 초과 주택 및 비주거용 부동산 매매업	과세사업자	부가가치세 징수	부가가치세 환급
신축 판매업	85㎡ 이하 주택신축판매업	면세사업자	부가가치세 부징수	부가가치세 불환급
	85㎡ 초과 주택신축판매업 및 비주거용 부동산 신축판매업	과세사업자	부가가치세 징수	부가가치세 환급
기타		과세면세 겸업사업자	부가가치세 징수/부징수[42)]	부가가치세 환급/불환급[42)]

42) 겸업사업자는 공급하거나 공급받을 때 부가가치세 면세분과 과세분을 정확히 안분해야 하는 문제점이 발생한다.

필수 세무상식

취득세 중과세 규정 분석

취득세 중과세 규정은 「지방세법」 제13조와 제13조의2(신설), 제16조 등에서 규정하고 있다. 이하에서 취득세 중과세 규정을 분석해보자.

1. 「지방세법」 제13조[과밀억제권역 안 취득 등 중과]

(1) 본점 신축·증축용 사업용 부동산 취득 또는 공장신설·증설용 사업용 과세물건 취득

> ① 「수도권정비계획법」 제6조에 따른 과밀억제권역[43]에서 대통령령으로 정하는 본점이나 주사무소의 사업용 부동산[44](본점이나 주사무소용으로 신축하거나 증축하는 건축물과 그 부속토지만 해당)을 취득하는 경우와 같은 조에 따른 과밀억제권역(산업단지·유치지역 및 공업지역은 제외)에서 공장을 신설하거나 증설하기 위하여 사업용 과세물건[45]을 취득하는 경우의 취득세율은 제11조 및 제12조의 세율에 중과기준세율[46]의 100분의 200을 합한 세율을 적용한다.

이 규정은 크게 두 가지 유형의 취득에 대해 표준세율에 4%를 더해 중과세를 적용하는 것을 말한다. 표준세율이 2.8%라면 6.8%가 중과세율이 된다.

① 과밀억제권역 내에서 본점(영리법인) 또는 주사무소(비영리법인)의 신축이나 증축용 부동산에 대해 적용한다.[47] 따라서 지점용 부동산 취득이나 기존 건물을 취득한 경우에

---

43) 서울특별시 등이 이에 해당한다. 제2장 제2절을 참조하기 바란다.

44) 법 제13조 제1항에서 "대통령령으로 정하는 본점이나 주사무소의 사업용 부동산"이란 법인의 본점 또는 주사무소의 사무소로 사용하는 부동산과 그 부대시설용 부동산(기숙사, 합숙소, 사택, 연수시설, 체육시설 등 복지후생시설과 예비군 병기고 및 탄약고는 제외한다)을 말한다(단, 임대용 부동산은 제외).

45) "사업용 과세물건"이라 함은 공장용에 공하는 건축물, 토지, 차량 및 중기를 말한다.

46) 「지방세법」 제6조 제19호 "중과기준세율"이란 제11조 및 제12조에 따른 세율에 가감하거나 제15조 제2항에 따른 세율의 특례 적용기준이 되는 세율로서 1천분의 20을 말한다.

47) 본점 또는 주사무소용 부동산이라 함은 법인의 본점 또는 주사무소의 사무소로 사용하는 부동산과 그 부대시설용 부동산을 말한다. 다만, 여기에서는 신축 또는 증축한 경우의 건축물과 그 부속토지를 말한다(원시취득). 한편 본점은 대표이사 등 임직원이 상주하면서 기획, 총무 등 법인의 전반적인 사업을 수행하는 곳을 의미하며 등기여부로 판단하는 것이 아니라 실질적으로 법인의 중추적인 의사결정 등 주된 기능이 이루어지는 장소를 의미한다. 위의 부대시설용 부동산에는 기숙사·합숙소·사택·연수시설·체육시설 등 복지후생시설과 예비군 병기고·탄약고를 제외하나, 실무에서는 사안별로 검토하는 것이 좋다.

는 이 규정에 의한 중과세를 적용받지 않는다. → 이 경우에는 아래 (2)의 제2항을 검토할 것

② 과밀억제권역(단, 산업단지, 유치지역, 공업지역은 제외) 내에서 공장을 신설하거나 증설하기 위해 사업용 과세물건을 취득한 경우에 적용한다. → 따라서 공장 신설용이나 증설용이 아닌 경우에는 이 규정에 의한 중과세를 적용받지 않는다. → 이 경우에도 아래 (2)의 제2항을 검토할 것

참고로 전자의 경우 과밀억제권역 전체를 규제대상으로 하고 있으나, 후자는 과밀억제권역 중 산업단지, 유치지역, 공업지역을 제외한 지역을 규제대상으로 하고 있다. 본점은 산업단지 등도 규제하나 공장은 산업단지 등을 제외하는 차이가 있다. 한편 전자의 경우 본점용 부동산(사옥)을 신·증축한 것에 대해서, 후자는 사업용 과세물건(부동산, 중기 등)에 대해서도 과세하는 차이가 있다.

사례

(주)팽창은 서울에서 본사용 사옥을 짓기 위해 토지매입 검토에 들어갔다. 예상되는 토지 취득가액은 200억 원이다. 이 법인은 빌딩 중 일부는 사옥으로 쓰고 나머지는 임대할 계획이다. 이 법인은 설립된 지가 3년밖에 되지 않았다. (주)팽창이 토지를 취득하기 전에 검토해야 할 세금문제에는 어떤 것들이 있을지 Q&A로 살펴보자.

Q : 위 법인이 이 상태에서 본점건물을 신축해 취득하면 취득세는 중과세되는가?

A : 일반적으로 수도권 과밀억제권역에서 본점용 건축물을 신축·증축하기 위해 부동산을 취득하면 취득세 중과세문제를 검토해야 한다. 이 지역 내에서 본점용 건축물을 신축·증축하면 건물과 토지에 대해 표준세율(원시취득 2.8%)에 4%를 더해 중과세를 적용하기 때문이다. 사례의 경우가 그렇다.

Q : 만일 본사용 사옥이 아닌 지점용 사옥을 신축하면 취득세가 중과세되는가?

A : 본점(영리법인) 또는 주 사무소(비영리법인)가 아닌 지점이나 분사무소를 과밀억제권역 안에서 설치하거나 전입하는 경우에 취득하는 부동산은 중과세 대상이 되지 아니한다. 다만, 이 경우에는 아래 (2)의 제2항에 의한 중과세 규정을 검토해야 한다.

Q : 본점 이외의 장소에서 경리, 인사, 연구, 연수, 재산관리업무 등 대외적인 거래와 직접적인

관련이 없는 내부적 업무만을 처리하고 있다면 이는 지점인가 본점인가?

A : 본점에 해당한다. 따라서 중과세 회피를 위해 본점을 지점으로 삼는 것도 문제가 있다.

Q : 건물을 신축하는 것이 아니라 기존의 것을 매입하면 어떨까?

A : 기존 건축물을 취득하여 본점으로 사용하는 것은 중과세대상이 되지 않는다. 다만, 이 경우에는 아래 (2)의 제2항에 따른 중과세 규정을 검토해야 한다.

(2) 대도시 내에서 법인설립 · 지점설치 · 대도시로 전입함에 따른 부동산 취득 또는 공장신설 · 증설용 부동산 취득

> ② 다음 각 호의 어느 하나에 해당하는 부동산(「신탁법」에 따른 수탁자가 취득한 신탁재산을 포함한다)을 취득하는 경우의 취득세는 제11조 제1항의 표준세율의 100분의 300에서 중과기준세율의 100분의 200을 뺀 세율을 적용한다.[48] 다만, 제11조 제1항 제8호에 해당하는 주택을 취득하는 경우에는 제13조의2 제1항 제1호에 해당하는 세율을 적용한다. 다만, 「수도권정비계획법」 제6조에 따른 과밀억제권역(산업단지는 제외. 이하 이 조 및 제28조에서 "대도시"라 한다)에 설치가 불가피하다고 인정되는 업종으로서 대통령령으로 정하는 업종(이하 "대도시 중과 제외 업종")에 직접 사용할 목적으로 부동산을 취득하는 경우의 취득세는 제11조에 따른 해당 세율을 적용한다.
>
> 1. 대도시에서 법인을 설립(대통령령으로 정하는 휴면법인을 인수하는 경우를 포함)하거나 지점 또는 분사무소를 설치하는 경우 및 법인의 본점 · 주사무소 · 지점 또는 분사무소를 대도시 밖에서 대도시로 전입(「수도권정비계획법」 제2조에 따른 수도권의 경우에는 서울특별시 외의 지역에서 서울특별시로의 전입도 대도시로의 전입으로 본다. 이하 이 항 및 제28조 제2항에서 같다)함에 따라 대도시의 부동산을 취득(그 설립 · 설치 · 전입 이후의 부동산 취득을 포함한다)하는 경우
> 2. 대도시(유치지역 및 공업지역은 제외)에서 공장을 신설하거나 증설함에 따라 부동산을 취득하는 경우

이 규정은 수도권 과밀억제권역 내에서 일체의 부동산을 취득할 때 적용되며, 수도권 과밀억제권역 내로 전입하는 경우까지 적용되므로 상당히 중요한 내용에 해당한다. 이를 좀 더 구체적으로 분석해보자.

---

48) 표준세율이 4%인 경우 이의 100분의 300은 12%이고, 중과기준세율 2%의 100분의 200인 4%를 빼면 중과세율은 8%가 된다.

1) 중과세가 적용되는 상황들

아래와 같은 상황에서 대도시의 부동산을 취득하면 취득세 중과세율이 적용될 수 있다.

① 대도시에서 법인을 설립하는 경우

② 대도시에서 휴면법인을 인수하는 경우

③ 대도시에서 지점이나 분사무소를 설치[49]하는 경우

④ 법인의 본점・주사무소・지점 또는 분사무소를 대도시 밖에서 대도시로 전입하는 경우

⑤ 수도권의 경우에는 서울특별시 외의 지역에서 서울특별시로의 전입한 경우[50]

⑥ 그 설립・설치・전입 이후의 부동산 취득을 포함하는 경우(통상 5년간을 말한다)

⑦ 대도시(유치지역 및 공업지역은 제외)에서 공장을 신설하거나 증설함에 따라 부동산을 취득하는 경우

2) 수도권 과밀억제권역으로 본점을 이전하는 경우

수도권 과밀억제권역으로 본점을 이전하는 경우를 예로 들어 취득세 중과세 문제를 살펴보자.

① 본점 과밀억제권역 전입유형에 따른 중과세 판단

첫째, 비과밀억제권역에서 과밀억제권역으로 전입한 경우

대전시 같은 비과밀억제권역에서 수도권 과밀억제권역으로 본점을 이전하는 경우에는 취득세 중과세 규정이 적용된다.

둘째, 과밀억제권역에서 서울시 외 과밀억제권역으로 전입한 경우

과밀억제권역인 고양시에서 성남시로 본점을 이전하는 경우, 이 지역 내의 인구유입 또는 경제력 집중을 유발하는 효과가 없으므로 이 규정에 의한 중과세가 적용되지 않는다.

셋째, 서울시 외 과밀억제권역에서 서울시로 전입한 경우

경기나 인천 등 과밀억제권역에서 서울시로 본점을 이전하는 경우에는 대도시 내로 전입한 것으로 보아 취득세 중과세 규정을 적용한다. 「지방세법」 제13조 제2항 제1호에서는 수도권의 경우 서울시 외의 지역에서 서울시 전입을 대도시 전입으로 보기 때문이다(주의).

---

49) 지점이나 분사무소를 설치한다는 것은 인적・물적 설비를 갖춰 계속적으로 영업하는 것을 의미하므로 지점등기를 하지 않았거나 사업자등록을 하지 않았더라도 취득세 중과세가 적용될 수 있다. 세무사 등 세무전문가와 상의하기 바란다.

50) 예를 들어 인천에서 서울로 본점을 옮긴 경우에는 이를 취득세 중과세 적용을 위한 전입으로 본다는 것이다. 서울로 본점을 옮기거나 지점을 설치하는 경우에는 이러한 문제에 매우 주의해야 한다.

넷째, 과밀억제권역 내 산업단지에서 산업단지 외의 지역으로 이전하는 경우

과밀억제권역 내 산업단지에서 산업단지 외의 지역으로 이전하는 것은 대도시 내의 전입에 해당된다. 따라서 이 경우에도 취득세 중과세 규정이 적용된다.

② 부동산 취득시점과 중과세 판단

수도권 과밀억제권(산업단지 제외) 내로 전입하는 경우 취득세가 중과세될 수 있다. 이때 중과세 적용기간에 대한 이해가 필요하다.

첫째, 전입 전 부동산을 취득하는 경우

전입 이전에 법인의 본점 등의 용도로 직접 사용하기 위하여 취득한 부동산이 있을 수 있다. 이 경우에는 일반적인 지방세 부과권의 제척기간인 5년(사기 기타 부정한 행위는 10년) 내의 것은 중과세가 적용된다.

둘째, 전입 후 부동산을 취득하는 경우

본점 전입 이후 5년 내에 취득한 부동산에 대해 중과세가 적용된다. 여기서 주의할 것은 바로 위 첫째의 경우에는 본점용 부동산(사옥)을 취득, 이번 둘째의 경우에는 일체의 부동산을 취득하면 중과세가 적용된다는 것이다.

③ 중과세율의 적용

위의 수도권 과밀억제권역으로의 본점 전입에 따른 취득세 중과세율은 아래와 같다.

첫째, 본점 전입에 따른 취득세 중과세율은 제11조 제1항 표준세율의 100분의 300에서 중과기준세율의 100분의 200을 뺀 세율을 적용한다. 이때 표준세율이 4%라면 12%에서 4%를 뺀 8%가 적용된다. 위에서 중과기준세율은 2%로 정해져 있다.

둘째, 「지방세법」 제11조 제1항 제8호에 해당하는 주택을 취득하는 경우의 취득세는 제13조의2 제1항 제1호에 해당하는 세율을 적용한다. 따라서 대도시 내에서 설립된 지 5년이 안된 법인이 이 과밀억제권역 내에서 시가표준액 1억 원 이하의 주택을 취득하면 원칙적으로 12%를 적용한다. 물론 이에 해당하지 않는 1억 원 이하의 주택은 1~3%가 적용된다.

셋째, 「지방세법」 제1항(과밀억제권역 내 본점 신축·증축)과 제2항(본점 전입 등)이 동시에 적용되는 과세물건에 대한 취득세율은 제11조 제1항에 따른 표준세율의 100분의 300으로 한다. 예를 들어 본점을 대도시로 전입 후 본점을 신축하는 경우 원시취득 시의 세율이 2.8%라면 이의 3배인 8.4%가 중과세율이 되는 셈이 된다.

④ **중과세 적용배제**

위와 같이 중과세가 적용되는 부동산이라도 대도 시 내 설치가 불가피하다고 인정되는 업종으로서 대통령령으로 정하는 업종(주택임대업 등)에 직접 사용할 목적으로 부동산을 취득한 경우에는 이 규정을 적용하지 않는다(「지방세법 시행령」 제26조 참조).

(3) 사치성 재산의 취득

> ⑤ 다음 각 호의 어느 하나에 해당하는 부동산등을 취득하는 경우(별장 등을 구분하여 그 일부를 취득하는 경우를 포함한다)의 취득세는 제11조 및 제12조의 세율과 중과기준세율의 100분의 400을 합한 세율을 적용하여 계산한 금액을 그 세액으로 한다. 이 경우 골프장은 그 시설을 갖추어 「체육시설의 설치·이용에 관한 법률」에 따라 체육시설업의 등록(시설을 증설하여 변경등록하는 경우를 포함한다. 이하 이 항에서 같다)을 하는 경우뿐만 아니라 등록을 하지 아니하더라도 사실상 골프장으로 사용하는 경우에도 적용하며, 별장·고급주택·고급오락장에 부속된 토지의 경계가 명확하지 아니할 때에는 그 건축물 바닥면적의 10배에 해당하는 토지를 그 부속토지로 본다.
>
> 1. 별장 : 주거용 건축물로서 늘 주거용으로 사용하지 아니하고 휴양·피서·놀이 등의 용도로 사용하는 건축물과 그 부속토지(「지방자치법」 제3조 제3항 및 제4항에 따른 읍 또는 면에 있는, 대통령령으로 정하는 범위와 기준에 해당하는 농어촌주택과 그 부속토지는 제외한다). 이 경우 별장의 범위와 적용기준은 대통령령으로 정한다.
> 2. 골프장 : 「체육시설의 설치·이용에 관한 법률」에 따른 회원제 골프장용 부동산 중 구분등록의 대상이 되는 토지와 건축물 및 그 토지상의 입목
> 3. 고급주택 : 주거용 건축물 또는 그 부속토지의 면적과 가액이 대통령령으로 정하는 기준을 초과하거나 해당 건축물에 67제곱미터 이상의 수영장 등 대통령령으로 정하는 부대시설을 설치한 주거용 건축물과 그 부속토지. 다만, 주거용 건축물을 취득한 날부터 60일 이내에 주거용이 아닌 용도로 사용하거나 고급주택이 아닌 용도로 사용하기 위하여 용도변경공사를 착공하는 경우는 제외한다.
> 4. 고급오락장 : 도박장, 유흥주점영업장, 특수목욕장, 그 밖에 이와 유사한 용도에 사용되는 건축물 중 대통령령으로 정하는 건축물과 그 부속토지. 다만, 고급오락장용 건축물을 취득한 날부터 60일 이내에 고급오락장이 아닌 용도로 사용하거나 고급오락장이 아닌 용도로 사용하기 위하여 용도변경공사를 착공하는 경우는 제외한다.
> 5. 고급선박 : 비업무용 자가용 선박으로서 대통령령으로 정하는 기준을 초과하는 선박

이러한 사치성 재산은 개인과 법인에 대해 무차별적으로 적용된다. 하지만 이의 규정은 앞의 규정에 비해 비교적 단순하기 때문에 법규정만 봐도 큰 문제는 없을 것으로 보인다.

→ 참고로 앞의 제2항과 제5항이 동시에 적용되는 과세물건에 대한 취득세율은 제16조 제5항에도 불구하고 제11조에 따른 표준세율의 100분의 300에 중과기준세율의 100분의 200을 합한 세율을 적용한다. 다만, 제11조 제1항 제8호에 따른 주택을 취득하는 경우에는 해당 세율에 중과기준세율의 100분의 600을 합한 세율을 적용한다.

2. 「지방세법」 제13조의2 [법인의 주택 취득 등 중과(2020.8.12. 신설)]

① 주택(제11조 제1항 제8호에 따른 주택을 말한다. 이 경우 주택의 공유지분이나 부속토지만을 소유하거나 취득하는 경우에도 주택을 소유하거나 취득한 것으로 본다)을 유상거래를 원인으로 취득하는 경우로서 다음 각 호의 어느 하나에 해당하는 경우에는 제11조 제1항 제8호에도 불구하고 다음 각 호에 따른 세율을 적용한다.

1. 법인(「국세기본법」 제13조에 따른 법인으로 보는 단체, 「부동산등기법」 제49조 제1항 제3호에 따른 법인 아닌 사단·재단 등 개인이 아닌 자를 포함한다)이 주택을 취득하는 경우 : 제11조 제1항 제7호 나목의 세율을 표준세율로 하여 해당 세율에 중과기준세율의 100분의 400을 합한 세율)
2. 1세대 2주택(대통령령으로 정하는 일시적 2주택은 제외한다)에 해당하는 주택으로서 「주택법」 제63조의2 제1항 제1호에 따른 조정대상지역에 있는 주택을 취득하는 경우 또는 1세대 3주택에 해당하는 주택으로서 조정대상지역 외의 지역에 있는 주택을 취득하는 경우 : 제11조 제1항 제7호 나목의 세율을 표준세율로 하여 해당 세율에 중과기준세율의 100분의 200을 합한 세율
3. 1세대 3주택 이상에 해당하는 주택으로서 조정대상지역에 있는 주택을 취득하는 경우 또는 1세대 4주택 이상에 해당하는 주택으로서 조정대상지역 외의 지역에 있는 주택을 취득하는 경우 : 제11조 제1항 제7호 나목의 세율을 표준세율로 하여 해당 세율에 중과기준세율의 100분의 400을 합한 세율

② 조정대상지역에 있는 주택으로서 대통령령으로 정하는 일정가액 이상의 주택을 제11조 제1항 제2호에 따른 무상취득을 원인으로 취득하는 경우에는 제11조 제1항 제2호에도 불구하고 같은 항 제7호 나목의 세율을 표준세율로 하여 해당 세율에 중과기준세율의 100분의 400을 합한 세율을 적용한다. 다만, 1세대 1주택자가 소유한 주택을 배우자 또는 직계존비속이 무상취득하는 등 대통령령으로 정하는 경우는 제외한다.

③ 제1항 또는 제2항과 제13조 제5항이 동시에 적용되는 과세물건에 대한 취득세율은 제16

> 조 제5항에도 불구하고 제1항 각 호의 세율 및 제2항의 세율에 중과기준세율의 100분의 400을 합한 세율을 적용한다.

이 규정은 2020년 7·10대책에 의해 2020년 8월 12일에 신설된 것으로 개인과 법인의 유·무상 취득에 대해 적용된다. 주요 내용을 정리해보자.

(1) 유상으로 주택을 취득한 경우

주택을 유상으로 취득한 경우에 아래와 같이 취득세 중과세가 적용된다(제1항).

- 이때 주택은 「주택법」상의 주택을 의미하며, 주택의 공유지분이나 부속토지만을 소유하거나 취득하는 경우에도 이 규정을 적용한다. 따라서 「주택법」상의 주택이 아닌 오피스텔 등은 이 규정을 적용하지 아니한다.
- 유상거래에 의한 경우에만 제1항을 적용한다. 따라서 원시취득(신축이나 재건축 등에 의한 취득)은 중과세를 적용하지 않는다. 무상취득 중 증여취득에 대해서는 제2항을 적용한다.
- 취득세 중과세율은 법인과 개인으로 구분해 적용하되, 법인은 주택 수와 조정대상지역에 소재여부와 관계없이, 개인은 주택 수와 조정대상지역 소재여부에 따라 취득세율이 달라진다. 전자는 12%, 후자는 8~12%가 적용된다.

(2) 증여로 주택을 취득한 경우

주택을 증여 취득한 경우에 아래의 요건을 모두 충족하면 취득세 중과세가 적용된다(제2항).

- 증여받은 주택이 조정대상지역에 소재해야 한다.
- 증여받은 주택이 시가표준액 3억 원 이상에 해당한다.
- 1세대 1주택자가 소유한 주택을 배우자 또는 직계존비속이 무상취득하는 경우에 해당되지 않아야 한다.

이러한 규정으로 보건대 자녀 등이 1세대 2주택 이상 보유한 세대의 조정대상지역 내의 시가표준액 3억 원 이상의 주택을 증여받으면 중과세율이 적용된다. 또한 법인이 조정대상지역의 시가표준액 3억 원 이상의 주택을 증여받게 되면 무조건 12%의 세율이 적용된다고 할 수 있다(2023년 증여분부터 취득세 과세표준이 시가상당액으로 변경된다).

(3) 별장이나 고급주택을 유상 또는 무상으로 취득한 경우

법인 또는 다주택자가 취득하는 중과주택인 별장이나 고급주택에 대해서는 12%의 세율 외에 8%를 추가하여 총 20%로 부과한다(제3항).

Tip

■ 취득세 중과세가 적용되지 않는 경우(「지방세법 시행령」 제28조의2)

아래의 주택들에 대해서는 「지방세법」 제13조의2 제1항에 따른 취득세 중과세를 적용하지 않는다.

1. 시가표준액(지분이나 부속토지만을 취득한 경우에는 전체 주택의 시가표준액을 말한다)이 1억 원 이하인 주택. 다만, 「도시 및 주거환경정비법」 제2조 제1호에 따른 정비구역으로 지정·고시된 지역 또는 「빈집 및 소규모주택 정비에 관한 특례법」 제2조 제1항 제4호에 따른 사업시행구역에 소재하는 주택은 제외한다.
2. 「공공주택 특별법」 제4조 제1항에 따라 지정된 공공주택사업자가 같은 법 제43조 제1항에 따라 공공매입임대주택으로 공급하기 위하여 취득하는 주택
3. 「노인복지법」 제32조 제1항 제3호에 따른 노인복지주택으로 운영하기 위하여 취득하는 주택
4. 「문화재보호법」 제53조 제1항에 따른 국가등록문화재에 해당하는 주택
5. 「민간임대주택에 관한 특별법」 제2조 제7호에 따른 임대사업자가 같은 조 제4호에 따른 공공지원민간임대주택으로 공급하기 위하여 취득하는 주택
6. 「영유아보육법」 제10조 제5호에 따른 가정어린이집으로 운영하기 위하여 취득하는 주택
7. 한국자산관리공사가 출자하여 설립한 부동산투자회사가 취득하는 주택으로서 취득 당시 일정 요건을 모두 갖춘 주택
8. 다음 각 목의 어느 하나에 해당하는 주택으로서 멸실시킬 목적으로 취득하는 주택. 다만, 나목 6)의 경우에는 정당한 사유 없이 그 취득일부터 1년이 경과할 때까지 해당 주택을 멸실시키지 않거나 그 취득일부터 3년이 경과할 때까지 주택을 신축하여 판매하지 않은 경우는 제외하고, 나목 6) 외의 경우에는 정당한 사유 없이 3년[나목 5)의 경우 2년]이 경과할 때까지 해당 주택을 멸실시키지 않은 경우는 제외한다.(2021.4.27 단서개정)
   가. 「공익사업을 위한 토지 등의 취득 및 보상에 관한 법률」 제4조에 따른 공익사업을 위하여 취득하는 주택
   나. 다음 중 어느 하나에 해당하는 자가 주택건설사업을 위하여 취득하는 주택. 다만, 해당 주택건설사업이 주택과 주택이 아닌 건축물을 한꺼번에 신축하는 사

업인 경우에는 신축하는 주택의 건축면적 등을 고려하여 행정안전부령으로 정하는 바에 따라 산정한 부분으로 한정한다.(2021.4.27 개정)

1) 「도시 및 주거환경정비법」 제2조 제8호에 따른 사업시행자

2) 「빈집 및 소규모주택 정비에 관한 특례법」 제2조 제1항 제5호에 따른 사업시행자

3) 「주택법」 제2조 제11호에 따른 주택조합(같은 법 제11조 제2항에 따른 "주택조합설립인가를 받으려는 자"를 포함한다)

4) 「주택법」 제4조에 따라 등록한 주택건설사업자

5) 「민간임대주택에 관한 특별법」 제23조에 따른 공공지원민간임대주택 개발사업 시행자

6) 주택신축판매업[한국표준산업분류에 따른 주거용 건물개발 및 공급업과 주거용건물 건설업(자영건설업으로 한정한다)을 말한다]을 영위할 목적으로 「부가가치세법」 제8조 제1항에 따라 사업자등록을 한 자

9. 주택의 시공자가 다음 각 목의 어느 하나에 해당하는 자로부터 해당 주택의 공사대금으로 취득한 미분양 주택. 다만, 가목의 자로부터 취득한 주택으로서 자기 또는 임대계약 등 권원을 불문하고 타인이 거주한 기간이 1년 이상인 경우는 제외한다.

가. 「건축법」 제11조에 따른 허가를 받은 자

나. 「주택법」 제15조에 따른 사업계획승인을 받은 자

10. 다음 각 목의 어느 하나에 해당하는 자가 저당권의 실행 또는 채권변제로 취득하는 주택. 다만, 취득일부터 3년이 경과할 때까지 해당 주택을 처분하지 않은 경우는 제외한다.

가. 「농업협동조합법」에 따라 설립된 조합 등

11. 제28조 제2항에 따른 농어촌주택

12. 사원에 대한 임대용으로 직접 사용할 목적으로 취득하는 주택으로서 1구의 건축물의 연면적(전용면적을 말한다)이 60제곱미터 이하인 공동주택. 다만, 다음 각 목의 어느 하나에 해당하는 주택은 제외한다.

가. 취득하는 자가 개인인 경우로서 「지방세기본법 시행령」 제2조 제1항 각 호의 어느 하나에 해당하는 관계인 사람에게 제공하는 주택

나. 취득하는 자가 법인인 경우로서 「지방세기본법」 제46조 제2호에 따른 과점주주에게 제공하는 주택

13. 물적분할로 인하여 분할신설법인이 분할법인으로부터 취득하는 미분양 주택

※ 저자 주

위의 주택들은 법인이 유상으로 취득한 경우 취득세 중과세가 적용되지 않는 주택들에 해당한

다. 한편 이러한 주택들은 「지방세법 시행령」 제28조의4에 따라 다른 주택을 유상으로 취득할 때 주택 수에서 대부분 제외된다. 단, 여기서 주의할 것은 「지방세법」 제13조의2 제2항에서 규정하고 있는 증여에 따른 취득세 중과세를 적용할 때에는 이러한 주택들은 주택 수에 포함된다는 것이다.

3. 「지방세법」 제16조 [세율 적용]

① 토지나 건축물을 취득한 후 5년 이내에 해당 토지나 건축물이 다음 각 호의 어느 하나에 해당하게 된 경우에는 해당 각 호에서 인용한 조항에 규정된 세율을 적용하여 취득세를 추징한다.

1. 제13조 제1항에 따른 본점이나 주사무소의 사업용 부동산(본점 또는 주사무소용 건축물을 신축하거나 증축하는 경우와 그 부속토지만 해당한다)
2. 제13조 제1항에 따른 공장의 신설용 또는 증설용 부동산
3. 제13조 제5항에 따른 별장, 골프장, 고급주택 또는 고급오락장

② 고급주택, 별장, 골프장 또는 고급오락장용 건축물을 증축·개축 또는 개수한 경우와 일반 건축물을 증축·개축 또는 개수하여 고급주택 또는 고급오락장이 된 경우에 그 증가되는 건축물의 가액에 대하여 적용할 취득세의 세율은 제13조 제5항에 따른 세율로 한다.

③ 제13조 제1항에 따른 공장 신설 또는 증설의 경우에 사업용 과세물건의 소유자와 공장을 신설하거나 증설한 자가 다를 때에는 그 사업용 과세물건의 소유자가 공장을 신설하거나 증설한 것으로 보아 같은 항의 세율을 적용한다. 다만, 취득일부터 공장 신설 또는 증설을 시작한 날까지의 기간이 5년이 지난 사업용 과세물건은 제외한다.

④ 취득한 부동산이 대통령령으로 정하는 기간[51]에 제13조 제2항에 따른 과세대상이 되는 경우에는 같은 항의 세율을 적용하여 취득세를 추징한다.

⑤ 같은 취득물건에 대하여 둘 이상의 세율이 해당되는 경우에는 그중 높은 세율을 적용한다.

⑥ 취득한 부동산이 다음 각 호의 어느 하나에 해당하는 경우에는 제5항에도 불구하고 다음 각 호의 세율을 적용하여 취득세를 추징한다. (2020.8.12. 개정)

1. 제1항 제1호 또는 제2호와 제4항이 동시에 적용되는 경우 : 제13조 제6항의 세율('표준세율×3배'을 말함)
2. 제1항 제3호와 제13조의2 제1항 또는 같은 조 제2항이 동시에 적용되는 경우 : 제13조의2 제3항의 세율('12%+8%' 등을 말함)

51) 법 제16조 제4항에서 "대통령령으로 정하는 기간"이란 부동산을 취득한 날부터 5년 이내를 말한다. (2010.9.20. 개정)

이 규정은 주로 「지방세법」 제13조와 관련하여 취득세 중과세를 적용하기 위한 사후관리 기간을 의미한다. 예를 들어 당초 취득할 때에는 중과세가 적용되지 않았으나 용도변경 등을 통해 중과세 대상 물건이 되면 사후적으로 중과세를 추징하겠다는 내용을 담고 있다.

세법은 보통 취득일로부터 5년간을 이러한 사후관리 기간으로 산정하고 있으므로 취득 후 5년간은 주의해야 한다. 특히 본점 신축을 위해 미리 토지를 구입해둔 상태에서 수년이 흐른 뒤에 본점용 건물을 신축한 후 이를 직접 사용하면 취득세 중과세를 적용한다. 그렇다면 이러한 중과세를 피하기 위해 본점용 건물을 신축해두고 5년간 임대를 한 후에 본점용 건물로 직접 사용하면 이러한 중과세를 피할 수 있을까? 그렇다. 본점용 건물을 신축하더라도 5년간 직접 사용하지 않으면 중과세를 적용하지 않기 때문이다. 결국 5년 이상 경과한 법인이더라도 과밀억제권역 내에서 본점용 건물을 신축이나 증축하면 이러한 문제를 잘 검토해야 한다. 물론 과밀억제권역 내에서 설립된 지 5년이 미경과된 법인이나 이 지역 내의 지점설치 또는 본점을 전입한 경우에는 설립·설치·전입한 날로부터 5년 내에 취득하는 모든 부동산에 대해 취득세 중과세를 적용하는 것과는 별개이다(단, 중과세 배제 업종은 제외).

※ 저자 주

취득세 중과세제도는 상당히 난해하다. 따라서 실무자들은 「지방세법」 제13조, 제13조의2, 제16조 등을 꼼꼼히 살펴보면서 공부하는 것이 좋을 것으로 보인다.

Tip

■ 취득세 중과세 조항간의 관계

취득세 중과세를 담고 있는 「지방세법」 제13조와 제13조의2, 제16조의 관계를 정리하면 아래와 같다.

「지방세법」 제13조	「지방세법」 제13조의2	「지방세법」 제16조
과밀억제권역 취득 등 중과	법인의 주택취득 등 중과	세율 적용
1항 : 과밀안 본점, 공장 신·증설 → 표준세율 + 4%	1항 : 법인, 다주택자의 주택 취득 → 8~12%	1항 : 취득 후 5년 내 13조 1항, 5항에 해당 시 중과
2항 : 대도시 내 법인의 부동산 취득 → 표준세율 × 3배 − 4%	2항 : 법인, 다주택자의 주택 증여 → 12%	4항 : 취득 후 5년 내 13조 2항 해당 시 중과

「지방세법」 제13조	「지방세법」 제13조의2	「지방세법」 제16조
5항 : 사치성 재산→표준세율 ×3배	3항 : 위 1~2항+별장, 고급 주택 취득→8~12% +8%	5항 : 같은 물건 2개 세율 적용 시 높은 세율 적용
7항 : 2항과 5항 동시 적용 → 표준세율×3배 + 4%		6항 : 1. 16조 1항 1호 또는 4항이 동시에 적용되는 경우 : 표준세율×3배(제13조 제6항의 세율) 2. 16조 1항 3호와 13조의2 1항 또는 같은 조 2항이 동시에 적용되는 경우 : 8~12% + 12%(제13조의2 제3항의 세율)

※ 취득세 중과세에 따른 농특세와 지방교육세 적용법

일반적으로 농특세는 취득세율 '4%×1/2×10%=0.2%', 지방교육세는 '취득세 표준세율의 1/2×20%(예 4%×1/2×20%=0.4%)'로 부과되지만 취득세 중과세가 적용되면 이에 대한 세율도 달리 적용된다. 이를 정리해보자.

① 농특세

「농특세법」 제5조 제1항 제6호에서는 「지방세법」 제11조 및 제12조의 표준세율을 100분의 2(2%)로 적용하여 「지방세법」 등을 적용한 산출세액의 10%를 농특세로 하고 있다. 이러한 내용을 근거로 주택 취득세가 중과세되는 경우 아래와 같이 농특세를 부과하고 있다.

- 주택 취득세율이 8%인 경우 : 2%×10%+(8%−4%)×10%=0.6%
- 주택 취득세율이 12%인 경우 : 2%×10%+(12%−4%)×10%=1.0%
- 주택 취득세율이 20%인 경우(별장) : 2%×10%+(20%−4%)×10%=1.8%

그러나 이렇게 해석하는 것은 법리상 심각한 문제가 있다. 국세인 「농특세법」에서 「지방세법」이 변경되었다고 해서 위와 같이 법을 집행하라고 한 적은 없기 때문이다. 그 이유는 아래와 같다.

주택 취득세 중과세가 도입되기 전의 과밀억제권 내 법인취득의 경우 취득세 중과세가 적용되어도 농특세는 0.2%로 변동이 없었다. 2011년 전까지 「지방세법」에서는 취득세와 등록세 규정이 별도로 있었고 등록세에 대해서만 중과세가 적용되는 경우 취득세에 대해 부과되는 농특세는 이와 무관하게 0.2%로 내면 그만이었기 때문이다. 그러던 것이 주택에 대한 취득세 중과세가 도입(2020년

8월 12일)된 이후부터 단지 「농특세법」 제5조 제1항 제6호에서 "「지방세법」 등에 따라 산출된 취득세의 10%"를 농특세로 한다는 문구를 내세워 취득세 중과세 산출세액에 농특세를 부과하고 있는 것이 작금의 현실이다. 이로 인해 농특세가 0.2%에서 최고 1.8%까지 뛰게 된 것이다. 납세자의 관점에서는 상당히 부당한 법해석 및 집행이 아니라고 할 수 없다(입법적인 개선이 요구된다).

② 지방교육세

「지방세법」 제151조 제1항에서는 취득세가 중과세되는 규정별로 지방교육세율을 달리 정하고 있다.

가. 과밀억제권역 내 법인의 취득(제13조 제2항 · 제3항 · 제6항 또는 제7항)에 해당하는 경우 : 이 호 각 목 외의 부분 본문의 계산방법으로 산출한 지방교육세액의 100분의 300(단, 법인이 주택을 취득한 경우에는 아래 나목 적용). 참고로 「지방세법」 제13조 제1항(본점 신축 등)은 종전에 취득세만 중과세되었으므로 지방교육세는 중과세하지 아니한다.

나. 법인이나 다주택자가 주택을 취득(제13조의2)에 해당하는 경우 : 제11조 제1항 제7호 나목의 세율(4%)에서 중과기준세율(2%)을 뺀 세율(2%)을 적용하여 산출한 금액의 100분의 20(즉 0.4%를 말한다). 주택 취득세 중과세에 대한 부담이 너무 커서 지방교육세율이 0.4%로 책정되었다.

필수 세무상식 부동산 세율체계

앞으로 법인을 둘러싼 세무문제를 잘 해결하기 위해서는 다음에 해당하는 세율을 잘 정리할 필요가 있다.

1. 취득세율

취득세율은 표준세율과 중과세율의 구조로 되어 있다.

(1) 부동산관련 표준세율

구 분	세 율
상속 취득	2.8%(농지는 2.3%)
상속 외의 무상취득	3.5%(비영리사업자의 취득은 2.8%)
원시취득	2.8%
공유물의 분할	2.3%
신탁재산의 수탁자로부터 수익자로 이전	3%(비영리사업자의 취득은 2.5%)
합유물 및 총유물의 분할로 인한 취득	2.3%
그밖의 원인으로 인한 취득	4%(농지는 3%, 주택은 1~3%)

(2) 부동산관련 취득세 중과세율(「지방세법」 제13조)

1) 본점 신축 · 증축용 사업용 부동산 취득 또는 공장신설 · 증설용 사업용 과세물건 취득

구 분	중과세 대상	세율	비 고
과밀억제권역 내에서 본점용 부동산(사옥)을 신·증축하는 경우	부동산	6.8%	2.8% + 중과기준세율 2% × 2배 = 2.8% + 4% = 6.8%
수도권 과밀억제권역[52] 내에서 공장을 신·증설하는 경우	사업용 과세물건		

52) 과밀억제권역 내의 산업단지, 유치지역, 공업지역은 제외한다. 앞의 본점은 예외없이 무조건 중과세를 적용한다.

☞ 이 규정은 수도권 과밀억제권역 내에서 본점(지점은 제외)용 부동산(사옥)을 신축 또는 증축(승계취득은 제외)하는 경우와 공장을 신설 또는 증설(승계취득은 제외)하는 경우에 적용된다(「지방세법」 제13조 제1항). 여기서 주의할 것은 설립된 지 5년이 경과한 후에 본점을 신축하는 경우에도 위의 취득세 중과세율이 적용될 수 있다는 것이다.

2) 대도시 내에서 법인설립 · 지점설치 · 대도시로 전입함에 따른 부동산 취득 또는 공장신설 · 증설용 부동산 취득

구 분	세율	비 고
해당 법인이 주택을 승계취득하는 경우	12%	4% + 중과기준세율 2% × 4배 = 12%
해당 법인이 주택 외 부동산을 승계취득하는 경우	8%	4% × 3배 − 중과기준세율 2% × 2배 = 12% − 4% = 8%
해당 법인이 부동산을 신축(원시취득)하는 경우	4.4%	2.8% × 3배 − 중과기준세율 2% × 2배 = 8.4% − 4% = 4.4%
공장은 신설 · 증설 시 부동산을 취득하는 경우	8%	4% × 3배 − 중과기준세율 2% × 2배 = 12% − 4% = 8%

☞ 수도권 과밀억제권역[53] 내에서 설립된 지 5년이 미경과한 법인이 이 지역 내의 부동산을 승계 또는 원시취득한 경우 중과세율이 적용된다(「지방세법」 제13조 제2항). 다만, 이 지역 내에서 설치가 불가피하다고 인정되는 업종[54]으로써 대통령령으로 정하는 업종은 중과세를 적용하지 않는다.

3) 사치성 재산을 승계취득하거나 신축하는 경우(개인, 법인 불문)

구 분	세율	비 고
사치성 재산*을 승계취득(유상)하는 경우	12%	4% + 중과기준세율[55] 2% × 4배 = 4% + 8% = 12%
사치성 재산을 원시취득(신축)하는 경우	10.8%	2.8% + 중과기준세율 2% × 4배 = 2.8% + 8% = 10.8%

* 법인과 다주택자가 취득하는 중과주택인 별장과 고급주택은 20%가 적용되는 것이 원칙이다.

53) 이때 대도시에는 산업단지만 제외된다. 하지만 같은 조항의 공장용 부동산은 유치지역 및 공업지역은 제외한다. 앞의 제1항의 공장 취득세 중과세에서는 산업단지, 유치지역, 공업지역이 제외되었고, 본점은 모두 제외되지 않았다. 차이가 있음에 유의해야 한다.

54) 이에는 「민간임대주택법」 제5조에 따라 등록을 한 주택임대업, 주택건설업 등이 해당한다(「지방세법 시행령」 제26조).

55) 중과기준세율은 2%를 말한다. 현행 취득세 중과세는 이 기준세율을 가지고 중과세율을 적용하고 있다.

4) 특례세율

- 위 1)과 2)가 동시에 적용되는 경우 : 표준세율 × 3배
- 위 2와 3)이 동시에 적용되는 경우 : 표준세율 × 3배 + 중과기준세율 2% × 2배(고급주택의 경우 표준세율 + 중과기준세율 2% × 6배)

(3) 주택관련 취득세 중과세율(「지방세법」 제13조의2)

1) 법인의 유상취득

구 분	세 율	비 고
법인	12%	단일세율

☞ 법인이 주택을 취득하면 「지방세법」 제13조가 아닌 제13조의2에 따라 12%가 부과된다.

2) 개인의 유상취득

구 분	세 율	비 고
1세대 1주택자	1~3%	
1세대 2주택자	• 조정대상지역 주택 : 8% • 비조정대상지역 주택 : 1~3%	일시적 2주택자는 1~3%
1세대 3주택자	• 조정대상지역 주택 : 12% • 비조정대상지역 주택 : 8%	
1세대 4주택 이상자	12%	

3) 법인 · 개인의 증여취득

구 분	세 율	비 고
법인	12%	조정대상지역, 3억 원 이상 시
개인	12%	조정대상지역, 3억 원 이상, 증여자가 2주택 이상 보유 시 (배우자나 직계존비속의 경우)

2. 보유세율

보유세는 재산세와 종합부동산세를 말하는데 세율을 표시하면 아래와 같다. 이 중 재산세는 좀더 세부적으로 살펴보자.

1) 재산세[56)]

56) ① 재산세는 제110조의 과세표준에 다음 각 호의 표준세율을 적용하여 계산한 금액을 그 세액으로 한다.
1. 토지
가. 종합합산과세대상

과세표준	세 율
5천만 원 이하	1,000분의 2
5천만 원 초과 1억 원 이하	10만 원+5천만 원 초과금액의 1,000분의 3
1억 원 초과	25만 원+1억 원 초과금액의 1,000분의 5

나. 별도합산과세대상

과세표준	세 율
2억 원 이하	1,000분의 2
2억 원 초과 10억 원 이하	40만 원+2억 원 초과금액의 1,000분의 3
10억 원 초과	280만 원+10억 원 초과금액의 1,000분의 4

다. 분리과세대상
1) 전 · 답 · 과수원 · 목장용지 및 임야 : 과세표준의 1천분의 0.7
2) 골프장 및 고급오락장용 토지 : 과세표준의 1천분의 40
3) 그 밖의 토지 : 과세표준의 1천분의 2

2. 건축물
가. 제13조 제5항에 따른 골프장, 고급오락장용 건축물 : 과세표준의 1천분의 40
나. 특별시 · 광역시(군지역은 제외한다) · 특별자치시(읍 · 면지역은 제외한다) · 특별자치도(읍 · 면지역은 제외한다) 또는 시(읍 · 면지역은 제외한다) 지역에서 「국토의 계획 및 이용에 관한 법률」과 그 밖의 관계 법령에 따라 지정된 주거지역 및 해당 지방자치단체의 조례로 정하는 지역의 대통령령으로 정하는 공장용 건축물 : 과세표준의 1천분의 5
다. 그 밖의 건축물 : 과세표준의 1천분의 2.5

3. 주택
가. 제13조 제5항 제1호에 따른 별장 : 과세표준의 1천분의 40
나. 그 밖의 주택(괄호 안의 세율은 1세대 1주택 & 시가표준의 6억 원 이하에 적용)

과세표준	세 율
6천만 원 이하	1,000분의 1(0.5)
6천만 원 초과 1억5천만 원 이하	60,000원+6천만 원 초과금액의 1,000분의 1.5(1)
1억5천만 원 초과 3억 원 이하	195,000원+1억5천만 원 초과금액의 1,000분의 2.5(2)
3억 원 초과	570,000원+3억 원 초과금액의 1,000분의 4(3.5)

4. 선박
가. 제13조 제5항 제5호에 따른 고급선박 : 과세표준의 1천분의 50
나. 그 밖의 선박 : 과세표준의 1천분의 3

5. 항공기 : 과세표준의 1천분의 3

② 「수도권정비계획법」 제6조에 따른 과밀억제권역(「산업집적활성화 및 공장설립에 관한 법률」을 적용받는 산업단지 및 유치지역과 「국토의 계획 및 이용에 관한 법률」을 적용받는 공업지역은 제외한다)에서 행정안전부령으로 정하는 공장 신설 · 증설에 해당하는 경우 그 건축물에 대한 재산세의 세율은 최초의 과세기준일부터 5년간 제1항 제2호 다목에 따른 세율의 100분의 500에 해당하는 세율로 한다.

2) 종합부동산세

<table>
<tr><th rowspan="3">과세
표준</th><th colspan="4">주 택</th><th colspan="3" rowspan="2">종합합산토지</th><th colspan="3" rowspan="2">별도합산토지</th></tr>
<tr><th colspan="2">일 반</th><th colspan="2">3주택 등</th></tr>
<tr><th>세율</th><th>누진공제</th><th>세율</th><th>누진공제</th><th>과세
표준</th><th>세율</th><th>누진
공제액</th><th>과세
표준</th><th>세율</th><th>누진
공제액</th></tr>
<tr><td>3억 원 이하</td><td>0.6%</td><td>0원</td><td>1.2%</td><td>0원</td><td rowspan="2">15억 원 이하</td><td rowspan="2">1.0%</td><td rowspan="2">0원</td><td rowspan="2">200억 원 이하</td><td rowspan="2">0.5%</td><td rowspan="2">0원</td></tr>
<tr><td>3억 원 초과
6억 원 이하</td><td>0.8%</td><td>600,000원</td><td>1.6%</td><td>1,200,000원</td></tr>
<tr><td>6억 원 초과
12억 원 이하</td><td>1.2%</td><td>3,000,000원</td><td>2.2%</td><td>4,800,000원</td><td rowspan="2">15억 원 초과
45억 원 이하</td><td rowspan="2">2.0%</td><td rowspan="2">15,000,000원</td><td rowspan="2">200억 원 초과
400억 원 이하</td><td rowspan="2">0.6%</td><td rowspan="2">20,000,000원</td></tr>
<tr><td>12억 원 초과
50억 원 이하</td><td>1.6%</td><td>7,800,000원</td><td>3.6%</td><td>21,600,000원</td></tr>
<tr><td>50억 원 초과
94억 원 이하</td><td>2.2%</td><td>37,800,000원</td><td>5.0%</td><td>91,600,000원</td><td rowspan="2">45억 원 초과</td><td rowspan="2">3.0%</td><td rowspan="2">60,000,000원</td><td rowspan="2">400억 원 초과</td><td rowspan="2">0.7%</td><td rowspan="2">60,000,000원</td></tr>
<tr><td>94억 원 초과</td><td>3.0%</td><td>113,000,000원</td><td>6.0%</td><td>185,600,000원</td></tr>
</table>

3. 법인세율

법인세율은 다음과 같은 구조로 되어 있다.

<table>
<tr><th>과세표준</th><th>세 율</th><th>비 고</th></tr>
<tr><td>2억 원 이하</td><td>10%</td><td rowspan="4">법인이 주택·토지를 양도하는 경우 추가과세(10~20%)가 적용됨.</td></tr>
<tr><td>2억 원~200억 원 이하</td><td>20%</td></tr>
<tr><td>200억 원~3,000억 원 이하</td><td>22%</td></tr>
<tr><td>3,000억 원 초과</td><td>25%</td></tr>
</table>

☞ 위의 세율은 법인이 벌어들인 소득에 적용된다. 법인이 주택(신축판매용 주택 등은 제외)이나 토지(비사업용 토지에 한함)를 양도하는 경우 별도로 추가과세(10~20%)가 적용될 수 있다.

---

③ 지방자치단체의 장은 특별한 재정수요나 재해 등의 발생으로 재산세의 세율 조정이 불가피하다고 인정되는 경우 조례로 정하는 바에 따라 제1항의 표준세율의 100분의 50의 범위에서 가감할 수 있다. 다만, 가감한 세율은 해당 연도에만 적용한다.

4. 종합소득세율

종합소득세율은 다음과 같은 구조로 되어 있다.

과세표준	세 율	누진공제
1,200만 원 이하	6%	–
4,600만 원 이하	15%	108만 원
8,800만 원 이하	24%	522만 원
1억 5천만 원 이하	35%	1,490만 원
3억 원 이하	38%	1,940만 원
5억 원 이하	40%	2,540만 원
10억 원 이하	42%	3,540만 원
10억 원 초과	45%	6,540만 원

☞ 위의 세율은 주로 개인에게 발생하는 종합소득에 적용된다. 개인이 사업을 하는 경우 사업소득에 다른 종합소득(근로소득 · 연금소득 · 이자소득 · 배당소득 · 기타소득)을 합산하여 과세하게 된다.

개인사업자와 법인의 소득에 대한 세율체계 비교

구 분	개인사업자	법인
1. 기본세율	6~45%	10~25%
⇩		
2. 비교과세/추가과세	Max[종합소득세, 양도소득세]	10~20%(미등기 40%)
⇩		
3. 이익처분에 따른 개인소득세 과세	–	14%(배당)[57]

☞ 참고로 법인세와 종합소득세에서 과세표준이 1,200만 원 이하이면 개인이 유리하고, 1,200만 원 초과하면 법인이 유리하다고도 볼 수 있으나 이러한 정보는 단편적인 것에 불과하므로 과세표준 구간별로 개인과 법인의 유불리를 판단하지 않도록 해야 한다.

57) 이자소득과 배당소득이 2천만 원 초과 시 금융소득 종합과세제도가 적용된다.

5. 양도소득세율

2021년 6월 1일 기준 양도소득세 세율을 토지와 건물, 분양권, 주식 등으로 나눠 살펴보면 다음과 같다.

구 분		세 율
토지, 건물		• 원칙 : 보유기간에 따른 세율* -1년 미만 보유 : 50%(주택·입주권은 70%) -1~2년 미만 보유 : 40%(주택·입주권은 60%) -2년 이상 보유 : 기본세율(6~45%) • 예외 : 중과세 세율 -3주택(조정대상지역) : 기본세율 + 30%p -2주택(조정대상지역) : 기본세율 + 20%p -비사업용 토지 : 기본세율 + 20%p(투기지역) -비사업용 토지 : 기본세율 + 10%p(비투기지역)
분양권		•1년 미만 : 70% •1년 이상 : 60%
주식	비사업용 토지 과다보유 법인의 주식	중과세 세율 : 기본세율 + 10%p (법인의 자산총액 중 비사업용 토지의 가액이 차지하는 비율이 100분의 50 이상인 법인의 주식 등)
	일반주식	• 중소기업 : 10%(단, 대주주는 20~25%) • 이외 : 20~30%
기타자산[58]		기본세율(6~45%)

* 토지에 대한 단기양도소득세율 등이 2022년부터 아래와 같이 강화될 것으로 예상되었으나 보류되었다.

- 토지 단기양도소득세율 : 1년 미만 70%, 1~2년 미만 60%, 2년 이상 6~45%
- 비사업용 토지 중과세율 : 기본세율+20~30%p(장기보유특별공제 적용 배제)

58) 기타자산은 아래를 말한다.

가. 사업용 고정자산과 함께 양도하는 영업권

나. 이용권·회원권 및 시설물이용권

다. 법인의 자산총액 중 다음의 합계액이 차지하는 비율이 100분의 50 이상인 법인의 과점주주가 그 법인의 주식등의 100분의 50 이상을 해당 과점주주 외의 자에게 양도하는 경우에 해당 주식등

1) 부동산등의 가액

2) 해당 법인이 보유한 다른 법인의 주식가액에 그 다른 법인의 부동산등 보유비율을 곱하여 산출한 가액

라. 대통령령으로 정하는 사업을 하는 법인으로써 자산총액 중 다목 1) 및 2)의 합계액이 차지하는 비율이 100분의 80 이상인 법인의 주식 등

6. 부가가치세율

구 분		세 율	비 고
과세사업자	일반과세자	10%	
	간이과세자	업종별 부가율×10%	부가율은 국세청에서 고시함(15~40%).
면세사업자		–	

☞ 면세사업자는 거래상대방으로부터 부가가치세를 징수하지 않아도 되는 대신, 매입 시 부담한 부가가치세는 환급받을 수 없다.

7. 상속 · 증여세율

상속세율과 증여세율은 다음과 같이 동일하다. 참고로 세대를 건너뛴 상속이나 증여에 대해서는 산출세액의 30%(일정한 경우 40%)을 할증하여 과세한다.

과세표준	세 율	누진공제액
1억 원 이하	10%	–
1억 원 초과 5억 원 이하	20%	1천만 원
5억 원 초과 10억 원 이하	30%	6천만 원
10억 원 초과 30억 원 이하	40%	1억 6천만 원
30억 원 초과	50%	4억 6천만 원

☞ 기업관련 상속세 및 증여세는 주로 기업에 재산을 증여하는 경우, 그리고 주식의 발행이나 이전 과정에서 편법적인 상속이나 증여가 있는 경우에 발생한다.

8. 지방소득세율

앞의 종합소득세, 법인세, 양도소득세의 경우 지방소득세도 부과된다. 이러한 지방소득세는 2020년 이후부터는 이러한 세금과 별도로 신고 및 납부를 해야 한다. 세무사 등 세무전문가를 통해 이를 확인하기 바란다.

제 2 편

법인부동산의 세무회계관련 세무리스크 관리법

법인부동산에 대한 다양한 세무리스크를 이해하기 위해서는 기본적으로 법인의 자금조달 및 이에 대한 사용법을 알아둬야 한다. 법인은 개인과는 다른 제도들이 작동되고 있기 때문이다. 그런데 이러한 자금들로 부동산을 취득하고 보유하는 과정에서 다양한 세무리스크가 발생한다. 이 편에서는 이러한 문제들과 아울러 부동산을 재무상태표에 올리는 방법을 알아보고, 부동산업에 따른 손익계산법을 알아본다. 특히 자산과 비용의 구분은 상당히 중요한 항목이므로 주의깊게 살펴보기 바란다.

제 3 장

법인의 자금관련 세무리스크 관리법

법인들이 사업을 진행할 때 자금은 매우 중요하다. 이의 공급이 원활하지 않으면 사업을 진행할 수 없기 때문이다. 하지만 이러한 자금은 자칫 편법적으로 사용될 가능성이 높다. 특수관계인 간의 거래를 통해 언제든지 법인의 자금을 유출할 수 있기 때문이다. 이에 세법은 다양한 방법으로 이를 규제하고 있다. 본 장에서는 법인의 자금과 관련된 다양한 세무리스크 관리법을 알아본다.

본 장에서 살펴볼 주요 내용들은 아래와 같다.

- 법인의 자금관련 세무리스크 진단
- 법인의 자금조달관련 세무리스크 관리법
- 차입금 이자비용관련 세무리스크 관리법
- 법인의 자금사용법관련 세무리스크 관리법
- 가지급금과 가수금관련 세무리스크 관리법
- 자금조달계획서관련 세무리스크 관리법

제1절 법인의 자금관련 세무리스크 진단

CEO와 실무자들은 법인의 자금과 관련해 발생하는 세무리스크의 존재를 점검하고 이에 문제가 있는 경우에는 적극적으로 대책을 세워야 한다. 아래에서 진단을 해보고 대책을 세워보자.

STEP1 각 항목별 체크

아래 해당되는 곳에 '○, ×' 표시를 한다.

구분	상 황	해당 여부
1	법인의 자금조달방법은 부채와 자본 등 두 가지가 있음을 알고 있다.	
2	개인차입금에 대한 이자를 지급할 때에는 원천징수의무가 있음을 알고 있다.	
3	이자비용 중 일부는 비용처리가 되지 않음을 알고 있다.	
4	업무무관자산을 유지하는 경우 이에 대한 비용도 인정받지 못함을 알고 있다.	
5	가지급금 인정이자에 대한 세법상의 불이익을 알고 있다.	
6	가지급금을 없애는 방법을 알고 있다.	
7	대표이사에 대한 상여 등은 세법상 규제를 받고 있음을 알고 있다.	
8	법인이 자금이 지출할 때에는 증빙을 받아야 함을 알고 있다.	
9	대표이사로부터 자금을 차입할 때 무이자방식도 가능함을 알고 있다.	
10	법인도 자금조달계획서를 제출해야 함을 알고 있다.	

STEP2 대책수립

위에서 파악된 '×'표시에 따라 다음과 같이 대책을 세운다.

- ×표시가 7개 이상 → 법인의 자금관련 세무리스크에 대한 이해가 전혀 안되어 있다. 따라서 지금 당장 이에 대한 대비책을 세우도록 한다.
- ×표시가 4~6개 → 법인의 자금관련 세무리스크에 대한 이해가 어느 정도 되어 있다. 따라서 현행의 제도를 정비하고 부족한 부분을 보완한다.
- ×표시가 3개 이하 → 법인의 자금관련 세무리스크에 대한 이해가 되어 있다. 현행의 제도를 유지한다.

제2절 법인의 자금조달관련 세무리스크 관리법

법인은 본인이 계약당사자가 된다. 따라서 법인이 자산의 소유주체가 되는 대신에 자금조달 및 부채 등의 상환에 대한 책임자가 된다. 이하에서는 법인의 자금조달과 관련된 세무리스크 발생 사례 및 이에 대한 관리법을 알아보자.

1 법인의 자금조달관련 세무리스크 발생 사례

K법인은 자본금 5천만 원으로 되어 있는 신설법인에 해당한다. 이 법인이 5억 원짜리 부동산을 취득하고자 한다. 상황에 맞게 답을 하면?

- 상황1 : 현재 이 법인의 재무상태표는?
- 상황2 : 부족한 자금 4억 5천만 원은 어떤 식으로 조달해야 하는가?
- 상황3 : 위의 부족한 자금을 대표이사가 납입한 경우의 재무상태표는?

상황에 맞게 답을 찾아보면 다음과 같다.

첫째, (상황1) 현재 이 법인의 재무상태표는?

이 법인은 자본금 5천만 원으로 설립되었으므로 아래와 같이 재무상태표가 만들어진다. 이 표는 현재의 자산 5천만 원은 부채 5천만 원으로 구성되었음을 보여주고 있다. 결국 법인이 자금을 조달하고 사용한 내용들은 모두 재무상태표로 정리가 됨을 알 수 있다.

<table>
<tr><td rowspan="2">자산
현금 5천만 원</td><td>부채</td></tr>
<tr><td>자본
자본금 5천만 원</td></tr>
</table>

둘째, (상황2) 부족한 자금 4억 5천만 원은 어떤 식으로 조달해야 하는가?

5억 원짜리 자산을 취득하기 위해서는 부채와 자본을 합하여 5억 원이 필요하다. 사례의 경우 5천만 원을 보유하고 있으므로 나머지 4억 5천만 원이 필요한데 이는 자본을 늘리던지 아니면 부채(투자금 포함)로 조달해야 한다.

셋째, (상황3) 위의 부족한 자금을 대표이사가 납입한 경우의 재무상태표는?

법인과 대표이사는 별개의 계약주체가 되므로 대표이사가 법인에 빌려준 돈은 법인입장에서는 차입금이 된다. 따라서 아래와 같이 재무상태표가 만들어진다.

<table>
<tr><td rowspan="2">자산
자산 5억 원</td><td>부채
차입금 4억 5천만 원[59)]</td></tr>
<tr><td>자본
자본금 5천만 원</td></tr>
</table>

2 법인의 자금조달관련 세무리스크 관리법

법인의 자금조달과 관련된 세무리스크 관리법을 정리해보자.

(1) 자금조달 유형에 따른 장단점

자금조달의 유형은 크게 자기자금과 타인자금으로 구분된다. 이에 대한 장점과 단점을 비교하면 다음과 같다.

구 분	장 점	단 점
자기자금 (자기자본)	이자가 발생하지 않는다.	• 이자비용 절세효과가 발생하지 않는다. • 본인자금 운용의 기회이득이 상실될 수 있다.
타인자금	이자비용에 대한 절세효과가 발생한다.	이자가 지출된다.

(2) 차입금 조달

법인도 은행 등을 통해 차입을 할 수 있다. 하지만 가족 등으로부터 자금을 차입하는 경우가 있다. 이 경우에도 지급되는 이자는 경비로 인정될 수 있다. 다만, 이자를 경비로 인정받으려면 우선 금전 소비대차 계약(차용증)을 맺어야 하며 이때 계약서에 원금과 상환기간, 이자와 이자율, 이자지급시기 등을 기재해야 한다. 또한 차입금을 온라인으로 송금 받고 이자를 직접 은행에 자동이체하여 실제로 이자를 지급하고 있다는 사실을 자금흐름으로 입

59) 실무에서는 이를 '대표이사 가수금'이라고 한다.

증할 수 있어야 한다.

참고로 개인이 담보를 제공하고 법인이 차입하는 경우에도 법인에 관련된 차입금이라면 이에 대한 이자도 비용처리를 할 수 있다. 실질이 중요함을 알 수 있다.

(3) 이자비용의 처리법

이자비용을 지급하는 쪽과 이를 받는 쪽의 세무처리법을 정리해보자.

① 지급하는 자

가족 등 개인(투자금에 대한 분배이익 포함)에게 이자를 지급할 때에는 지급금액의 27.5% 상당액을 원천징수한 후에 이를 과세관청에 신고해야 한다. 이를 누락한 경우에는 이에 대한 가산세가 있다. 가산세는 미납세액 × 3%에 '(과소・무납부세액 × 2.2/10,000 × 경과일수) ≤ 10%'만큼 더해진다. 참고로 무이자로 약정한 경우에는 별다른 세무문제가 발생하지 않는다. 이자소득에 대해서는 부당행위계산부인규정이 적용되지 않기 때문이다. 차입금에 대한 이자비용 처리법은 바로 뒤의 제3절을 참조하기 바란다.

② 지급받는 자

이자소득을 지급받는 개인은 이자와 배당소득을 합해 연간 2천만 원을 넘어가면 종합소득세 신고 및 납부의무가 있다.

Tip

■ 법인에 대한 대출 규제

조정대상지역과 투기과열지구를 규제지역이라고 하는데, 이러한 지역에서 법인이 주택을 취득하면 대출을 전혀 받을 수 없다. 2020년 6・17대책 등을 통해 주택매매업・임대업 등 모든 사업자의 주택구입 목적의 주택담보 및 기업자금대출 신규취급이 금지되고 있기 때문이다. 다만, 상가나 빌딩 등 수익형 부동산에 대한 대출규제는 시행되지 않고 있다.

금전 소비대차 계약서(차입 약정서) 샘플

금전 소비대차 계약서

대여인 (이하 "갑"이라 함)과
차용인 (이하 "을"이라 함)은

아래와 같이 금전소비대차 계약서를 작성하고 각 조항을 확약한다.

제1조 [거래조건]

(1) 대여금액 : 원

(2) 대여기간 : 20 년 월 일부터 20 년 월 일까지

(3) 대여이자율 : 대여금에 대한 이자는 「법인세법 시행령」 제47조로 정하는 이자율 (%*)로 지급할 것을 약정한다.

* 2022년 1월 현재 4.6%이다.

제2조 [상환방법] 상환일 만료일에 전액 상환하다.

제3조 [이자지급방법] 이자지급은 20 년 월 일로 한다.

20 년 월 일

대여인(갑) - 성 명 : (인)
- 주 소 :
- 사업자등록번호 :

차용인(을) - 성 명 : (인)
- 주 소 :
- 사업자등록번호 :

※ 저자 주

개인과 법인이 금전을 거래할 때에는 반드시 위와 같은 차입 약정서를 미리 준비할 필요가 있다. 한편 주주 중 일부만 가수금을 납입한 경우 다른 주주가 이익을 보게 되므로 증여세 과세의 문제가 있다(「상속세 및 증여세법」 제45조의5). 다만, 증여세가 과세되기 위해서는 주주별로 1억 원 이상의 무상이익이 발생해야 한다(이 장의 '필수 세무상식' 참조).

차입금 이자비용관련 세무리스크 관리법

보통 법인은 부채의 하나인 차입금을 조달해 이를 경영에 사용하는 것이 일반적이다. 그런데 이러한 차입금에 대한 이자비용이 전액 비용으로 인정되지 않고, 자산으로 처리되는 경우도 있고 업무무관자산에 관련된 이자는 비용으로 인정되지 않는 경우도 있다. 이하에서는 이자를 자산으로 처리하는 경우를 위주로 세무리스크 발생 사례와 이에 대한 관리법을 알아보자.

1 차입금 이자비용관련 세무리스크 발생 사례

(주)법인은 공장신축을 위해 은행으로부터 10억 원의 자금을 조달했다. 자료가 다음과 같을 때 상황에 맞게 답을 하면?

자료

- ○ 차입기간 : 2022.1.1.~2024.12.31.
- ○ 공사기간 : 2022.10.1.~2024.12.31.
- ○ 이자율 : 5%
- ○ 위의 차입금 중 3억 원은 운영자금으로 사용했다.

- 상황1 : 2022년에 발생한 총 이자비용은 얼마인가?
- 상황2 : 건설자금이자는 무엇이고 어떤 자산을 대상으로 계상하는가?
- 상황3 : 사례의 2022년에 발생한 총 이자비용은 전액 당기비용으로 인정하는가?

위 상황에 맞게 답을 찾아보면 다음과 같다.

첫째, (상황1) 2022년에 발생한 총 이자비용은 얼마인가?

총 차입금은 10억 원이고 이자율이 5%이므로 총 이자비용은 5천만 원이 발생했다. 이러한 이자비용은 일부는 당기비용, 일부는 취득원가로 처리되는 것이 원칙이다. 물론 이러한 이자비용이 업무무관자산과 관련되어 발생한 것이라면 비용으로 인정하지 않는다(손금불산입).

둘째, (상황2) 건설자금이자는 무엇이고 어떤 자산을 대상으로 계상하는가?

건설자금이자는 그 명목여하에 관계없이 사업용 고정자산의 매입·제작 또는 건설에 소요되는 차입금에 대한 지급이자를 말한다. 이러한 사업용 고정자산은 유형자산과 무형자산을 말한다. 사옥이나 공장, 임대용 건물이 이에 해당한다. 따라서 부동산매매업이나 신축판매업을 영위하면서 취득한 주택 등은 재고자산에 해당하므로 건설자금이자 계상대상이 되지 않는다.

셋째, (상황3) 사례의 2022년에 발생한 총 이자비용은 전액 당기비용으로 인정하는가?

총 이자비용 5천만 원 중 건설자금이자는 취득원가에 포함되므로 준공이 완료될 때까지는 아래와 같이 이자 중 일부를 비용에서 제외(법인세에서는 '손금불산입'이란 용어를 사용한다)하는 식으로 세무조정을 해야 한다.

- 손금불산입 = (10억 원 - 3억 원) × 5% × 3개월/12개월 = 875만 원

이 식을 보면 10억 원 중 운영자금 3억 원을 제외한 나머지 7억 원은 건설자금에 해당하고, 이렇게 계산한 이자 중 공사기간(3개월) 중에 발생한 것은 당기비용인 이자비용에서 제외하여 원가로 처리해야 함을 의미한다.

2 차입금 이자비용관련 세무리스크 관리법

(1) 법인의 이자비용과 세무처리

법인이 지출한 이자비용은 전액 비용으로 인정되는 것이 아니라, 아래와 같은 사유에 해당하면 비용처리를 제한한다. 예를 들어 앞의 사례에서 본 건설자금이자가 대표적이다. 이에도 업무무관자산에 대한 관련 이자는 업무와 관련이 없으므로 비용으로 인정하지 않는다.[60]

60) 개인사업자의 경우 업무와 관련이 없는 이자나 초과인출금에 대한 이자는 필요경비로 인정이 되지 않는다. 한편 사업자가 공동사업을 영위하기 위해 출자금을 조달하기 차입하는 경우 관련 이자비용은 필요경비로 처리할 수 없다. 따라서 동업계약서상에 출자금액을 기록하고 그 이후에 차입한 것은 공동으로 대출을 받는 식으로 일처리를 진행하면 될 것으로 보인다.

부인순서	종류	비용 불인정 근거	비용 불인정 금액
①	채권자불분명 사채이자	지하경제 금융의 양성화	당해 이자
②	비실명 채권・증권이자	금융실명거래 정착	당해 이자
③	건설자금이자	이자 자본화	당해 이자
④	업무무관자산 관련이자	자금의 비생산적 이용 방지	산식 적용

(2) 건설자금이자가 적용되는 자산 등

부동산의 매입이나 건설 때 발생하는 이자가 취득가액에 가산되는지의 여부는 이익이나 관련 세금의 크기에 절대적인 영향을 준다. 그렇다면 이에 대해 세법은 어떤 식으로 취급하고 있는지 정리해보자.

구 분	재고자산	투자자산	유형/무형자산
「법인세법」 (취득가액 산정)	건설자금이자 불인정	건설자금이자 불인정	건설자금이자 인정(단, 사업무관자산은 제외)
「지방세법」 (취득세 과세표준)[61]	건설자금이자 포함	건설자금이자 포함	건설자금이자 포함

건설자금이자의 계산(법인세 집행기준 28-52-1)

① 건설자금이자는 그 명목여하에 관계없이 사업용 고정자산의 매입・제작 또는 건설에 소요되는 차입금에 대한 지급이자 또는 이와 유사한 성질의 지출금을 말하는 것으로, 금융기관으로부터 차입하는 때에 지급하는 지급보증료, 신용보증료는 "지급이자 또는 이와 유사한 성질의 지출금"으로 본다.

② 위의 지급이자 또는 지출금은 건설 등이 준공된 날(해당 건설 등의 목적물이 전부 준공된 날)까지 자본적 지출로 하여 그 원본에 가산하는 것으로, 건설자금이자를 과다하게 계상한 경우 그 자본적 지출액에 해당하는 금액을 초과하는 금액은 이를 손금에 산입한다.

③ 매매를 목적으로 매입 또는 건설하는 주택 및 아파트는 건설자금이자의 계산 대상인 사업용 고정자산에 해당하지 아니한다.

④ 건설자금이자 계상대상 사업용 고정자산의 범위에는 무형고정자산을 포함한다.

61) 「지방세법」상 취득세 과세표준에 건설자금이자가 포함되는 점에 유의해야 한다.

한편 건설자금이자의 계산은 다음에 의한다.

• 건설자금이자 = 건설에 소요된 차입금의 이자(건설기간 중에 발생한 이자) − 운영자금 전용 차입금이자 − 건설자금에서 발생한 수입이자

(3) 업무무관자산 관련 이자

법인이 업무와 관련 없는 부동산이나 동산을 취득하거나 보유하고 있는 경우 아래와 같은 비용들은 경비로 인정되지 않는다.

• 업무무관자산 등을 취득하기 위하여 지출한 자금의 차입과 관련되는 비용 등
• 업무무관자산을 취득·관리함으로써 생기는 비용, 유지비, 수선비 및 이와 관련되는 비용
• 당해 법인이 직접 사용하지 않고 다른 사람(소액주주와 사용인 제외)이 주로 사용하고 있는 장소나 건물(사택)등의 유지비나 관리비 등

Tip

■ 업무무관자산에 대한 세법상의 규제

세법상 업무와 관련 없는 자산의 범위는 다음과 같다. 부동산의 경우 취득한 후부터 유예기간이 지나면 업무무관자산에 해당하며(부동산을 처분할 때에는 법인세 추가과세제도가 적용될 수 있다), 업무와 관련 없는 서화 등은 취득 때부터 업무무관자산이 된다.

종 류	내 용
업무와 관련 없는 부동산	1. 법인의 업무에 직접 사용하지 아니하는 부동산(단, 다음의 유예기간 내의 것은 제외) ※ 유예기간 : • 건축물 또는 시설물 신축용 토지 : 취득일로부터 5년 • 부동산매매업 및 건물건설업을 주업으로 하는 법인이 취득한 매매용 부동산 : 취득일로부터 5년 • 위 외의 부동산 : 취득일로부터 2년 2. 유예기간 중에 당해 법인의 업무에 직접 사용하지 아니하고 양도하는 부동산(단, 부동산 매매업은 제외) 참고로 법령에 의해 사용이 금지·제한된 부동산은 그 기간 동안은 업무무관부동산으로 보지 않는다.

<table>
<tr><th>종 류</th><th>내 용</th></tr>
<tr><td>업무와 관련 없는 동산</td><td>• 서화 · 골동품(단, 환경미화 목적으로 사무실 · 복도 등에 비치하는 것은 제외)
• 업무에 직접 사용되지 않은 자동차 · 선박 · 항공기</td></tr>
<tr><td>특수관계인에 대한 업무무관 가지급금</td><td>특수관계인에게 지급한 당해 법인의 업무와 관련이 없는 대여액을 말한다. 이 가지급금을 보유하고 있으면, 인정이자를 계상하고 동시에 지급이자 손금불산입규정이 적용된다(두 가지의 불이익이 있음).
<table>
<tr><th>구분</th><th>가지급금 인정이자 익금산입</th><th>업무무관 가지급금 지급이자 손금불산입</th></tr>
<tr><td>적용근거</td><td>부당행위계산부인</td><td>자금의 비생산적 사용에 대한 규제</td></tr>
<tr><td>이자수령 고려여부</td><td>고려함. 인정이자와 약정이자를 비교하여 차액을 익금산입함.</td><td>이자수령한 것과 무관함. 이자를 수령하여도 지급이자 손금불산입함.</td></tr>
<tr><td>이자비용 존재여부</td><td>이자비용 존재 여부와 무관함.</td><td>이자비용이 존재해야 손금불산입을 함.</td></tr>
</table></td></tr>
</table>

제4절 법인의 자금사용관련 세무리스크 관리법

현금이나 보통예금 등의 현금성 자산은 법인의 자산을 축소시키는 역할을 하기 때문에 세법은 이를 엄격히 규제한다. 물론 자재대금을 지급하거나 임직원들에 대한 급여를 지급하는 등 사업과 관련된 정상적인 지출은 문제가 없다. 이하에서는 법인의 자금사용을 둘러싼 주요 세무리스크 발생 사례와 이에 대한 관리법을 알아보자.

1 법인의 자금사용관련 세무리스크 발생 사례

K법인은 다음과 같은 지출을 했다. 각 상황별로 답을 찾아보면?

자료

항 목	내 용
인건비	임원의 상여를 지급했음.
접대비	사적으로 지출함.
복리후생비	개인카드를 사용했음.

- 상황1 : 인건비는 전액 비용으로 인정되는가?
- 상황2 : 접대비는 비용으로 인정되는가?
- 상황3 : 개인카드로 복리후생비를 지출하면 전액 비용으로 이전되는가?

상황에 맞춰 답을 찾아보면 다음과 같다.

첫째, (상황1) 인건비는 전액 비용으로 인정되는가?

인건비는 비용에 해당한다. 따라서 세금 및 당기순이익을 축소시킨다. 이에 세법은 임원이 상여를 자의적으로 수령하는 것을 방지하기 위해 한도를 규정하고 있다. 그리고 이를 초과하여 집행한 상여금은 세법상 비용(손금)으로 인정하지 않는다(손금불산입). 이처럼 임원에게 지급되는 보수나 임원이 주로 사용하는 자금들은 법인 등의 보호차원에서 세법이 강력하게 규제하고 있음에 유의해야 한다.

둘째, (상황2) 접대비는 비용으로 인정되는가?

개인이 부담해야 할 성질의 것을 법인이 대신 부담한 경우에는 다음처럼 검토해야 한다.

- 비용지출 인정여부 → 법인의 자금이 비용으로 유출되었으므로 이 부분이 세법상 비용에 해당하는지를 별도 검토해야 한다.
- 개인의 소득에 해당여부 → 개인의 소득에 해당되면 개인에게 소득세가 부과된다.

사례의 경우 법인의 자금을 개인적으로 유용한 경우에는 업무와 무관하므로 전액 손금불산입하고 해당 금액은 사용자의 소득으로 보게 된다.

셋째, (상황3) 개인카드로 복리후생비를 지출하면 전액 비용으로 이전되는가?

법인이 비용을 지출할 때에는 원칙적으로 법인카드를 사용하는 것이 원칙이나 접대비를 제외한 비용은 개인카드를 사용해도 세법상 문제가 없다. 따라서 사례의 경우 복리후생비는 비용으로 인정된다.

2 법인의 자금사용관련 세무리스크 관리법

법인들은 아래와 같은 지침을 가지고 자금을 사용하는 것이 좋다.

(1) 사적인 지출과 공적인 지출의 구분

법인의 돈을 개인이 자유롭게 쓰는 것은 문제가 있다. 현실적으로 법인의 경비를 사용하는 주체가 사람이다 보니 기업회계기준이나 세법에 위배되게 집행할 가능성이 높다. 따라서 세법은 모든 비용[62)]항목을 대상으로 과다지출되거나 부당지출되는 유형에 대해서는 한도초과분이나 비용 자체를 인정하지 않는다.

이러한 유형들에 대해서는 비용지출 전에 집행기준을 두어 사전에 세무상 문제점을 예방하는 것이 필요하다.

62) 비용은 일반적으로 용인되는 통상적인 것에 해당되어야 하고 수익과 관련성이 있어야 한다.

계정과목	내 용
인건비	• 임원의 상여는 정관 · 주주총회 · 이사회결의에서 정한 기준을 초과하지 않도록 한다. • 임원의 퇴직급여는 정관(위임규정 포함)에서 정한 금액보다 초과하지 않도록 한다.
접대비	• 자기 법인에 맞는 접대비한도액을 책정한다. • 3만 원 초과 지출분은 반드시 법인신용카드를 사용한다. • 개인사용 접대비를 지출하지 않는다.
복리후생비	• 복리후생비를 과다하게 지출하지 않는다.
업무무관비용	• 업무와 관련이 없는 자산에 대한 유지비용은 지출하지 않도록 한다.

(2) 지출 시 지출증빙 등 구비

지출 시에는 반드시 지급근거를 남겨둬야 한다. 내부규정 및 지출품의서 뿐만 아니라 정규영수증을 제대로 갖추어야 한다. 「법인세법」은 법인의 모든 거래에 대해 법인이 이를 입증하도록 통칙[63]을 두고 있다. 참고로 법인의 회계장부에 가짜 경비들이 들어가 있으면 세무리스크가 상승하므로 가급적 이러한 비용은 장부에 반영하지 않도록 한다.

(3) 임원관련 경비의 과다 · 부당지출 금지

임원들에게 지급되는 것들은 과다지급 및 부당지급이 되지 않도록 한다. 세법은 해당 지출이 업무와 관련성이 있다고 하더라도 해당 지출이 과도한 경우에는 임직원을 불문하고 이를 비용으로 인정하지 않는다. 임원 과다인건비가 대표적이다. 임원 인건비에는 아래와 것들이 있다.[64]

• 급여
• 상여
• 퇴직급여

63) 「법인세법 기본통칙」 4-0…2 [법인의 거증책임]
법인세의 납세의무가 있는 법인은 모든 거래에 대하여 거래증빙과 지급규정, 사규 등의 객관적인 자료에 의하여 이를 당해 법인에게 귀속시키는 것이 정당함을 입증해야 한다. 다만, 사회통념상 부득이하다고 인정되는 범위 내의 비용과 당해 법인의 내부통제기능을 감안하여 인정할 수 있는 범위 내의 지출은 그러하지 아니한다.

64) 임원에 대한 급여 및 상여, 퇴직급여 등과 관련된 세무리스크 관리법은 저자의 「회사 세무리스크 관리노하우」책을 참조하기 바란다.

Tip

■ 증빙수취법

세법은 다음의 영수증을 법정영수증(적격영수증 또는 정규영수증)으로 본다. 이를 갖추지 않으면 원칙적으로 가산세 2%를 부과한다(단, 3만 원 이하 지출분은 가산세 제외).

- 세금계산서 : 부가가치세가 과세되는 품목을 공급하는 사업자들이 교부하는 영수증
- 계산서 : 부가가치세가 면세되는 품목을 공급하는 사업자들이 교부하는 영수증
- 신용카드매출전표(현금영수증 포함) : 부가가치세가 과세되거나 면세되는 품목을 공급하는 사업자들이 교부하는 영수증

※ 실무적으로 알아둬야 할 증빙서류들

구분	필요한 영수증	필요한 행위
인건비	원천징수이행신고서	과세관청에 보고
원재료비	세금계산서	입증서류 보관
인테리어 설치비	세금계산서, 계약서 등	입증서류 보관
감가상각비	감가상각비명세서	취득가액 서류
소모품비	세금계산서	입증서류 보관
복리후생비	신용카드 또는 현금영수증	3만 원 이하는 간이영수증도 가능 (단, 경조사비는 지출결의서)
여비교통비	사내 내부지출결의서(출장비는 정규영수증 등)	입증서류보관 및 사규제정
이자비용	-	대출약정서 등

☞ 참고로 법인은 법인통장 상에 지출된 금액에 대해 위의 각종 증빙자료들이 일대일로 매치가 되어야 한다. 만일 출금은 되었으나 이에 대한 지출근거가 없는 경우에는 그 지출금액은 대표이사의 상여로 보게 된다. 따라서 법인을 세워 사업을 진행하는 경우에는 반드시 지출근거를 갖추어 두는 것이 좋다.

가지급금과 가수금관련 세무리스크 관리법

법인에서 자주 발생하는 가지급금과 가수금은 회계처리의 불투명성에 기인한 경우가 많다. 회계처리가 투명한 경우에는 이러한 미결산계정과목이 잘 발생하지 않기 때문이다. 이하에서는 사례를 통해 가지급금과 가수금에 대한 세무리스크는 무엇인지 그리고 이에 대한 관리법은 무엇인지 순차적으로 알아보자.

1 가지급금과 가수금의 세무리스크 발생 사례

K기업의 12월 31일 현재 재무상태표상의 자산과 부채 중 일부항목의 현황은 다음과 같다. 상황에 맞게 답을 하면?

자료

구 분		금 액	비 고
자산	유동자산	10억 원	• 업무무관 가지급금 3억 원 포함 • 가지급금 미수이자는 계상하지 않았음.
	비유동자산		
부채	유동부채	10억 원	가수금 1억 원 포함(원인 불명)
	비유동부채		

- 상황1 : 가지급금과 가수금이 발생하는 이유는 무엇일까?
- 상황2 : 가지급금과 가수금에 대한 세법상의 불이익 내용은 무엇일까?
- 상황3 : 위의 K기업은 현재 어떤 세무리스크를 안고 있을까?

상황에 맞게 답을 찾아보면 다음과 같다.

첫째, (상황1) 가지급금과 가수금이 발생하는 이유는 무엇일까?

가지급금은 본래 기업의 자금이 지출되었지만 거래의 내용이 불분명하거나 거래 과정이 확정되지 않았을 때 사용하는 임시계정과목을 의미한다. 따라서 결산 시 그 내역을 확인해 적정한 계정과목으로 대체해야 한다. 예를 들어 대표이사에게 대여한 경우라면 '주주 · 임원·종업원단기대여금'으로 대체하는 식이 된다. 한편 가수금은 위와 반대로 자금이 기업에 유입되었지만 그 내역이 밝혀지지 않았을 때 사용하는 임시계정과목에 해당한다. 이 역시 결산 시 적정한 계정과목으로 대체되는데 통상 차입금으로 대체되는 것이 일반적이다.

둘째, (상황2) 가지급금과 가수금에 대한 세법상의 불이익 내용은 무엇일까?

세법은 가지급금이 업무와 관련하여 발생한 경우에는 정당한 것으로 보아 규제하지 않는다. 예를 들어 급여가불 등이 그렇다. 하지만 기업의 자금이 해당 기업과 특수관계에 있는 자(임직원, 주주, 관계회사 등)에게 대여되면 이를 업무무관 가지급금으로 보아 세법상 인정이자(4.6%)만큼 법인의 익금으로 처리하고 해당 금액을 대표이사 등의 상여로 처분한다. 이외에도 가지급금을 업무무관자산으로 보아 지급이자 손금불산입규정을 추가로 적용한다. 한편 가수금의 경우에는 본질이 차입금에 해당하므로 이자만 정당하게 지출되면 세법상의 규제를 할 이유가 없다. 하지만 가수금의 본질이 매출누락에서 비롯된 경우라면 세무조사 시 이에 대한 집중적인 조사가 진행될 가능성이 높다.

셋째, (상황3) 위의 K기업은 현재 어떤 세무리스크를 안고 있을까?

K기업의 유동자산에는 업무무관 가지급금 3억 원과 원인불명인 가수금 1억 원이 포함되어 있다. 그런데 업무무관 가지급금에 대해서는 세법상 인정이자를 계산하여 결산 시 반영하거나 세무조정을 통해 해당 이자만큼 익금산입하고 상여로 처분하는 식으로 세무처리를 해야 한다. 그 결과 법인과 개인의 세금이 증가할 가능성이 높다. 물론 지급이자에 대한 손금불산입 세무처리도 병행해야 한다. 만일 이러한 업무처리를 하지 않은 경우에는 사후검증에 의해 해명해야 하는 상황이 발생할 수도 있다. 한편 가수금의 경우에는 발생원인이 불명이므로 매출누락의 가능성도 있다. 만일 매출누락으로 확인된 경우에는 과소신고가산세(10% 또는 40%) 등을 피할 수 없게 된다.

2 가지급금과 가수금의 세무리스크 관리법

가지급금과 가수금에 대한 세무리스크 관리법을 알아보자.

(1) 가지급금[65)]

가지급금은 기업의 세무리스크를 높이는 역할을 하므로 이 금액이 발생하지 않도록 하는 것이 가장 좋다. 하지만 현실적으로 이 금액이 제로인 경우는 많지 않으므로 CEO와 실무자들은 우선적으로 이의 발생원천을 정확히 관리할 필요가 있다. 그래야 원인별로 대처할 수 있기 때문이다. 한편 업무무관 가지급금이 발생하면 미리 4.6% 상당액의 이자를 받기로 약정하고 결산 때 이를 이자수익으로 계상하는 것이 좋다. 이렇게 해두면 당장 대표이사 등에 대한 상여처분은 면할 수 있다. 하지만 세법은 정당한 사유(채권을 회수할 수 있도록 조치를 취한 경우 등을 말함)없이 이자발생일이 속하는 사업연도 종료일로부터 1년 내에 미수이자를 회수하지 않으면 이를 익금산입하는 동시에 상여나 배당 등으로 처분하므로 주의해야 한다. 특수관계가 소멸한 경우에도 마찬가지이다. 미수이자가 익금산입되고 상여처분되면 법인세와 근로소득세가 크게 증가하는 위험이 있다.

한편 실무적으로 가지급금을 없애는 방법을 정리하면 다음과 같다.

- 자산을 증가시키는 방법 : 현금입금(대표이사 등)
- 부채를 감소시키는 방법 : 대표이사 가수금과 상계
- 자본을 감소시키는 방법 : 자기주식, 배당금과 상계
- 비용을 발생시키는 방법 : 급여, 상여, 퇴직금과 상계하는 방법

(2) 가수금

가수금은 차입금으로 인정되어야 하므로 실제 자금 유입이 되었다면 반드시 차입약정서를 작성해 투명성을 확보하는 것이 좋다. 물론 법인이 대표이사 등에게 이자를 지급한 경우에는 원천징수의무가 있다는 점에 유의해야 한다(27.5%). 참고로 대표이사 등이 이자를 받지 않는 방식으로 차입하는 경우에는 세법상 문제가 없다. 「소득세법」 제41에서는 배당소득, 사업소득 또는 기타소득에 대해서만 부당행위계산의 부인제도를 적용하도록 하고 있기 때문이다. 따라서 무이자로 자금대여를 하더라도 이자소득에 대해서는 이 규정을 적용하지 않으므로 무이자방식의 차입을 적극 검토하는 것이 좋다. 만일 매출누락에 의한 가수금이 발견된 경우에는 매출누락에 대한 수정신고를 해야 한다.

---

65) 급여가불금, 학자금 대여액 등은 가지급금에서 제외된다. 한편 2020년 이후부터 중소기업 직원(임원, 지배주주는 제외)이 주택자금·전세자금을 대여받은 경우 이 금액도 가지급금에서 제외된다.

Tip

■ 법인이 잔금을 장기미지급하면 문제가 없을까?

법인이 부동산을 구입할 때에는 매도자가 누구이던지 간에 매매계약서를 작성하게 된다. 그리고 매수인은 계약한 대로 대금을 치르게 된다. 그런데 거래상대방이 해당 법인과 특수관계인에 해당하면 실제 자금이 오고가지 않는 경우도 많다. 일단 법인에게 부동산을 넘기고 법인이 처분한 후 이를 회수하는 방식으로 거래를 하기 때문이다. 그렇다면 이러한 거래방식은 문제가 없을까? 아래 사례를 통해 이에 대한 궁금증을 풀어보자.

자료

○ 계약금 : 1천만 원
○ 중도금 : 없음.
○ 잔금 : 10억 원
※ 특약 : 잔금은 향후 법인이 처분할 때 회수하기로 함.

Q : 법인은 어떤 식으로 회계기록을 할까?

A : 차변에는 부동산 구입가격을 자산으로 기록하고 대변에는 현금 1천만 원과 미지급금 10억 원을 기록하게 될 것이다. 여기서 미지급금은 앞으로 갚아야 할 채무를 말하므로 부채에 해당한다.

Q : 이 미지급금에 대해 세법은 어떤 식으로 관여할까?

A : 법인의 입장에서는 아무런 불이익이 없다. 그리고 이 자금을 뒤늦게 받는 개인에게도 불이익이 없다. 하지만 이러한 거래로 인해 이익을 본 자가 있으니 바로 해당 법인의 주주가 그렇다. 따라서 이에 대해서는 「상속세 및 증여세법」 제45조의5 규정을 적용해 증여세를 부과할 수 있다.

Q : 이 경우 주주에게 증여세가 부과될까?

A : 일단 주주가 얻는 이익을 계산해보자. 10억 원의 4.6%를 곱하면 4,600만 원이 된다. 하지만 이 정도의 이익 가지고는 증여세를 부과하지 않는다. 세법은 이 이익이 주주 개인별로 1억 원 이상인 경우 증여세 과세하고 있기 때문이다. 참고로 이 이익이 1억 원 정도가 되려면 20억 원 정도의 금전거래가 있어야 한다.

Q : 위 사례를 통해 얻을 수 있는 결론은?

A : 대표이사 등이 무상으로 대여한 자금에 대해서는 대규모 자금이 아니라면 세법상 문제는 없다고 결론 내릴 수 있다.

Tip

■ 법인에 자금을 무상으로 빌려준 경우의 증여세 과세방법

자료

- A법인(12월 말 법인) 주주현황
  - 갑 : 10%, 을(갑의 자) : 50%, 병(갑의 자) : 40%
- 갑은 A법인에게 20×1년 1년간 금전 100억 원을 무상으로 대여함.
- A법인의 20×1년 법인세 결정세액은 2억 원이며, 각 사업연도 소득금액은 10억 원으로 가정함.

위의 자료를 토대로 을과 병은 증여세를 내야 할까?

이에 대한 답을 내리기 위해서는 「상속세 및 증여세법」 제45조의5 규정에 따라 증여이익을 계산해야 한다. 이 규정에서는 아래와 같이 주주의 증여이익을 계산하고 이 이익이 1억 원 이상이 되는 경우 증여세를 부과한다(단, 아래 ②는 '22년 영 시행일부터 차감하지 않음).

- 주주의 증여이익 = (① 특정법인이 얻은 증여재산가액 - ② 법인세 상당액) × 특정법인의 최대 주주등의 지분율

여기서 ①은 무상대여금액에 4.6%를 곱한다. 따라서 이 경우 4억 6천만 원(100억 원×4.6%)이 해당한다. 이 금액이 해당 법인이 얻은 증여재산가액에 해당한다. 한편 ②는 법인세 결정세액에 특정법인이 얻은 증여재산가액을 각 사업연도 소득금액으로 나눈 비율을 곱해 계산한다. 사례의 경우 9,200만 원(2억 원×4억 6천만 원/10억 원)이 나온다. 따라서 이 식을 통해 아래처럼 증여이익을 계산할 수 있다.

- 을 : (4억 6천만 원 - 9,200만 원) × 50% = 1억 8,400만 원
- 병 : (4억 6천만 원 - 9,200만 원) × 40% = 1억 4,720만 원

참고로 특정법인과의 거래를 통한 이익의 증여의제 규정은 위 주주별로 증여이익이 1억 원 이상이 되어야 적용되므로 을과 병 모두 증여세 과세대상이 된다. 참고로 무상대여가 1년 이상이 되는 경우 금번 증여금액과 다음 해 증여금액 등을 합산해 신고 및 납부를 해야 한다. 다만, 1억 원 미만인 경우에는 다음 해 증여금액과 합산되지 않는다.

필수 세무상식 자금조달계획서관련 세무리스크 관리법

법인도 주택이나 분양권 또는 입주권을 거래하면 관련 법률에 따라 관할 시·군·구청에 자금조달계획서를 제출해야 한다. 이렇게 제출된 계획서는 과세자료로 사용될 수 있다. 이하에서 이와 관련된 세무리스크 관리법을 알아보자.

1. 자금조달계획 등 제출대상

2017년 8월 2일 주택시장 안정화 대책 일환으로 규제지역(투기과열지구와 조정대상지역)과 비규제지역 중 6억 원 이상의 주택(오피스텔 등 준주택은 제외) 거래와 분양권 및 입주권 공급(전매계약 포함)시 자금조달 및 입주계획서를 제출해야 한다. 한편 투기과열지구 내의 주택의 거래에 대해서는 거래증빙을 함께 제출해야 한다. 단, 법인은 무조건 제출해야 한다. 참고로 이의 제출은 거래계약의 체결일부터 30일(2020년 2월 20일 전은 60일) 이내에 부동산 등의 소재지를 관할하는 시장·군수 또는 구청장에게 해야 한다.

2. 작성대상자

자금조달 및 입주계획서(아래 서식)는 매수인의 자금조달 및 입주계획을 확인하기 위한 것으로 매수인이 자금조달 및 입주계획서 작성 및 서명·날인한다.

3. 실거래 신고 및 계획서 제출방법

직거래 시 거래당사자, 중개거래 시 개업공인중개사가 신고의무자에 해당한다. 다만, 중개거래 시 매수인이 자금조달 및 입주계획의 내용을 미제공하거나 공개를 원하지 않을 경우 매수인이 별도제출 가능하다.

4. 자금조달계획서 작성 요령

자금조달계획서 및 입주계획서는 서식(아래 참조)에 맞춰 아래 사항을 참고해서 작성한다.

1. ① "자금조달계획"에는 해당 주택의 취득에 필요한 자금의 조달계획을 적고, 매수인이 다수인 경우 각 매수인별로 작성해야 하며, 각 매수인별 금액을 합산한 총 금액과 거래 신고된 주택거래금액이 일치해야 합니다.
2. ②~⑥에는 자기자금을 종류별로 구분하여 중복되지 않게 적습니다.
3. ② "금융기관 예금액"에는 금융기관에 예치되어 있는 본인명의의 예금(적금 등)을 통해 조달하려는 자금을 적습니다.
4. ③ "주식 · 채권 매각대금"에는 본인 명의 주식 · 채권 및 각종 유가증권 매각 등을 통해 조달하려는 자금을 적습니다.
5. ④ "증여 · 상속"에는 가족 등으로부터 증여 받거나 상속받아 조달하는 자금을 적고, 자금을 제공한 자와의 관계를 해당 난에 √표시를 하며, 부부 외의 경우 해당 관계를 적습니다.
6. ⑤ "현금 등 그 밖의 자금"에는 현금으로 보유하고 있는 자금 및 자기자금 중 다른 항목에 포함되지 않는 그 밖의 본인 자산을 통해 조달하려는 자금(금융기관 예금액 외의 각종 금융상품 및 간접투자상품을 통해 조달하려는 자금 포함)을 적고, 해당 자금이 보유하고 있는 현금일 경우 "보유 현금"에 √표시를 하고, 현금이 아닌 경우 "그 밖의 자산"에 √표시를 하고 자산의 종류를 적습니다.
7. ⑥ "부동산 처분대금 등"에는 본인 소유 부동산의 매도, 기존 임대보증금 회수 등을 통해 조달하려는 자금 또는 재건축, 재개발시 발생한 종전 부동산 권리가액 등을 적습니다.
8. ⑦ "소계"에는 ②~⑥의 합계액을 적습니다.
9. ⑧~⑪에는 자기자금을 제외한 차입금 등을 종류별로 구분하여 중복되지 않게 적습니다.
10. ⑧ "금융기관 대출액 합계"에는 금융기관으로부터 대출을 통해 조달하려는 자금 또는 매도인의 대출금 승계 자금을 적고, 주택담보대출 · 신용대출인 경우 각 해당 난에 대출액을 적으며, 그 밖의 대출인 경우 대출액 및 대출 종류를 적습니다. 또한 주택담보 대출액이 있는 경우 "기존 주택 보유 여부"의 해당 난에 √표시를 합니다. 이 경우 기존 주택은 신고하려는 거래계약 대상인 주택은 제외하고, 주택을 취득할 수 있는 권리와 주택을 지분으로 보유하고 있는 경우는 포함하며, "기존 주택 보유 여부" 중 "보유"에 √표시를 한 경우에는 기존 주택 보유 수(지분으로 보유하고 있는 경우에는 각 건별로 계산합니다)를 적습니다.

11. ⑨ "임대보증금"에는 취득 주택의 신규 임대차 계약 또는 매도인으로부터 승계한 임대차 계약의 임대보증금 등 임대를 통해 조달하는 자금을 적습니다.
12. ⑩ "회사지원금 · 사채"에는 금융기관 외의 법인, 개인사업자로부터 차입을 통해 조달하려는 자금을 적습니다.
13. ⑪ "그 밖의 차입금"에는 ⑧~⑩에 포함되지 않는 차입금 등을 적고, 자금을 제공한 지외의 관계를 해당 넌에 √표시를 하고 부부 외의 경우 해낭 관계를 적습니다.
14. ⑫에는 ⑧~⑪의 합계액을, ⑬에는 ⑦과 ⑫의 합계액을 적습니다.
15. ⑭ "조달자금 지급방식"에는 조달한 자금을 매도인에게 지급하는 방식 등을 각 항목별로 적습니다.
16. ⑮ "계좌이체 금액"에는 금융기관 계좌이체로 지급했거나 지급 예정인 금액 등 금융기관을 통해서 자금지급 확인이 가능한 금액을 적습니다.
17. ⑯ "보증금 · 대출 승계 금액"에는 종전 임대차계약 보증금 또는 대출금 승계 등 매도인으로부터 승계했거나 승계 예정인 자금의 금액을 적습니다.
18. ⑰ "현금 및 그 밖의 지급방식 금액"에는 ⑮, ⑯ 외의 방식으로 지급했거나 지급 예정인 금액을 적고 계좌이체가 아닌 현금(수표) 등의 방식으로 지급하는 구체적인 사유를 적습니다.
19. ⑱ "입주 계획"에는 해당 주택의 거래계약을 체결한 이후 첫 번째 입주자 기준(다세대, 다가구 등 2세대 이상인 경우에는 해당 항목별 중복하여 적습니다)으로 적으며, "본인입주"란 매수자 및 주민등록상 동일 세대원이 함께 입주하는 경우를, "본인 외 가족입주"란 매수자와 주민등록상 세대가 분리된 가족이 입주하는 경우를 말하며, 이 경우에는 입주 예정 시기 연월을 적습니다. 또한 재건축 추진 또는 멸실 후 신축 등 해당 주택에 입주 또는 임대하지 않는 경우 등에는 "그 밖의 경우"에 √표시를 합니다.

■ 부동산 거래신고 등에 관한 법률 시행규칙 [별지 제1호의3 서식] (개정 2020. 10. 27.)

부동산거래관리시스템 (rtms.molit.go.kr)에서도 신청할 수 있습니다.

주택취득자금 조달 및 입주계획서

※ 색상이 어두운 난은 신청인이 적지 않으며, [ ]에는 해당되는 곳에 √표시를 합니다. (앞쪽)

접수번호	접수일시	처리기간

제출인 (매수인)	성명(법인명)		주민등록번호(법인·외국인등록번호)	
	주소(법인소재지)		(휴대)전화번호	
① 자금 조달계획	자기자금	② 금융기관 예금액 원	③ 주식·채권 매각대금 원	
		④ 증여·상속 원 [ ] 부부 [ ] 직계존비속(관계:) [ ] 그 밖의 관계( )	⑤ 현금 등 그 밖의 자금 원 [ ] 보유 현금 [ ] 그 밖의 자산(종류:)	
		⑥ 부동산 처분대금 등 원	⑦ 소계 원	
	차입금 등	⑧ 금융기관 대출액 합계 원	주택담보대출	원
			신용대출	원
			그 밖의 대출	원 (대출 종류:)
		기존 주택 보유 여부 (주택담보대출이 있는 경우만 기재) [ ] 미보유 [ ] 보유 (건)		
		⑨ 임대보증금 원	⑩ 회사지원금·사채 원	
		⑪ 그 밖의 차입금 원 [ ] 부부 [ ] 직계존비속(관계:) [ ] 그 밖의 관계( )	⑫ 소계 원	
	⑬ 합계	원		
⑭ 조달자금 지급방식	총 거래금액	원		
	⑮ 계좌이체 금액	원		
	⑯ 보증금·대출 승계 금액	원		
	⑰ 현금 및 그 밖의 지급방식 금액	원		
	지급 사유 ( )			
⑱ 입주 계획	[ ] 본인입주 [ ] 본인 외 가족입주 (입주 예정 시기: 년 월)	[ ] 임대 (전·월세)	[ ] 그 밖의 경우 (재건축 등)	

「부동산 거래신고 등에 관한 법률 시행령」 별표 1 제2호 나목, 같은 표 제3호 가목 전단, 같은 호 나목 및 같은 법 시행규칙 제2조 제6항부터 제9항까지의 규정에 따라 위와 같이 주택취득자금 조달 및 입주계획서를 제출합니다.

년 월 일

제출인 (서명 또는 인)

시장·군수·구청장 귀하

유의사항

1. 제출하신 주택취득자금 조달 및 입주계획서는 국세청 등 관계기관에 통보되어, 신고내역 조사 및 관련 세법에 따른 조사 시 참고자료로 활용됩니다.
2. 주택취득자금 조달 및 입주계획서(첨부서류 제출대상인 경우 첨부서류를 포함합니다)를 계약체결일부터 30일 이내에 제출하지 않거나 거짓으로 작성하는 경우 「부동산 거래신고 등에 관한 법률」 제28조 제2항 또는 제3항에 따라 과태료가 부과되오니 유의하시기 바랍니다.
3. 이 서식은 부동산거래계약 신고서 접수 전에는 제출이 불가하오니 별도 제출하는 경우에는 미리 부동산거래계약 신고서의 제출여부를 신고서 제출자 또는 신고관청에 확인하시기 바랍니다.

210mm×297mm[백상지(80g/㎡) 또는 중질지(80g/㎡)]

투기과열지구 내에서의 거래 시 거래증빙의 제출

투기과열지구에 소재하는 주택의 거래계약을 체결한 경우에는 다음 각 호의 구분에 따른 서류를 첨부해야 합니다. 이 경우 주택취금자금 조달 및 입주계획서의 제출일을 기준으로 주택취득에 필요한 자금의 대출이 실행되지 않았거나 본인 소유 부동산의 매매계약이 체결되지 않은 경우 등 항목별 금액 증명이 어려운 경우에는 그 사유서를 첨부해야 합니다.

1. 금융기관 예금액 항목을 적은 경우 : 예금잔액증명서 등 예금 금액을 증명할 수 있는 서류
2. 주식 · 채권 매각대금 항목을 적은 경우 : 주식거래내역서 또는 예금잔액증명서 등 주식 · 채권 매각 금액을 증명할 수 있는 서류
3. 증여 · 상속 항목을 적은 경우 : 증여세 · 상속세 신고서 또는 납세증명서 등 증여 또는 상속받은 금액을 증명할 수 있는 서류
4. 현금 등 그 밖의 자금 항목을 적은 경우 : 소득금액증명원 또는 근로소득 원천징수영수증 등 소득을 증명할 수 있는 서류
5. 부동산 처분대금 등 항목을 적은 경우 : 부동산 매매계약서 또는 부동산 임대차계약서 등 부동산 처분 등에 따른 금액을 증명할 수 있는 서류
6. 금융기관 대출액 합계 항목을 적은 경우 : 금융거래확인서, 부채증명서 또는 금융기관 대출신청서 등 금융기관으로부터 대출받은 금액을 증명할 수 있는 서류
7. 임대보증금 항목을 적은 경우 : 부동산 임대차계약서
8. 회사지원금 · 사채 또는 그 밖의 차입금 항목을 적은 경우 : 금전을 빌린 사실과 그 금액을 확인할 수 있는 서류

Tip

■ 법인의 주택 취득에 따른 자금조달 규제 요약

- 법인이 주택을 취득하면 최근 신설된 주택 거래계약 신고서를 제출해야 한다.
- 법인이 주택을 취득하면 무조건 자금조달계획서를 제출해야 한다.
- 법인이 투기과열지구 내에서 주택을 취득하면 거래증빙을 제출해야 한다.

제4장 재무상태표 계정분류관련 세무리스크 관리법

부동산을 재무상태표에 표시할 때 이의 계정과목은 크게 재고자산, 투자자산, 유형자산으로 구분된다. 재고자산은 부동산을 상품으로 파는 것을, 투자자산을 유휴자금을 활용해 부동산 등에 투자하는 것을, 유형자산은 부동산을 경영이나 임대활동에 사용하는 것을 말한다. 세법은 부동산의 보유목적별로 제도를 달리 적용하고 있다. 따라서 부동산과 관련된 세법을 정확히 이해하기 위해서는 이러한 계정분류에 익숙해져야 한다.

본 장에서 살펴볼 주요 내용들은 아래와 같다.

- 재무상태표 계정분류관련 세무리스크 진단
- 부동산 재무상태표관련 세무리스크 관리법
- 재고자산(부동산매매업, 신축판매업)관련 세무리스크 관리법
- 투자자산(일반기업의 보유자산)관련 세무리스크 관리법
- 유형자산(자가사용 또는 임대용 자산)관련 세무리스크 관리법
- 사택과 기숙사 관련 세무리스크 관리법
- 취득가액 변동과 세무리스크 관리법
- 특수관계인 간에 거래할 때 알아두어야 하는 세법상의 시가

제1절 재무상태표 계정분류관련 세무리스크 진단

CEO와 실무자들은 재무상태표상의 계정목별로 발생하는 세무리스크의 존재를 점검하고 이에 문제가 있는 경우에는 적극적으로 대책을 세워야 한다. 아래에서 진단을 해보고 대책을 세워보자.

STEP1 각 항목별 체크

아래 해당되는 곳에 '○, ×' 표시를 한다.

구분	상 황	해당 여부
1	재무상태표의 구조를 알고 있다.	
2	자산에 계상하는 부동산 취득가액의 범위를 알고 있다.	
3	취득 시 발생하는 부대비용에 대한 세무처리 내용을 알고 있다.	
4	건물의 잔존가액 및 철거비용 세무처리 내용을 알고 있다.	
5	재고자산의 취득부터 판매까지의 세무회계 내용을 알고 있다.	
6	투자자산의 취득부터 양도까지의 세무회계 내용을 알고 있다.	
7	유형자산의 취득부터 양도까지의 세무회계 내용을 알고 있다.	
8	자본적 지출과 수익적 지출을 구분할 수 있다.	
9	공장을 주기적으로 수선한 경우의 지출에 대한 세무회계 내용을 알고 있다.	
10	증축 등에 의해 취득가액이 변동하는 경우 관련 세무리스크를 파악할 수 있다.	

STEP2 대책수립

위에서 파악된 '×'표시에 따라 다음과 같이 대책을 세운다.

- ×표시가 7개 이상 → 재무상태표 계정분류관련 세무리스크에 대한 이해가 전혀 안되어 있다. 따라서 지금 당장 이에 대한 대비책을 세우도록 한다.
- ×표시가 4~6개 → 재무상태표 계정분류관련 세무리스크에 대한 이해가 어느 정도 되어 있다. 따라서 현행의 제도를 정비하고 부족한 부분을 보완한다.
- ×표시가 3개 이하 → 재무상태표 계정분류관련 세무리스크에 대한 이해가 되어 있다. 현행의 제도를 유지한다.

부동산 재무상태표관련 세무리스크 관리법

법인이 부동산을 취득하여 장부에 계상하는 경우 취득가액의 범위가 상당히 중요하다. 어떤 식으로 올리느냐에 따라 취득세, 부가가치세, 법인세 등이 달라지기 때문이다. 이하에서는 재무상태표와 관련되어 발생하는 다양한 세무리스크 발생 사례 및 이에 대한 관리법을 알아보자.

1 부동산 재무상태표관련 세무리스크 발생 사례

K법인은 부동산매매업을 영위하면서 아래와 같이 부동산을 취득하였다. 각 상황별로 답을 하면?

자료

- ㅇ 계약서상의 거래금액 : 5억 원(VAT 별도)
- ㅇ 중개수수료 등 부대비용 : 2천만 원

- 상황1 : 세법상 취득이란 무엇을 의미하는가?
- 상황2 : 세법상 취득가액의 범위는 어떻게 되는가?
- 상황3 : 위의 경우 세법상 취득가액은 얼마인가?
- 상황4 : 위의 취득가액을 재무상태표에 표시하면?

상황에 대한 답을 찾아보면 다음과 같다.

첫째, (상황1) 세법상 취득이란 무엇을 의미하는가?

취득이란 어떤 목적물의 소유권을 획득하거나 배타적인 경제적 사용권을 획득한 것을 말한다.

둘째, (상황2) 세법상 취득가액의 범위는 어떻게 되는가?

취득가액은 취득이 완료되기 전까지 발생하는 모든 원가를 말한다. 이는 당해 양도자산의 양도가액에 직접 대응되는 비용을 말하며, 해당 자산의 취득과 관련되어 지출한 부대비용(취득세 등)을 포함한다. 부동산업과 관련된 내용들을 정리하면 다음과 같다(법인세 집행기준 : 41-72-1, 자산의 취득가액).

구 분	취득가액
1. 타인으로부터 매입한 자산	매입가액에 취득세·등록면허세 기타부대비용[66]을 가산한 금액
2. 자기가 건설 기타 이에 준하는 방법에 의하여 취득한 자산	원재료비·노무비·운임·하역비·보험료·수수료·공과금(취득세와 등록면허세를 포함)·설치비 기타부대비용의 합계액

셋째, (상황3) 위의 경우 세법상 취득가액은 얼마인가?

사례의 경우 5억 2천만 원이 취득가액이 된다. 참고로 취득 시 발생한 부가가치세는 환급을 받기 때문에 대부분 취득가액에서 제외된다. 만일 환급이 되지 않는 경우에는 취득가액에 포함시키는 것이 타당하다.

넷째, (상황4) 위의 취득가액을 재무상태표에 표시하면?

부동산매매업을 영위하기 위해 취득한 부동산은 재고자산에 표시된다. 이를 재무상태표에 반영하면 아래와 같다.

자산 재고자산 5억 2천만 원 투자자산 유형자산	

2 부동산 재무상태표관련 세무리스크 관리법

부동산 취득가액과 관련된 세무리스크 관리법을 정리하면 다음과 같다.

66) 부대비용은 취득이 완료되기 전까지 발생하는 직·간접비 등을 말한다.

(1) 거래 시 발생한 부가가치세

거래 시 발생한 부가가치세를 환급받은 경우에는 취득가액에서 제외된다. 하지만 환급이 안된 부가가치세는 취득원가에 산입하는 것이 원칙이다.

(2) 부대비용 및 자본적 지출 처리법

부동산의 취득가액을 정할 때 가장 어려움을 겪는 부분 중의 하나가 바로 부대비용을 어떤 식으로 처리할 것인지의 여부이다.

첫째, 부대비용의 범위를 알아보자.

취득 시 소요된 부대비용이 자산가액에 포함되기 위해서는 아래의 요건을 모두 충족해야 하는 것이 원칙이다.

- 취득과 관련된 비용일 것
- 계약체결일 이전 또는 이후부터 소유권을 확보할 때까지 지출한 비용일 것
- 취득자가 부담의무가 있는 경비일 것
- 실제로 금전 지출이 확인될 것

둘째, 취득부대비용의 종류를 알아보자.

부동산의 취득과 관련하여 발생할 수 있는 부대비용에는 다음과 같은 것들이 있다. 업종별로 살펴보자.

부동산매매업	부동산임대업	신축판매업
• 취득세 • 매입세액 불공제되는 부가가치세[67] • 중개수수료 • 등기수수료 • 컨설팅비용 등	• 취득세 • 매입세액 불공제되는 부가가치세 • 중개수수료 • 등기수수료 • 컨설팅비용 등	• 용지취득세 • 매입세액 불공제되는 부가가치세 • 중개수수료 • 등기수수료 • 컨설팅비용 등

셋째, 부대비용에 부가되는 부가가치세 처리법을 알아보자.

부대비용을 지출하면서 발생한 매입세액을 공제 또는 환급받은 경우에는 이를 취득가액에

67) 취득세 과세표준에서는 제외된다.

서 제외하나 환급을 받지 못하는 경우에는 취득부대비용에 해당되어 취득가액에 포함된다.

(3) 부동산 일괄취득

토지와 건물을 일괄취득한 경우에는 기준시가 등의 비율로 안분계산한 후에 토지와 건물을 나눠 장부에 계상하는 것이 원칙이다. 이때 토지의 가액과 건물 등의 가액구분이 불분명한 경우 아래(법 제52조 제2항)와 같은 순서에 따라 안분계산한다.

<table>
<tr><th colspan="2">구 분</th><th>안분계산방법</th></tr>
<tr><td colspan="2">① 감정평가액이 있는 경우</td><td>감정평가액에 비례하여 안분계산</td></tr>
<tr><td rowspan="2">② 감정평가액이 없는 경우</td><td>기준시가가 모두 있는 경우</td><td>공급계약일 현재의 기준시가에 따라 계산한 가액에 비례하여 안분계산</td></tr>
<tr><td>어느 하나 또는 모두의 기준시가가 없는 경우</td><td>장부가액(장부가액이 없는 경우에는 취득가액)에 비례하여 안분계산한 후 기준시가가 있는 자산에 대해서는 그 합계액을 다시 기준시가에 따라 안분계산</td></tr>
<tr><td colspan="2">③ 위의 방법을 적용할 수 없거나 적용하기 곤란한 경우</td><td>국세청장이 정하는 바에 따라 안분계산</td></tr>
</table>

Tip

■ 기존건물의 취득가액과 철거비용의 세무처리법

건물을 보유한 상태에서 기존건물을 철거하는 경우, 남아 있는 장부가액과 철거비용에 대한 세무처리법을 알아보자.

1. 기존건물의 잔존가액(장부가액)

기존건물의 취득가액에서 감가상각한 후의 잔존가액(장부가액)에 대해 「법인세법」 등은 어떤 식으로 취급하는지 정리해보자. 참고로 아래의 내용은 주로 사업용 고정자산(유형자산)에 관련된 내용을 말한다. 즉 주로 부동산임대업용 건물을 신축하는 과정에서 발생하는 세무처리법을 요약한 것이다. 주택신축판매업 등의 재고자산과 관련되어 발생하는 철거비용과 기존건물의 취득가액에 대한 세무처리방법에 대해서는 제4편을 참조하기 바란다.

68) 과세관청의 견해와는 달리 토지의 취득가액에 가산되는 것이 타당하다고 보인다. 신축을 위한 터파기 전까지 발생한 비용에 해당하기 때문이다.

<table>
<tr><th rowspan="2">구 분</th><th>「법인세법」</th><th>「소득세법」
종합소득세</th><th>「소득세법」
양도소득세</th><th>「부가
가치세법」</th><th>「지방세법」</th></tr>
<tr><th colspan="3">취득가액에 포함 또는 당기비용 처리여부</th><th>부가가치세
환급여부</th><th>취득세
과세표준에
포함여부</th></tr>
<tr><td>① 토지로 사용하기 위한 철거 시의 잔존가액</td><td colspan="2">토지취득가액에 가산(「법인세법 기본통칙」 23-31…1 등)</td><td>토지취득가액에 가산(단, 사실판단을 해야 함)</td><td rowspan="3">×
(해당사항 없음)</td><td rowspan="3">×
(해당사항 없음)</td></tr>
<tr><td>② 사용 중의 건물 철거 후 신축 시</td><td rowspan="2">당기비용(「법인세법 기본통칙」 23-31…2)</td><td rowspan="2">건물취득가액에 가산(「소득세법 기본통칙」 33-67…1)</td><td rowspan="2">필요경비에 미해당(∵양도가액에 대응하지 않으므로)</td></tr>
<tr><td>③ 구입 즉시 건물 철거 후 신축</td></tr>
</table>

위 표의 ②와 ③처럼 법인이 새로운 건축물을 신축할 목적으로 철거한 건축물의 취득가액과 기존건축물의 철거비용은 수익적 지출(당기비용)에 해당한다. 아래 통칙을 참조하기 바란다.

※ 「법인세법 기본통칙」 23-31…1 [고정자산에 대한 자본적 지출의 범위]
영 제31조 제2항 제5호에 규정하는 자본적 지출에는 다음 각호의 예에 따라 처리하는 것을 포함한다.

1. 토지만을 사용할 목적으로 건축물이 있는 토지를 취득하여 그 건축물을 철거하거나, 자기소유의 토지상에 있는 임차인의 건축물을 취득하여 철거한 경우 철거한 건축물의 취득가액과 철거비용은 당해 토지에 대한 자본적 지출로 한다.
   → 앞의 표 ①의 경우를 말한다.

※ 「법인세법 기본통칙」 23-31…2 [고정자산에 대한 수익적 지출의 범위]
규칙 제17조 제6호에 규정하는 수익적 지출에는 다음 각호의 예에 따라 처리하는 것을 포함한다.

5. 「법인세법 기본통칙」 23-31…1 제1호(위의 내용을 말함) 이외의 사유로써 기존건축물을 철거하는 경우 기존건축물의 장부가액과 철거비용은 수익적 지출로 한다.
   → 앞의 표 ②와 ③의 경우를 말한다.

2. 철거비용처리법

기존건물을 철거할 때 발생하는 비용에 대해 「법인세법」 등은 어떤 식으로 취급하고 있는지 정리해보자. 이러한 기존건물의 철거비용에 대한 세무처리법은 앞에서 본 기존건물의 취득가액 처리법과 궤를 같이 하고 있다. 다만, 일부 항목은 차이가 나고 있다.

<table>
<tr><th rowspan="2">구 분</th><th>「법인세법」</th><th>「소득세법」
종합소득세</th><th>「소득세법」
양도소득세</th><th>「부가
가치세법」</th><th>「지방세법」</th></tr>
<tr><th colspan="3">취득가액에 포함 또는 당기비용 처리여부</th><th>부가가치세
환급여부</th><th>취득세
과세표준에
포함여부</th></tr>
<tr><td>① 건물철거 후 토지로 사용</td><td colspan="2">토지취득가액에 가산
(「법인세법 기본통칙」 23-3 1…1 등)</td><td>토지취득가액에 가산(단, 사실판단을 해야 함)</td><td rowspan="3">매입세액 공제(단, 토지 관련 매입세액은 불공제)</td><td rowspan="3">×(단, 건축물 철거비용은 취득세 과세표준에 포함 원칙)</td></tr>
<tr><td>② 사용 중의 건물 철거 후 신축</td><td rowspan="2">당기비용
(「법인세법 기본통칙」 23-3 1…2)</td><td rowspan="2">건물취득가액에 가산[68)]
(「소득세법 기본통칙」 33-67…1, 고정자산에 대한 자본적 지출)</td><td rowspan="2">필요경비에 미해당(양도가액에 대응하지 않아 미인정함. 재산 46014-541, 2000.5.6.)
단, 2020년 영 시행일 이후부터는 재해나 노후화 등 부득이한 사유로 건물을 재건축한 경우 그 철거비용은 필요경비로 인정됨(소령 제163조 제3항, 2020년 개정세법).</td></tr>
<tr><td>③ 구입 즉시 건물 철거 후 신축</td></tr>
</table>

☞ 기존건물에 대한 철거비용 그리고 기존건물의 잔존가액에 대한 세무처리법이 대단히 복잡할 수 있다. 실무적용 시에는 세무전문가와 함께 하기 바란다.

※ 저자 주

2022년 1월 1일 공급분부터 토지만 사용하기 위해 건물을 취득할 때에는 사업자가 결정한 가액에 따른 부가가치세를 인정할 것으로 보인다(「부가가치세법」 제29조 제9항).

재고자산(부동산매매업, 신축판매업)관련 세무리스크 관리법

재고자산(在庫資産)은 기업이 판매를 목적으로 보유하고 있는 자산을 말한다. 이 재고자산은 부동산매매업이나 신축판매업에서 차지하는 비중이 막중하므로 이에 대한 회계와 세무관리를 잘해야 사후에 문제가 없다. 이하에서 재고자산관련 세무리스크 발생 사례 및 이에 대한 관리법을 살펴보자.

1 재고자산관련 세무리스크 발생 사례1

K법인은 부동산매매업과 신축판매업을 영위하는 법인으로써 아래와 같은 부동산을 보유하고 있다. 상황에 맞게 답하면?

자료

구 분	취득목적	계정과목
주택	매매용	재고자산
토지	건설용	재고자산

- 상황1 : 위 K법인이 보유한 자산을 통해 이 법인의 부동산 취득목적을 알 수 있는가?
- 상황2 : 재고자산가액은 어떻게 기록되는가?
- 상황3 : 이자비용도 재고자산가액에 포함되는가?

상황에 대한 답을 찾아보면 다음과 같다.

첫째, (상황1) 위 K법인이 보유한 자산을 통해 이 법인의 부동산 취득목적을 알 수 있는가?

K법인은 재고자산인 주택과 토지를 취득하여 보유하고 있다. 그런데 이 중 주택은 정상적인 기업활동과정에서 판매하기 위하여 보유하는 자산을 말하므로 부동산매매업 또는 신축판매업 중 하나를 영위한다고 추론해 볼 수 있다. 한편 토지의 경우 건설용으로 취득한 것이므로 이 법인은 신축판매업을 준비 중에 있음을 알 수 있다. 결국 재고자산은 부동산 판매를 주업으로 하는 법인 등이 보유하고 있는 부동산을 의미한다고 할 수 있다.

둘째, (상황2) 재고자산가액은 어떻게 기록되는가?

재고자산은 취득이 완료될 때까지 발생하는 모든 원가를 합하여 계산한다. 따라서 중개수수료나 취득세 같은 부대비용도 모두 포함되는 것이 원칙이다.[69)]

참고로 건설 중에 있는 자산은 재고자산에 포함되는데 이때에는 '건설가계정'이란 계정과목을 사용한다. 이후 건설이 완료된 경우에는 본 계정과목(건물 등)으로 대체된다.

셋째, (상황3) 이자비용도 재고자산가액에 포함되는가?

재고자산의 취득과 관련하여 발생한 이자비용에 대해 「법인세법」은 이를 재고자산의 취득가액이 아닌 손금(비용)으로 처리하도록 하고 있다. 하지만 사업용 고정자산인 유형자산이나 무형자산의 경우에는 취득가액에 포함되도록 하고 있다. 이를 정리하면 다음과 같다.

구 분		「법인세법」
이자비용 처리법	재고자산・투자자산	손금산입(당기비용)
	유형자산・무형자산	취득가액에 포함(강제사항)

2 재고자산관련 세무리스크 발생 사례2

K법인은 아래와 같이 재고자산을 보유하고 있다. 각 상황별로 답을 하면?

자료

(VAT 별도)

구 분	취득가액	부대비용	계
A주택	1억 원	1천만 원	1억 1천만 원
B주택	2억 원	2천만 원	2억 2천만 원
계	3억 원	3천만 원	3억 3천만 원

69) 관련 규정 : 「법인세법 시행령」 제72조 제2항
자산의 취득가액은 다음 각 호의 금액으로 한다.
1. 타인으로부터 매입한 자산 : 매입가액에 취득세, 등록면허세, 그 밖의 부대비용을 가산한 금액[법인이 토지와 그 토지에 정착된 건물 및 그 밖의 구축물 등을 함께 취득하여 토지의 가액과 건물등의 가액의 구분이 불분명한 경우 법 제52조 제2항에 따른 시가에 비례하여 안분계산한다]
2. 자기가 제조・생산・건설 기타 이에 준하는 방법에 의하여 취득한 자산 : 원재료비・노무비・운임・하역비・보험료・수수료・공과금(취득세와 등록세를 포함한다)・설치비 기타 부대비용의 합계액

- 상황1 : K법인은 주택신축판매업을 영위하고 있다. 이때 A주택을 1억 5천만 원에 분양하는 경우 법인세는 얼마나 예상되는가? 이외의 사항은 무시한다.
- 상황2 : 만일 K법인이 부동산매매업을 영위한다고 하자. 이때 A주택 판매에 따른 법인세는 얼마나 예상되는가?
- 상황3 : 만일 B주택의 전용면적이 85㎡를 초과하는 경우 부가가치세는 발생하는가?
- 상황4 : A주택만을 판매완료한 경우의 기말재고자산가액은 얼마인가?

상황에 대한 답을 찾아보면 다음과 같다.

첫째, (상황1) K법인은 주택신축판매업을 영위하고 있다. 이때 A주택을 1억 5천만 원에 분양하는 경우 법인세는 얼마나 예상되는가? 이외의 사항은 무시한다.

K법인이 보유하고 있는 2주택 중 A주택만 분양이 완료되었으므로 아래와 같이 법인세가 예상된다.

구 분	금 액	비 고
분양가액	1억 5천만 원	
− 장부가액	1억 1천만 원	
= 분양이익	4천만 원	
× 법인세율	10%	
= 산출세액	400만 원	

둘째, (상황2) 만일 K법인이 부동산매매업을 영위한다고 하자. 이때 A주택 판매에 따른 법인세는 얼마나 예상되는가?

부동산매매업의 경우 위의 일반법인세 외에 20%의 추가법인세가 부과된다.

구 분	금 액			비 고
	일반법인세	추가법인세	계	
분양가액	1억 5천만 원	1억 5천만 원		
− 장부가액	1억 1천만 원	1억 1천만 원		
= 양도차익	4천만 원	4천만 원		
× 법인세율	10%	20%		
= 산출세액	400만 원	800만 원	1,200만 원	

셋째, (상황3) 만일 B주택의 전용면적이 85m²를 초과하는 경우 부가가치세는 발생하는가?

그렇다. 법인이 전용면적 85㎡ 초과 주택을 분양하거나 매매하는 경우 부가가치세가 발생한다. 주의해야 할 대목이다.

넷째, (상황4) A주택만을 판매완료한 경우의 기말재고자산가액은 얼마인가?

이 경우 B주택만 기말재고로 남아 있으므로 장부가액 2억 2천만 원이 기말재고자산가액이 된다.

☞ 앞의 내용을 재무제표로 표시하면 다음과 같다.

<table>
<tr><th colspan="2">취득 시</th><th>사업연도 중</th><th colspan="2">기말</th></tr>
<tr><td>재무상태표</td><td>손익계산서</td><td rowspan="2">A주택 판매</td><td>재무상태표</td><td>손익계산서</td></tr>
<tr><td>자산 3.3억 원</td><td>-</td><td>자산 2.2억 원</td><td>매출원가
1.1억 원</td></tr>
</table>

3 재고자산관련 세무리스크 관리법

재고자산의 취득과 보유 그리고 양도와 관련된 세무리스크 관리법을 정리하면 다음과 같다.

(1) 재고자산의 취득

재고자산의 취득 시에는 취득세, 부가가치세 등을 검토해야 한다. 이외에 재무상태표에 표시되는 재고자산 취득가액의 범위에 대해 알아둬야 한다. 특히 세법은 건설자금이자는 사업용 고정자산에 대해서만 원가처리를 하도록 하고 있음에 유의해야 한다. 따라서 재고자산과 관련된 이자비용은 손금(비용)으로 처리해야 한다. 만약 법인이 기업회계기준에 따라 이를 취득원가에 포함시킨 경우에는 세무조정을 통해 이를 바로 잡아야 한다.

(2) 재고자산의 보유

재고자산을 보유 중에서는 특별한 이슈는 없다. 감가상각비를 계상할 수도 없고 평가손실이 발생하더라도 원칙적으로 취득원가로 법인세를 계산해야 한다.

(3) 재고자산의 판매

재고자산을 판매하면 부동산의 취득원가는 매출원가로 대체된다. 이때 판매된 부동산의 취득원가는 개별법을 적용해 계산하는 것이 원칙이다. 개별법은 원가계산의 한 방법으로 개개의 상품(부동산)에 대해 개별적인 원가를 부여하는 방법을 말한다. 다만, 같은 평형의 공동주택을 신축해 판매하는 경우에는 원가가 같기 때문에 평균법 등을 사용해도 문제가 없을 것으로 보인다. 한편 건설 중 사업권을 양도하는 경우에는 부가가치세가 과세되는 것이 원칙이다. 사업시행권도 재산가치가 있는 권리에 해당하기 때문이다. 다만, 과세(상가) 및 면세(국민주택규모 아파트)사업자인 주택건설업자가 사업시행권을 양도하는 경우에는 직전과세기간의 과세 및 면세공급가액 비율에 따라 안분계산한 후 상가 시행권은 세금계산서, 주택 시행권에 대해서는 계산서를 발급하는 것이 원칙이다.

(4) 기말재고자산 평가

「법인세법」 등에서는 기말시점의 재고자산평가방법에 대해 다음과 같이 규정하고 있다. 이는 재고자산을 이용해 자의적으로 손익을 조절하는 것을 방지하기 위한 취지가 있다.

세법상 재고자산평가방법		
신고 시	무신고 시	임의로 변경 시
원가법(개별법, 선입선출법, 후입선출법, 총평균법 등)과 저가법 중 택일	선입선출법 (부동산은 개별법)	선입선출법과 신고한 평가방법 중 큰 금액

Tip

- **건설현장이 다수인 경우의 재고자산평가**
  건설현장이 다수인 경우에는 현장별로 원가가 집계되어야 하고, 현장별로 재고자산평가가 되어야 정확한 결산 및 세무신고가 이루어지게 된다.

제4절 투자자산(일반기업의 보유자산)관련 세무리스크 관리법

투자자산은 타기업을 지배하거나 기업의 유휴자금을 장기간 투자하여 투자이익을 얻을 목적으로 보유하는 자산을 말한다. 투자자산은 기업의 영업활동과는 직접적으로 관련 없다. 이에는 대표적으로 투자부동산, 장기금융상품 등이 있다. 이하에서 이에 대한 세무리스크 발생 사례와 이의 관리법을 알아보자.

1 투자자산관련 세무리스크 발생 사례1

K법인은 제조업을 영위하는 법인으로써 아래와 같은 부동산을 보유하고 있다. 각 상황별로 답을 하면?

자료

구 분	취득목적	계정과목
주택	단순보유용	투자자산
토지	단순보유용	투자자산

- 상황1 : K법인이 보유한 자산에 대한 취득목적을 알 수 있는가?
- 상황2 : 취득세는 중과세를 적용받았을까?
- 상황3 : 투자자산은 왜 감가상각비를 계상할 수 없을까?
- 상황4 : 향후 이 부동산을 양도하면 어떤 불이익이 예상되는가?

상황에 대한 답을 찾아보면 다음과 같다.

첫째, (상황1) K법인이 보유한 자산에 대한 취득목적을 알 수 있는가?

K법인은 제조업을 영위하는 법인으로써 투자목적용으로 주택과 토지를 보유하고 있다. 따라서 이 법인은 여유자금을 활용할 목적으로 부동산을 취득한 것으로 볼 수 있다. 만일 이를 임대수익을 얻기 위해 사용하고 있다면 투자자산이 아닌 유형자산으로 분류해두는 것이 좋다.

잠깐퀴즈

K법인은 위의 주택을 유형자산으로 계상할 수도 있는가?
그렇다. K법인이 이를 임대목적 등으로 사용할 의도가 있다면 유형자산으로 계상할 수 있다. 이럴 듯 동일한 물건이라도 기업의 의도에 따라 계정과목명이 달라질 수 있다.

둘째, (상황2) 취득세는 중과세를 적용받았을까?

취득세 중과세요건에 해당하면 취득세 중과세를 적용받을 수 있다. 이에 대해서는 제1장의 마지막 부분을 참조하자.

셋째, (상황3) 투자자산은 왜 감가상각비를 계상할 수 없을까?

투자자산은 경영목적이나 임대목적 등으로 사용되는 것이 아닌 시세차익을 위해 보유하고 있는 자산을 말한다. 따라서 경영 등과는 거리가 멀기 때문에 감가상각비 계상을 허용하지 않는다. 재고자산도 감가상각비를 계상할 수 없다.

넷째, (상황4) 향후 이 부동산을 양도하면 어떤 불이익이 예상되는가?

일반법인이 주택과 토지를 투자목적으로 양도하는 경우 20%(토지는 10%)의 추가과세 제도를 적용받을 수 있다.

2 투자자산관련 세무리스크 발생 사례2

K법인은 아래와 같이 투자자산을 보유하고 있다. 각 상황별로 답을 하면?

자료

(VAT 별도)

구 분	취득가액	부대비용	계
A주택	1억 원	1천만 원	1억 1천만 원
B주택	2억 원	2천만 원	2억 2천만 원
계	3억 원	3천만 원	3억 3천만 원

- 상황1 : K법인은 일반제조업을 영위하고 있다. 이때 A주택을 1억 5천만 원에 양도하는 경우 법인세는 얼마나 예상되는가? 이외의 사항은 무시한다.

• 상황2 : 만일 B주택이 전용면적 85㎡를 초과하는 경우 부가가치세가 발생하는가?
• 상황3 : 상황2의 연장이다. 이 경우 부가가치세는 얼마인가? 단, 부가가치세를 제외한 양도가액은 2억 4천만 원이며 토지와 건물의 기준시가 비율은 2 : 1이다.

상황에 대한 답을 찾아보면 다음과 같다.

첫째, (상황1) K법인은 일반제조업을 영위하고 있다. 이때 A주택을 1억 5천만 원에 양도하는 경우 법인세는 얼마나 예상되는가? 이외의 사항은 무시한다.

일반법인이 보유하고 있는 투자목적용 부동산 중 주택과 비사업용 토지에 대해서는 일반법인세 외에 20%(토지는 10%)의 추가법인세가 부과된다.

구 분	금 액			비 고
	일반법인세	추가법인세	계	
양도가액	1억 5천만 원	1억 5천만 원		
- 취득가액	1억 1천만 원	1억 1천만 원		
= 양도차익	4천만 원	4천만 원		
× 법인세율	10%	20%		
= 산출세액	400만 원	800만 원	1,200만 원	

둘째, (상황2) 만일 B주택이 전용면적 85m²를 초과하는 경우 부가가치세가 발생하는가?

그렇다. 법인이 전용면적 85㎡ 초과 주택을 매매하는 경우 부가가치세가 발생한다.

셋째, (상황3) 상황2의 연장이다. 이 경우 부가가치세는 얼마인가? 단, 부가가치세를 제외한 양도가액은 2억 4천만 원이며 토지와 건물의 기준시가 비율은 2 : 1이다.

B주택의 부가가치세는 건물공급가액에 대해서만 부과되므로 우선 전체 양도가액 2억 4천만 원을 토지와 건물의 공급가액으로 나누어야 한다. 이때 기준시가 비율을 사용하는 것이 일반적이다. 그리고 이 건물공급가액의 10%를 부가가치세로 한다. 이를 정리하면 다음과 같다.

• 건물공급가액 = 2억 4천만 원 × (1/3) = 8천만 원
• 건물에 대한 부가가치세 : 8천만 원 × 10% = 800만 원

☞ 앞의 내용을 재무제표로 표시하면 다음과 같다.

취득 시		사업연도 중	기말	
재무상태표	손익계산서	A주택 판매	재무상태표	손익계산서
자산 3.3억 원	-		자산 2.2억 원	영업외수익 4천만 원

3 투자자산관련 세무리스크 관리법

투자자산의 취득과 보유 그리고 양도와 관련된 세무리스크 관리법을 정리하면 다음과 같다.

(1) 투자자산의 취득

투자자산 취득 시에는 먼저 취득세(중과세 포함)를 검토해야 한다. 과밀억제권역 내에서 부동산을 취득하면 취득세 중과세제도가 광범위하게 적용될 수 있기 때문이다. 한편 투자자산의 취득가액은 앞의 재고자산과 같은 범주로 계상하게 된다. 투자자산의 취득과 관련된 이자비용은 원가에 포함시키지 않는다.

(2) 투자자산의 보유

투자자산 보유 중에 재고자산처럼 감가상각비가 발생하지 않는다. 또한 가격이 하락한 경우의 평가손실은 세법상 인정되지 않는다. 이러한 세법의 태도는 앞의 재고자산과 같다. 그런데 이러한 투자자산이 업무무관자산에 해당하는 경우 관련 유지비용(지급이자 포함)에 대해서는 세법적인 규제를 받는다.

(3) 투자자산의 양도

양도된 투자자산의 양도손익은 영업외수익 또는 영업외비용에서 정리된다. 이는 주업으로 양도되는 것이 아니기 때문이다. 이때 양도된 부동산의 취득원가는 앞의 재고자산처럼 원칙적으로 개별법을 적용해 계산한다. 한편 해당 자산이 신축판매업용이 아닌 주택이거나 비사업용 토지에 해당하면 양도차익의 20%(토지는 10%) 상당액을 추가 법인세로 내야 한다.

참고로 투자자산 중 부가가치세가 과세되는 상가나 오피스 같은 물건들은 부가가치세가 발생하므로 이에 대한 세무처리에도 관심을 둬야 한다.

유형자산(자가사용 또는 임대용 자산)관련 세무리스크 관리법

유형자산(tangible asset)은 원칙적으로 영업활동에 사용하기 위해 기업이 보유하고 있는 건물이나 기계장치, 컴퓨터 등의 비품을 말한다. 이러한 자산은 무형자산과 함께 사업에 직접 사용되므로 평소에 자산을 효율적으로 운용하는 것이 매우 중요하다. 한편 부동산을 임대하는 경우에도 유형자산으로 분류된다. 이하에서 이와 관련된 세무리스크 발생 사례 및 이에 대한 관리법을 살펴보자.

① 유형자산관련 세무리스크 발생 사례1

K법인은 제조업을 영위하는 법인으로써 아래와 같은 부동산을 보유하고 있다. 각 상황별로 답을 하면?

자료

구 분	취득목적	계정과목
주택	임대용	유형자산
오피스텔	자가사용	유형자산

- 상황1 : K법인이 보유한 자산을 통해 이 법인의 부동산취득 목적을 알 수 있는가?
- 상황2 : 이 경우 취득세는 중과세를 적용받았을까?
- 상황3 : 유형자산에 대해 감가상각비를 계상할 수 있을까?
- 상황4 : 향후 이 부동산을 양도하면 어떤 불이익이 예상되는가?

상황에 대한 답을 찾아보면 다음과 같다.

첫째, (상황1) K법인이 보유한 자산을 통해 이 법인의 부동산취득 목적을 알 수 있는가?

K법인은 제조업을 영위하는 법인으로써 주택은 임대용으로 그리고 오피스텔은 자가사용의 목적으로 보유하고 있다. 따라서 이 법인은 여유자금의 일부를 활용하는 한편 경영을 위해 부동산을 취득한 것으로 볼 수 있다.

둘째, (상황2) 이 경우 취득세는 중과세를 적용받았을까?

취득세 중과세 적용조건에 해당하면 중과세를 적용받을 수 있다. 취득세 중과세는 원칙적으로 업종과 무관하게 「지방세법」 제13조, 제13조의2(신설)에서 규정하고 있는 조건에 해당하면 무조건 이를 적용한다. 다만, 「지방세법」 제13조가 적용되는 경우 주택건설업이나 주택임대업(등록을 요함) 등을 영위시 중과세에서 제외하는 특례가 주어진다.

셋째, (상황3) 유형자산에 대해 감가상각비를 계상할 수 있을까?

유형자산에 대해서는 감가상각비를 계상할 수 있다. 이의 계산을 위해서는 감가상각기간과 감가상각방법을 결정해야 한다.

구 분	감가상각기간		감가상각방법
	기준내용연수	내용연수	
철골조건물	40년	40년±25%	정액법
목조건물	20년	20년±25%	정액법

예를 들어 철골조건물의 경우 30년~50년 사이에서 선택한 감가상각기간 동안 정액법(매년 균등상각)으로 감가상각비를 처리할 수 있다. 참고로 토지는 마모가 일어나지 않으므로 감가상각을 할 수 없다. 따라서 토지와 건물이 결합된 경우 취득 시 이의 구분을 해두어야 실무에서 혼선이 생기지 않는다.

넷째, (상황4) 향후 이 부동산을 양도하면 어떤 불이익이 예상되는가?

일반법인이 주택과 오피스텔을 임대 또는 사용목적으로 취득하여 이를 양도하는 경우 법인세가 부과된다. 한편 이 중 주택이 「법인세법」에서 정하고 있는 주택(주거용 오피스텔 포함)에 해당하는 경우에는 20%의 추가과세제도를 적용받을 수 있다. 다만, 5년[70)] 이상 등록하여 임대한 주택에 대해서는 이러한 제도를 적용하지 않는다.

2 유형자산관련 세무리스크 발생 사례2

K법인은 아래와 같이 유형자산을 보유하고 있다. 각 상황별로 답을 하면?

70) 2018년 4월 1일 이후 등록분은 8년 이상을 임대해야 한다.

자료

(VAT 별도)

구 분	취득가액	부대비용	계
A주택	1억 원	1천만 원	1억 1천만 원

- 상황1 : K법인은 일반제조업을 영위하고 있다. 이때 A주택을 1억 5천만 원에 양도하는 경우 법인세는 얼마나 예상되는가? 이외의 사항은 무시한다.
- 상황2 : 이 계산결과는 부동산매매업을 영위하는 경우와 같다. 그 이유는 무엇인가?
- 상황3 : 만일 이 법인의 모든 이익이 0원인 경우 법인세도 0원이 되는가?

상황에 대한 답을 찾아보면 다음과 같다.

첫째, (상황1) K법인은 일반제조업을 영위하고 있다. 이때 A주택을 1억 5천만 원에 양도하는 경우 법인세는 얼마나 예상되는가? 이외의 사항은 무시한다.

일반제조업 영위법인이 주택을 양도하면 법인세 외에 20%의 추가법인세가 부과된다.

구 분	금 액		
	일반법인세	추가법인세	계
양도가액	1억 5천만 원	1억 5천만 원	
− 취득가액	1억 1천만 원	1억 1천만 원	
= 양도차익	4천만 원	4천만 원	
× 법인세율	10%	20%	
= 산출세액	400만 원	800만 원	1,200만 원

둘째, (상황2) 이 계산결과는 부동산매매업을 영위하는 경우와 같다. 그 이유는 무엇인가?

주택에 대한 추가과세제도는 업종불문하고 법에서 정하고 있는 조건에 부합하면 이 제도가 적용되기 때문이다.

셋째, (상황3) 만일 이 법인의 모든 이익이 0원인 경우 법인세도 0원이 되는가?

그렇지 않다. 양도차익에 대한 추가법인세는 양도차익에 대해 별개로 과세되기 때문이다. 따라서 이 경우에는 다음과 같은 법인세를 추가로 내야 한다.

구 분	금 액		
	일반법인세	추가법인세	계
양도가액		1억 5천만 원	
- 취득가액		1억 1천만 원	
= 양도차익		4천만 원	
× 법인세율		20%	
= 산출세액	0원	800만 원	800만 원

〈추가분석〉

앞의 사례에서 유형자산에 대한 감가상각비가 1천만 원이 반영되었다면 위의 추가법인세는 어떻게 되는가?

양도차익은 양도가액에서 세무상 장부가액(취득가액 - 감가상각비)을 차감하여 계산하므로 추가법인세가 늘어날 수 있다.

구 분	금 액			비 고
	일반법인세	추가법인세	계	
양도가액		1억 5천만 원		
- 취득가액		1억 원		감가상각비 1천만 원 차감
= 양도차익		5천만 원		
× 법인세율		20%		
= 산출세액	0원	1,000만 원	1,000만 원	

☞ 앞의 상황1과 3의 내용을 재무제표로 표시하면 다음과 같다.

취득 시		사업연도 중	기말	
재무상태표	손익계산서	A주택 판매	재무상태표	손익계산서
자산 3.3억 원	-		자산 2.2억 원	영업외수익 4천만 원

3 유형자산관련 세무리스크 관리법

유형자산의 취득과 보유 그리고 양도와 관련된 세무리스크 관리법을 정리하면 다음과 같다. 유형자산에 대한 세무는 일반법인들이 더욱 주의해야 한다.

(1) 유형자산의 취득

유형자산 취득 시에도 투자자산처럼 취득세(중과세 포함) 등을 검토해야 한다. 아무리 사업용이라도 과밀억제권역 내에서 취득하면 중과세를 적용하는 것이 세법의 태도이기 때문이다. 한편 유형자산의 취득가액은 앞의 재고자산이나 투자자산과 차이가 있다. 취득이 완료되기 전에 발생한 이자비용은 원가에 산입되기 때문이다. 이러한 유형자산에는 경영활동에 사용되는 사옥, 연수원, 기업부설연구소 등이 해당한다.

(2) 유형자산의 보유

유형자산 보유 중에는 재고자산이나 투자자산과는 달리 감가상각비가 발생한다. 한편 유형자산의 가격이 하락한 경우의 평가손실은 세법상 인정되지 않는다. 이는 앞의 자산들과 같은 방식으로 세법이 관여를 하고 있다. 그런데 유형자산은 보유 중에 증축이나 대수선 등의 행위로 취득가액이 변동되는 경우가 많다. 이 때 다양한 세무리스크가 발생할 수 있다. 바로 뒤의 '필수 세무상식'에서 자세히 다루고 있다.

잠깐퀴즈

감가상각비를 장부에 계상하여 비용처리를 하면 세금을 적게 내는가?
그렇다. 다만, 감가상각비로 처리한 비용은 향후 취득가액에서 차감되므로 이때 법인세를 더 내야 한다. 따라서 감가상각비를 계상하는 것이 좋을지 좋지 않을지 이에 대한 의사결정을 미리 내려야 한다.

(3) 유형자산의 양도

유형자산을 양도하여 발생한 처분손익은 영업외수익과 영업외비용에서 정리된다. 주업으로 양도하는 것이 아니기 때문이다. 이때 해당 부동산이 주택이나 비사업용 토지인 경우에는 추가 법인세가 과세될 수 있다. 만일 양도하는 자산이 오피스 같은 부가가치세가 과세되는 부동산인 경우에는 건물가액의 10% 만큼 부가가치세가 발생함에 유의해야 한다. 하지만 포괄양수도계약[71]을 체결한 경우에는 이러한 부가가치세 없이 거래를 할 수 있다.

Tip

■ 유형자산 감가상각

감가상각비는 건물 등의 마모분을 당기에 비용으로 처리할 수 있도록 하는 제도를 말한다. 현행 세법은 감가상각비 한도 내에서 자율적으로 장부에 계상할 수 있도록 하고 있다. 그런데 감가상각비는 감가상각기간을 먼저 정해야 하고 감가상각방법을 정하면 바로 계산할 수 있다. 먼저 감가상각기간을 정할 때 필요한 기준내용연수와 신고내용연수를 알아보면 다음과 같다. 기준내용연수는 해당 자산의 이용가능연수를 말한다. 세법은 이러한 기준내용연수에 ±25% 범위 내에서 감가상각기간을 선택할 수 있도록 하고 있다. 예를 들어 철골조 건물의 경우 기준내용연수는 40년이고 이에 ±25%를 적용하면 30~50년이 나온다. 이 안에서 감가상각기간을 선택할 수 있다는 것을 의미한다.

구 분	자산 종류	기준내용연수	신고내용연수
건축물 등	건물(철골조 등)	40년	30~50년 사이에서 선택
	건물(목조, 연와조 등)	20년	15~25년 사이에서 선택
	선박, 항공기	12년	9~15년 사이에서 선택
	차량운반구	5년	4~6년 사이에서 선택
	비품(인테리어 포함)	5년	
업종별자산	제조업	5년	
	기타	8년 등 다양	

한편 감가상각방법은 크게 정액법과 정률법으로 구분된다. 정액법은 균등하게 감가상각하는 방법을 정률법은 감가상각 초기에 많은 감가상각비를 계상하는 방법을 말한다. 참고로 건물은 정액법만 가능하다. 따라서 감가상각기간이 결정되면 균등하게 감가상각비를 계상해야 한다.

71) 포괄양수도계약은 사업에 관한 권리와 의무가 사업양수인에게 그대로 넘어가는 계약을 말한다.

제6절 사택과 기숙사관련 세무리스크 관리법

최근 법인이 소유하는 주택에 대해 보유세가 인상되는 등 대대적인 세금인상 조치가 단행되었다. 이에 따라 법인이 주택을 취득하면 취득세가 12%, 종합부동산세는 6%, 법인세 추가과세는 20%가 부과된다. 그렇다면 법인이 보유한 모든 주택에 대해 이러한 세율들이 적용될까? 아니다. 기업경영에 필수적인 주택 등은 이에서 제외하는 것이 옳다. 이하에서는 법인이 사택이나 기숙사 등을 취득하고 유지 또는 양도할 때 부동산 세제가 어떻게 작동되고 있는지 이를 검토해보고 한다. 물론 이러한 내용들은 앞으로 주택에 관련된 세무리스크를 예방하는 역할을 하게 될 것이다.

1 사택과 기숙사관련 세무리스크 발생 사례

K법인은 사택을 구입해 임직원들에게 무상 또는 저가로 임대하고자 한다. 상황에 맞게 답을 하면?

- 상황1 : 세법상 사택은 무엇을 의미할까?
- 상황2 : 기숙사는 무엇을 의미할까?
- 상황3 : 사택에 대한 임대료와 이에 대한 유지비용에 대한 세법은 어떤 식으로 규정하고 있을까?

상황에 맞는 답을 찾아보자.

첫째, (상황1) 세법상 사택은 무엇을 의미할까?

사택은 회사가 소유 또는 임차한 주택으로서 임직원에게 무상 또는 저가로 제공하는 주택을 말한다(「소득세법 시행령」 제38조 참조). 일반적으로 「주택법」상의 주택이 이에 해당한다. 이러한 사택에 대해서는 주택에 관련된 세법이 적용되는 것이 원칙이다.

둘째, (상황2) 기숙사는 무엇을 의미할까?

「건축법 시행령」 별표 1에 따르면 기숙사는 "학교 또는 공장 등의 학생 또는 종업원 등을 위하여 쓰는 것으로서 1개 동의 공동취사시설 이용 세대 수가 전체의 50% 이상인 것(학생복지주택을 포함한다)"을 말한다. 한편 「주택법」 제2조 등에서는 위의 기숙사를 주택이 아닌 준주택으로 구분하고 있다. 따라서 이러한 기숙사는 「주택법」상 주택이 아니므로 원칙적으로 주택에 관한 세법이 적용되지 않는다.

셋째, (상황3) 사택에 대한 임대료와 이에 대한 유지비용에 대한 세법은 어떤 식으로 규정하고 있을까?

출자임원, 즉 주주인 임원(소액출자임원은 제외)에게 사택을 저가로 임대하면 이에 대해서는 시가와 저가와의 차이를 익금산입하는 한편 해당 임원의 상여 등으로 처분한다. 한편 출자임원이 사용하는 사택을 위해 유지비를 지출하면 해당 금액은 전액 손금으로 인정하지 않는다. 하지만 이를 제외한 임직원들에 대해서는 무상으로 사택을 제공해도 부당행위계산부인규정을 적용하지 않고 관련비용도 모두 손금으로 인정해준다. 이를 요약하면 아래와 같다.

구 분	무상/저가임대	사택유지비용
출자임원	부당행위계산부인	업무무관비용(손금불산입)
비출자임원, 소액출자임원	–	손금
사용인	–	손금

2 사택과 기숙사에 대한 세무리스크 관리법

사택과 기숙사에 대한 세무리스크를 관리하는 방법에 대해 알아보자.

(1) 취득세 중과세

먼저 사택은 「주택법」상의 주택에 해당하므로 취득세 중과세 규정을 적용받는다. 다만, 「지방세법 시행령」 제28조의2 제12호에서는 사원에 대한 임대용으로 직접 사용할 목적으로 취득하는 주택으로서 1구의 건축물의 연면적(전용면적을 말한다)이 60제곱미터 이하인 공동주택에 대해서는 중과세를 적용하지 않도록 하고 있다. 취득세에서는 면적과 주택형태를 가지고 중과세에서 제외하고 있음을 눈여겨두기 바란다. 참고로 법인이 과점주주에게 주택을 제공하거나 개인사업자가 「지방세법」에서 정하고 있는 특수관계인에게 이를 제공하면 취득세 중과세를 적용한다. 악용의 가능성이 있기 때문이다.

다음으로 기숙사의 경우에는 「지방세법」에서 규정한 주택이 아니므로 원칙적으로 4%의 세율이 적용된다. 다만, 「지방세특례한법」 등에서 기숙사에 대해 다양한 방법으로 감면을 실시하고 있으므로 이 부분을 확인할 필요가 있다.

(2) 종합부동산세 중과세

보유세는 크게 재산세와 종합부동산세를 말한다. 이중 재산세는 정부의 세제정책에 영향을 받지 않으므로 저율로 부과되는 경우가 일반적이다. 하지만 종합부동산세는 주택에 해당하면 상당히 높은 세율이 적용될 수 있음에 유의해야 한다.

먼저 사택의 경우에는 「주택법」에서 정하고 있는 주택에 해당하므로 법인이 보유한 주택에 대해서는 3%나 6% 같이 높은 종합부동산세율이 적용되는 것이 원칙이다. 다만, 「종합부동산세법 시행령」 제4조 제1항에서는 종업원에게 무상이나 저가로 제공하는 사용자 소유의 주택으로서 국민주택규모 이하이거나 과세기준일 현재 공시가격이 3억 원 이하인 주택에 대해서는 이를 부과하지 않는다. 다만, 다음 아래 중 하나에 해당하는 종업원에게 제공하는 주택을 제외한다.

- 사용자가 법인인 경우에는 「국세기본법」 제39조 제2호에 따른 과점주주
- 사용자가 개인인 경우에는 그 사용자와의 관계에 있어서 「국세기본법 시행령」 제1조의2 제1항 제1호부터 제4호까지의 규정에 해당하는 자

다음으로 기숙사는 「건축법 시행령」 별표1 제2호 라목에서 규정한 기숙사에 해당하면 종합부동산세를 부과하지 않도록 하고 있다.

(3) 법인세 추가과세

먼저 사택은 「주택법」상 주택에 해당하므로 원칙적으로 법인세 추가과세제도를 적용받는다. 따라서 해당 주택을 법인이 양도하면 일반법인세 외에 추가법인세(20%)를 별도로 내야 한다. 다만, 「법인세법 시행령」 제92조의2 제2항 제2호에서는 주주 등이나 출연자가 아닌 임원 및 직원에게 제공하는 사택 및 그 밖에 무상으로 제공하는 법인 소유의 주택으로서 사택제공기간이 또는 무상제공기간이 10년 이상인 주택에 대해서는 법인세 추가과세를 적용하지 않도록 하고 있다.

다음으로 「건축법 시행령」에 규정된 기숙사가 공부상 기숙사로 등기되어 있고 실제 종업원을 위한 용도로 사용하고 있다면 법인세 추가과세를 적용하지 않는다(서면2팀-666, 2007.4.13.).

Tip

■ 사택과 기숙사에 대한 부동산 세금체계 요약

구분	개 념	취득세	종합부동산세	법인세 추가과세
사택	「주택법」상 주택	• 중과세 적용 • 60㎡ 이하 공동주택은 제외	• 중과세 적용 • 85㎡ 이하 주택 또는 3억 원 이하 주택은 중과 제외(과점주주 등은 미해당)	• 추가과세 적용 • 10년 이상 제공한 주택은 제외
기숙사	「주택법」상 준주택	• 중과세 미적용 • 감면 등 적용	종합부동산세 면제	추가과세 미적용

참고로 다음 각 목의 어느 하나에 해당하는 사람이 사택을 제공받음으로써 얻는 이익에 대하여 근로소득으로 보지 않는다.

- 주주가 아닌 임원
- 소액주주인 임원(지배주주등과 특수관계 없는 지분율 1% 미만의 주주를 말한다)
- 임원이 아닌 종업원(비영리법인 또는 개인의 종업원을 포함한다)
- 국가 또는 지방자치단체로부터 근로소득을 지급받는 사람

필수 세무상식

취득가액의 변동과 세무리스크 관리법

당초 취득할 당시의 취득가액이 사업연도 중에 여러 가지 사유로 변동되는 경우가 있다. 이하에서 이에 관련된 세무리스크 관리법을 정리해보자.

1 자본적 지출(수익적 지출)과 세법의 적용

(1) 의의

'자본적 지출'이나 '수익적 지출'이란 용어는 「법인세법」 등에서 사용하는 용어에 해당한다. 이는 주로 해당 지출을 자산으로 처리할 것인지 비용으로 처리할 것인지를 나누는 기준이 된다.

여기서 전자는 사업연도 중에 자산의 가치를 증가시키는 지출을 말한다. 이러한 지출은 취득가액에 포함된다. 그리고 후자는 자산의 능률유지 등을 위한 지출로 당기의 비용으로 처리된다. 이를 비교하면 다음과 같다.

구 분	자본적 지출	수익적 지출
개념	자산의 가치를 증가시키는 지출	당해 자산의 유지를 위한 지출
세법상의 취급	취득가액에 합산	당기비용
예시	아래 참조	수선비 등

관련 규정 : 「법인세법 시행령」 제31조

① 자본적 지출이라 함은 법인이 소유하는 감가상각자산의 내용연수를 연장시키거나 당해 자산의 가치를 현실적으로 증가시키기 위하여 지출한 수선비를 말하며, 다음 각호의 1에 해당하는 것에 대한 지출을 포함하는 것으로 한다.

1. 본래의 용도를 변경하기 위한 개조
2. 엘리베이터 또는 냉난방장치의 설치
3. 빌딩 등에 있어서 피난시설 등의 설치
4. 재해 등으로 인하여 멸실 또는 훼손되어 본래의 용도에 이용할 가치가 없는 건축물·기계·설비 등의 복구
5. 기타 개량·확장·증설 등 제1호 내지 제4호와 유사한 성질의 것

② 법인이 각 사업연도에 지출한 수선비가 다음 각호의 1에 해당하는 경우로써 그 수선비를 당해 사업연도의 손금으로 계상한 경우에는 제2항의 규정에 불구하고 이를 자본적 지출에 포함되지 아니하는 것으로 한다.

1. 개별자산별로 수선비로 지출한 금액이 300만 원(2020년 이후는 600만 원) 미만인 경우
2. 개별자산별로 수선비로 지출한 금액이 직전 사업연도종료일 현재 재무상태표상의 자산가액(취득가액에서 감가상각누계액 상당액을 차감한 금액을 말한다)의 100분의 5에 미달하는 경우
3. 3년 미만의 기간마다 주기적인 수선을 위하여 지출하는 경우[72)]

(2) 세법 적용

우선 법인세 등에서는 자산과 비용의 구분이 중요하는데 자본적 지출은 자산가액에 포함시키고, 수익적 지출은 비용으로 처리한다. 만일 이를 위배한 경우에는 세무조정을 통해 바로 잡아야 한다.

한편 자본적 지출이 제2장에서 본 취득개념에 해당하는 경우에는 취득세가 부과될 수 있다. 취득개념을 다시 한 번 살펴보면 다음과 같다.

구 분	유상취득	무상취득
원시취득	건축물의 신축·증축·재축·이축, 토지의 공유수면매립·간척 등	「민법」상 시효취득
승계취득	매매, 교환, 현물출자, 대물변제, 위자료, 부담부 증여	상속(유증 포함), 증여, 합병 등
간주취득	지목변경, 과점주주 취득, 건축물의 개수	

2 수선비 지출과 세법의 적용

(1) 의의

법인이 건물이나 기계장치 등을 수리하기 위해 수선비를 지출하는 경우가 있다. 이러한 지출비용을 자본적 지출로 처리할 것인지 수익적 지출로 처리할 것인지가 중요하다.

72) 3년 미만마다 주기적인 수선비를 지출하는 경우로써 이의 지출성격이 자본적 지출에 해당하는 경우에도 이를 수익적 지출(당기비용)로 처리하면 이를 인정하겠다는 것을 의미한다. 따라서 자본적 지출을 수익적 지출로 처리한 경우 이에 대한 사실판단의 문제가 있으므로 사전에 주의할 필요가 있다.

(2) 세법 적용

우선 고정자산의 원상을 회복하거나 능률유지를 위하여 지출하면 수익적 지출로, 당해 고정자산의 내용연수를 연장시키거나 당해 고정자산의 가치를 현실적으로 증가시키면 이를 자본적 지출로 본다. 따라서 앞에서 본 판단기준 등을 동원해 이에 대한 판단을 내려야 한다. 그런데 3년 미만마다 주기적인 수선을 위해 지출하는 비용은 자본적 지출에 해당할 수도 있지만 이를 수익적 지출로 처리해도 세법상 문제가 없다.

한편 자본적 지출이 제2장에서 본 취득개념에 해당하는 경우에는 취득세가 부과될 수 있다는 점에도 유의해야 한다. 이에 대해서는 아래 3.에서 판단을 내려 보자.

3 증축 · 개축 · 재축과 세법의 적용

건물을 증축 · 개축 · 재축을 하는 경우가 있다. 이 경우 자본적 지출의 해당 여부 및 취득세 과세대상이 되는지가 중요하다. 먼저 「건축법」상의 신축 등에 대한 정의를 알아보고 이를 바탕으로 관련 세무문제를 알아보자.

(1) 「건축법 시행령」 제2조 [정의]

이 영에서 사용하는 용어의 뜻은 다음과 같다.

① "신축"이란 건축물이 없는 대지에 새로 건축물을 축조(築造)하는 것[부속건축물만 있는 대지에 새로 주된 건축물을 축조하는 것을 포함하되, 개축(改築) 또는 재축(再築)하는 것은 제외한다]을 말한다.

② "증축"이란 기존 건축물이 있는 대지에서 건축물의 건축면적, 연면적, 층수 또는 높이를 늘리는 것을 말한다.

③ "개축"이란 기존 건축물의 전부 또는 일부[내력벽 · 기둥 · 보 · 지붕틀(제16호에 따른 한옥의 경우에는 지붕틀의 범위에서 서까래는 제외한다) 중 셋 이상이 포함되는 경우를 말한다]를 철거하고 그 대지에 종전과 같은 규모의 범위에서 건축물을 다시 축조하는 것을 말한다.

④ "재축"이란 건축물이 천재지변이나 그 밖의 재해(災害)로 멸실된 경우 그 대지에 종전과 같은 규모의 범위에서 다시 축조하는 것을 말한다.

(2) 「법인세법」 적용

위에서 살펴본 증축과 개축, 재축은 「법인세법」상 자본적 지출에 해당한다. 그런데 여기서 쟁점이 하나 있다. 이러한 지출비용을 기존건물에 합하여 기존건물의 내용연수를 적용해 감가상각할 것인지, 아니면 신규취득자산으로 보아 감가상각할 것인지가 그렇다.

이에 세법은 기존건물에 대한 개량·확장·증설 등에 해당하는 자본적 지출액은 기존건물의 내용연수를 적용하여 감가상각하는 것이나, 건물대수선이 「건축법 시행령」 제2조에서 규정하는 신축, 개축, 재축 등에 해당하는 경우에는 기존건축물의 가액과 철거비용은 당기비용으로 처리하고 그 외 새로이 지출한 금액을 신규취득자산으로 보아 해당 내용연수를 적용하여 감가상각하도록 하고 있다(「법인세법 기본통칙」 23-26…7). 따라서 신축, 개축, 재축을 한 경우에는 기존건물의 잔존가액과 철거비용을 제외한 새로 지출한 금액은 신규자산의 취득에 해당한다.

(3) 「지방세법」상의 취득세 적용

신축·증축·재축·이축, 건축물의 개수 등에 해당하면 취득세(원시취득에 대한 세율 2.8%)가 부과된다. 건물의 개수는 「건축법」 제2조 제1항 제9호에 따른 대수선이나 건축물 중 레저시설, 저장시설, 도크(dock)시설, 접안시설, 도관시설, 급수·배수시설, 에너지 공급시설 및 그 밖에 이와 유사한 시설(이에 딸린 시설을 포함한다)로서 대통령령으로 정하는 것을 수선하는 것을 말한다.

Tip

■ 부동산의 재평가와 재무제표

세법은 부동산을 재평가하는 것을 인정하지 않는다. 따라서 기업이 재무비율 등을 좋게 하기 위해 부동산을 재평가하여 재무제표에 반영한 경우 법인세 신고 시에 세무조정을 통해 이 부분을 바로 잡아야 한다.

필수 세무상식

특수관계인 간에 거래할 때 알아두어야 하는 세법상의 시가

시가는 시장에서 거래되는 가격으로 세법에서 과세기준을 판단할 때 중요한 잣대로 사용한다. 이하에서는 「상속세 및 증여세법」, 「소득세법」, 「법인세법」 등을 위주로 시가에 대해 어떤 식으로 규정하고 있는지 알아보자.

1 「상속세 및 증여세법」

(1) 「상속세 및 증여세법」상 시가의 용도

주로 상속세와 증여세를 부과하기 위한 기준으로 사용하고 있다.

(2) 「상속세 및 증여세법」상 시가

「상속세 및 증여세법」상 시가는 시장에서 거래되는 가격을 말하며, 평가기간 내의 간주시가를 포함한다. 예를 들어 증여세의 경우 증여일 전 6개월부터 증여일 후 3개월 내의 기간 중에 아래의 가격도 시가로 본다.

- 매매사례가액
- 감정가액
- 수용가액 등

☞ 상속 · 증여에 대한 다양한 세무리스크 관리법은 저자의 「상속 · 증여 세무리스크 관리노하우」를 참조하기 바란다.

2 「소득세법」

(1) 「소득세법」상 시가의 용도

「소득세법」 제101조에서 규정하고 있는 양도소득의 부당행위계산의 부인규정을 적용하기 위해 시가를 정하고 있다.

(2) 「소득세법」상 시가

「소득세법」상의 시가는 「상속세 및 증여세법」상 제60조부터 제66조까지와 같은 법 시행령 제49조 등의 규정을 준용하여 평가한 가액에 의한다. 이 경우 「상속세 및 증여세법 시행령」 제49조 제1항 본문 중 "평가기준일 전후 6월(증여재산의 경우에는 3월로 한다) 이내의 기간"은 "양도일 또는 취득일 전후 각 3월의 기간"으로 본다.

3 「법인세법」

(1) 「법인세법」상 시가의 용도

「법인세법」 제52조에서 규정하고 있는 특수관계인 간의 부당행위계산의 부인규정을 적용하기 위해서이다.

(2) 「법인세법」상 시가

「법인세법」상 시가의 범위는 「법인세법 시행령」 제89조에서 자세히 정하고 있다. 이를 요약해보자.

첫째, 시가는 해당 거래와 유사한 상황에서 해당 법인이 특수관계인 외의 불특정다수인과 계속적으로 거래한 가격 또는 특수관계인이 아닌 제3자간에 일반적으로 거래된 가격이 있는 경우에는 그 가격(주권상장법인이 발행한 주식을 한국거래소에서 거래한 경우 해당 주식의 시가는 그 거래일의 한국거래소 최종시세가액)을 말한다.

둘째, 시가가 불분명할 경우에는 다음 각 호를 차례로 적용하여 계산한 금액에 따른다.

1. 감정한 가액이 있는 경우 그 가액(감정한 가액이 2 이상인 경우에는 그 감정한 가액의 평균액). 다만, 주식등은 제외한다.
2. 「상속세 및 증여세법」 제38조 · 제39조 · 제39조의2 · 제39조의3, 제61조부터 제66조까지의 규정을 준용하여 평가한 가액

셋째, 금전의 대여 또는 차용의 경우에는 무조건 당좌대출이자율 등을 시가로 한다.

넷째, 금전 외 자산 또는 용역의 경우에는 위의 첫 번째와 두 번째 규정을 적용할 수 없는 경우에는 다음의 규정에 의하여 계산한 금액을 시가로 한다.

1. 유형 또는 무형의 자산을 제공하거나 제공받는 경우에는 당해 자산 시가의 100분의 50에 상당하는 금액에서 그 자산의 제공과 관련하여 받은 전세금 또는 보증금을 차감한 금액에 정기예금이자율(1.2%)을 곱하여 산출한 금액

☞ 특수관계인간에 상가 등을 무상으로 임대하는 경우 위와 같은 순서대로 임대료에 대한 시가를 밝혀내야 한다. 만일 시가가 불분명한 경우에는 감정가액, 정기예금이자율로 환산하는 순으로 이를 계산하게 된다(실무적으로 문제소지를 없애려면 감정평가를 받는 것이 좋다).

4 위 3가지 법과 시가의 관계

「소득세법」은 「상속세 및 증여세법」상의 시가규정을 준용하고 있으나, 평가기간에서는 차이가 있다. 즉 「소득세법」에서는 「상속세 및 증여세법」상 평가기간일 전의 6개월을 3개월로 이를 단축해서 이를 사용하고 있다. 한편 「법인세법」은 자체적으로 시가규정을 두고, 이 법에 의한 시가가 없는 경우 감정가액, 그리고 「상속세 및 증여세법」상의 보충적 평가방법을 사용하도록 하고 있다. 그런데 「법인세법」에서는 「상속세 및 증여세법」상의 평가기간 내의 간주시가 제도 등을 준용하지 않으므로 보충적 평가방법에 따라 시가를 정해야 한다.

☞ 「법인세법」상의 시가의 범위는 다른 법에 비해 다소 추상적이다. 따라서 명확한 시가가 없는 경우에는 가급적 감정평가를 받아 이를 시가로 삼는 것이 실무적으로 안전하다.

제5장 부동산업의 손익계산관련 세무리스크 관리법

부동산업에서 발생하는 손익은 당기성과와 세금의 크기를 결정한다는 관점에서 중요성이 있다. 본 장에서는 구체적으로 부동산업의 손익계산을 어떻게 하는지 부동산 업종별로 살펴보고자 한다. 한편 이 장의 마지막 부분에서는 손비처리는 어떻게 하는지도 정리하고자 한다.

본 장에서 살펴볼 주요 내용들은 아래와 같다.

- 부동산업의 손익계산관련 세무리스크 진단
- 부동산업의 손익계산관련 세무리스크 관리법
- 부동산매매업의 손익계산관련 세무리스크 관리법
- 부동산임대업의 손익계산관련 세무리스크 관리법
- 신축판매업의 손익계산관련 세무리스크 관리법
- 부동산업의 손비처리법

부동산업의 손익계산관련 세무리스크 진단

CEO와 실무자들은 부동산업의 손익계산과 관련된 세무리스크의 존재를 점검하고 이에 문제가 있는 경우에는 적극적으로 대책을 세워야 한다. 아래에서 진단을 해보고 대책을 세워보자.

STEP1 각 항목별 체크

아래 해당되는 곳에 'O, ×' 표시를 한다.

구분	상 황	해당 여부
1	손익계산서 구조를 알고 있다.	
2	매출을 손익계산서에 올리는 방법을 알고 있다.	
3	업종별로 당기순이익을 계산하는 방법을 알고 있다.	
4	완성기준과 진행기준의 차이를 알고 있다.	
5	부동산업과 관련해 부가가치세가 발생하는 경우를 알고 있다.	
6	부동산업과 관련된 영수증 교부법을 알고 있다.	
7	임대법인에 대해서는 접대비 한도가 일반법인에 비해 1/2로 축소됨을 알고 있다.	
8	임직원의 인건비에 대한 세법상의 규제를 알고 있다.	
9	업무용 승용차에 대한 비용처리방법을 알고 있다.	
10	이자비용에 대한 세무처리법을 알고 있다.	

STEP2 대책수립

위에서 파악된 '×'표시에 따라 다음과 같이 대책을 세운다.

- ×표시가 7개 이상 → 부동산업의 손익계산관련 세무리스크에 대한 이해가 전혀 안되어 있다. 따라서 지금 당장 이에 대한 대비책을 세우도록 한다.
- ×표시가 4~6개 → 부동산업의 손익계산관련 세무리스크에 대한 이해가 어느 정도 되어 있다. 따라서 현행의 제도를 정비하고 부족한 부분을 보완한다.
- ×표시가 3개 이하 → 부동산업의 손익계산관련 세무리스크에 대한 이해가 되어 있다. 현행의 제도를 유지한다.

제2절 부동산업의 손익계산관련 세무리스크 관리법

부동산업을 영위할 때 손익계산을 어떤 식으로 하는지 그리고 이 부분이 법인세와 어떤 관계가 있는지를 알아두는 것이 중요하다. 이하에서 이에 대한 세무리스크 발생 사례 및 이의 관리법을 알아보자.

1 부동산업의 손익계산관련 세무리스크 발생 사례

아래는 재무제표 중 손익계산서의 형태에 해당한다. 이 표를 보고 각 상황별로 답을 하면?

구 분	금 액
매출	
매출원가	
매출총이익	
일반관리비 직원 급여 광고비 임차료 기타비용	
영업이익	
영업외수익	
영업외비용 이자비용	
법인세비용차감전순이익	
법인세비용	
당기순이익	

• 상황1 : 부동산매매업을 영위하던 중 재고자산을 처분한 경우 해당 장부가액은 어떻게 표시되는가?

• 상황2 : 매출은 언제 장부에 반영하는가?
• 상황3 : 비용을 처리하는 원칙은?

상황에 대한 답을 찾아보면 다음과 같다.

첫째, (상황1) 부동산매매업을 영위하던 중 재고자산을 처분한 경우 해당 장부가액은 어떻게 표시되는가?

재고자산은 손익계산서상 매출원가로 표시된다. 매출원가는 매출액에 대응되는 원가로써 앞에서 살펴본 '취득가액'과 같은 것이다.

둘째, (상황2) 매출은 언제 장부에 반영하는가?

매출(수익)은 실현되었을 때 장부에 반영한다. 여기서 '실현'이란 공급 등을 통해 실제 대금청구권이 확보되었다는 것을 의미한다. 예를 들어 2021년에 계약을 하고 2022년에 잔금을 수령하면서 등기를 넘긴 경우 2022년에 수익이 실현된 것이다. 이러한 귀속시기는 당기순이익 크기 및 법인세 크기 등에 영향을 준다.

셋째, (상황3) 비용을 처리하는 원칙은?

비용은 발생주의 즉 발생했을 때를 기준으로 비용으로 인식한다. 이에 따라 유형자산으로 분류된 건물 등은 당기에 사용된 만큼 감가상각비를 계상할 수 있게 된다.

2 부동산업의 손익계산관련 세무리스크 관리법

부동산업과 관련된 손익계산 시 발생하는 세무리스크를 업종별로 살펴보면 다음과 같다.

(1) 부동산매매업

판매된 부동산에 대해서만 수익을 인식한다. 비용은 당기에 발생된 것을 전액 인식한다. 부동산매매업의 경우 해당 부동산의 대금청산일, 등기일, 사용수익일 중 빠른 날을 기준으로 수익을 인식한다. 통상 대금청산일과 등기일 중 빠른 날이 이에 해당한다. 참고로 회수기간이 1년 이상 소요되는 장기할부조건으로 부동산을 매매한 경우에도 위와 같은 기준을 사용하면 된다. 이러한 장기할부조건은 상가신축판매업(부동산매매업에 해당)에서 많이 볼 수 있다.

수익인식방법

수익인식은 어느 사업연도로 수익을 귀속시킬 것인지 이를 결정하는 것을 말한다. 회계결산과 법인세 신고 등은 보통 1년 단위로 하기 때문이다. 아래는 부동산업의 수익인식법을 요약한 것이다.

구 분	귀속사업연도	관련 부동산업
상품 제품 등 (부동산 제외)	상품 등을 인도한 날(시행령 제68조 제1항 제1호)	
상품 이외 자산의 양도(부동산 등)	대금청산일, 등기일, 인도일, 사용수익일 중 빠른 날(시행령 제68조 제1항 제3호)	부동산매매업, 일반기업의 보유 부동산
임대료	• 원칙 : 계약서상의 그 지급일 • 예외 : 계약서상에 지급일이 없는 경우 그 지급을 받은 날 단, 결산 시 이미 발생한 임대료 상당액을 장부에 계상하면 이를 인정함.	부동산임대업
용역매출(도급, 예약매출 포함)	• 원칙 : 진행기준 적용 －중소기업의 단기용역매출과 기업회계기준에 따라 인도기준으로 손익인식 시 완성기준으로 인식 허용 • 예외 : 다음은 완성기준으로 인식 －장부불비의 경우 등	신축판매업, 건설공사업 등

(2) 부동산임대업

당해 사업연도의 임대수입으로 확정된 것만 수익으로 인식한다. 비용은 당기에 발생된 것을 전액 인식한다. 참고로 세법상 일정한 요건을 갖춘 임대법인은 접대비와 차량비에 대해 규제를 받는다. 자세한 내용은 뒤에서 살펴본다.

(3) 신축판매업

주택이나 기타 건물의 신축판매업은 완성기준이나 진행기준에 의해 수익을 인식해야 한다. 이때 비용은 수익에 대응해 발생된 것을 기준으로 인식한다. 여기서 완성기준과 진행기준은 아래와 같이 수익을 인식하는 방법을 말한다.

• 완성기준 → 건설이나 분양 등이 완료되었을 때 수익을 인식하는 방법을 말한다.

• 진행기준 → 공사의 진행률에 상당한 만큼만 수익을 인식하는 방법을 말한다.

Tip

■ 부동산업과 증빙교부법

법인이 부동산업을 영위하면서 부동산을 공급하는 경우 세금계산서와 계산서를 어떤 식으로 교부할 것인지 매우 혼란스럽다. 공급하는 부동산의 종류도 다양하고 거래상대방의 유형도 다양하기 때문이다. 이에 세법은 부가가치세가 과세되는 상가나 오피스텔 등 일반건물은 원칙적으로 세금계산서 교부를 의무화하고 있지만, 부가가치세가 면세되는 주택이나 토지 등은 계산서 대신 영수증을 교부할 수 있도록 하고 있다. 이외 전용면적 85㎡ 초과 주택도 마찬가지이다. 다만, 거래상대방이 세금계산서나 계산서 등의 발급을 요구하는 경우에는 이를 발급하도록 하고 있다. 이때 사업자는 사업자등록번호 개인은 주민등록번호가 필요하다. 이러한 내용들을 표로 정리하면 다음과 같다.

구 분	공급 시 증빙종류		공급하는 사업자의 발급의무
국민주택	계산서		발급생략 가능(요구 시 발급)
국민주택규모 초과 주택	세금계산서	⇒	발급생략 가능(요구 시 발급, 부가 46015-323, 1997.2.13.)
일반건물(상가, 오피스텔 등)	세금계산서		의무발급
토지	계산서		발급생략 가능(요구 시 발급)

부동산매매업의 손익계산관련 세무리스크 관리법

부동산매매업을 영위하는 경우의 손익계산법에 대해 알아보자. 부동산매매업을 영위하면서 보유하고 있는 부동산은 모두 재고자산에 해당한다.

1 부동산매매업의 손익계산관련 세무리스크 발생 사례1

K법인은 아래와 같은 부동산을 보유하고 있다. 각 상황별로 답을 하면?

자료

구 분	계약상 취득가액	취득부대비용	일반관리비
주택(10채)	20억 원	1억 원	1억 원(이자비용 1천만 원 포함)

- 상황1 : 이 주택을 한해에 모두 판매한 경우의 손익은? 단, 양도가액은 25억 원이다.
- 상황2 : 전용면적 85㎡ 초과한 주택이라고 하자. 이 경우 부가가치세도 손익계산서에 포함되는가?
- 상황3 : 일시임대를 하여 2천만 원의 임대수익이 발생한 경우 이는 손익계산서에 어떤 식으로 표시되나?

상황에 대한 답을 찾아보면 다음과 같다.

첫째, (상황1) 이 주택을 한해에 모두 판매한 경우의 손익은? 단, 양도가액은 25억 원이다.
앞에서 본 손익계산서 형태로 표시하면 다음과 같다.

구 분	금 액	비 고
매출	25억 원	
매출원가	21억 원	계약상 취득가액 + 취득부대비용
매출총이익	4억 원	

구 분	금 액	비 고
일반관리비 직원 급여 광고비 임차료 기타비용	9천만 원	
영업이익	3억 1천만 원	
영업외수익		
영업외비용 이자비용	1천만 원	이자비용은 여기에 표시됨.
법인세비용차감전순이익	3억 원	
법인세비용	–	
당기순이익	3억 원	

둘째, (상황2) 전용면적 85m^2 초과한 주택이라고 하자. 이 경우 부가가치세도 손익계산서에 포함되는가?

최종 소비자로부터 징수한 부가가치세는 매출과 관계가 없는 항목이다. 이는 국가에 대한 채무에 해당하므로 재무상태표에 표시되어야 한다. 따라서 이 부가가치세는 손익계산서에 표시되지 않는다.

셋째, (상황3) 일시임대를 하여 2천만 원의 임대수익이 발생한 경우 이는 손익계산서에 어떤 식으로 표시되나?

이 역시 손익계산서의 형태로 표시하면 다음과 같다.

구 분	금 액	비 고
매출	25억 원	
매출원가	21억 원	
매출총이익	4억 원	
일반관리비 직원 급여 광고비 임차료 기타비용	9천만 원	

구 분	금 액	비 고
영업이익	3억 1천만 원	
영업외수익 임대수익	2천만 원	임대수익은 여기에 표시됨. 만일 임대업이 주요업종이라면 위의 매출액으로도 표시할 수 있음.
영업외비용 이자비용	1천만 원	
법인세비용차감전순이익	3억 2천만 원	
법인세비용	-	
당기순이익	3억 2천만 원	

2 부동산매매업의 손익계산관련 세무리스크 발생 사례2

앞 K법인의 부동산을 가지고 추가로 분석해보자. 아래 자료를 보고 각 상황별로 답을 하면?

자료

구 분	계약상 취득가액	취득부대비용	일반관리비
주택(10채)	20억 원	1억 원	1억 원(이자비용 1천만 원 포함)

- 상황1 : 위 주택 중 5채가 판매되었다. 취득원가는 얼마인가?
- 상황2 : 만일 5채에 대한 취득원가가 11억 원이고 양도가액이 15억 원이라면 당기순이익은 얼마인가?
- 상황3 : 부동산매매법인은 임대법인처럼 승용차 감가상각비나 접대비에 대한 규제를 받는가?
- 상황4 : 만일 K법인이 부동산매매업을 영위한다면 이 경우 법인세는 얼마나 내야 하는가?

상황에 대한 답을 찾아보면 다음과 같다.

첫째, (상황1) 위 주택 중 5채가 판매되었다. 취득원가는 얼마인가?

10채에 대한 총 취득가액은 21억 원이다. 따라서 이를 평균하면 한 채당 2.1억 원이 취득가액이 된다. 하지만 부동산의 경우에는 취득가액이 각각 다를 수 있으므로 실무에서는 각 건별로 취득가액을 관리하여 매출에 대응시켜야 한다.

☞ 건별로 취득가액이 관리되지 않으면 당기순이익 등에서 왜곡이 발생하게 된다.

둘째, (상황2) 만일 5채에 대한 취득원가가 11억 원이고 양도가액이 15억 원이라면 당기 순이익은 얼마인가?

회계상 당기순이익은 수익에서 비용을 차감하여 계산한다. 매출(양도가액)이 15억 원이고 매출원가(취득가액)가 11억 원이고 일반관리비 등이 1억 원이므로 당기순이익은 3억 원이 된다.

셋째, (상황3) 부동산매매법인은 임대법인처럼 승용차 감가상각비나 접대비에 대한 규제를 받는가?

임대법인의 경우 승용차 감가상각비와 접대비의 한도가 일반법인의 1/2로 축소된다. 하지만 매매법인은 이와 같은 규제를 적용받지 않는다. 자세한 내용은 후술한다.

넷째, (상황4) 만일 K법인이 부동산매매업을 영위한다면 이 경우 법인세는 얼마나 내야 하는가?

이 경우 법인세는 다음과 같이 예상된다.

구 분	금 액			비 고
	일반법인세	추가법인세	계	
매출	15억 원	15억 원		
- 매출원가 등	12억 원	11억 원[73]		
= 당기순이익/양도차익	3억 원	4억 원		
+ 세무조정	0원	-		
= 과세소득	3억 원	4억 원		
× 법인세율	20%	20%		
- 누진공제액	2천만 원	-		
= 산출세액	4천만 원	8천만 원	1억 2천만 원	

73) 세무상 장부가액을 말한다.

3 부동산매매업의 손익계산관련 세무리스크 관리법

부동산매매업의 손익계산과 관련하여 발생할 수 있는 세무리스크 관리법을 정리하면 다음과 같다.

(1) 손익계산관련

첫째, 수익은 당기에 실현된 것만 매출로 계상한다.

여기서 실현은 일반적으로 상품을 인도한 날을 기준으로 판단한다.

둘째, 당기에 발생한 비용은 원칙적으로 모두 당기비용으로 계상한다.

부동산매매업의 경우 매출원가와 임직원 인건비, 복리후생비, 차량비, 이자 등이 이에 해당한다. 여기서 매출원가는 당기에 판매된 것만 이에 반영된다.

셋째, 수익에서 비용을 차감하여 이익을 계산한다.

당기순이익은 기업회계기준에 따라 수익에서 비용을 차감해 계산하며, 이렇게 계산된 당기순이익에 세무조정[74]을 실시하여 나온 소득금액에 대해 법인세를 계산한다. 한편 주택(신축판매업용 주택 제외)과 비사업용 토지를 매매한 경우 일반법인세 외에 20%(토지는 10%)의 추가법인세가 발생한다.

(2) 부가가치세 발생 여부

부동산매매업을 영위하는 개인사업자나 법인사업자는 사업자에 해당하므로 부가가치세가 과세되는 부동산을 양도하면 부가가치세를 징수해 국가에 납부해야 한다. 이러한 과세부동산에는 국민주택규모 초과 주택, 오피스텔, 상가, 사무실, 공장 등이 있다. 다만, 부가가치세는 전체 공급가액의 10%가 아니라, 건물 공급가액에만 부가가치세가 부과된다.

74) 세무조정이란 기업회계상의 당기순이익을 세법상의 소득금액으로 변환시키는 과정을 말한다. 이에 대한 자세한 내용은 생략한다.

(3) 증빙교부 의무

① 주택

부가가치세가 발생한 경우에는 세금계산서를 교부하는 것이 원칙이나, 소비자가 일반 개인 경우에는 이의 교부를 생략해도 큰 문제가 없다. 소비자들은 이를 받아도 사용할 곳이 없기 때문이다(계약서로 갈음).

② 주택 외의 건물

주택 외 상가 등을 공급하는 경우에는 세금계산서를 교부하는 것이 원칙이다.

증빙교부 의무에 대해서는 이 장의 제2절을 참조하기 바란다.

Tip

■ 부동산매매업 손익관련 요약

- 매출은 보통 인도일을 기준으로 계상한다.
- 국민주택규모 초과주택은 부가가치세가 발생한다.
- 취득가액은 매출원가로 대체된다.
- 주택이나 비사업용 토지의 양도차익에 대해서는 추가법인세제도가 적용된다.
- 주택을 공급하는 경우 세금계산서나 계산서 대신 영수증을 발급해도 문제가 없다.

※ 추가법인세 적용 시 양도소득 계산방법

추가법인세 적용 시 양도소득은 토지 등의 양도금액에서 토지 등의 세무상 장부가액을 차감하여 계산한다. 여기서 세무상 장부가액은 세무상 취득가액에 세무상 감가상각충당금과 세무상 평가차액을 가감한 금액을 말한다. 한편 취득가액에 취득부대비용을 포함하므로 취득세, 취득을 위한 공인중개사 및 법무사 비용 및 소송비용, 컨설팅 비용, 묘지이전비용(단, 보상비는 제외) 등은 취득가액에 포함하나, 대출이자비용이나 식사비 등은 취득과 무관하므로 취득가액에 포함하지 않는다. 참고로 고정자산의 매입과 관련된 건설자금이자도 세무상 장부가액에 포함된다고 볼 수 있다. 이 부분도 정교하게 검토해보기 바란다. 실무적으로 취득부대비용의 산정을 둘러싸고 과세당국과 마찰이 자주 있다. 주의하기 바란다.

참고로 추가법인세 대상 자산(주택과 비사업용 토지)에서 양도차손이 발생하면 세율이 같은 자산과 먼저 통산한 후, 남은 잔액은 세율이 다른 자산과 통산한다(「법령」 제92조의2. 한편 이렇게 하고도 남은 양도차손은 다음 해로 이월공제가 적용되지 않는 것으로 보인다. 이는 각 사업연도 소득으로 과세되는 것은 아니기 때문이다.

부동산임대업의 손익계산관련 세무리스크 관리법

부동산임대업을 영위하는 경우의 손익계산법도 앞에서 본 것과 유사하다. 하지만 임대법인에 대해서는 세법상 규제가 심해 일부항목에 대해서는 다른 제도가 적용된다. 이러한 점에 유의하여 임대법인의 손익계산법에 대해 알아보자.

1 부동산임대업의 손익계산관련 세무리스크 발생 사례1

K법인은 제조업을 주업으로 영위하면서 아래와 같이 부동산을 임대하고 있다. 각 상황별로 답을 하면?

자료

구 분	취득가액	월 세	임대관련 비용
건물	20억 원	1천만 원	250만 원/월

- 상황1 : 이 건물을 임대하는 경우 당기순이익은?
- 상황2 : 이 법인의 매출액은 20억 원이다. 임대관련 비용처리에서 규제를 받지 않는가? 단, 상시근로자 수는 10명이다.

상황에 대한 답을 찾아보면 다음과 같다.

첫째, (상황1) 이 건물을 임대하는 경우 당기순이익은?

앞에서 본 손익계산서 형태로 표시하면 다음과 같다.

구 분	금 액	비 고
매출		
매출원가		
매출총이익		

구 분	금 액	비 고
일반관리비 직원 급여 광고비 임차료 기타비용	3천만 원	임대비용
영업이익		
영업외수익 임대수익	1억 2천만 원	부가가치세 제외
영업외비용 이자비용		
법인세비용차감전순이익	9천만 원	
법인세비용		
당기순이익	9천만 원	

둘째, (상황2) 이 법인의 매출액은 20억 원이다. 임대관련 비용처리에서 규제를 받지 않는가? 단, 상시근로자 수는 10명이다.

받지 않는다. 왜 그럴까?

이를 이해하기 위해서는 우선 임대법인에 대한 규제내용을 이해할 필요가 있다.

「법인세법 시행령」 제39조 제3항에서는 다음 각 호의 요건을 모두 갖춘 내국법인에 대해서는 업무용 승용차에 대한 연간 감가상각비 한도를 800만 원에서 400만 원으로, 접대비 기본한도를 3,600만 원에서 1,800만 원으로 하향조정하여 적용하고 있다.

1. 해당 사업연도 종료일 현재 내국법인의 제43조 제7항에 따른 지배주주 등이 보유한 주식 등의 합계가 해당 내국법인의 발행주식 총수 또는 출자 총액의 100분의 50을 초과할 것
2. 해당 사업연도에 부동산 임대업을 주된 사업으로 하거나 다음 각 목의 금액 합계가 기업회계기준에 따라 계산한 매출액의 100분의 70 이상일 것
   가. 부동산 또는 부동산상의 권리의 대여로 인하여 발생하는 소득의 금액(「조세특례제한법」 제138조 제1항에 따라 익금에 가산할 금액을 포함한다)
   나. 「소득세법」 제16조 제1항에 따른 이자소득의 금액
   다. 「소득세법」 제17조 제1항에 따른 배당소득의 금액
3. 해당 사업연도의 상시근로자 수가 5명 미만일 것

사례의 경우 상시근로자 수가 5명 이상이므로 이 규정의 적용대상이 아니다. 따라서 일반법인처럼 동일하게 차량비 등에 대한 감가상각비 한도 등이 인정된다.

② 부동산임대업의 손익계산관련 세무리스크 발생 사례2

K법인의 사례를 다른 각도에서 분석해보자. 각 상황별로 답을 하면?

자료

구 분	취득가액	비 고
주택(10채)	20억 원	

- 상황1 : 이 주택은 당초 임대업용으로 취득한 것들이다. 이를 양도하면 부가가치세가 발생하는가? 이 주택들 중 일부는 전용면적 85㎡를 초과한다.
- 상황2 : 이 주택들을 단기임대 후 양도했다. 이 경우 법인세는 얼마나 내는가? 양도가액은 25억 원이며, 임대관련 외의 비용이 5억 원이 발생했다. 단, 감가상각비는 계상하지 않았으며 승용차관련 유지비용은 적절하게 계상되었다.
- 상황3 : 상황2의 연장선상에서 건물에 대해 감가상각비를 1억 원 추가로 계상했다면 이 경우 법인세는 얼마인가?

상황에 대한 답을 찾아보면 다음과 같다.

첫째, (상황1) 이 주택은 당초 임대업용으로 취득한 것들이다. 이를 양도하면 부가가치세가 발생하는가? 이 주택들 중 일부는 전용면적 85m²를 초과한다.

임대용 주택을 취득할 때 부가가치세 환급은 없었다. 따라서 면세사업을 영위한 상태에서 이를 양도하면 주택면적과 무관하게 부가가치세가 발생하지 않는다.

☞ 만일 부동산매매업을 영위한 상태에서 일반과세자로 사업자등록을 하고 전용면적 85m² 초과 주택을 양도하면 부가가치세 10%를 징수해야 한다. 이렇게 본다면 전용면적 85m² 초과 주택은 부동산임대업으로 하여 일정기간(법으로는 정해지지 않음) 주거용으로 임대한 후에 양도해야 부가가치세 과세문제가 발생하지 않는다. 천천히 음미해보기 바란다.

둘째, (상황2) 이 주택들을 단기임대 후 양도했다. 이 경우 법인세는 얼마나 내는가? 양도가액은 25억 원이며, 임대관련 외의 비용이 5억 원이 발생했다. 단, 감가상각비는 계상하지 않았으며 승용차관련 유지비용은 적절하게 계상되었다.

법인이 주택을 임대한 경우라도 「민간임대주택법」에 따라 등록하지 않으면 추가과세의 대상이 된다. 사례처럼 단기임대 후 양도하는 경우가 이에 해당한다. 이 경우 법인세는 다음과 같다.

구 분	금 액			비 고
	일반법인세	추가법인세	계	
매출	25억 원	25억 원		
- 매출원가 등	25억 원	20억 원		일반법인세 계산 시 일반관리비 5억 원이 포함됨.
= 당기순이익/양도차익	0원	5억 원		
+ 세무조정	-	-		
= 과세소득	-	5억 원		
× 법인세율	-	20%		
- 누진공제액	-	-		
= 산출세액	0원	1억 원	1억 원	

셋째, (상황3) 상황2의 연장선상에서 건물에 대해 감가상각비를 1억 원 추가로 계상했다면 이 경우 법인세는 얼마인가?

감가상각비를 계상하면 세무상 장부가액이 줄어들어 추가법인세가 증가할 수 있다.

구 분	금 액			비 고
	일반법인세	추가법인세	계	
매출	25억 원	25억 원		
- 매출원가 등	26억 원	19억 원		추가법인세 계산 시 감가상각비가 취득가액에서 차감됨.

구 분	금 액			비 고
	일반법인세	추가법인세	계	
= 당기순이익/ 양도차익	△1억 원	6억 원		
+ 세무조정	−	−		
= 과세소득	−	6억 원		
× 법인세율	−	20%		
− 누진공제액	−	−		
= 산출세액	0	1억 2천만 원	1억 2천만 원	

3 부동산임대업의 손익계산관련 세무리스크 관리법

부동산임대업의 손익계산과 관련하여 발생할 수 있는 세무리스크 관리법을 정리하면 다음과 같다.

(1) 손익계산관련

첫째, 당기에 실현된 것만 매출로 계상한다.

임대수익은 원칙적으로 지급일을 기준으로 손익의 귀속시기를 파악하나 법인이 결산할 때 기간경과분에 대한 임대수익을 장부에 계상하면 이의 것도 인정한다. 한편 법인이 부동산임대업을 주된 업종으로 하면서, 차입금이 자본금의 2배 이상인 경우에만 간주임대료를 계산해 법인소득에 합해야 한다. 이때 간주임대료는 '전세금 또는 임대보증금 등의 적수 × 1/365 × 1.2%(수시 변경)'로 계산한다. 다만, 법인의 보유한 주택에 대한 간주임대료는 익금에 산입하지 않는다(「조세특례제한법」 제138조). 이러한 간주임대료 계산방식은 「소득세법」과 차이가 남에 주의하기 바란다.

참고로 신축판매업이나 부동산매매업을 영위 중에 일시적으로 임대한 경우에는 주업에서 발생한 소득이 아니므로 영업외수익으로 계상한다.

둘째, 당기에 발생한 비용은 전액 당기비용으로 계상한다.

부동산임대업의 주요 비용은 임직원 인건비, 감가상각비 등이 있다. 한편 일정한 임대법인의 경우 업무용 승용차 감가상각비와 접대비에 대한 한도규제를 받는다.

셋째, 위 수익에서 비용을 차감하여 이익을 계산한다.

(2) 부가가치세 발생 여부

특수관계인에게 무상이나 저가로 임대를 하는 경우에는 시세에 해당하는 임대료에 대해 부가가치세가 부과됨에 유의해야 한다. 다만, 주택임대업은 부가가치세가 면제되므로 이와 관계가 없다.

(3) 증빙교부 의무

일반과세자의 경우에는 임대료에 대해 반드시 세금계산서를 교부해야 한다. 간주임대료에 대해서는 이를 교부할 수 없게 해두었다.

Tip

■ 부동산임대업 손익관련 요약

- 매출은 보통 임대료 지급일을 기준으로 계상한다.
- 임대용 자산에 대해서는 감가상각비를 계상할 수 있다.
- 특수관계인 간에 저가나 고가로 임대 시 부당행위계산부인제도가 적용된다.
- 주택이나 비사업용 토지의 양도차익에 대해서는 추가법인세제도가 적용된다.
- 임대료에 대해서는 세금계산서를 발급하는 것이 원칙이다.

제5절 신축판매업의 손익계산관련 세무리스크 관리법

주택이나 건물을 신축하여 판매하는 경우의 손익계산법에 대해 알아보자. 이러한 업종은 일반적으로 장기간 공사에 의해 분양이 되는 경우가 많아 앞에서 본 손익계산법과는 약간의 차이가 있다.

1 신축판매업의 손익계산관련 세무리스크 발생 사례1

K법인은 아래와 같이 주택을 신축하였다. 각 상황별로 답을 하면?

자료

○ 공사기간 : 1년 내

○ 분양현황

구 분	분양 호수	분양면적(㎡)	분양원가	예상매출 (VAT 별도)
85㎡ 이하 주택	5호	300	6억 원	10억 원
85㎡ 초과 주택	2호	200	3억 원	6억 원
계	7호	500	9억 원	16억 원

○ 2022년의 판매비와 일반관리비 : 2억 원

- 상황1 : 이 주택을 2022년에 전액 판매한다면 당기순이익은 얼마나 될까?
- 상황2 : K법인이 이 주택들을 판매할 때 거래상대방으로부터 부가가치세를 징수해야 하는가?
- 상황3 : 사례의 전용면적 85㎡ 초과 주택에서 발생하는 부가가치세는 1채당 얼마인가? 단, 토지와 건물의 투입원가비율은 같다.

상황에 대한 답을 찾아보면 다음과 같다.

첫째, (상황1) 이 주택을 2022년에 전액 판매한다면 당기순이익은 얼마나 될까?

당기순이익을 손익계산서 형태로 표시하면 다음과 같다.

구 분	금 액	비 고
매출	16억 원	분양매출
− 매출원가	9억 원	분양원가
= 매출총이익	7억 원	
− 일반관리비	2억 원	가정
= 영업이익	5억 원	
+ 영업외수익		
− 영업외비용		
= 법인세비용차감전순이익	5억 원	
− 법인세비용	−	
= 당기순이익	5억 원	

여기서 판매가 되었다는 것은 부동산을 인도했다는 것을 의미한다. 따라서 공사기간이 짧은 경우에는 이 날을 기준으로 수익을 인식하게 된다. 통상 "인도일"이라 함은 그 대금을 청산한 날 또는 소유권이전등기를 한 날 중 빠른 날로 한다. 다만, 대금청산일 또는 소유권이전등기일 전에 입주 또는 사용하는 경우에는 입주한 날 또는 사용한 날로 한다.

둘째, (상황2) K법인이 이 주택들을 판매할 때 거래상대방으로부터 부가가치세를 징수해야 하는가?

주택신축판매사업자가 전용면적 85㎡ 초과 주택을 분양하는 경우에는 부가가치세를 징수해야 한다.

셋째, (상황3) 사례의 전용면적 85m^2 초과 주택에서 발생하는 부가가치세는 1채당 얼마인가? 단, 토지와 건물의 투입원가비율은 같다.

전용면적 85㎡ 초과 주택이 2채이고 1채당 판매가가 3억 원이라면 이 중 토지와 건물의 투입원가비율이 동일하므로 건물부분의 공급가액은 1억 5천만 원이 된다. 따라서 부가가치세는 건물공급가액의 10%인 1,500만 원이 된다. 참고로 건물과 토지의 공급가액을 어떤 식으로 정하느냐에 따라 부가가치세의 크기가 달라짐에 유의해야 한다. 따라서 투입원가비율 등이 불분명한 경우에는 감정평가를 받아 공급가액을 정하는 방법을 고려하는 것이 좋다.

구 분	금 액	비 고
건물공급가액	1억 5천만 원	
부가가치세	1,500만 원	국가에 납부해야 함.
토지공급가액	1억 5천만 원	
총 분양가액	3억 1,500만 원	

☞ 전용면적 85m^2 초과 주택이나 건물을 신축하여 공급하면 부가가치세가 발생한다.

② 신축판매업의 손익계산관련 세무리스크 발생 사례2

위 K법인의 사례를 다른 각도에서 분석해보자. 각 상황별로 답을 하면?

자료

○ 공사기간 : 1년 내

○ 분양현황

구 분	분양 호수	분양면적(m^2)	분양원가	예상매출
85㎡ 이하 주택	5호	300	6억 원	10억 원
85㎡ 초과 주택	2호	200	3억 원	6억 원
계	7호	500	9억 원	16억 원

○ 2022년의 판매비와 일반관리비 : 2억 원

- 상황1 : 만일 85㎡ 이하 주택만 판매된 경우의 법인세는?
- 상황2 : 모두 판매가 된 경우의 법인세는? 이때 추가과세제도는 적용되는가?

상황에 대한 답을 찾아보면 다음과 같다.

첫째, (상황1) 만일 85m^2 이하 주택만 판매된 경우의 법인세는?

85㎡ 이하 주택만 판매가 된 경우 일반적인 법인세만 부과된다. 참고로 85㎡ 초과 주택을 판매한 경우라면 부가가치세도 발생한다. 이외에도 상가가 있다면 역시 부가가치세가 발생함에 유의해야 한다.

구 분	금 액	비 고
매출	10억 원	85㎡ 이하 주택의 분양매출
- 매출원가	6억 원	85㎡ 이하 주택의 분양원가
= 매출총이익	4억 원	
- 일반관리비	2억 원	당기비용(가정)
= 영업이익	2억 원	
+ 영업외수익		
- 영업외비용		
= 법인세비용차감전순이익	2억 원	
- 법인세비용	-	
= 당기순이익	2억 원	
± 세무조정		
= 각 사업연도 소득금액	2억 원	
× 법인세율	10%	
- 누진공제	-	
= 산출세액	2천만 원	이외 지방소득세가 별도로 부과됨.

일반관리비 2억 원은 발생된 해에 모두 비용처리가 되나, 매출원가는 판매분에 해당되는 것만 비용처리가 된다.

둘째, (상황2) 모두 판매가 된 경우의 법인세는? 이때 추가과세제도는 적용되는가?

판매가 모두 완료된 경우 일반법인세만 부과되는 것이 원칙이다.

구 분	금 액	비 고
매출	16억 원	분양매출
- 매출원가	9억 원	분양원가
= 매출총이익	7억 원	
- 일반관리비	2억 원	가정
= 영업이익	5억 원	
+ 영업외수익		
- 영업외비용		

구 분	금 액	비 고
= 법인세비용차감전순이익	5억 원	
- 법인세비용	-	
= 당기순이익	5억 원	
± 세무조정		
= 각 사업연도 소득금액	5억 원	
× 법인세율	20%	
- 누진공제	2천만 원	
=산출세액	8천만 원	이외 지방소득세가 별도로 부과됨.

3 신축판매업의 손익계산관련 세무리스크 관리법

신축판매업의 손익계산과 관련하여 발생할 수 있는 세무리스크 관리법을 정리하면 다음과 같다.

(1) 손익계산

첫째, 당기에 실현된 것만 매출로 계상한다. 단, 1년 이상 공사기간이 소요되는 예약매출은 진행기준으로 수익을 인식해야 한다.

둘째, 당기에 발생한 비용은 원칙적으로 모두 당기비용으로 계상한다.

셋째, 위 수익에서 비용을 차감하여 이익을 계산한다.

(2) 부가가치세 발생 여부

신축판매업 중 국민주택규모 이하의 주택의 공급과 이에 대한 건설용역에 대해서는 부가가치세가 면제된다. 하지만 이의 규모를 초과하거나 상가 등이 포함되어 있는 경우에는 이의 공급과 이에 대한 건설용역에 대해서는 부가가치세가 발생한다. 여기에서 더 나아가 국민주택규모 이하의 주택과 상가 등이 동시에 공급되거나 건설되는 경우에는 부가가치세 안분계산의 문제가 발생한다.

(3) 증빙교부 의무

이에 대해서는 앞에서 살펴본 바와 같다. 이 장의 제2절을 참조하기 바란다.

Tip

■ 신축판매업 손익관련 요약

- 법인의 신축판매업 매출은 계약기간에 따라 인도기준 또는 진행기준에 따라 인식한다(아래 참조). 개인사업자는 무조건 인도기준을 적용한다.
- 당기에 발생하는 비용을 비용으로 인식한다.
- 신축판매용 주택을 공급할 때에는 영수증을 교부해도 무방하다. 다만, 상가 등 수익형 부동산은 세금계산서를 발급하는 것이 원칙이다.

※ 건설도급공사・예약매출 수익인식방법 비교

건설공사나 아파트의 선분양과 같은 예약매출과 관련해서 기업회계기준과 「법인세법」의 수익인식방법이 약간 상이하다. 기업회계기준은 단・장기계약과 무관하게 작업진행률에 맞춰 수익을 인식하도록 하고 있으나, 「법인세법」은 단기계약은 인도기준(건설공사는 용역제공 완료일) 장기계약은 진행기준을 따르도록 하고 있다. 다만, 단기계약의 경우 기업이 진행기준을 사용한 경우 「법인세법」도 이를 수용하고 있다. 위에서 단기와 장기의 구분은 "1년"을 기준으로 한다.

	기업회계기준	「법인세법」
단기계약	진행기준(단, 진행기준 적용 불가능 시 발생범위 내에서 회수가능액을 수익으로 인식)	인도기준(단, 기업이 진행기준 적용 시 이를 수용)
장기계약		진행기준(단, 장부 미비 시 등은 인도기준)

필수 세무상식

부동산업의 손비처리법

부동산업에서 발생하는 손비처리법에 대해 알아보자. 여기서 '손비'란 수익을 획득하기 위하여 소요된 모든 비용과 기타 해당 법인에게 귀속되는 일체의 경제적 손실을 말한다.

1. 손비처리원칙

법인의 각 사업연도 소득금액 계산에 있어서 손금에 산입할 수 있는 손비는 해당 법인의 사업과 관련하여 발생하거나 지출된 손실 또는 비용으로써 일반적으로 용인되고 통상적인 것이거나 수익과 직접 관련된 것이어야 한다.

2. 손비의 유형(실무상)

(1) 인건비

- 인건비 : 임직원의 급여, 상여, 퇴직급여 등을 말한다. 이중 급여나 상여를 지급하면 4대 보험료를 부담하게 된다. 허위로 신고하는 경우에는 인건비로 인정받지 못한다.
- 복리후생비 : 임직원을 위해 사용된 복리후생비(직원 야근식대, 체육대회비, 건강보험료 등)는 비용으로 인정받을 수 있다. 참고로 명절 등에 지급되는 상품권은 복리후생비(거래처에 지급 시는 접대비)로 처리가능하다. 다만, 상품권을 지급한 경우 지급확인서를 보관해 두는 것이 안전하다.

☞ 대표이사 등의 급여처리법에 대해서는 이 책의 자매서인 「회사 세무리스크 관리노하우」를 참조하기 바란다.

(2) 접대비

- 접대비 : 연간 3,600원(임대법인은 1/2로 축소됨. 수입금액에 대한 한도는 별도로 적용) 정도의 접대비를 사용할 수 있다. 다만, 접대비는 사업과 관련된 경비에 해당되어야 문제가 없다.

☞ 임직원들이나 거래처에게 지급되는 경조사비는 복리후생비나 접대비에 해당되어 모두 비용처리가 인정된다. 다만, 사업과 관련 없는 경조사비는 사업자의 필요경비로 처리할 수 없다. 참고로

지출한 경조사비는 세금계산서 등 적격영수증을 구비할 수 없으므로 지출금액이 20만 원 이하까지는 청첩장사본(조의는 부고장) 등을 구비해두면 지출증빙을 갖춘 것으로 본다.

(3) 세금과공과금

- 재산세와 종합부동산세 : 사업경비로 인정받는다.
- 간주임대료 부가가치세 : 임대보증금에서 발생하는 부가가치세(간주임대료 부가가치세)도 비용으로 인정받는다.
- 자동차세 : 업무와 관련된 경우에는 한도 내에서 사업경비로 인정된다.
- 도로사용료 및 교통유발부담금 : 사업경비로 인정된다.
- 법인세(중간예납 포함) : 이는 사업경비에 해당하지 않는다.
- 부가가치세 : 환급받은 부가가치세는 사업경비에 해당하지 않으나 공제받지 못하는 부가가치세는 원가 또는 당기비용으로 인정을 받는다.

(4) 보험료

- 4대보험료 : 임직원 건강보험료, 국민연금, 산재보험료도 경비로 인정받는다.
- 화재보험료 : 건물 화재보험료도 사업과 관련된 비용에 해당한다. 다만, 보험료 중 일부가 적립되는 경우에는 자산으로 처리해야 하며 비용처리 시 필요경비로 인정받지 못한다.
- 보장성보험료 : 종업원을 위해 불입한 보험료는 사업과 관련된 비용이나 사업자를 위해 불입한 보험료는 업무와 관련없는 비용에 해당한다.

(5) 건물 수선비

- 경상수선비 : 엘리베이터나 건물 수선비 등은 전액 비용으로 인정받는다(다만, 세금계산서를 구비해야 사후적으로 문제가 없다). 이러한 경상수선비는 보통 수익적 지출에 해당한다.
- 대수선비 : 사업연도 중에 대규모 수선(리모델링)을 한 경우에는 기존건물에 포함하여 감가상각을 실시한다. 통상 자본적 지출액에 해당한다.[75)]

---

75) 이에 대한 세법 적용은 제4장의 '필수 세무상식'을 참조하기 바란다.

(6) 감가상각비

- 일반적인 감가상각비 : 이는 건물(토지는 제외)취득가액을 30~50년 동안 정액법으로 상각한 금액을 말한다. 세법상 한도 내에서 자유스럽게 상각할 수 있다. 상각을 하지 않아도 세법상 문제가 없다(임의상각주의채택).
- 업무용 승용차 감가상각비 : 이에 대해서는 아래에서 별도로 살펴본다.

(7) 차량유지비

- 차량유지비 : 업무용으로 사용되고 있는 차량유지비는 비용으로 인정된다. 이에는 유류대, 보험료, 수리비, 주차요금, 톨게이트비 등이 해당한다.
- 차량리스료 : 차량리스료가 업무와 관련하여 발생한 경우라면 당연히 비용처리가 된다.

다만, 2016년 이후부터는 업무용 승용차에 대한 감가상각비를 포함한 모든 차량운행비에 대해서 세법상 비용으로 전액 인정하지 않고 아래와 같이 제한을 하고 있다.

① 운행일지를 미작성한 경우 : 연간 1,500만 원(감가상각비 한도 800만 원)까지만 비용처리가 인정된다(2019년 이전은 연간 1천만 원까지 인정된다). 한편 주업이 임대업인 법인이 운행일지를 미작성하면 1,500만 원의 절반이 아닌 500만 원만 비용으로 인정됨에 유의해야 한다. 개인사업자들은 이러한 규제가 없는 것과 대비가 된다.

② 운행일지를 작성한 경우 : 업무용 사용비율에 해당만큼을 법인의 비용으로 이전한다. 다만, 이 경우에는 차량 감가상각비의 연간 한도는 800만 원이 된다.

업무용 승용차유지비용 규제(「법인세법」 제27조의2)

내국법인이 업무용 승용차를 취득하거나 임차하여 해당 사업연도에 손금에 산입하거나 지출한 감가상각비, 임차료, 유류비 등 업무용승용차 관련비용 중 대통령령으로 정하는 업무용 사용금액에 해당하지 아니하는 금액은 해당 사업연도의 소득금액을 계산할 때 손금에 산입하지 아니한다. 이때 승용차에 대한 감가상각비용이 800만 원(임대법인은 400만 원)을 초과하는 경우 그 초과하는 금액은 해당 사업연도의 손금에 산입하지 아니하고 대통령령으로 정하는 방법에 따라 이월하여 손금에 산입한다. 처분손실과 함께 이를 요약하면 아래와 같다.

구 분	업무외 사용	업무관련 감가상각비[76]			처분손실	
		감가상각비 상당액	한도	한도 초과	한도	한도 초과
자가	-손금불산입 -사용자 상여	5년 균등상각 (강제)	800만 원	-손금불산입 -유보(이월공제)	800만 원	-손금불산입 -유보(이월공제, 처분 후 10년 잔액 전액공제)
리스		(리스료-보험료-자동차세-수선유지비[77])	800만 원	-손금불산입 -기타사외유출(이월공제. 임차종료 후 10년 시 잔액 전액공제)	-	-
렌트 (종업원 차량 제외)		렌트료의 70%	800만 원		-	-

참고로 위의 업무용 승용차 감가상각비와 처분손실에 대한 이월공제 방식이 10년 후 일괄 전액 공제하던 방식에서 2020년 영 시행일 이후 처분(리스종료)한 지 10년이 도래한 분부터는 연간 800만 원 한도로 손금(필요경비)산입하는 방식으로 변경되었다. 또한 전문직 사업자 등 개인사업자의 경우 1대를 제외한 나머지 차량은 운전자전용보험에 가입해야 하고, 이에 미가입 시는 지출한 경비 중 50%만 비용으로 인정한다(2021년 이후 적용).

※ 2022년 개정세법

「법인세법」 제74조의2 [업무용 승용차 관련비용 명세서 제출 불성실 가산세]

업무용 승용차 관련비용 등을 손금에 산입한 내국법인이 같은 조 제6항에 따른 업무용 승용차 관련비용 등에 관한 명세서를 제출하지 아니하거나 사실과 다르게 제출한 경우에는 다음 각 호의 구분에 따른 금액을 가산세로 해당 사업연도의 법인세액에 더하여 납부하여야 한다.

1. 명세서를 제출하지 아니한 경우 : 해당 내국법인이 제60조에 따른 신고를 할 때 업무용 승용차 관련비용 등으로 손금에 산입한 금액의 100분의 1
2. 명세서를 사실과 다르게 제출한 경우 : 해당 내국법인이 제60조에 따른 신고를 할 때 업무

76) 일정한 임대법인의 경우 감가상각비와 처분손실의 한도가 각각 400만 원이 된다.
77) 수선유지비 구분이 힘든 경우 '리스료-보험료-자동차세'의 7% 상당액으로 한다.

용 승용차 관련비용 등으로 손금에 산입한 금액 중 해당 명세서에 사실과 다르게 적은 금액의 100분의 1

(8) 이자비용

- 이자비용 : 일반적으로 법인의 손금에 해당하나, 차입금과다법인 등에 대해서는 세법상 규제가 있다.
- 부동산임대업을 영위하기 위하여 금융기관으로부터 차입한 자금으로 건축물을 신축하는 경우 차입금에 대한 준공된 날까지의 이자는 건축물의 가액에 가산하며, 준공된 날 이후의 이자는 당해 연도의 손금에 산입한다.

(9) 기타 비용

- 기부금 : 업무와 무관하더라도 사업경비로 인정된다. 다만, 기부금의 종류에 따라 한도가 있다. 종교관련 기부금 한도는 소득금액의 10%이다.

Tip

■ 주업이 임대법인에 대한 세법상의 규제

주업이 임대법인은 일반법인에 대해 비용처리에 있어서 규제가 심한 편이다. 개인임대사업자들은 이러한 규제를 받지 않는다.

구 분	일반법인	임대법인
접대비 기본한도	3,600만 원	1,800만 원
업무용 승용차 감가상각비 한도	800만 원	400만 원
업무용 승용차 처분손실 한도	800만 원	400만 원
차량운행기록부 미작성 시 업무사용금액	1,500만 원	500만 원
법인성실신고확인제도	법인전환 후 3년 이내의 법인	상시근로자 수 5인 미만 등 요건 충족한 법인

제 3 편

부동산매매 및 임대법인의 세무리스크 관리법

이번 편에서는 앞에서 배웠던 지식들을 동원해 법인이 주택이나 토지 같은 부동산에 실제 투자할 때 발생할 수 있는 다양한 세무리스크를 공부한다. 구체적으로 주택과 토지 그리고 일반건물에 대해 '사업자등록 → 취득 → 보유 → 임대 → 양도'의 순으로 주요 세무리스크의 발생 사례 및 관리법을 알아본다. 실무적으로 어려운 문제들이 부닥칠 때에는 앞에서 본 내용들을 다시 한 번 검토하기 바란다.

주택매매 및 임대법인의 세무리스크 관리법

법인이 기존의 주택을 취득해 이를 매매나 임대의 목적으로 보유하는 경우가 있다. 이러한 주택은 개인의 주거용 건물에 해당하므로 원래 법인이 소유하는 것이 아니다. 이에 따라 「법인세법」 등에서는 취득 및 보유 등을 억제하기 위해 다양하게 규제를 하고 있다. 예를 들어 취득세 중과세와 보유세 과세, 법인세 추가과세 등이 이에 해당한다.

본 장에서 살펴볼 주요 내용들은 아래와 같다.

- 주택매매 및 임대법인의 세무리스크 진단
- 주택매매 및 임대법인의 사업자등록관련 세무리스크 관리법
- 주택취득관련 세무리스크 관리법
- 주택보유관련 세무리스크 관리법
- 주택임대관련 세무리스크 관리법
- 주택양도관련 세무리스크 관리법
- 개인의 양도소득세 중과세 대 사업자의 비교과세 대 법인의 추가과세 비교
- 개인이 특수관계법인에 부동산을 저가양도 시의 세무리스크 관리법

주택매매 및 임대법인의 세무리스크 진단

CEO와 실무자들은 주택매매 및 임대법인에서 발생하는 세무리스크의 존재를 점검하고 이에 문제가 있는 경우에는 적극적으로 대책을 세워야 한다. 아래에서 진단을 해보고 대책을 세워보자.

STEP1 각 항목별 체크

아래 해당되는 곳에 '○, ×' 표시를 한다.

구분	상 황	해당 여부
1	주택매매업을 영위함에 있어 부가가치세 발생 여부를 알고 있다.	
2	주택매매업과 주택임대업 영위 시 사업장소재지를 알고 있다.	
3	법인도 「민간임대주택법」에 따라 주택을 임대등록할 수 있음을 알고 있다.	
4	개인과 법인의 임대주택에 대한 세제혜택에서 차이가 있음을 알고 있다.	
5	주택취득과 관련하여 취득세 중과세문제를 해결할 수 있다.	
6	주택보유와 관련해 발생하는 세무리스크를 알고 있다.	
7	주택임대소득에 대한 감면내용을 알고 있다.	
8	주택을 양도하면 부가가치세가 발생할 수 있음을 알고 있다.	
9	주택을 양도하면 법인세가 추가과세될 수 있음을 알고 있다.	
10	개인의 양도소득세 중과세, 사업자의 비교과세 그리고 법인의 추가과세 차이점을 알고 있다.	

STEP2 대책수립

위에서 파악된 '×'표시에 따라 다음과 같이 대책을 세운다.

- ×표시가 7개 이상 → 주택매매 및 임대법인관련 세무리스크에 대한 이해가 전혀 안되어 있다. 따라서 지금 당장 이에 대한 대비책을 세우도록 한다.
- ×표시가 4~6개 → 주택매매 및 임대법인관련 세무리스크에 대한 이해가 어느 정도 되어 있다. 따라서 현행의 제도를 정비하고 부족한 부분을 보완한다.
- ×표시가 3개 이하 → 주택매매 및 임대법인관련 세무리스크에 대한 이해가 되어 있다. 현행의 제도를 유지한다.

제2절 주택매매 및 임대법인의 사업자등록관련 세무리스크 관리법

법인을 통해 주택을 취득해 이를 임대나 양도하는 경우가 있다. 이때 다양한 세무리스크가 발생하는데 이하에서 이들에 대해 정리해보자. 가장 먼저 생각할 것 중의 하나는 바로 사업자등록관련 세무리스크이다. 참고로 법인설립 절차 등에 대해서는 제6편을 참조하기 바란다.

1 주택매매 및 임대법인의 사업자등록관련 세무리스크 발생 사례1

K법인은 사업자등록을 준비 중에 있다. 아래 사업자등록증을 보고 각 상황별로 답을 하면?

사업자등록증 (일반과세자/간이과세자) 등록번호 :		
① 상호(법인명) :		② (대표자)성명 :
③ 개업연월일 : 년 월 일		④ 생년월일 :
⑤ 사업장소재지 : 본점소재지		
⑥ 사업의 종류 :	업태	종목

- 상황1 : 주택을 임대하고자 할 때 사업자유형은 일반과세자인가?
- 상황2 : 주택을 매매하고자 할 때 사업자유형은 일반과세자인가?
- 상황3 : 주택의 임대업과 매매업을 겸업하고자 할 때 사업자유형은?

상황에 대한 답을 찾아보면 다음과 같다.

첫째, (상황1) 주택을 임대하고자 할 때 사업자유형은 일반과세자인가?

이 상황에 대한 답을 얻기 위해서는 임대용역에 대한 부가가치세 과세여부부터 확인해야 한다. 「부가가치세법」에서는 임대용역의 제공에 대해 원칙적으로 부가가치세를 과세한다. 상가나 오피스텔 그리고 토지 등의 임대용역이 대표적이다. 하지만 주택의 임대용역에 대해서는 세입자를 보호하는 차원에서 특별히 이를 면제하고 있다.

따라서 주택을 임대하고자 하는 경우의 사업자유형은 면세사업자가 된다.

주택관련 사업업종과 부가가치세 환급/징수

구 분	매입 시		공급 시	
	$85m^2$ 이하	$85m^2$ 초과	$85m^2$ 이하	$85m^2$ 초과
주택임대업	–	–	–	–
주택매매업	–	환급가능	–	부가가치세 징수
주택신축판매업(건설업)	–	환급가능	–	부가가치세 징수

둘째, (상황2) 주택을 매매하고자 할 때 사업자유형은 일반과세자인가?

주택을 매매하는 것은 「부가가치세법」상 재화를 공급하는 행위에 해당한다. 따라서 부가가치세가 과세되는 것이 원칙이다. 다만, 주택 중 전용면적이 85㎡ 이하인 국민주택은 서민들의 부가가치세 부담을 줄여주기 위해 면세를 적용한다. 한편 전용면적이 85㎡를 초과하는 경우라도 토지의 공급분에 대해서는 면세를 적용한다. 이를 요약하면 다음과 같다.

구 분	부가가치세 과세여부	비 고
전용면적 85㎡ 이하	전체 : 면세	
전용면적 85㎡ 초과	• 건물 : 과세 • 토지 : 면세	건물과 토지의 공급가액은 통상 기준시가 비율로 안분한다.

사례의 경우 전용면적 85㎡ 이하인 주택을 법인이 매매하면 이는 면세사업자에 해당한다. 하지만 이를 초과한 주택을 매매하는 경우에는 일반과세자에 해당한다.

셋째, (상황3) 주택의 임대업과 매매업을 겸업하고자 할 때 사업자유형은?

면세사업과 과세사업을 동시에 운영하는 경우에는 일반과세자로 등록한다.

잠깐퀴즈

제조업을 영위하는 법인이 투자목적으로 주택을 매입하는 경우 사업자등록을 갱신해야 하는가?
전문적으로 투자하는 것이 아니라면 갱신하지 않아도 별다른 문제점이 없다.

2 주택매매 및 임대법인의 사업자등록관련 세무리스크 발생 사례2

K법인은 서비스업을 주업으로 하는 법인이다. 이번에 여유자금이 있어 주택임대업을 추가로 진행하려고 한다. 각 상황별로 답을 하면?

- 상황1 : K법인 정관상의 사업목적에는 주택임대업에 대한 내용이 없다. 그렇다면 주택임대업을 추가하기 전에 반드시 정관변경을 해야 하는가?
- 상황2 : 주택임대업을 사업자등록증상에 반드시 표시해야 하는가?
- 상황3 : 주택을 「민간임대주택법」에 의해 관할 시·군·구청 및 관할 세무서에 등록하면 어떤 효과를 누릴 수 있는가?

상황에 대한 답을 찾아보면 다음과 같다.

첫째, (상황1) K법인 정관상의 사업목적에는 주택임대업에 대한 내용이 없다. 그렇다면 주택임대업을 추가하기 전에 반드시 정관변경을 해야 하는가?

원칙적으로 그렇다. 다만, 정관에 사업목적이 기재되지 않았다고 해서 세법은 별도의 제재를 하지 않는다. 다만, 다른 법률에 의한 제재는 있을 수 있다.

둘째, (상황2) 주택임대업을 사업자등록증상에 반드시 표시해야 하는가?

원칙적으로 그렇다. 하지만 표시가 되어 있지 않더라도 특별한 문제점은 없다.

셋째, (상황3) 주택을 「민간임대주택법」에 의해 관할 시·군·구청 및 관할 세무서에 등록하면 어떤 효과를 누릴 수 있는가?

주택을 「민간임대주택법」에 따라 임대하면 다양한 효과를 누릴 수 있다. 다만, 효과를 누리기 위해서는 각 세목별로 정하고 있는 요건을 정확히 따질 수 있어야 한다.

구 분	감면내용	비 고
취득세	• 취득세 감면(신규 공동주택에 한함) • 취득세 중과세 제외	4년 이상 의무임대
재산세	재산세 감면	다가구 주택도 감면가능
종합부동산세	종합부동산세 비과세	5년/8년 이상 의무임대
법인세(임대소득)	법인세 30~75% 감면	
법인세(양도소득)	20% 추가과세 제외	

참고로 2020년 8월 18일 이후부터는 단기임대로 등록을 할 수 없으며, 10년 장기임대로만 등록이 가능하다. 다만, 아파트는 무조건 등록을 할 수 없다.

3 주택매매 및 임대법인의 사업자등록관련 세무리스크 관리법

주택매매업이나 임대업을 영위할 때 사업자등록과 관련된 세무리스크 관리법 등을 정리하면 다음과 같다.

(1) 업종 등

주택의 경우 임대업이나 매매업 등이 이에 해당한다. 임대업은 임대를 목적으로, 매매는 판매를 목적으로 한다. 이러한 사업들을 겸업하는 것도 가능하다.

- 임대업을 영위하는 경우 → 해당 자산은 유형자산으로 분류된다.
- 매매업을 영위하는 경우 → 해당 자산은 재고자산으로 분류된다.
- 이 둘을 겸업하는 경우 → 유형자산과 재고자산으로 각각 분류해야 한다.
- 매매업용 자산을 일시적으로 임대한 경우 → 재고자산으로 분류하는 것이 원칙이다.

(2) 사업자유형

주택임대업은 면세사업자로 등록한다. 주택임대료에 대해서는 부가가치세가 면제되기 때문이다. 한편 전용면적 85㎡ 이하 주택을 매매하는 경우에도 면세사업자로 등록한다. 다만, 이를 초과한 주택을 매매하거나 겸업사업자는 일반과세자로 등록한다.

(3) 사업장소재지와 사업자등록

일반부동산임대업은 부동산소재지가 각각의 사업장이 되나, 주택임대업은 법인본점 소재지를 사업장소재지로 할 수 있다. 따라서 상가 등을 임대하면 상가가 소재한 지역마다 사업자등록을 해야 하지만, 주택은 본점에서 일괄적으로 사업자등록을 하면 된다.[78] 이러한 차이가 난 이유는 상가임대는 부가가치세가 발생하지만 주택임대는 부가가치세가 발생하지 않기 때문이다. 참고로 주택매매업/주택신축판매업의 경우에도 법인본점 소재지가 사업장이 된다.

Tip

■ 최근 확 바뀐 법인의 주택세제

2020년 7・10대책을 통해 확 바뀐 법인의 주택세제를 요약해보자.

1. 법인의 주택과 세제의 요약

최근 개정된 법인의 주택에 대한 세제의 흐름을 전체적으로 요약하면 다음과 같다.

구 분	법 인	시행시기
1. 유상거래에 따른 취득세 인상	• 1~3% → 12% • 임대업 등 법인전환 취득세 감면 배제 (75%)	2020.8.12. 시행
2. 증여에 따른 취득세 인상	3.5% → 12%	
3. 종합부동산세 인상	0.5~2.7% 또는 0.6~3.2% → 3%/6% ※ 기본공제 6억 원 및 세부담 상한율 적용배제	2021.6.1.
4. 추가법인세 인상	일반법인세 10~25%+추가법인세 10% → 10~25%+20%	2021.1.1 이후 양도분
5. 신탁 재산세 납세의무자 개정	수탁자 → 위탁자	2021.6.1.

78) 그런데 일부 세무관서에서는 주택이 소재한 곳마다 사업자등록을 해야 한다고 하는데 주택임대업은 면세업으로 부가가치세법상 사업자등록의무가 있는 것이 아니고 법인세법상 사업자등록을 하면 되는 것이므로 각 사업장별로 사업자등록을 할 이유가 없다(등록임대주택의 경우 본점에서 등록하도록 하는 예규는 있음. 서면2팀-358, 2008.2.29.). 이런 반면 부가가치세가 발생하는 상가 등의 임대업은 각 사업장별로 사업자등록을 해야 한다(사업장단위과세제도 적용 시는 본점에서 일괄 등록 가능). 한편 주택을 임대함에 따라 다양한 세제혜택을 얻기 위해서는 「민간임대주택법」에 따라 관할 시・군・구청에도 임대등록을 해야 한다. 단, 2022년 1월 현재 기준 세제혜택이 대폭 축소되었음에 유의하자.

구 분	법 인	시행시기
6. 등록임대사업자제도 보완	• 4년 단기임대 → 폐지 • 8년 장기임대 → 10년으로 개정 시행 (단, 아파트는 등록불가) ※ 기등록자의 경우 위 의무임대기간 경과 시 자동 등록말소(8년 다가구주택 등은 제외)	2020.8.18.
7. 기타	분양권 · 조합원입주권도 추가과세 대상에 미포함 → 포함	2021.1.1.

2. 법인의 주택임대업과 세제의 변화

(1) 신규등록

1) 신규임대등록이 가능한 경우

법인이 주택임대업을 신규로 영위할 때에는 아파트를 제외하고 10년 이상 장기로만 등록을 해야 한다.

※ 유형별 신규등록 가능여부 현황

주택 구분	신규등록 가능여부	
	매입임대	건설임대
4년 단기임대	폐 지	폐 지
8년 장기임대	허용(10년, 다만, 아파트 불가)	허 용(10년)

2) 법인의 신규임대등록에 따른 세제혜택

구 분	내 용	비 고
취득세 감면	가능함.	신규 공동주택, 60㎡ 이하 등의 요건 있음.
재산세 감면	가능함.	
종합부동산세 합산배제	가능함.	단, 2020.6.18. 이후 조정대상지역 신규 등록분은 제외
임대소득 법인세 감면	가능함.	
법인세 추가과세 적용배제	가능함.	단, 2020.6.18. 이후 조정대상지역 신규 등록분은 제외

(2) 기등록

2020년 7월 10일 대책일 이전에 등록한 법인 임대사업자들에게도 상당한 변화가 있을 전망이다.

1) 자동말소

단기임대 및 아파트 장기일반 매입임대에 한해 의무임대기간이 경과되는 즉시 등록이 자동으로 말소된다.

구 분	단기임대	장기임대
의무임대기간	4년	8년
자동말소	자동말소(예외 없음)	• 원칙 : 유지 • 예외 : 아파트는 말소

2) 자진말소

4년 단기임대 및 8년 장기임대 중 아파트임대에 한해 위 의무임대기간 내라도 언제든지 자진하여 등록을 말소할 수 있다. 이때에는 「민간임대주택법」상 과태료 3천만 원은 면제를 받을 수 있다. 다만, 법인세 추가과세를 적용받지 않기 위해서는 의무임대기간의 1/2 이상 임대하고 임차인의 동의를 얻어 자진말소를 해야 한다.

3) 자동말소 및 자진말소에 따른 세제의 변화

구 분	내 용	비 고
취득세 감면	기적용분은 추징하지 않음.	
재산세 감면	상동	말소 후에는 과세
종합부동산세 합산배제	상동	상동
법인세 감면	상동	상동
법인세 추가과세 적용배제	상동	• 자동말소 : 영구적으로 추가과세 적용배제 • 자진말소 : 말소일로부터 1년 내에 처분 시 추가과세 적용배제

주택취득관련 세무리스크 관리법

법인이 주택을 취득한다고 하자. 이때 세무상 어떤 쟁점들이 발생할까? 이러한 쟁점들을 미리 알아두고 주택을 취득하는 것이 세무리스크를 줄일 수 있는 지름길이 된다.

1 주택취득관련 세무리스크 발생 사례1

K법인은 아래와 같이 개인으로부터 주택을 취득하였다. 이 주택은 국민주택규모 이하에 해당한다. 각 상황별로 답을 하면?

자료

구 분	날 짜	금 액
계약	20×9. 1. 5.	3천만 원
중도금	20×9. 2. 5.	1억 7천만 원
잔금	20×9. 3. 5.	5천만 원
계		2억 5천만 원

- 상황1 : 위의 주택에 대한 취득목적이 단순투자용 또는 임대용인 경우 계정과목은?
- 상황2 : 위의 거래에 대해 회계처리를 한다면?
- 상황3 : 위 거래금액 외에 취득부대비용이 1천만 원 발생한 경우 이 부대비용은 어떻게 회계처리를 해야 하는가?

상황에 대한 답을 찾아보면 다음과 같다.

첫째, (상황1) 위의 주택에 대한 취득목적이 단순투자용 또는 임대용인 경우 계정과목은?

단순투자용은 투자자산(매매업의 경우에는 재고자산), 임대용은 유형자산으로 계상된다. 이러한 계정과목의 분류는 법인의 부동산 취득목적에 따라 달라지는 것이 일반적이다.

둘째, (상황2) 위의 거래에 대해 회계처리를 한다면?

위의 회계사건별로 회계처리를 하면 다음과 같다.

① 계약 시

(차변) 선급금 3천만 원 (대변) 현금 3천만 원

② 중도금 지급 시

(차변) 선급금 1억 7천만 원 (대변) 현금 1억 7천만 원

③ 잔금 지급 시

(차변) 상품(주택) 2억 5천만 원 (대변) 선급금 2억 원

현금 5천만 원

위에서 주택은 토지와 건물로 구분하여 계상하는 것이 원칙이다. 감가상각비는 건물에 대해서만 계산하기 때문이다. 하지만 사례의 주택이 투자자산이나 재고자산에 해당하면 감가상각비를 계상하지 않기 때문에 이러한 상황에서는 토지와 건물로 구분할 실익이 없다.

셋째, (상황3) 위 거래금액 외에 취득부대비용이 1천만 원 발생한 경우 이 부대비용은 어떻게 회계처리를 해야 하는가?

취득세 등 부대비용도 취득가액에 합산하는 것이 원칙이다. 따라서 계정과목을 토지와 건물로 구분하여 관리하는 경우에는 부대비용도 토지와 건물분으로 나눠 장부에 계상해야 한다.

2 주택취득관련 세무리스크 발생 사례2

위의 K법인은 아래와 같은 주택(전용면적 85㎡ 초과)에 대해 매수계약을 체결하였다. 각 상황별로 답을 하면?

자료

구 분	날 짜	금 액
계약	20×9. 4. 5.	5천만 원
중도금	20×9. 6. 5.	2억 원
잔금	20×9. 6. 5.	5천만 원
계		3억 원

• 상황1 : 이 주택의 취득세는 얼마인가?
• 상황2 : 만일 이 법인이 취득세 중과세를 적용받지 않으려면 주택임대등록을 하면 되는가?
• 상황3 : 이 주택을 취득하면 부가가치세가 발생하는가?
• 상황4 : 이 주택을 사업자로부터 취득한 경우 부가가치세를 환급받을 수 있는가?
• 상황5 : 이 주택을 양도하면 법인세를 어떤 식으로 내야 하는가?

상황에 대한 답을 찾아보자.

첫째, (상황1) 이 주택의 취득세는 얼마인가?

법인이 주택을 취득하는 경우 취득세율은 다음과 같이 적용된다(단, 이외에 농특세, 지방교육세 등도 발생할 수 있음).

구 분	기본취득세율79)	중과세율	계
중과세가 적용되지 않는 경우	1%	–	1%
중과세가 적용되는 경우		12% (4% + 2% × 4배)	12%

따라서 총 취득세는 다음과 같다.

구 분	취득가액	총 취득세율				총 취득세
		세율	농특세율	지방 교육세율	계	
중과세가 적용되지 않는 경우	3억 원	1%	0.2%	0.1%	1.3%	390만 원
중과세가 적용되는 경우	3억 원	12%	1%	0.4%	13.4%	4,020만 원

둘째, (상황2) 만일 이 법인이 취득세 중과세를 적용받지 않으려면 주택임대등록을 하면 되는가?

아니다. 최근 신설된 「지방세법」 제13조의2에서는 시가표준액 1억 원 이하의 주택, 주택건설사업자의 멸실 예정인 주택 등에 대해서만 예외적으로 취득세 중과세를 적용하지 않도

79) 중과세가 적용되지 않는 주택의 경우 취득가액이 6억 원 이하는 1%가 적용된다.

록 하고 있기 때문이다.

셋째, (상황3) 이 주택을 취득하면 부가가치세가 발생하는가?

취득한 주택이 전용면적 85㎡를 초과하였으므로 부가가치세가 발생할 수 있다. 다만, 이를 양도한 자가 비사업자인 경우에는 부가가치세 징수의무가 없으므로 부가가치세가 발생하지 않는다. 이를 정리하면 다음과 같다.

- 양도자가 비사업자인 경우 → 부가가치세가 발생하지 않는다.
- 양도자가 사업자인 경우 → 부가가치세가 발생한다.

넷째, (상황4) 이 주택을 사업자로부터 취득한 경우 부가가치세를 환급받을 수 있는가?

K법인이 매매업을 영위할 목적으로 이를 취득하면 부가가치세 환급을 받을 수 있다. 그리고 이를 양도할 때 부가가치세를 징수하면 된다. 하지만 임대의 목적으로 이를 취득하면 부가가치세 환급을 받을 수 없다. 물론 향후 이를 양도할 때에는 부가가치세를 징수하지 않아도 된다.

다섯째, (상황5) 이 주택을 양도하면 법인세를 어떤 식으로 내야 하는가?

이 주택이 세법에서 정하고 있는 주택에 해당되는 경우 법인세 외에 추가법인세를 20% 만큼 더 내야 한다. 다만, 등록한 주택으로써 5년(8년) 이상 임대한 경우에는 일반법인세만 내면 된다.

3 주택취득관련 세무리스크 관리법

법인이 주택을 취득할 때 발생하는 세무리스크 관리법을 취득세, 부가가치세, 법인세 등의 측면에서 정리하면 다음과 같다.

(1) 취득세

법인도 개인과 같은 주택에 대한 취득세(1~12%)를 부담한다. 특히 2020년 8월 12일 법인이 주택을 취득하면 수도권 과밀억제권역 내외를 막론하고 12%를 부과하는 것이 원칙이다.

(2) 부가가치세

법인이 비사업자로부터 주택을 취득 시 면적과 무관하게 부가가치세가 발생하지 않는다. 하지만 법인이 사업자로부터 전용면적 85㎡ 초과 주택을 취득 시 부가가치세가 발생한다. 이 경우 과세사업자로 사업자등록이 되어 있다면 이의 환급도 가능하다.

(3) 법인세

주택을 양도하면 우선 부가가치세 과세여부를 확인해야 한다. 전용면적 85㎡를 초과하면 이에 대해서도 부가가치세가 발생하기 때문이다. 이외 일반법인세도 내야 한다. 이때 만일 투자용 주택의 경우 일반법인세 외에 양도차익의 20% 상당액을 추가로 내야 한다는 점에도 유의해야 한다.

☞ 법인의 주택투자에 있어 주요 관심사는 취득세 중과세와 법인세 추가과세제도가 될 것이다. 이외에도 2021년부터 강화된 종합부동산세 중과세도 핵심적인 세제가 될 것으로 보인다.

(4) 기타 세무리스크들

적정 취득가액의 계상여부 및 특수관계인 간의 저가 또는 고가양수도 거래 시 다양한 세무리스크를 검토해야 한다.

주택보유관련 세무리스크 관리법

법인이 주택을 보유 중에는 두 가지 문제점에 봉착한다. 하나는 해당자산이 업무와 관련이 없는 자산에 해당하는지, 다른 하나는 보유세(재산세와 종합부동산세)가 얼마나 나올지의 여부이다. 전자의 경우 지급이자가 많으면 이 중 일부가 인정되지 않는 불이익이 있다. 이하에서는 주로 보유세에 대해 알아보자.

1 주택보유관련 세무리스크 발생 사례1

K법인은 아래와 같은 부동산을 보유하고 있다. 각 상황별로 답을 하면?

자료

자 산	비 고
재고자산 : 미완성 주택 2억 원 용지 5억 원	현재 공사 중에 있음. 주택건설용으로 보유하고 있음
유형자산 : 주택 5억 원	임대목적용으로 보유하고 있음.

- 상황1 : 보유세는 언제를 기준으로 부과되는가?
- 상황2 : 위 부동산 중 미완성 주택에 대해서는 재산세가 부과되는가?
- 상황3 : 위 부동산들에 대해서는 종합부동산세가 부과되는가?

상황에 대한 답을 찾아보면 다음과 같다.

첫째, (상황1) 보유세는 언제를 기준으로 부과되는가?

보유세(재산세와 종합부동산세)의 과세기준일은 매년 6월 1일을 기준으로 한다. 따라서 이 날 현재 소유권을 가지고 있으면 보유세가 부과된다.

둘째, (상황2) 위 부동산 중 미완성 주택에 대해서는 재산세가 부과되는가?

미완성 주택은 현재 건축 중에 있는 주택을 말한다. 토지와 건축 중의 건물로 나눠 보유세 과세여부를 파악해보자.

구 분	보유세 과세여부
토지	• 재산세 : 과세됨. • 종합부동산세 : 과세되지 않음.
건축 중 건물	• 재산세 : 과세되지 않음. • 종합부동산세 : 과세되지 않음.

셋째, (상황3) 위 부동산들에 대해서는 종합부동산세가 부과되는가?

종합부동산세는 일정한 금액 이상이 되면 과세되는데 유형자산에 해당하는 주택의 경우 기준시가가 6억 원을 초과해야 한다. 사례의 미완성 주택에 대해서는 종합부동산세가 과세되지 않으며, 건설용지의 경우에도 토지 취득 후 5년 내에는 종합부동산세를 비과세하고 착공에 들어가 있는 경우에도 비과세한다.

2 주택보유관련 세무리스크 발생 사례2

K법인은 아래와 같은 주택을 보유하고 있다. 보유세 산출세액은 얼마나 나올까?

자료

- ㅇ 주택의 시가 : 5억 원
- ㅇ 주택의 기준시가 : 3억 원

종합부동산세는 기준시가가 6억 원이 안되므로 과세되지 않으나, 재산세는 무조건 과세된다. 순차적으로 이에 대한 답을 찾아보자.

STEP1 재산세 과세표준

재산세 과세표준은 주택의 기준시가에 정부에서 정한 공정시장가액비율(2022년 1월 현재 60%로 정해짐)을 곱해 계산한다. 사례의 경우 3억 원에 60%를 곱하면 1억 8천만 원이 과세표준이 된다.

STEP2 산출세액의 계산

재산세는 위 과세표준에 주택에 대한 재산세율을 곱해 산출세액을 계산한다. 주택재산세율을 곱해 산출세액을 계산해보자. 보유세 세율은 제2장을 참조하기 바란다.

- 1억 8천만 원에 대한 재산세 = 195,000원 + (1.8억 원 - 1.5억 원) × 0.25% = 27만 원

이렇게 계산된 재산세 산출세액에서 세부담 상한율 등을 적용해 최종 납부할 세액을 결정한다. 참고로 주택의 경우 결정된 재산세액의 1/2이 7월, 9월에 각각 고지된다. 이때 도시지역 내의 부동산에 대해서는 재산세과세특례분이 병기된다.

3 주택보유관련 세무리스크 관리법

(1) 주택에 대한 재산세와 종합부동산세 과세대상

보유세는 부동산을 보유하고 있다는 사실에 대해 부과되는 세금이므로 가장 먼저 확인할 것은 과세대상이다.

재산세		종합부동산세
건물	주택	○(단, 기준시가 6억 원 초과)
	주택 외(별장, 일반건축물 등)	×
토지	분리과세토지(농지, 주택건설용 용지 등)	×
	별도합산토지(건물부속토지 등)	○(단, 기준시가 80억 원 초과)
	종합합산토지(나대지 등)	○(단, 기준시가 5억 원 초과)
선박, 항공기		×

재산세는 건물과 토지 그리고 선박, 항공기에 대해서 무차별적으로 과세된다. 하지만 종합부동산세는 재산세 과세대상 중 주택과 건물부속토지(재산세가 별도합산과세되는 토지)와 나대지(재산세가 종합합산과세되는 토지)에 한해 과세된다.

(2) 종합부동산세 중세율 적용

개인과 법인이 조정대상지역에서 2주택 이상, 전국에 걸쳐 3주택 이상 보유 시 종합부동산세를 중과세한다. 개인은 1.2~6.0%로 법인은 6% 단일세율로 과세한다. 이외 일반세율은 개인은 0.6~3.0%, 법인은 3%가 적용된다.

(3) 재산세 감면과 종합부동산세 비과세(합산배제) 규정 이해

주택에 대한 재산세 감면과 종합부동산세 비과세에 대한 제도를 소개하면 다음과 같다.

① 재산세 감면(「지방세특례제한법」 제31조, 「지방세특례제한법」 제31조의3은 별도 참조)

대통령령으로 정하는 임대사업자 등이 국내에 2세대 이상의 임대용 공동주택을 건축·구입하거나 오피스텔을 구입하여 과세기준일 현재 임대 목적에 직접 사용하는 경우에는 다음 각 호에서 정하는 바에 따라 재산세를 2024년 12월 31일까지 감면한다.

1. 전용면적 40㎡ 이하인 「공공주택 특별법」 제50조의2 제1항에 따라 30년 이상 임대 목적의 공동주택에 대해서는 재산세와 「지방세법」 제146조 제2항에 따른 지역자원시설세를 각각 면제한다(시가표준액 6억 원 이하 등의 요건 있음. 이하 동일).
2. 전용면적 60㎡ 이하인 임대목적의 공동주택 또는 오피스텔에 대해서는 재산세의 100분의 50을 경감하고, 「지방세법」 제146조 제2항에 따른 지역자원시설세를 면제한다.
3. 전용면적 85㎡ 이하인 임대목적의 공동주택 또는 오피스텔에 대해서는 재산세의 100분의 25를 경감한다.

② 종합부동산세 비과세(「종합부동산세법 시행령」 제3조)

주택임대사업자는 임대용 주택과 거주용 주택을 동시에 보유하고 있는 경우가 일반적이다. 이에 세법은 주택임대사업을 활성화하기 위해 임대용 주택에 대해서는 종합부동산세를 부과하지 않는다. 따라서 이 경우 비임대사업용 주택만을 가지고 종합부동산세 과세여부를 판단해야 한다. 매입임대주택과 건설임대주택으로 구분하여 이에 대한 비과세(합산배제) 요건을 살펴보면 다음과 같다.

임대주택 종류	주거전용면적	주택가격 (기준시가)	주택 수	임대기간	지역
매입임대	-	6억 원 이하 (수도권밖 3억 원 이하)	1호 이상	5년/8년 이상	전국
건설임대	149㎡ 이하	6억 원('21 9억 원) 이하	2호 이상	5년/8년 이상	동일시·도

참고로 2018년 9월 14일 이후 조정대상지역에서 개인이 주택을 구입해 임대등록하더라도 이에 대한 종합부동산세 비과세 혜택은 없다. 법인은 2020년 6·17대책에 따라 같은 해 6월 18일 이후 조정대상지역 내에서 신규로 등록한 주택들에 대해 종합부동산세 합산배제를 적용하지 않는다. 참고로 2020.8.18.이후는 10년 장기로 임대등록만 가능하다.

주택임대관련 세무리스크 관리법

법인이 주택을 임대한 경우에는 임대소득이 발생하며 이에 대해서는 법인세가 부과되는 것이 원칙이다. 한편 주택임대료에 대해 부가가치세는 발생하지 않는다. 이하에서 주택임대소득에 대한 세무리스크 발생 사례 및 이의 관리법을 정리해보자.

1 주택임대관련 세무리스크 발생 사례1

K법인은 아래와 같이 주택임대사업을 생각 중에 있다. 각 상황별로 답을 하면?

자료

- ○ 예상임대수입 : 연간 1억 원
- ○ 예상임대비용 : 연간 2천만 원(인건비 등 제외)

- 상황1 : 이 임대소득이 개인에게 발생한 경우 예상되는 세금은?
- 상황2 : 이 임대소득이 K법인에게 발생한 경우 예상되는 세금은?
- 상황3 : 상황1과 2에 대한 대략적인 세금은 얼마인가? 위에서 언급되지 않은 사항들은 무시한다.
- 상황4 : 이 주택들은 임대주택으로 등록한 주택이다. 이 경우 법인세는 얼마만큼 감면을 받을 수 있는가?
- 상황5 : 만일 주택임대보증금이 1천만 원이라면 「법인세법」상 간주임대료를 계산해야 하는가?

상황에 대한 답을 찾아보면 다음과 같다.

첫째, (상황1) 이 임대소득이 개인에게 발생한 경우 예상되는 세금은?

임대소득이 개인에게 발생하면 종합소득세를 내야 한다. 종합소득세는 임대소득(이는 사업소득의 일종임)에 근로소득이나 사업소득 등을 합산하여 기본세율(6~45%)로 과세하는 세목을 말한다.

둘째, (상황2) 이 임대소득이 K법인에게 발생한 경우 예상되는 세금은?

임대소득이 법인에게 발생하면 법인세를 내야 한다. 법인세는 법인에게 발생하는 모든 소득에 대해 기본세율(10~25%)로 과세하는 세목을 말한다.

셋째, (상황3) 상황1과 2에 대한 대략적인 세금은 얼마인가? 위에서 언급되지 않은 사항들은 무시한다.

상황에 따라 답을 찾아보면 다음과 같다.

구 분	종합소득세	법인세
임대수입	1억 원	1억 원
- 임대비용	2천만 원	2천만 원
= 이익	8천만 원	8천만 원
× 세율	24%	10%
- 누진공제	522만 원	-
= 산출세액	1,398만 원	800만 원

☞ 법인은 개인보다 세율이 저렴하지만 배당 등이 발생하면 배낭소득세 등이 추가될 수 있다.

넷째, (상황4) 이 주택들은 임대주택으로 등록한 주택이다. 이 경우 법인세는 얼마나 감면을 받을 수 있는가?

임대기간에 따라 감면율이 다르다. 아래의 관련 규정을 참조하기 바란다.

「조세특례제한법」 제96조 [소형주택 임대사업자에 대한 세액감면]

① 대통령령으로 정하는 내국인이 대통령령으로 정하는 임대주택(등록, 국민주택규모 이하, 기준시가 6억 원 이하)을 1호 이상 임대하는 경우에는 해당 임대사업에서 발생한 소득에 대한 소득세 또는 법인세의 100분의 30[임대주택 중 「민간임대주택법」 제2조 제4호에 따른 기업형 임대주택 또는 같은 법 제2조 제5호에 따른 장기임대주택의 경우에는 100분의 75]에 상당하는 세액을 감면한다.[80)]

다섯째, (상황5) 만일 주택임대보증금이 1천만 원이라면 「법인세법」상 간주임대료를 계산해야 하는가?

원래 위 K법인이 전체 자산 중 임대용 부동산이 50% 이상 되는 상태에서 차입금도 자기

80) 2021년 이후부터 2주택 이상 보유자에 한해 감면율이 20%, 50%로 각각 인하되어 적용된다.

자본의 2배 이상이라면 간주임대료를 계산해서 법인의 소득에 합산해야 한다. 다만, 「조세특례제한법」 제138조에서는 법인이 보유한 주택에 대해서는 간주임대료를 계산하지 않도록 하고 있다. 참고로 간주임대료에 대해서는 부가가치세가 부과될 수 있는데 이는 주로 상가나 사무실 등 수익형 부동산에서 발생하는 보증금이 그 대상이 된다.

2 주택임대관련 세무리스크 발생 사례2

앞 K법인의 20×9년 한해를 결산한 결과 다음과 같은 결과를 얻었다. 각 상황별로 답을 하면?

구 분	내 용	비 고
제조업	8천만 원 손실	
주택임대업	8천만 원 이익	

- 상황1 : 이 경우 제조업의 손실을 부동산임대업의 이익과 상계시킬 수 있는가?
- 상황2 : 만일 위의 사업을 개인이 영위하는 경우 제조업의 손실을 부동산임대업의 이익과 상계시킬 수 있는가?

상황에 대한 답을 찾아보면 다음과 같다.

첫째, (상황1) 이 경우 제조업의 손실을 부동산임대업의 이익과 상계시킬 수 있는가?

그렇다. 법인의 경우에는 개인과는 달리 이에 대한 상계를 배제하는 규정이 없다. 법인은 순자산증가설에 의해 세금을 거두고 있기 때문이다.

둘째, (상황2) 만일 위의 사업을 개인이 영위하는 경우 제조업의 손실을 부동산임대업의 이익과 상계시킬 수 있는가?

없다. 개인의 제조업에서 발생한 손실은 부동산임대소득 외의 종합소득에서만 상계시킬 수 있기 때문이다.

❸ 주택임대관련 세무리스크 관리법

법인이 주택을 임대하면 임대사업자가 되는 것이 원칙이다. 임대소득에 대한 과세방식을 '분리과세 → 중과세 → 감면'순으로 정리하면 다음과 같다.

구 분	개 인	법 인
분리과세	• 주택의 임대소득이 연간 2천만 원 이하인 경우	법인세 무조건 과세
⇩		
종합과세/ 법인세 과세	• 위 외의 경우 종합과세	법인세 무조건 과세
⇩		
감면	• 30~75%(일반매입임대 30%, 장기임대 75%) ※ 2021년(2주택 이상자) : 20~50% 감면(개정세법)	좌동

사택을 임대한 경우

구 분	저가임대	사택유지비용
출자임원	부당행위계산부인	업무무관비용(손금불산입)
비출자임원, 소액출자임원	–	손금
사용인	–	손금

Tip

■ 주택임대사업자등록(개인 대 법인 비교)

주택임대사업자등록(일반매입임대주택 또는 장기임대주택)을 개인과 법인이 한 경우 세제혜택 차이를 알아보면 다음과 같다.

구 분	일반매입임대		장기임대	
	개 인	법 인	개 인	법인
취득세 감면	요건 충족 시 감면	좌동	좌동	좌동
재산세 감면	2호 이상 공동주택 등	좌동	좌동	좌동

구 분	일반매입임대		장기임대	
	개 인	법 인	개 인	법인
종합부동산세 비과세	1호 이상	좌동	좌동	좌동
임대소득 감면	30%(20%)	좌동	75%(50%)	좌동
임대주택 양도	일반과세	좌동	양도소득세 100% 감면	- (법인은 적용하지 않음)
임대주택 장기보유특별공제	40%(6년)	-	50~70% (8년 이상)	-

일반적으로 주택임대업은 법인보다 개인이 유리하다. 개인으로 주택임대업을 하면, 의무임대를 다한 후 이를 양도하면 장기보유특별공제 최대 70% 받을 수 있기 때문이다(법인은 이러한 제도가 없음). 하지만 2018년 9월 14일 이후 서울 등 조정대상지역 내에서 주택을 취득해 신규임대업을 하는 경우에는 종합부동산세가 과세되는 한편 양도소득세 중과세 적용 등 불이익이 커졌다. 한편 법인의 경우 2020년 6월 18일 이후 조정대상지역에서 주택을 신규로 등록하면 종합부동산세를 과세하는 한편, 법인세 추가과세를 적용한다. 따라서 2022년을 기준으로 볼 때 개인으로 등록할 것인지 법인으로 등록할 것인지 이에 대한 우열을 가리기가 힘든 측면이 있다. 다만, 장기보유특별공제율이 70%가 적용된다면 이 경우에는 개인임대가 유리하다. 양도차익 중 70%가 공제되는 것과 전체 양도차익에 대해 과세되는 것과는 차이가 있기 때문이다. 2022년 1월 현재 건설임대주택에 한해서는 10년 장기임대등록 시 이 공제를 받을 수 있다. 하지만 매입임대주택에 대해서는 이 공제를 받을 수 없다. 2020년 12월 31일까지 등록한 것에 대해서만 이 공제를 받을 수 있기 때문이다. 따라서 건설임대의 경우에는 가급적 개인으로 임대등록을 하는 것이 더 좋지 않을까 싶다.

☞ **최근 「민간임대주택법」에 자동말소와 자진말소 등의 제도가 도입됨에 따라 세제에도 많은 영향을 주게 되었다. 이에 대한 자세한 내용은 이 장의 '필수 세무상식'을 참조하기 바란다. 한편 건설임대주택에 대한 장점 등은 제9장의 '필수 세무상식'을 참조하기 바란다.**

주택양도관련 세무리스크 관리법

법인이 주택을 일시적으로 양도 또는 계속적·반복적으로 매매한다고 하자. 이때 대두되는 세무리스크들에는 어떤 것들이 있을까? 이하에서 주택양도와 관련된 세무리스크 발생 사례 및 이의 관리법을 알아보자.

1 주택양도관련 세무리스크 발생 사례1

K법인이 다음과 같은 부동산을 양도하려고 한다. 각 상황별로 답을 하면?

자료

구 분	양도금액	비 고
주택1	5억 원(취득가액 3억 원)	임대용(전용면적 85㎡ 초과), 3년 임대함.
주택2	5억 원(취득가액 4억 원)	휴양용(전용면적 85㎡ 이하)
계	10억 원(취득가액 7억 원)	

- 상황1 : K법인이 일반법인이거나 매매법인인 경우 부가가치세나 법인세 과세방식에서 차이가 있는가?
- 상황2 : 이 부동산들을 양도하면 부가가치세가 발생하는가?
- 상황3 : 이 경우 법인세는 얼마인가? 단, 취득가액 외 일반비용이 2억 원이 발생했다고 가정하자.

상황에 대한 답을 찾아보면 다음과 같다.

첫째, (상황1) K법인이 일반법인이거나 매매법인인 경우 부가가치세나 법인세 과세방식에서 차이가 있는가?

없다. 부가가치세와 법인세는 업종과 무관하게 법에서 정한 대로 과세여부 등을 정하고 있기 때문이다. 즉 업종별로 달리하여 세법을 적용하지 않는다.

둘째, (상황2) 이 부동산들을 양도하면 부가가치세가 발생하는가?

부가가치세는 발생하지 않는다. 그 이유는 다음과 같다.

① 주택1 → 주택임대업은 면세사업에 해당하고 이러한 면세사업자가 주택을 양도하는 경우에는 면세사업의 부수재화의 공급(이에 대한 개념은 아래에서 살펴본다)으로 보아 부가가치세를 면제한다.

관련 예규 : 서면인터넷방문상담3팀-2661, 2007.9.27.

사업자가 부가가치세가 면제되는 주택임대용역에 사용하던 주택을 양도하는 경우에는 면세사업과 관련하여 부수되는 재화의 공급으로 「부가가치세법」 제12조 제3항의 규정에 의하여 부가가치세가 면제되는 것이나, 귀 질의가 이에 해당하는지는 사실판단할 사항임.

② 주택2 → 매매용 주택이나 전용면적 85㎡ 이하에 해당하므로 부가가치세가 발생하지 않는다.

셋째, (상황3) 이 경우 법인세는 얼마인가? 단, 취득가액 외 일반비용이 2억 원이 발생했다고 가정하자.

이 부동산을 양도하면 법인세 외에 추가법인세를 납부해야 한다. 그 이유를 나열하면 다음과 같다.

① 주택1 → 임대용으로 사용하고 있으나 임대주택으로 등록하지 않았으므로 이는 법인세 추가과세 대상에 해당한다.

② 주택2 → 휴양용인 별장으로 사용하고 있으므로 이는 법인세 추가과세 대상에 해당한다.

구 분	일반법인세	추가법인세	계
매출(양도가액)	10억 원	10억 원	
- 비용1(취득가액)	7억 원	7억 원	
- 비용2(취득가액 외)	2억 원	0원	
= 이익	1억 원	3억 원	
× 세율	10%	20%	
- 누진공제	-	-	
= 산출세액	1천만 원	6천만 원	7천만 원

② 주택양도관련 세무리스크 발생 사례2

K법인은 아래와 같은 주택을 보유하고 있다. 각 상황별로 답을 하면?

자료

- A주택 : 5년 임대(주택임대사업자 등록함)
- B주택 : 1년 임대(주택임대사업자 미등록함)
- A주택과 B주택의 양도차익은 각각 1억 원씩이며, 일반관리비가 1억 원 발생했음.
- 기타의 사항은 무시함.

- 상황1 : 위 A주택의 양도에 따른 법인세는?
- 상황2 : 위 B주택의 양도에 따른 법인세는?
- 상황3 : 세금계산서와 계산서는 발행해야 하는가?

상황에 대한 답을 찾아보면 다음과 같다.

첫째, (상황1) 위 A주택의 양도에 따른 법인세는?

임대주택으로 등록해 5년81) 이상 임대한 주택을 양도하는 경우에는 추가법인세를 납부하지 않는다.

구 분	법인세	추가법인세	계
양도차익	1억 원		
− 일반관리비	1억 원		
= 과세표준	0원		
× 세율	기본세율		
− 누진공제	0원		
= 산출세액	0원	0원	0원

둘째, (상황2) 위 B주택의 양도에 따른 법인세는?

주택을 임대하더라도 등록하지 않거나 임대기간이 5년(8년, 2020.8.18. 이후는 10년) 미

81) 2018년 4월 1일 이후 등록 시에는 8년, 2020년 8월 18일 이후는 10년 이상의 임대기간이 필요하다.

만인 경우 추가법인세를 부담해야 한다.

구 분	법인세	추가법인세	계
양도차익	1억 원	1억 원	
- 일반관리비	1억 원	0원	
= 과세표준	0원	1억 원	
× 세율	기본세율	20%	
- 누진공제	0원	0원	
= 산출세액	0원	2천만 원	2천만 원

셋째, (상황3) 세금계산서와 계산서는 발행해야 하는가?

법인이 비사업자인 개인한테 부동산을 매각하는 경우에는 계산서 발행의무를 면제하므로 이를 발행하지 않아도 된다.

3 주택양도관련 세무리스크 관리법

법인이 주택을 양도하는 과정에서 발생할 수 있는 세무리스크 관리법을 정리하면 다음과 같다.

(1) 부가가치세 과세여부

매매사업자가 전용면적 85㎡ 초과 주택을 양도하면 부가가치세가 발생한다. 하지만 임대사업자가 전용면적 85㎡ 초과 주택을 양도하더라도 부가가치세는 발생하지 않는다. 주택을 임대하는 경우에는 면세사업자로 분류되는데, 이러한 면세사업자가 부가가치세가 과세되는 재화를 공급하는 경우 이는 면세용역에 부수되는 재화로 취득되기 때문이다. 아래의 내용을 참조하기 바란다.

부수되는 재화 또는 용역(부가가치세 집행기준 14-0-1)

주된 재화 또는 용역의 공급에 부수되어 공급되는 것으로써 아래 제1항 및 제2항의 어느 하나에 해당하는 재화 또는 용역의 공급은 주된 재화 또는 용역의 공급에 포함되는 것으로 보고, 주된 사업에 부수되는 제3항 및 제4항의 어느 하나에 해당하는 재화 또는 용역의 공급은 별도의 공급으로 보되, 과세 및 면세 여부 등은 주된 사업의 과세 및 면세 여부 등을 따른다.

부수 재화 또는 용역의 범위	구체적 사례
① 해당 대가가 주된 재화 또는 용역의 공급에 대한 대가에 통상적으로 포함되어 공급되는 재화 또는 용역	• 공급하는 재화의 포장용기 및 운반용역 • 조경공사용역을 공급하면서 제공하는 수목·화초
② 거래의 관행으로 보아 통상적으로 주된 재화 또는 용역의 공급에 부수하여 공급되는 것으로 인정되는 재화 또는 용역	• 항공기 내에서 무상으로 제공되는 식사 • 가전제품 판매 후 일정기간 제공하는 사후무료서비스용역
③ 주된 사업과 관련하여 우연히 또는 일시적으로 공급되는 재화 또는 용역	• 금융업자가 면세사업에 사용하던 건축물 양도 • 주택임대사업자가 면세사업에 사용하던 주택 등을 양도[82]
④ 주된 사업과 관련하여 주된 재화의 생산 과정이나 용역의 제공 과정에서 필연적으로 생기는 재화	• 복숭아 통조림을 제조하는 사업자가 판매하는 복숭아 씨

(2) 세금계산서/계산서 발행여부

이에 대해서는 제5장 제2절을 참조하기 바란다.

(3) 법인세 과세여부

법인의 양도차익에 대해서는 20%(토지는 10%)의 추가과세가 적용될 수 있다(단, 주택을 등록하여 5년 또는 8년 임대한 법인은 추가과세 제외).[83] 이외에 법인의 일반적인 이익에 대해서는 일반법인세가 부과된다.

참고로 아래의 주택들은 추가과세의 대상에서 제외한다. 자세한 내용은 아래의 관련 규정을 통해 확인하기 바란다.

① 주택을 신축하여 판매하는 법인

주택을 신축하여 판매(「민간임대주택법」에 의한 건설임대주택을 동법에 의하여 분양하거나 다른 임대사업자에게 매각하는 경우를 포함한다)하는 법인이 그 주택을 양도함으로

82) 주택임대사업용으로 임대한 후에 이를 양도하면 부가가치세가 면제될 수 있다. 사전에 확인하기 바란다.

83) 서면-2016-법인-6029 [법인세과-934], 2017.4.7.
내국법인이 2009년 3월 16일부터 2012년 12월 31일까지 취득한 주택(이에 부수되는 토지 포함)과 토지를 양도함으로써 발생하는 소득에 대하여는 「법인세법」 제55조의2 제1항 제2호 및 제3호를 적용하지 아니하는 것임(즉 법인세 추가과세를 적용하지 않음).

써 발생하는 소득

② 「민간임대주택법」상 매입임대주택

「민간임대주택법」에 의하여 1호 이상의 기준시가가 6억 원(지방은 3억 원) 이하인 민간임대주택을 임대등록 후 5년(2018년 4월 1일 이후 등록 시는 8년) 이상 임대한 임대주택. 참고로 법인은 2018년 9·13조치를 적용받지 않기 때문에 조정대상지역 내의 기준시가 6억 원(지방은 3억 원) 이하의 주택을 8년 이상 등록 후 임대하면 법인세 추가과세를 하지 않는다. 다만, 2020년 6월 18일부터 이러한 규정이 적용된다. 2020년 6·17대책에 따른 결과이다. 이에 따라 2020년 6월 18일 이후 조정대상지역 내의 주택을 신규로 임대등록하면 추가과세를 적용한다(법인은 등록을 기준으로 판단함). 2020년 8월 18일부터 4년 단기임대와 8년 장기임대 중 아파트임대는 의무임대기간이 경과하면 등록이 자동말소가 되며, 그 이전이라도 등록을 자진말소할 수 있다. 이때 자동말소된 주택은 언제든지 처분해도 법인세 추가과세를 적용하지 않으며, 자진말소한 주택은 의무임대기간의 1/2 이상이 경과한 상태에서 임차인의 동의를 얻고 말소일로부터 1년 내에 양도하면 법인세 추가과세를 하지 않는다.

③ 「민간임대주택법」상 건설임대주택

「민간임대주택법」에 따라 대지 면적이 298㎡ 이하이고 주택의 연면적이 149㎡ 이하인 건설임대주택을 2호 이상 임대하는 법인이 5년(8년) 이상 임대하는 건설임대주택. 이 경우 당해 주택 및 이에 부수되는 토지의 기준시가의 합계액이 등록당시 6억 원을 초과하지 아니하는 주택을 말한다. 참고로 2020년 8월 18일 이후 등록하면 10년 이상 장기로 임대해야 한다. 건설임대주택은 장려의 대상이라 추가과세에서 제외하고 있다.

④ 사원용 임대주택

주주나 출연자가 아닌 임원(소액주주인 임원을 포함한다) 및 사용인에게 제공하는 사택 및 그밖에 무상으로 제공하는 법인 소유의 주택으로써 사택제공기간 또는 무상제공기간이 10년 이상인 주택

⑤ 대물변제 등으로 받은 주택 등

저당권의 실행으로 인하여 취득하거나 취득변제를 대신하여 취득한 주택으로써 취득일부터 3년이 경과하지 아니한 주택 등

필수 세무상식 법인 주택임대업관련 세무리스크 관리법

최근 법인의 부동산과 관련된 세제에서도 개인에 못지않은 급격한 변화가 있었다. 구체적으로 2020년 7·10대책을 통해 취득세 중과세제도가 도입된 한편 보유세가 대폭 인상되었고 법인세 추가과세율은 10%에서 20%로 인상되었다. 그런데 이러한 세율 인상 이외에도 법인의 주택임대업 세제에서 상당한 변화가 있었는데 이 대목에서 상당히 많은 세무리스크들이 발생하고 있다. 그래서 이하에서는 이와 관련된 다양한 문제점들을 분석해보고자 한다.

1. 법인 주택임대업관련 세무리스크 발생 사례

K법인은 아래와 같이 주택임대등록을 하였다. 상황에 답하면?

자료

- 2022년 2월 주거용 오피스텔 4채를 분양받아 단기임대로 주택임대등록함.
- 소재지역 : 서울
- 2022년 기준시가 합계 7억 원

- 상황1 : 위 오피스텔에 대해서는 종합부동산세 합산배제나 법인세 추가과세 적용배제를 받을 수 있는가?
- 상황2 : 위 오피스텔에 대해 2022년 종합부동산세 예상액은?
- 상황3 : 위 오피스텔에 대해 추가법인세는 얼마나 예상되는가? 단, 양도차익은 2억 원 정도 예상된다.
- 상황4 : 위 경우 어떤 대책들이 있을까?

상황에 대해 순차적으로 답을 찾아보자.

첫째, (상황1) 위 오피스텔에 대해서는 종합부동산세 합산배제나 법인세 추가과세 적용배제를 받을 수 있는가?

둘 모두 받을 수 없다. 2020년 6월 18일 이후 조정대상지역 내에서 취득해 임대등록한 경우에는 이러한 혜택을 받을 수 없도록 법이 개정되었기 때문이다. 2020년 6·17대책에 따른 것이다.

☞ 이처럼 법인이 조정대상지역에서 주택 등을 취득해 임대등록하더라도 세제혜택이 없다(단, 건설임대주택은 혜택이 남아 있다. 제9장 '필수 세무상식'을 참조하기 바란다).

둘째, (상황2) 위 오피스텔에 대해 2022년 종합부동산세 예상액은?

2022년의 경우 기준시가 합계액 7억 원에 6%(조정지역 2주택 이상 시 적용)를 곱한 4,200만 원이 종합부동산세 산출세액이 된다(재산세 중복분은 공제는 미반영함). 이외 농어촌특별세가 종합부동산세 산출세액의 20%만큼 추가된다. 참고로 법인 종합부동산세는 개인 종합부동산세처럼 세부담 상한율(150~300%)이 적용되지 않으므로 계산이 되는 대로 무조건 이 세금을 부담해야 한다.

셋째, (상황3) 위 오피스텔에 대해 추가법인세는 얼마나 예상되는가? 단, 양도차익은 2억 원 정도 예상된다.

2022년에 적용되는 추가법인세율은 20%(비사업용 토지는 10%)이다. 따라서 사례의 경우 4천만 원(지방소득세 포함 시 4,400만 원)이 된다. 추가법인세는 당기순이익에 대해 과세되는 것이 아닌 양도차익에 대해 과세되는 법인세에 해당한다.

넷째, (상황4) 위 경우 어떤 대책들이 있을까?

이 법인의 경우 종합부동산세가 상당히 많이 나올 가능성이 높다. 따라서 아래와 같은 대책을 마련하는 것이 좋을 것 같다.

- 임대 중 자진말소하여 사택으로 활용
- 임대 중 자진말소하여 외부나 직원 등에게 양도

참고로 임대 중 자진말소한 경우 민간임대주택법상 과태료는 면제되나 추가법인세 과세에서 제외되기 위해서는 임차인의 동의를 얻어야 하고, 임대의무기간인 4년의 1/2 이상 임대를 한 상태에서 말소 후 1년 내에 처분해야 한다. 이에 반해 자동말소는 이러한 조건 없이 언제든지 양도해도 추가법인세를 과세하지 않는다.

2. 법인 주택임대업관련 세무리스크 관리법

법인이 등록한 임대주택에 대한 세무리스크를 예방하기 위해서는 근래에 발생한 세제 등의 변화에 능통해야 한다. 기존주택을 매입해 신규로 등록하고자 하는 경우와 기존 등록자로 구분하여 살펴보자.

(1) 신규로 등록하고자 하는 경우

2022년 1월 현재 시점에서 신규로 임대등록을 한다고 가정하고 아래 내용을 살펴보자.

첫째, 다세대주택과 다가구주택, 주거용 오피스텔 정도만 10년 이상 장기로만 등록할 수 있다. 2020년 8월 18일 이후에는 단기임대와 아파트등록제도는 폐지되었기 때문이다.

둘째, 조정대상지역에 소재한 다세대주택 등은 등록을 하더라도 종합부동산세 합산배제나 법인세 추가법인세 적용배제 혜택을 받을 수 없다. 2020년 6·17대책에 의해 이에 대한 혜택을 박탈시켰기 때문이다. 결국 법인이 신규 임대등록을 통해 기대할 수 있는 것은 비조정대상지역의 다세대주택 등과 건설임대주택 정도가 된다.

(2) 기존에 등록한 경우

기등록자들은 자동말소와 자진말소제도의 도입에 따라 세제변화가 상당하여 이 점을 고려할 필요가 있다.

① 자동말소가 되는 경우

기등록한 법인 임대사업자들은 4년단기는 100%, 8년장기는 아파트에 한해 등록이 자동말소된다. 이 경우 기받은 세제혜택은 그대로 인정되며, 말소된 후에는 종합부동산세는 과세로 변하며, 추가법인세 면제혜택도 그대로 주어진다. 자동말소는 종합부동산세 정도만 쟁점으로 대두되므로 이에 대한 대책(처분 등)만 꾸리면 된다.

② 자진말소를 하고자 하는 경우

4년이나 8년 의무임대기간이 경과하기 전이라도 자진하여 등록을 말소시킬 수 있다. 이 경우 과태료 3천만 원은 면제받을 수 있으며, 이미 받은 종합부동산세 합산배제도 그대로 인정이 된다. 다만, 자진말소 후에는 종합부동산세가 과세되며, 의무임대기간의 1/2 이상 임대한 상태에서 말소하고 말소일로부터 1년 내에 양도하면 법인세 추가과세를 적용하지 않는다.

※ 저자 주

주택을 건설해 임대하는 경우에는 예전처럼 취득세 감면, 재산세 감면, 종합부동산세 합산배제, 법인세 추가법인세 면제 등을 받을 수 있다. 이는 우대의 대상에 해당하기 때문이다. 따라서 사용승인 전에 임대업으로 사업자등록을 내면 대부분 이러한 혜택을 받을 수 있다. 다만, 사업을 진행할 때 법인으로 할 것인지는 신중을 기해야 한다. 개인으로 하면 10년 이상 임대 시 장기보유특별공제를 70% 적용해주기 때문이다(제9장 '필수 세무상식' 참조).

필수 세무상식

법인의 주택매각에 따른 부가가치세 리스크 관리법

법인이 주택을 매각하는 경우 부가가치세가 발생하는지의 여부에도 관심을 둘 필요가 있다. 전용면적 85㎡ 초과 주택을 양도하면 부가가치세가 발생하는 것이 원칙이기 때문이다. 이하에서 이에 대한 세무리스크 발생 사례 및 이의 관리법 등을 알아보자.

1. 법인의 주택매각에 따른 세무리스크 발생 사례

K법인이 보유한 주택은 아래와 같다. 상황에 따라 답을 하면?

자료

- ㅇ 매도예상가액 : 5억 원(부가가치세 별도)
- ㅇ 전용면적 : 85㎡ 초과
- ㅇ 용도 : 임대용

- 상황1 : 이 주택을 양도하면 부가가치세가 발생하는가?
- 상황2 : 주택임대업의 영위기간에 대한 제한은 없는가?
- 상황3 : 만일 이 주택을 K법인의 대표이사가 사용한 경우라면 부가가치세가 발생하는가?
- 상황4 : 위 주택은 재고자산에 해당한다고 한다. 이 경우 부가가치세가 발생하는가?
- 상황5 : 위 주택에 대해 부가가치세가 과세되는 경우 부가가치세는 얼마인가?

상황에 대해 순차적으로 답을 찾아보자.

첫째, (상황1) 이 주택을 양도하면 부가가치세가 발생하는가?

주택임대업에 사용되던 고정자산은 「부가가치세법」상 면적과 무관하게 부가가치세가 과세되지 않는다(「부가가치세법」 제14조). 물론 과세사업에 사용한 후 양도하는 경우라면 원칙적으로 부가가치세가 과세된다. 사례의 경우에는 주택임대업용으로 사용되는 자산이므로 부가가치세가 발생하지 않는다고 할 수 있다.

둘째, (상황2) 주택임대업의 영위기간에 대한 제한은 없는가?

주택을 임대한 후에 이를 양도하면 부가가치세가 발생하지 않는다. 그렇다면 여기서 임대업용으로 사용하는 기간이 얼마나 되어야 이를 인정받을 수 있는지의 여부가 중요하다. 세법은 이에 대해 정한 바가 없다. 따라서 주택임대업으로 등록을 하였거나, 임대계약서 등에 분양목적의 주택임을 표시함이 없이 임대기간을 2년 이상 장기로 계약하는 등 사실상 주택임대업을 영위하는 것으로 인정받을 수 있도록 미리 대비책을 강구해두는 것이 좋을 것으로 보인다. 참고로 판매용을 임대용으로 전환한 경우에는 당초 사업목적 및 임대조건, 실제 사업내용 등에 의하여 사실판단 함에 주의하기 바란다.

셋째, (상황3) 만일 이 주택을 K법인의 대표이사가 사용한 경우라면 부가가치세가 발생하는가?

주택을 상시 주거용으로 사용하는 경우에는 역시 부가가치세가 발생하지 않는다. 따라서 이 같은 상황에서 자산을 매각하는 경우에도 역시 부가가치세가 발생하지 않는다. 참고로 아파트(주택)를 사업용(기숙사 임대업 등)으로 임대하는 경우에는 과세임대용역으로 보아 부가가치세가 발생함에 유의해야 한다.

넷째, (상황4) 위 주택은 재고자산에 해당한다고 한다. 이 경우 부가가치세가 발생하는가?

전용면적 85㎡ 초과 주택을 판매목적으로 보유한 후에 이를 매각하면 부가가치세가 발생하는 것이 원칙이다. 부가가치세가 과세되는 재화에 해당하기 때문이다. 참고로 이러한 주택이 판매되지 않아 일시 임대를 한 후에 양도하면 부가가치세가 과세되는 것이 원칙이다. 만일 이에 대해 부가가치세를 내지 않으려면 임대용이나 주거용으로 사용했음을 입증해야 할 것으로 보인다. 상황2의 답변을 참고하기 바란다.

다섯째, (상황5) 위 주택에 대해 부가가치세가 과세되는 경우 부가가치세는 얼마인가?

부가가치세는 전체 공급가액 중 건물 공급가액에 대해 10%가 부과된다. 따라서 전체 공급가액 5억 원을 감정평가액이나 기준시가로 안분하여 토지와 건물의 공급가액을 정해야 한다. 만일 건물의 공급가액이 2억 원이라면 이의 10%인 2천만 원이 부가가치세에 해당한다. 참고로 부가가치세를 줄이기 위해 건물의 공급가액을 기준시가의 비율로 안분한 것과 30% 넘게 차이 나게 줄이는 경우 이를 인정하지 않고 기준시가의 비율로 안분하도록 하고 있다.

2. 법인의 주택매각에 따른 세무리스크 관리법

법인소유 주택의 양도 시 발생할 수 있는 부가가치세 관련 세무리스크 관리법을 정리하면 아래와 같다.

첫째, 업종별로 부가가치세 과세여부를 파악해야 한다.

일반적으로 부동산을 보유한 법인의 사업 내용에 따라 부가가치세 과세여부가 결정된다. 먼저 부가가치세가 과세되는 경우는 아래와 같다.

- 부동산매매업 : 전용면적 85㎡ 초과 주택이나 상가 등 비주거용 건물을 공급하는 경우
- 부동산임대업 : 상가 등 비주거용 건물을 임대하는 경우

한편 아래와 같은 경우에는 부가가치세가 면세된다.

- 부동산매매업 : 전용면적 85㎡ 이하의 주택을 공급하는 경우
- 부동산임대업 : 주택 등 주거용 건물을 임대한 후에 공급하는 경우

둘째, 임대용 주택을 양도할 때에는 미리 부가가치세 발생 여부를 확인하자.

제3자나 임직원 등이 주거용으로 사용한 경우에는 해당 임대료에 대해서는 부가가치세가 발생하지 않으므로 해당 주택을 양도하면 부가가치세가 발생하지 않는다. 하지만 사업을 위한 주거용 주택으로 제공한 경우에는 부가가치세가 발생할 수 있음에 유의해야 한다. 예를 들어 아파트를 기숙사용도로 임대해준 경우 이는 과세사업에 해당한다. 한편 판매용 주택을 임시적으로 임대한 경우에도 사실판단에 따라 부가가치세가 발생할 수 있음에 유의해야 한다.

셋째, 부가가치세 계산법에 유의해야 한다.

부가가치세 과세대상 자산을 양도하면 전체 공급가액 중 건물의 공급가액에 10%만큼 부가가치세가 발생한다. 이때 공급가액은 임의로 정할 수 있으나, 기준시가 비율로 안분한 것에 비해 30% 넘게 차이가 발생하면 세법은 기준시가 비율로 안분함에 유의해야 한다. 한편 부가가치세 부담을 누가할 것인지의 여부는 계약에 따르는 것이 원칙이다.

① 부가가치세 별도로 계약한 경우

부가가치세 별도로 계약한 경우에는 매수자가 이를 부담한다.

② 부가가치세가 공급가액에 포함된 것으로 계약한 경우

부가가치세가 공급가액에 포함된 것으로 계약한 경우에는 공급가액 안에 부가가치세가 포함된 것으로 본다. 따라서 이 경우 매도자가 이를 부담한다.

③ 부가가치세에 대한 별도의 언급이 없는 경우

부가가치세 부담에 대한 별도의 언급이 없는 경우에는 공급가액에 부가가치세가 포함되는 것으로 한다(「부가가치세법 기본통칙」 13-48-1).

개인의 양도소득세 중과세 대 사업자의 비교과세 대 법인의 추가과세 비교

부동산을 양도하면 개인은 양도소득세(중과세), 개인사업자는 종합소득세(비교과세), 법인은 법인세(추가과세)를 적용받는다. 이하에서 양도소득과 사업소득 그리고 법인소득에 대한 세금계산구조를 비교해보고, 이들이 각각 어떠한 상황에서 유리한지에 대해 정리해보자.

1. 세금계산구조의 비교

이들의 세금계산구조를 비교해보면 다음과 같다.

양도소득세	종합소득세	법인세
양도가액	수익	수익
− 취득가액 및 필요경비	− 비용(대표 인건비는 불인정)	− 비용(대표 인건비는 인정)
= 양도차익	= 이익	= 이익
− 장기보유특별공제	± 세무조정	± 세무조정
= 소득금액	= 소득금액	= 소득금액
− 기본공제	− 종합소득공제	− 이월결손금 등
= 과세표준	= 과세표준	= 과세표준
× 세율(일반세율, 중과세율 등)	× 세율(기본세율, 비교과세)	× 세율(기본세율, 추가세율)
= 산출세액	= 산출세액	= 산출세액

참고로 보유기간에 따른 세율차이를 일반과세와 중과세 등으로 나눠 살펴보면 다음과 같다.

보유기간		양도소득세*	종합소득세	법인세
일반과세	1년 미만	50%(주택 · 입주권 70%)	기본세율	기본세율
	1~2년 미만	40%(주택 · 입주권 60%)		
	2년 이상	기본세율		
중과세/비교과세/추가과세	2주택 중과세	기본세율 + 20%p	비교과세	추가과세 (주택은 20%, 토지는 10%)
	3주택 중과세	기본세율 + 30%p		
	비사업용 토지	기본세율 + 10~20%p		

* 2022년부터 토지에 대한 일반세율이 70%, 60%, 6~45%로, 중과세율은 기본세율+20~30%p로 인상될 예정이었으나 보류되었다.

양도소득세는 원칙적으로 보유기간에 따라 세율이 결정된다. 하지만 종합소득세는 보유기간과 관계없이 소득세 기본세율, 법인세도 보유기간과 관계없이 법인세 기본세율이 적용된다. 다만, 비사업용 토지와 주택에 대해서는 비교과세(법인은 토지 10%, 주택 20% 추가과세)제도가 적용된다.

☞ 비교과세제도와 추가과세제도는 투기성이 높은 부동산을 규제하는 제도에 해당한다.

사례

양도소득세 중과세(+20%p), 종합소득세 비교과세, 법인세 20% 추가과세를 비교하면 다음과 같다. 단, 양도차익은 2억 원이며, 사업관련 비용은 1억 원이라고 하자. 이외 사항은 무시하기로 한다.

구 분		양도소득세	종합소득세	법인세
일반과세 분석	양도차익	2억 원	2억 원	2억 원
	− 사업관련 비용	0원	1억 원	1억 원
	= 과세표준	2억 원	1억 원	1억 원
	× 세율	38%	35%	10%
	− 누진공제	1,940만 원	1,490만 원	0원
	= 산출세액①	5,660만 원	2,010만 원	1천만 원(5천만 원)*
중과세/비교과세/추가과세 분석		중과세	비교과세	추가과세
	산출세액②	9,660만 원	9,660만 원	3천만 원
	산출근거	2억 원×58%−1,940만 원 = 9,660만 원	Max[2,010만 원, 9,660만 원] = 9,660만 원	1천만 원 + 2억 원 × 20% = 5천만 원
차이(②−①)		4천만 원	7,650만 원	4천만 원(0원)*

* 법인이 주택을 양도하면 원칙적으로 일반법인세 외에 추가법인세가 동시에 과세된다.

양도소득세 중과세나 종합소득세 비교과세, 법인세 추가과세가 적용되면 일반과세에 비해 모두 세금이 증가한다.

2. 개인에 대한 장단점 분석

개인이 사업성격이 없이 일시적으로 양도하면 양도소득이 발생한다.

먼저 양도소득이 유리한 상황을 분석하면 다음과 같다.

(1) 양도소득세 비과세나 감면을 받을 수 있는 경우

취득한 주택이 양도소득세 비과세나 감면을 받는다면 세금에서 자유롭기 때문에 이 경우에는 개인으로 양도하는 것이 좋다.

(2) 양도소득세가 얼마 안 나오는 경우

양도소득세가 얼마 나오지 않는 경우에도 양도소득세로 정리하면 좋다.

다음으로 양도소득이 불리한 상황을 정리하면 다음과 같다.

1) 매매횟수가 잦은 경우

개인이 매매횟수가 많아지면 부동산매매사업에 해당되는지를 검토할 필요가 있다. 이에 대한 판단에서 오류가 발생한 경우에는 세금추징문제가 발생하기 때문이다. 참고로 부동산매매업을 영위하기 위해서는 부동산매매업으로 사업자등록을 하면 된다. 만일 사업자등록을 하지 않은 경우에는 각 1과세기간(1.1.~6.30., 7.1.~12.31.)에 1회 이상의 부동산을 취득하고 2회 이상 양도하면 부동산매매업으로 간주되기도 한다.

2) 이자비용 등 일반관리비 등이 많이 소요되는 경우

이자비용 등 일반관리비는 양도소득세 계산 시 필요경비로 인정되지 않는다. 따라서 이를 인정받으려면 개인매매사업자나 법인매매사업자로 등록할 수밖에 없다.

3) 단기간 매매를 할 경우

부동산을 단기간에 매매할 경우 양도소득세율이 50% 등으로 기본세율보다 높다. 따라서 세금이 많이 나올 수 있기 때문에 이 경우에는 매매사업자등록을 통해 매매하는 것이 유리하다. 다만, 중과세제도가 적용되는 경우에는 개인매매업의 실익이 없다. 이러한 상황에서는 법인설립을 검토하는 것이 좋다.

☞ 참고로 주택임대소득을 획득할 목적이고 그 주택임대소득이 2천만 원 이하라면 개인매매사업자나 법인으로 할 이유는 없다.

3. 개인사업자에 대한 장단점 분석

매매사업자등록을 낸 후 종합소득세로 세금을 정산하는 것을 말한다.

먼저 종합소득이 유리한 상황은 대체적으로 다음과 같다.

(1) 단기적으로 매매하는 경우

종합소득세는 보유기간과는 상관없이 기본세율이 적용되므로 단기매매를 자주 하는 경우에는 종합소득세가 유리하다. 다만, 양도소득세 중과세가 적용되면 비교과세제도가 적용되므로 매매사업자로써의 실익이 거의 없다. 따라서 중과세 대상이 아닌 부동산을 단기적으로 매매하는 경우에 개인매매사업을 적극 검토하는 것이 좋다.

(2) 거주주택을 양도하는 경우

매매사업용 주택이 몇 채가 있고 거주주택이 1채가 있는 상태에서 거주주택을 양도하는 경우 비과세가 가능하다. 사업용 주택과 거주주택은 별개이기 때문이다.

☞ 실무적으로 사업용 주택과 개인용 주택이 엄격히 구분이 안되는 경우가 많다. 이럴 때에는 법인형태가 좋다.

다음으로 종합소득이 불리한 상황은 다음과 같다.

1) 양도소득세 중과세가 적용되는 경우

양도소득세가 중과세되는 부동산은 이를 매매사업자의 형태로 매매해도 실익이 없는 대신 관리비용만 나갈 수 있다. 중과세 부동산에 대해서는 종합소득세와 양도소득세 중 많은 세액을 내야 하는 비교과세제도가 적용되기 때문이다. 따라서 이러한 중과세대상 부동산은 개인과 법인의 세금을 비교한 후에 투자형태를 결정해야 한다.

2) 종합소득세가 얼마 안 나오는 경우

이 경우에는 차라리 양도소득이 낫다. 사업자의 경우 관리비용만 증가할 수 있기 때문이다.

3) 주택의 전용면적이 85m^{2}를 초과하는 경우

주택의 전용면적이 85㎡를 초과하면 이를 매매할 때 건물공급가액의 10%만큼 부가가치세가 발생한다. 따라서 이를 회피하려면 개인매매사업자나 법인등록을 하지 않는 것이 유리하다.

☞ 다만, 당초 주택임대업을 영위하는 경우에는 사업자유형이 면세사업자이므로 이러한 상태에서 85m^2 초과 주택을 양도하면 부가가치세 없이 양도할 수 있다(면세사업의 부수재화에 해당함. 초보자의 관점에서는 이해하기 힘들 수 있다).

4. 법인에 대한 장단점 분석

법인소득은 법인이 주체가 되어 획득하는 소득을 말한다.

먼저 법인소득이 유리한 상황은 대체적으로 다음과 같다.

(1) 지속적으로 부동산업을 하고자 하는 경우

법인은 개인과는 달리 법인격을 가진 법인의 이사회 등을 중심으로 운영되기 때문에 개인보다 기업의 영속성이 우월하다.

(2) 양도소득세 중과세 대상 부동산(예 : 비사업용 토지)을 매매하는 경우

양도소득세 중과세 대상 부동산을 매매하는 경우에는 개인보다 법인이 유리하다. 개인이 매매사업을 하면 40%나 50%(주택·입주권은 60~70%)인 양도소득세 중과세율이 적용될 수 있으나, 법인의 경우에는 기본세율 외에 10%(주택은 20%)를 추가하면 그만이기 때문이다.

☞ 양도소득세와 법인세만 비교하면 일반적으로 법인세가 저렴하다.

(3) 개인에게 종합부동산세가 많이 나오는 경우

법인에게로 소유권이 분산되면 종합부동산세가 적게 나올 수 있다. 하지만 최근 법인 소유 주택에 대한 종합부동산세율이 크게 올라서 그 반대가 될 수 있음에 유의해야 한다.

(4) 개인용 주택을 매매하는 경우

개인이 보유한 거주주택에 대해서는 확실히 비과세를 받을 수 있다. 법인이 보유한 주택과 개인이 보유한 주택의 구분이 확실히 되기 때문이다. 따라서 개인매매업에 대한 사업성 판단이 힘들 것으로 예상되면 차라리 법인을 세워 거주주택을 양도하는 방식이 훨씬 더 나을 것으로 판단된다.

☞ 개인매매사업자들의 가장 큰 아킬레스건이 바로 이 부분이다. 하지만 법인은 이러한 문제점을 정확히 해결해준다.

(5) 개인의 소득세율이 높은 경우

개인에게 이자나 배당소득, 근로소득, 사업소득 등이 발생하면 이를 합산하여 과세하게 되는데 이렇게 되면 최고 45%까지의 세율을 적용받게 된다. 따라서 본인의 소득세율이 높은 경우에는 개인사업자의 형태는 가급적 배제하는 것이 좋다. 이러한 관점에서 보면 고소득자들은 법인의 형태가 더 좋을 가능성이 높아진다.

(6) 상속·증여를 생각하는 경우

개인이 소유하고 있는 부동산은 언젠가는 상속이 된다. 그런데 이러한 부동산을 상속이나 증여로 이전하면 상속세나 증여세 그리고 취득세 등이 나온다는 것이 문제다. 그리고 부동산을 일일이 이전해야 하므로 번거롭기까지 한다. 하지만 법인의 주식으로 관리하면 부동산이 유동화되어 손쉽게 부의 이전을 이룰 수 있다.

☞ 법인을 활용해 부동산을 상속·증여하고자 하는 경우에는 반드시 저자나 세무전문가의 도움을 받아 처리해야 낭패를 보지 않는다.

(7) 건강보험료를 고려하는 경우

개인의 경우에는 지역에서 건강보험료를 부과받는 것이 원칙이나, 직장가입자들은 사업장에서 건강보험료를 내게 된다. 부동산 법인이 좋은 이유는 대표이사는 자신에 맞게 급여를 조절할 수 있다는 점이다.

다음으로 법인소득이 불리한 상황은 다음과 같다.

1) 취득세 중과세가 적용되는 경우

개인들은 취득세가 1~12% 내에서 다양하게 나올 수 있으나, 법인은 원칙적으로 12%가 나올 수 있다. 따라서 이처럼 취득세가 많이 나오면 법인으로의 취득의 장점이 사라지게 된다.

☞ 법인이 수도권 과밀억제권역 내에서 주택을 취득하면 「지방세법」 제13조에 따른 중과세가 아닌 제13조의2 규정에 따른 취득세율이 적용된다. 따라서 이 경우 주택임대업으로 등록해도 여전히 12%의 세율이 적용됨에 유의해야 한다.

2) 법인세 추가과세가 적용되는 경우

주택과 토지의 경우 10~20% 추가과세가 적용될 수 있다.

☞ 일반법인세 외에 추가법인세가 부과되면 법인세가 많아지는 것은 사실이다. 하지만 다른 수단을 선택했을 때보다 내는 세금이 더 적을 가능성이 있기 때문에 이 제도가 적용된다고 하여 무조건 법인이 불리하다고 단정 지을 수는 없다.[84)]

3) 배당을 많이 하는 경우

소득세와 법인세 과세에 있어서 일반적으로 법인이 다소 유리해 보이나, 법인은 배당소득세 등이 추가되므로 이 부분을 감안해 실익분석을 해야 한다.

☞ 배당을 연기하거나 배당이 아닌 퇴직급여 등으로 처리하게 되면 관련 세금이 줄어든다.

5. 결론

부동산매매사업을 개인으로 할 것인지 법인으로 할 것인지 이를 결정하기 위해서는 다음과 같은 점을 충분히 고려하여 실익분석을 할 필요가 있다.

구 분	개인사업자	법 인
취득세	유상주택거래 : 1~12%	12%
보유세	• 조정지역 2주택 등 : 1.2~6.0% • 위 외 : 0.6~3.0%	• 6% • 3%
소득세, 법인세	• 중과 대상 주택 : 비교과세 • 비사업용 토지 : 비교과세	• 주택 · 비사업용 토지 : 기본세율 +10~20% 추가과세 • 이익처분 시 14% 배당소득세 부과
부가가치세	주택(85㎡ 초과분)과 건물 : 건물공급가액 10%	좌동

84) 만약 법인세 추가과세 시 적용되는 세율이 10~20%에서 30% 등으로 인상되는 경우에는 법인을 통한 투자메리트가 거의 없어진다. 향후 입법과정이 어떻게 진행될지 관심을 둘 필요가 있다.

필수 세무상식

개인이 특수관계법인에 부동산을 저가양도 시의 세무리스크 관리법

대표이사 등 개인이 특수관계에 있는 법인에게 주택 등 부동산을 저가로 양도하는 경우가 있다. 이렇게 하는 것이 본인한테 득이 되는 경우가 많기 때문이다. 예를 들어 개인이 주택 수를 줄여 양도소득세 비과세를 받거나 양도차익에 대해 법인세로 내는 것이 유리할 수 있다. 하지만 저가거래를 하는 경우에 개인과 법인 그리고 주주 등에게 다양한 세무리스크가 발생할 수 있다. 이하에서 사례를 들어 이의 관리법 등에 대해 알아보자.

1. 개인이 법인에게 저가양도 시의 세무리스크 발생 사례

K씨는 현재 ㈜부동산의 대표이사에 해당한다. 이번에 그는 자신이 보유한 주택을 법인에 양도하고자 한다. 이때 세부담을 최소화하는 방안을 추진하고 있다. 상황에 맞게 답하면?

자료

- 시가 5억 원(취득가액 3억 원)
- 기준시가 3억 원
- 위 물건은 양도소득세 중과세 물건으로 양도 시 50% 정도의 세부담 예상됨.

- 상황1 : 현 상태에서 이를 양도하면 세금은 얼마나 예상되는가?
- 상황2 : 양도소득세를 최소화하기 위해 이 주택을 법인에 3억 원에 양도하고 이후 법인이 5억 원에 양도하는 경우의 세부담 관계는?
- 상황3 : 위 상황2는 세법상 문제가 없는가?
- 상황4 : 세법상 문제가 없으려면 거래금액은 어떻게 정해야 하는가?

위 상황에 대한 답을 찾아보자.

첫째, (상황1) 현 상태에서 이를 양도하면 세금은 얼마나 예상되는가?

양도가액에서 취득가액을 차감한 양도차익에 50%를 적용하면 대략 1억 원의 양도소득세가 예상된다.

둘째, (상황2) 양도소득세를 최소화하기 위해 이 주택을 법인에 3억 원에 양도하고 이후 법인이 5억 원에 양도하는 경우의 세부담 관계는?

이 경우 양도소득세는 0원이 되고, 법인은 취득가액의 12% 정도의 취득세를 낸다. 따라서 법인의 취득단계에서는 3,600만 원 정도의 취득세가 발생하며, 향후 법인이 이를 5억 원에 양도하면 법인세가 발생하게 된다. 이때 법인세는 일반법인세 외에 주택양도차익에 대해 20% 상당액의 법인세가 추가로 발생한다. 따라서 아래와 같은 총 법인세를 예상해볼 수 있다. 단, 법인에서 일반비용 1억 원이 추가로 발생했다고 하자.

구 분	일반법인세	추가법인세	계
이익	2억 원	2억 원	
일반관리비	1억 원	0원	
과세표준	1억 원	2억 원	
세율	10~25% 중 10%	20%	
산출세액	1천만 원	4천만 원	5천만 원

법인이 주택을 취득해 이를 양도하면 개인이 직접 양도하는 경우에 비해 세부담이 줄어들 수 있다. 하지만 최근 취득세와 보유세 등이 대폭 강화되는 한편 세후 이익을 주주에게 배당하면 배당소득세가 나올 수 있으므로 이를 감안하면 저가 양도에 따른 실익이 거의 없을 가능성이 높다.

셋째, (상황3) 위 상황2는 세법상 문제가 없는가?

개인이 특수관계법인에게 부동산을 저가로 양도하면 개인과 법인, 그리고 주주측면에서 세무상 쟁점을 검토해야 한다. 세법은 이러한 거래를 비상적인 거래로 보고 다양한 규제를 할 가능성이 높기 때문이다.

① 개인

개인이 특수관계인에게 저가로 양도하여 조세부담을 회피한 경우 「소득세법」 제101조에서 규정하고 있는 부당행위계산부인제도가 적용될 수 있다. 이 제도가 적용되면 시가로 소득금액을 계산하게 된다. 다만, 무조건 이 제도를 적용하는 것이 아니라 시가와 거래가액의 차액이 3억 원 이상 나거나 시가의 5% 이상 차이가 나게 거래하는 등의 요건을 충족해야 한다.

② 법인

법인은 이 거래를 통해 세부담이 줄어들지 않았다. 따라서 「법인세법」 제52조에서 규정하고 있는 부당행위계산부인제도를 적용받지 아니한다. 결국 저가로 양수한 법인은 향후 처분이익이 발생하면 이에 대해서 법인세를 내면 그만이다.

③ 법인의 주주

개인이 특수관계법인에게 부동산을 저가로 양도하는 경우에는 「상속세 및 증여세법」 제45조의5(특정법인과의 거래를 통한 이익의 증여의제) 규정을 검토해야 한다. 이 규정에 의하면 특수관계에 있는 법인(특정법인)과 시가와 거래가액의 차액이 30% 이상 나거나 시가의 5% 이상 나게 저가로 양도하면 그 특정법인의 주주가 증여받은 것으로 본다(단, 증여이익이 주주별로 1억 원 이상인 경우에 한함). 참고로 여기서 시가는 「법인세법 시행령」 제89조에 의한다.

넷째, (상황4) 세법상 문제가 없으려면 거래금액은 어떻게 정해야 하는가?

이상의 내용을 살펴보면 개인이 법인에게 저가로 부동산을 양도하면 우선 「소득세법」상 부당행위계산부인규정을 적용받게 되므로 「소득세법」상의 시가부터 잘 검토해야 한다. 여기서 시가는 「상속세 및 증여세법 시행령」 제49조 등에서 규정하고 있는 유사매매사례가액 등을 준용한다. 따라서 양도일 전후 3개월 내의 매매사례가액이나 감정가액 등이 있는 경우 이를 기준으로 매매계약을 체결하면 될 것이다. 만약 이에 대한 시가를 알기 힘든 경우에는 보충적 평가방법인 기준시가를 감안해 거래금액을 정해도 이론상 문제는 없다고 보인다.

2. 개인이 법인에게 저가양도 시의 세무리스크 관리법

법인과 특수관계에 있는 개인이 법인에게 부동산을 저가로 양도할 때 발생할 수 있는 세무리스크를 관리하는 방법을 알아보자.

(1) 부당행위계산부인제도 적용 여부 검토

개인이나 법인이 특수관계인과의 저가 양도나 고가 양수 등을 통해 세부담을 줄이는 경우 「소득세법」이나 「법인세법」에서 부당행위계산부인제도를 적용한다. 따라서 특수관계인과 거래를 할 때에는 시가를 확인한 후에 시가와 거래금액의 차액이 3억 원 이상이거나 거래금액이 시가의 5%를 벗어나지 않도록 해야 한다.

(2) 증여세과세제도 적용 여부 검토

개인이 특수관계법인에게 부동산을 저가로 양도하는 상황에서 그 법인의 주주가 이익을 얻은 경우에는 주주에게 증여세가 과세될 수 있다. 다만, 「상속세 및 증여세법」 제45조의5에서 정하고 있는 현저한 이익의 분여 등의 요건을 충족해야 한다. 참고로 이러한 요건을 충족한 경우라도 주주별로 얻는 이익이 각 1억 원 이상이 되어야 증여세가 나온다.

(3) 적정 거래금액 결정

개인이 특수관계법인에게 저가로 양도하는 경우 개인과 법인의 주주에게 과세문제가 발생할 수 있다. 따라서 사전에 「소득세법」상의 시가를 확인하고 이를 기준으로 매매금액을 정하도록 한다. 매매사례가액은 국토부의 홈페이지나 홈택스 사이트 등을 통해 확인해야 한다. 만약 양도일 전후 3개월 동안 매매사례가액 등이 발견된 경우로서 이 금액을 받아들이기 힘든 경우에는 감정평가를 받아 이를 기준으로 거래해도 된다. 이때 감정평가액은 해당 부동산의 기준시가가 10억 원 이하인 경우에는 1개의 것도 인정한다. 감정평가는 양도일 전후 3개월 내에 가격산정이 됨과 동시에 평가서가 작성되어야 한다.

Tip

■ 개인이 부동산을 증여하는 경우

개인이 보유하고 있는 부동산을 특수관계에 있는 법인에게 증여하는 경우가 있다. 이 경우에 세부담관계는 아래와 같다.

1. 증여받은 법인

「법인세법 시행령」 제89조에서 정하는 시가에 맞춰 자산으로 등재하고, 해당 금액을 자산수증이익으로 계상한다. 따라서 이 이익에 대해서는 법인의 익금에 해당하므로 원칙적으로 법인세가 과세된다. 다만, 이월결손금의 보전목적으로 자산수증이익이 발생하면 이에 대해서는 손금불산입의 혜택이 있다.

2. 증여받은 법인의 주주

증여자가 증여를 받은 법인의 지배주주와 특수관계에 있는 상황에서는 주주에게 증여세가 과세될 수 있다. 「상속세 및 증여세법」 제45조의5에서는 특정법인과의 거래를 통해 부가 이전되면 이에 대해서도 증여세를 과세하고 있기 때문이다.

① 지배주주와 그 친족이 직접 또는 간접으로 보유하는 주식보유비율이 100분의 30 이상인

법인(특정법인)이 지배주주의 특수관계인과 다음 각 호에 따른 거래를 하는 경우에는 거래한 날을 증여일로 하여 그 특정법인의 이익에 특정법인의 지배주주등의 주식보유비율을 곱하여 계산한 금액을 그 특정법인의 지배주주등이 증여받은 것으로 본다. (2019.12.31. 개정)

1. 재산 또는 용역을 무상으로 제공받는 것 (2019.12.31. 개정)
2. 재산 또는 용역을 통상적인 거래 관행에 비추어 볼 때 현저히 낮은 대가로 양도·제공받는 것 (2019.12.31. 개정)
3. 재산 또는 용역을 통상적인 거래 관행에 비추어 볼 때 현저히 높은 대가로 양도·제공하는 것 (2019.12.31. 개정)
4. 그 밖에 제1호부터 제3호까지의 거래와 유사한 거래로서 대통령령으로 정하는 것 (2019.12.31. 개정)

② 제1항에 따른 증여세액이 지배주주등이 직접 증여받은 경우의 증여세 상당액에서 특정법인이 부담한 법인세 상당액을 차감한 금액을 초과하는 경우 그 초과액은 없는 것으로 본다. (2019.12.31. 개정)

제 7 장

토지매매 및 임대법인의 세무리스크 관리법

토지를 매매하거나 임대하는 법인의 경우에도 다양한 세무리스크가 발생한다. 세법은 토지를 무분별하게 보유하는 것을 억제하기 위해 취득세 중과세나 보유세 과세, 법인세 추가과세 등을 적용한다. 이외에도 업무무관자산에 해당하면 관련 유지비용들을 비용으로 인정하지 않는다. 따라서 토지 거래 전에는 반드시 이와 관련된 세무리스크를 파악할 수 있어야 한다.

본 장에서 살펴볼 주요 내용들은 아래와 같다.

- 토지매매 및 임대법인의 세무리스크 진단
- 토지매매 및 임대법인의 사업자등록관련 세무리스크 관리법
- 토지취득관련 세무리스크 관리법
- 토지보유관련 세무리스크 관리법
- 토지임대관련 세무리스크 관리법
- 토지양도관련 세무리스크 관리법
- 법인세가 추가과세되는 비사업용 토지

제1절 토지매매 및 임대법인의 세무리스크 진단

CEO와 실무자들은 토지매매 · 임대법인에서 발생하는 세무리스크의 존재를 점검하고 이에 문제가 있는 경우에는 적극적으로 대책을 세워야 한다. 아래에서 진단을 해보고 대책을 세워보자.

STEP1 각 항목별 체크

아래 해당되는 곳에 'O, ×' 표시를 한다.

구분	상 황	해당 여부
1	토지매매업을 영위 중에 부가가치세가 발생하는 지의 여부를 알고 있다.	
2	토지매매업과 토지임대업의 사업장소재지를 알고 있다.	
3	토지에 대한 세법상의 규제내용을 전체적으로 알고 있다.	
4	보유토지에 대한 업무무관자산 판정을 할 수 있다.	
5	토지취득과 관련해 취득세 중과세문제를 해결할 수 있다.	
6	토지보유와 관련해 발생하는 세무리스크를 알고 있다.	
7	토지임대소득에 대한 과세방법을 알고 있다.	
8	토지를 양도하면 부가가치세가 발생하지 않음을 알고 있다.	
9	토지를 양도하면 법인세가 추가과세될 수 있음을 알고 있다.	
10	세법상 비사업용 토지의 범위를 알고 있다.	

STEP2 대책수립

위에서 파악된 '×'표시에 따라 다음과 같이 대책을 세운다.

- ×표시가 7개 이상 → 토지매매 · 임대법인관련 세무리스크에 대한 이해가 전혀 안되어 있다. 따라서 지금 당장 이에 대한 대비책을 세우도록 한다.
- ×표시가 4~6개 → 토지매매 · 임대법인관련 세무리스크에 대한 이해가 어느 정도 되어 있다. 따라서 현행의 제도를 정비하고 부족한 부분을 보완한다.
- ×표시가 3개 이하 → 토지매매 · 임대법인관련 세무리스크에 대한 이해가 되어 있다. 현행의 제도를 유지한다.

제2절 토지매매 및 임대법인의 사업자등록관련 세무리스크 관리법

토지와 관련하여 사업을 영위하는 경우 사업자등록과 관련된 세무리스크의 발생 사례 및 이에 대한 관리법을 살펴보자. 토지와 관련하여 발생할 수 있는 업종은 주로 부동산매매업, 부동산임대업 정도가 된다.

❶ 토지매매 및 임대법인의 사업자등록관련 세무리스크 발생 사례1

K법인은 토지의 매매 및 임대를 위해 사업자등록을 준비 중에 있다. 아래 사업자등록증을 보고 각 상황별로 답을 하면?

<table>
<tr><td colspan="2" align="center">사업자등록증
(일반과세자/간이과세자)
등록번호 :</td></tr>
<tr><td>① 상호(법인명) :
③ 개업연월일 :   년   월   일
⑤ 사업장소재지 :
본점소재지
⑥ 사업의 종류 :   업태   종목</td><td>② (대표자)성명 :
④ 생년월일 :</td></tr>
</table>

- 상황1 : 토지를 임대하고자 할 때 사업자유형은 일반과세자인가?
- 상황2 : 토지를 매매하고자 할 때 사업자유형은 일반과세자인가?
- 상황3 : 토지의 임대업과 매매업을 동시에 하고자 하는 경우의 사업자유형은?

상황에 대한 답을 찾아보면 다음과 같다.

첫째, (상황1) 토지를 임대하고자 할 때 사업자유형은 일반과세자인가?

이 상황에 대한 답을 얻기 위해서는 토지의 임대용역에 대한 부가가치세 과세여부부터 확인해야 한다. 「부가가치세법」에서는 임대용역에 대해서는 원칙적으로 부가가치세를 과세한다. 이때 토지의 임대용역도 포함한다. 따라서 토지를 임대하고자 하는 경우의 사업자 유형은 일반과세자가 된다.

☞ 토지의 공급은 재화의 공급에 해당하며 이에 대해서는 면세로 규정되어 있음에 유의해야 한다. 위의 토지임대용역의 공급과 차이가 있다.

둘째, (상황2) 토지를 매매하고자 할 때 사업자유형은 일반과세자인가?

토지를 공급하는 것은 「부가가치세법」상 면세에 해당한다. 따라서 토지만을 공급하는 경우에는 면세사업자로 사업자유형이 결정된다.

셋째, (상황3) 토지의 임대업과 매매업을 동시에 하고자 하는 경우의 사업자유형은?

면세사업과 과세사업을 동시에 경영하는 경우에는 일반과세자로 등록하게 된다.

2 토지매매 및 임대법인의 사업자등록관련 세무리스크 발생 사례2

K법인은 주거용 건물(국민주택)을 신축판매 목적으로 임야를 취득하여 평탄작업 등 대지화한 후, 이 대지의 일부를 분필하여 양도하려고 한다. 각 상황별로 답을 하면?

- 상황1 : K법인의 사업자등록상의 업종은 무슨 업종인가?
- 상황2 : 이 경우 추가법인세를 적용받는가?

상황에 대한 답을 찾아보면 다음과 같다.

첫째, (상황1) K법인의 사업자등록상의 업종은 무슨 업종인가?

K법인이 영위하고 있는 업종은 주택신축판매업에 해당하며 이는 세법상 건설업에 해당한다.

둘째, (상황2) 이 경우 추가법인세를 적용받는가?

보유하고 있는 토지의 성격에 대한 판단을 정확히 한 후 이에 대한 과세판단을 해야 한다. 순차적으로 접근해보자. 초보자는 건너뛰어도 문제가 없다.

STEP1 쟁점은?

K법인이 주택건설용으로 매입한 토지의 일부를 분필하여 양도하는 경우 「법인세법」상 비사업용 토지에 해당되어 추가과세를 적용받는지가 쟁점이 된다.

STEP2 세법규정은?

「법인세법 시행령」 제46조의2의 규정을 보면 지상에 건축물이 정착되어 있지 아니한 토지를 취득하여 사업용으로 사용하기 위하여 건설에 착공(착공일이 불분명한 경우에는 착공신고서 제출일을 기준으로 한다)한 토지는 당해 토지의 취득일부터 2년 및 착공일 이후 건설이 진행 중인 기간(천재지변, 민원의 발생 그 밖의 정당한 사유로 인하여 건설을 중단한 경우에는 중단한 기간을 포함한다)은 사업용으로 사용한 것으로 본다.

STEP3 결론은?

사례의 경우 임야를 취득하여 나대지로 형질변경 등을 하여 건축허가를 득하고 토목공사 등을 한 경우는 앞에서 본 규정에 해당하지 않는다. 건축허가는 받았지만 사실상 착공에는 들어가지 않았기 때문이다. 따라서 사례의 토지는 비사업용 토지에 해당될 가능성이 높다(실무에서는 유권해석을 받아 처리하기 바란다).

☞ 나대지를 취득하여 사업용으로 사용하기 위하여 건설에 착공한 토지는 토지의 취득일로부터 2년 및 착공일 이후 건설이 진행 중인 기간 동안은 비사업용 토지로 보지 아니한다. 아래의 관련 예규를 참조하기 바란다.

관련 예규 : 법인-456, 2009.4.14.

질의

(사실관계)

- 당 법인은 주택건설을 목적으로 토지를 취득하여 2년 6개월 후 건설공사에 착공함.
- 건설공사 진행 중 당해 토지를 양도함.

(질의요지)

- 건설공사 진행 중 당해 토지를 양도하는 경우 비사업용 토지의 판정 방법

회신

귀 질의의 경우, 지상에 건축물이 정착되어 있지 아니한 토지를 취득하여 사업용으로 사용하기 위하여 건설에 착공(착공한 것이 불분명한 경우에는 착공신고서 제출일을 기준으로

한다)한 토지는 당해 토지의 취득일로부터 2년 및 착공일 이후 건설이 진행 중인 기간(천재지변, 민원의 발생 그 밖의 정당한 사유로 인하여 건설을 중단한 경우에는 중단한 기간을 포함한다) 동안은 「법인세법」 제55조의2 제2항 각호의 어느 하나에 해당하지 아니하는 토지로 보아 동항의 규정에 따른 비사업용 토지에 해당하는지 여부를 판정하는 것이며, 사업용으로 사용하기 위하여 건설에 착공한 경우인지 여부는 거래정황 및 계약내용 등을 감안하여 사실판단하기 바람.

3 토지매매 및 임대법인의 사업자등록관련 세무리스크 관리법

토지매매업 등을 영위할 때 사업자등록과 관련된 세무리스크 관리법을 정리하면 다음과 같다.

(1) 업종 등

이와 관련된 업종은 토지매매업이나 토지임대업이 이에 해당한다. 물론 이를 겸업할 수도 있다.

(2) 사업자유형

토지임대업의 경우 일반과세자에 해당한다. 반면 토지매매업의 경우 면세사업자에 해당한다.

(3) 사업장소재지

토지임대업은 부동산소재지가 사업장소재지가 된다. 따라서 각 사업장별로 사업자등록을 하는 것이 원칙이다. 다만, 토지매매업은 본점소재지가 사업장소재지가 된다. 따라서 이곳에서만 사업자등록을 해도 된다.

(4) 기타 세무상 쟁점들

법인이 취득한 토지에 대한 세법상 규제는 다음과 같다. 이러한 내용들은 실무자들이 더 더욱 주의해야 한다.

• 취득세 중과세 : 취득일로부터 3년간 미착공 시 취득세를 중과세한다.

• 재산세 : 주택사업계획승인을 받은 토지는 재산세가 분리과세된다.
• 종합부동산세 : 건설용지에 대해 취득일로부터 5년간 종합부동산세 과세를 유예한다.
• 업무무관자산 여부 : 취득일로부터 5년간 업무무관자산으로 보지 않는다.
• 비사업용 토지 여부 : 취득일로부터 2년간 및 착공 이후의 기간은 사업용 기간으로 본다.

※ 저자 주

최근 토지에 대한 사회적인 문제가 발생함에 따라 개인과 법인이 보유한 토지에 대한 세제강화책이 발표될 가능성이 높아지고 있다. 예를 들어 토지에 대한 단기양도소득세율을 70% 등으로 올리는 식이다. 이외 양도소득세 중과세나 법인세 추가과세제도도 변경될 가능성이 높다. 이러한 점을 충분히 이해하고 이하의 내용들을 봐주기 바란다.

• 2022년 토지관련 세법개정안 요약
  - 단기세율 인상 ; 1년 미만 70%, 1~2년 미만 60%, 2년 이상 6~45%(현재는 50%, 40%, 6~45%)
  - 비사업용 토지 중과세율 인상 : 기본세율+20~30%p(현재는 +10~20%p)
  - 비사업용 토지 장기보유특별공제 적용 배제(현재는 적용)
  - 비사업용 토지에 대한 법인세 추가과세율 : 20~30%(현재는 일반지역 10%, 투기지역 20%)

이에 대한 확정 여부는 2021년 정기국회에서 결정될 것으로 보인다. 그런데 2021년 국회에서는 세율인상이 선의의 토지소유자에 대한 부담을 이어진다는 의견에 따라 이 안을 채택하지 않았다. 다만, 향후 토지에 대한 투기열풍이 다시 분다면 이 안이 재추진될 가능성도 있어 보인다.

토지취득(건설용지 등)관련 세무리스크 관리법

법인이 토지를 취득한다고 하자. 이때 세무상 어떤 쟁점들이 발생할까? 이러한 쟁점들을 미리 알아두고 토지를 취득하는 것이 세무리스크를 줄일 수 있는 지름길이 된다.

1 토지의 취득관련 세무리스크 발생 사례1

K법인은 부동산매매업을 전문으로 하는 법인이다. 아래와 같이 개인으로부터 토지를 취득하였다. 각 상황별로 답을 하면?

자료

구 분	날 짜	금 액
계약	20×9. 1. 5.	3천만 원
중도금	20×9. 2. 5.	1억 7천만 원
잔금	20×9. 3. 5.	5천만 원
계		2억 5천만 원

- 상황1 : 위의 토지의 취득목적이 단순투자용 또는 임대용인 경우 계정과목은?
- 상황2 : 이 토지를 취득하면서 토지조성 공사비가 1천만 원(VAT 별도) 발생했다. 회계처리는 어떻게 해야 하는가?
- 상황3 : 건설자금이자는 취득원가에 산입해야 하는가?

상황에 대한 답을 찾아보면 다음과 같다.

첫째, (상황1) 위의 토지의 취득목적이 단순투자용 또는 임대용인 경우 계정과목은?

단순투자용은 투자자산(매매업은 재고자산), 임대용은 유형자산으로 계상된다. 기업의 취득목적에 따라 계정과목이 달라진다. 건설용지의 경우에도 재고자산으로 분류하는 것이 타당할 것으로 보인다.

둘째, (상황2) 이 토지를 취득하면서 토지조성 공사비가 1천만 원(VAT 별도) 발생했다. 회계처리는 어떻게 해야 하는가?

토지조성비는 취득 후에 발생한 일종의 자본적 지출(자산의 가치를 증가시키는 지출)에 해당한다. 따라서 이 금액도 취득가액에 포함시키는 것이 원칙이다.

(차변) 토지 1,100만 원 (대변) 현금 1,100만 원

☞ 참고로 토지와 관련된 매입세액은 불공제처리되며 모두 취득가액에 합산되는 것이 원칙이다.

셋째, (상황3) 건설자금이자는 취득원가에 산입해야 하는가?

세법은 재고자산에 해당되는 경우에는 건설자금이자를 취득원가에 산입하지 않고 당기 비용처리를 하도록 하고 있다.

2 토지의 취득관련 세무리스크 발생 사례2

위의 K법인은 아래와 같이 토지에 대한 취득계약을 하였다. 각 상황별로 답을 하면?

자료

구 분	날 짜	금 액
계약	20×9. 1. 5.	3천만 원
중도금	20×9. 2. 5.	1억 7천만 원
잔금	20×9. 3. 5.	5천만 원
계		2억 5천만 원

- 상황1 : 이 토지의 취득세는 얼마인가?
- 상황2 : 이 토지를 취득하면 부가가치세가 발생하는가?
- 상황3 : 이 토지를 양도하면 법인세는 어떤 식으로 내야 하는가? 단, 양도가액은 3억 5천만 원이라고 하자. 또한 법인세를 계산할 때 일반관리비가 1억 원 발생한다고 가정하자.

상황에 대한 답을 찾아보면 다음과 같다.

첫째, (상황1) 이 토지의 취득세는 얼마인가?

법인이 토지(나대지 등)를 취득하는 경우 취득세율은 다음과 같이 적용된다(단, 이외에 농특세, 지방교육세 등도 발생할 수 있음).

구 분	기본취득세율	중과세율	계
중과세가 적용되지 않는 경우	4%	-	4%
중과세가 적용되는 경우	4%	4%(2% × 2배)	8%

따라서 농특세 등을 포함한 총 취득세는 다음과 같다.

구 분	취득가액	총 취득세율				총 취득세
		세율	농특세율	지방 교육세율	계	
중과세가 적용되지 않는 경우	3억 원	4%	0.2%	0.4%	4.6%	1,380만 원
중과세가 적용되는 경우	3억 원	8%	0.2%	1.2%	9.4%	2,820만 원

둘째, (상황2) 이 토지를 취득하면 부가가치세가 발생하는가?

개인들이 토지를 양도하면 부가가치세를 면제한다. 그리고 법인이 이를 양도하는 경우 형평성 차원에서 이를 면제한다. 이렇게 토지취득과 관련되어서는 부가가치세가 면제되므로 이를 취득하면서 발생하는 매입세액은 매출세액에서 공제되지 않는다. 예를 들어 토지를 취득하면서 발생하는 공인중개사 수수료에 부과되는 부가가치세가 대표적이다.

셋째, (상황3) 이 토지를 양도하면 법인세는 어떤 식으로 내야 하는가? 단, 양도가액은 3억 5천만 원이라고 하자. 또한 법인세를 계산할 때 일반관리비가 1억 원 발생한다고 가정하자.

법인이 토지를 취득하여 판매하는 것은 전형적인 매매사업에 속한다. 그런데 이에 대해 「법인세법」은 법인의 이익에 기본세율을 적용한 일반법인세 외에 이의 양도차익에 대해 10%(주택은 20%)의 법인세를 추가로 과세하고 있다. 따라서 다음과 같이 세금이 도출된다.

구 분	일반법인세	추가법인세	계
양도차익	1억 원	1억 원	
- 일반관리비	1억 원	0원	
= 과세표준	0원	1억 원	
× 세율	기본세율	10%	
누진공제	0원	0원	
= 산출세액	0원	1천만 원	1천만 원

법인이 매매사업을 영위하는 경우 일반법인세는 비용을 추가하는 방법으로 이익을 줄일 수 있지만 추가과세가 적용되는 경우에는 이러한 비용이 반영되지 않으므로 발생한 차익에 대해 1천만 원 정도의 법인세를 부담해야 한다.

3 토지의 취득관련 세무리스크 관리법

법인이 토지를 취득할 때 발생하는 세무리스크 관리법을 취득세, 부가가치세, 법인세 측면에서 정리하면 다음과 같다.

(1) 취득세

법인도 개인과 같은 취득세를 부담한다. 다만, 일정한 법인이 토지를 취득하면 취득세 중과세가 적용될 수 있다. 따라서 취득 전에 이러한 점에 주의해야 한다.

(2) 부가가치세

법인이 토지를 취득하면 부가가치세가 발생하지 않는다. 토지매입 시 부대비용 등의 지출과 관련하여 발생하는 부가가치세는 환급되지 않는다. 토지(나대지를 말함)를 임대하면 토지임대료에 대해서는 부가가치세가 발생한다.

부가가치세 집행기준 39-80-1 [토지관련 매입세액의 범위]

① 자기의 매출세액에서 공제되지 아니하는 토지 관련 매입세액을 예시하면 다음과 같다.

1. 건축물이 있는 토지를 취득하여 그 건축물을 철거하고 토지만을 사용하는 경우에는 철거한

건축물의 취득 및 철거비용에 관련된 매입세액

2. 토지의 취득을 위한 직접적인 비용으로 발생한 매출주선 수수료 등 토지의 취득에 소요된 것이 명백한 대출금 관련 매입세액
3. 사업자가 금융자문용역을 공급받고 발행받은 세금계산서상의 매입세액 중 토지의 취득과 관련된 매입세액
4. 공장건물 신축을 위하여 임야에 대지조성공사를 하는 경우 해당 공사비용 관련 매입세액
5. 토지의 조성과 건물 · 구축물 등의 건설공사에 공통으로 관련되어 그 실지귀속을 구분할 수 없는 매입세액 중 총 공사비(공통비용 제외)에 대한 토지의 조성 관련 공사비용의 비율에 따라 계산한 매입세액
6. 토지의 취득을 위하여 지급한 중개수수료, 감정평가비, 컨설팅비, 명의이전비용에 관련된 매입세액
7. 과세사업을 하기 위한 사업계획 승인 또는 인 · 허가 조건으로 사업장 인근에 진입도로를 건설하여 지방자치단체에 무상으로 귀속시킨 경우 진입도로 건설비용 관련 매입세액

② 토지 관련 매입세액으로 보지 않는 매입세액은 다음과 같다.

1. 공장 또는 건물을 신축하면서 건축물 주변에 조경공사를 하여 정원을 만든 경우 해당 공사 관련 매입세액
2. 과세사업에 사용하기 위한 지하건물을 신축하기 위하여 지하실 터파기에 사용된 중기사용료, 버팀목 및 버팀 철근 등에 관련된 매입세액
3. 토지와 구분되는 감가상각자산인 구축물(옹벽, 석축, 하수도, 맨홀 등) 공사 관련 매입세액
4. 공장 구내의 토지 위에 콘크리트 포장공사를 하는 경우 해당 공사 관련 매입세액
5. 과세사업에 사용하여 오던 자기 소유의 노후 건물을 철거하고 신축하는 경우 해당 철거비용과 관련된 매입세액

(3) 법인세

토지를 양도하면 법인세를 내야 한다. 다만, 비사업용 토지의 경우 법인세 외에 양도차익의 10%(주택은 20%) 상당액을 추가로 내야 한다.

토지보유관련 세무리스크 관리법

법인이 토지를 보유 중에 발생하는 세무리스크들은 취득이나 양도 시보다는 다소 적게 발생한다. 하지만 건설 등을 위해 취득한 토지라도 이를 단순보유만 하고 있다면 세법상 제재를 하는 것이 타당할 것이다. 이하에서 이에 대한 세무리스크 발생 사례와 이의 관리법을 확인해보자.

1 토지보유관련 세무리스크 발생 사례

K법인의 재무상태표가 아래와 같다. 각 상황별로 답을 하면?

자 산	비 고
재고자산 : 주택 용지	미분양 주택 주택건설용
투자자산 : 토지	투자목적용

- 상황1 : 재고자산 중 용지에 대해 보유세가 부과되는가?
- 상황2 : 재고자산 중 용지는 업무무관자산에 해당되어 세법상의 규제를 받는가?
- 상황3 : 투자자산의 토지는 10% 추가과세의 대상인 비사업용 토지에 해당하는가?

상황에 대한 답을 찾아보면 다음과 같다.

첫째, (상황1) 재고자산 중 용지에 대해 보유세가 부과되는가?

보유세는 부동산을 보유한 사실에 대해 부과되는 세목에 해당한다. 따라서 건설용지로 보유한 경우라도 보유세가 과세되는 것이 원칙이다. 다만, 용지는 건설에 공여될 예정이므로 재산세는 저율로 분리과세[85]되는 것이 원칙이며, 종합부동산세는 취득일로부터 5년간은 과세하지 않는다.

85) 「주택법」에 따라 주택건설사업자 등록을 한 주택건설사업자가 주택을 건설하기 위하여 같은 법에 따른 사업계획의 승인을 받은 토지로써 주택건설사업에 제공되고 있는 토지에 해당되어야 분리과세를 적용한다(「지방세법 시행령」 제5항 제7호).

둘째, (상황2) 재고자산 중 용지는 업무무관자산에 해당되어 세법상의 규제를 받는가?

법인이 부동산을 비생산적으로 보유하고 있는 경우에는 업무무관자산으로 보아 규제한다. 이에 해당하면 지급이자 중 일부를 손금으로 인정하지 않는 등의 불이익이 있다.

셋째, (상황3) 투자자산의 토지는 10% 추가과세의 대상인 비사업용 토지에 해당하는가?

세법에서 정한 요건을 충족한 토지는 비사업용 토지로 분류하여 양도차익의 10%를 추가하여 과세하고 있다. 사례의 경우에는 투자목적으로 보유하고는 있으나 비사업용 토지에 해당하는지의 여부는 별도로 판단해야 한다.

2 토지보유관련 세무리스크 관리법

법인의 토지보유 중에 발생할 수 있는 세무리스크 관리법을 정리하면 다음과 같다.

(1) 업무무관자산

업무무관자산에 해당하면 지급이자 일부를 경비로 인정받지 못한다. 통상 취득일로부터 5년 내에 사업용으로 전환하지 않으면 업무무관자산이 된다.

(2) 비사업용 토지의 해당 여부

보유 중인 토지가 비사업용 토지에 해당하면 향후 양도 시 추가과세제도를 적용받게 된다. 참고로 앞의 업무무관자산은 주로 법인세 계산 시 관련 비용을 부인(손금불산입)하는 것을, 비사업용 토지는 법인세 추가과세를 위해 사용되는 개념에 해당한다.

(3) 보유세 과세방식

토지성격에 따라 재산세 과세방식이 달라진다. 이에는 분리과세, 별도합산과세, 종합합산과세방식이 있다. 이들에 대한 과세방식을 정리하면 다음과 같다.

① 분리과세대상토지

논이나 밭, 과수원, 목장용지, 임야의 일부, 공장용 용지(시지역의 산업단지·공단지역의 기준 면적 이내 토지)는 저율로, 골프장이나 고급오락장용 등의 토지는 고율로 과세한다. 이런 항목에 해당하는 토지는 다른 토지와 합산하지 않고 별도의 세율로 분리하여 과세하고, 종합부동산세를 과세하지 않는다(사치성 토지는 이미 고율로 세금을 내고 있어 종합부동산세를 추가하지 않음). 참고로 주택건설용 용지는 사업계획승인을 득한 경우 대부분 저율로 분리과세되고 있다.

재 산 세		종합부동산세
전 · 답 · 과수원 · 목장용지 · 임야	0.07%	해당사항 없음.
골프장 및 고급오락장용 토지	4%	
이외(공장용 용지, 주택건설용 용지 등)	0.2%	

② 별도합산대상토지

공장(시지역 중 산업단지 · 공단지역을 제외한 곳에 있는 공장)용 건축물 부속토지나 영업용 건축물의 부속토지 그리고 자동차운전학원용 토지 등 일정한 것은 별도로 합산하여 과세한다. 이때 건물을 짓고 있는 경우에는 건축물이 있는 것으로 보아 별도합산과세한다.

이렇게 상업용건불 부속토지 등 별도합산토지를 많이 가지고 있는 사람들은 종합부동산세 과세대상이 된다. 다만 별도합산과세토지의 경우 공시지가 기준으로 80억 원을 초과해야 종합부동산세가 과세된다.

재 산 세		종합부동산세	
과세표준	세 율	과세표준	세 율
2억 원 이하	0.2%	160억 원 이하	0.6%
2억 원~10억 원 이하	0.3%(20만 원)	160억 원~960억 원 이하	1%
10억 원 초과	0.4%(120만 원)	960억 원 초과	1.6%

③ 종합합산대상토지

종합합산대상토지는 분리과세와 별도합산토지, 비과세와 과세경감토지를 제외한 모든 토지를 말한다. 예를 들어 놀고 있는 땅(나대지)이나 입지기준 면적을 초과한 공장용지 등이 해당한다. 이러한 종합합산대상토지를 많이 갖고 있어도 종합부동산세가 과세된다.

재 산 세		종합부동산세	
과세표준	세 율	과세표준	세 율
5천만 원 이하	0.2%	17억 원 이하	1%
5천만 원~1억 원 이하	0.3%(5만 원)	17억 원~97억 원 이하	2%
1억 원 초과	0.5%(25만 원)	97억 원 초과	4%

사례

K법인은 주택건설용지를 6년 째 보유 중에 있다. 각 상황별로 답을 하면?

- 상황1 : 이에 대한 재산세 과세방식은?
- 상황2 : 이 용지는 업무무관자산에 해당하는가? 그렇다면 이에 대한 규제내용은?
- 상황3 : 만일 이 용지를 다른 법인에 매각하면 법인세는 추가과세되는가?

상황에 대한 답을 찾아보면 다음과 같다.

첫째, (상황1) 이에 대한 재산세 과세방식은?

주택건설용지를 오랫동안 보유하고 있으면 이는 재산세가 분리과세되는 토지에서 제외될 수 있다. 참고로 사업계획승인을 받은 토지로써 주택건설산업에 제공되고 있는 토지는 재산세가 분리과세된다. 아래의 규정을 참조하기 바란다.

「지방세법」 제102조 제5항 제7호

「주택법」에 따라 주택건설사업자등록을 한 주택건설사업자(같은 법 제11조에 따른 주택조합 및 고용자인 사업주체와 「도시 및 주거환경정비법」 제7조부터 제9조까지의 규정에 따른 사업시행자를 포함한다)가 주택을 건설하기 위하여 같은 법에 따른 사업계획의 승인을 받은 토지로써 주택건설사업에 제공되고 있는 토지는 분리과세를 적용한다.

둘째, (상황2) 이 용지는 업무무관자산에 해당하는가? 그렇다면 이에 대한 규제내용은?

주택건설용지는 5년간만 업무관련자산으로 인정한다. 따라서 사례의 경우 이 기간을 벗어났으므로 업무무관자산에 해당한다. 이렇게 되면 이 자산을 유지하는데 들어간 각종 비용(예 : 재산세, 종합부동산세, 이자비용 등)은 손금으로 인정받지 못한다.

셋째, (상황3) 만일 이 용지를 다른 법인에 매각하면 법인세는 추가과세되는가?

이 토지를 매매하면 비사업용 토지에 해당될 수 있다. 이렇게 되면 일반법인세(기본세율) 외에 10%의 추가과세문제가 있다(단, 2009.3.16.~2012.12.31. 사이에 취득한 토지를 양도 시에는 10% 추가과세를 적용하지 않음).

제5절 토지임대관련 세무리스크 관리법

법인이 토지를 임대하는 경우에는 부가가치세와 법인세가 부과되는 것이 원칙이다. 이하에서 토지임대소득에 대한 법인세를 중심으로 세무리스크 발생 사례 및 이에 대한 관리법을 알아보자.

1 토지임대관련 세무리스크 발생 사례1

K법인은 나대지를 아래와 같이 임대하고 있다. 각 상황별로 답을 하면?

자료

- ○ 임대수입 연간 1억 원
- ○ 임대비용 연간 2천만 원(인건비 등 제외)

- 상황1 : 만약 이 임대소득이 개인에게 발생하였다고 가정할 경우 예상되는 세금은?
- 상황2 : 이 임대소득이 K법인에게 발생한 경우 예상되는 세금은?
- 상황3 : 이 둘의 세금차이는?

상황에 대한 답을 찾아보면 다음과 같다.

첫째, (상황1) 만약 이 임대소득이 개인에게 발생하였다고 가정할 경우 예상되는 세금은?

나대지를 임대하여 발생한 임대소득이 개인에게 발생하면 종합소득세를 내야 한다. 종합소득세는 이 임대소득에 근로소득이나 다른 사업소득 등을 합산하여 소득세 기본세율로 과세하는 세목을 말한다.

둘째, (상황2) 이 임대소득이 K법인에게 발생한 경우 예상되는 세금은?

임대소득이 법인에게 발생하면 법인세를 내야 한다. 법인세는 법인에게 발생하는 모든 소득에 대해 법인세 기본세율로 과세하는 세목을 말한다.

셋째, (상황3) 이 둘의 세금차이는?

상황에 따라 답을 찾아보면 다음과 같다.

구 분	종합소득세	법인세
임대수입	1억 원	1억 원
- 임대비용	2천만 원	2천만 원
= 이익	8천만 원	8천만 원
× 세율	24%	10%
- 누진공제	522만 원	-
= 산출세액	1,398만 원	800만 원

☞ 법인은 개인보다 세율이 저렴하지만 배당소득세 등을 감안하면 다른 결과가 도출될 수 있다.

② 토지임대관련 세무리스크 발생 사례2

K법인은 지목이 대지인 토지를 임대하고 있다. 각 상황별로 답을 하면?

자료

○ 공시지가 : 10억 원
○ 재산세 과세방식 : 종합합산

- 상황1 : 이 토지를 현재 상태에서 양도하면 사업용 토지인가?
- 상황2 : 만일 이 토지를 고물상업자에게 임대하는 경우 사업용 토지가 되기 위한 요건은?

상황에 대한 답을 찾아보면 다음과 같다.

첫째, (상황1) 이 토지를 현재 상태에서 양도하면 사업용 토지인가?

지목이 대지이고 재산세가 종합합산과세되므로 이는 전형적인 비사업용 토지에 해당한다.

둘째, (상황2) 만일 이 토지를 고물상업자에게 임대하는 경우 사업용 토지가 되기 위한 요건은?

이처럼 종합합산과세되는 토지는 비사업용 토지에 해당될 수 있으므로 사업이나 거주에 사용해야 사업용 토지로 전환될 수 있다. 따라서 사례처럼 고물상업자에게 임대하는 경우에는 임차인이 실제 고물상업을 영위해야 한다. 아래의 예규 등을 참조하자.

관련 예규 : 서면4팀－2095, 2007.7.9.

「소득세법」 제104조의 3 제1항 제4호 다목 규정을 적용함에 있어 「폐기물 관리법」에 따라 허가를 받아 폐기물 처리업을 영위하는 자가 당해 사업에 사용하는 토지의 경우 당해 기간 동안은 비사업용 토지로 보지 아니하는 것임.

☞ 양도소득세 집행기준 : 104의3－168의11－11 [하치장용 토지의 범위]

물품의 보관·관리를 위하여 별도로 설치·사용되는 하치장·야적장·적치장 등으로써 매년 물품의 보관·관리에 사용된 최대면적의 1.2배 이내의 토지는 해당 기간 동안 사업용 토지로 보는 것이며, 「자원의 절약과 재활용촉진에 관한 법률」에 따라 재활용사업에 종사하는 사업자의 재활용 가능자원의 수집·보관에 사용된 토지는 하치장용 등의 토지에 해당된다.

3 토지임대관련 세무리스크 관리법

법인이 토지를 임대하면 이는 임대사업자가 되는 것이 원칙이다. 이 경우 부닥치는 세무리스크 관리법을 정리하면 다음과 같다.

(1) 토지임대료

임대보증금에 대해서는 간주임대료를 계산해야 한다. 단, 임대업이 주업이고 차입금이 자기자본의 2배 이상인 법인만 해당한다. 한편 특수관계인에게 무상 또는 저가임대 시 부당행위계산부인제도[86] 등이 적용된다. 다만, 이때 시가와의 차액이 3억 원 미만이거나 임대료가 시가의 100분의 5에 상당하는 금액 미만인 경우에는 이 규정이 적용되지 아니한다.

부당행위계산부인제도는 이러한 임대차관계에서 뿐만 아니라 매매계약, 증자나 감자 등을 할 경우에도 폭넓게 발생함에 유의해야 한다. 법인을 유지할 때 대표이사와 주주를 중심으로 이러한 제도가 자주 등장하는 것이 현실이므로 특수관계인과의 거래 시에는 반드시 세무리스크를 검토하고 대안을 만든 후에 시행하는 것이 좋다.

86) 따라서 이러한 문제점을 예방하기 위해서는 시세대로 임대해야 한다. 시세가 없는 경우에는 감정평가를 받아 진행하기 바란다.

(2) 부가가치세 과세 여부

토지임대료에 대해서도 원칙적으로 부가가치세가 과세된다. 이는 임대용역에 해당하기 때문이다. 다만, 이를 양도할 때에는 재화의 공급에 해당하나 생산요소에 해당하기 때문에 이에 대해서는 부가가치세를 면제하고 있다.

(3) 법인세 과세여부

토지임대소득에 대해서는 원칙적으로 일반법인세가 과세된다.

Tip

■ **토지를 임대하면 비사업용 토지에서 제외될까?**

사업용으로 사용하는 것으로 볼 수 있으나 반드시 그렇다고 할 수 없다. 따라서 이에 대한 정확한 판단을 하기 위해서는 「법인세법」 제55조의2(토지등 양도소득에 대한 과세특례)와 「법인세법 시행령」 제92조의 8(사업에 사용되는 그 밖의 토지의 범위) 등의 규정을 살펴봐야 한다. 동 시행령 제1항 제7호에는 아래와 같은 토지는 사업용 토지로 사용한 것으로 본다.

"물품의 보관·관리를 위하여 별도로 설치·사용되는 하치장·야적장·적치장 등(「건축법」에 따른 건축허가를 받거나 신고를 하여야 하는 건축물로서 허가 또는 신고없이 건축한 창고용 건축물의 부속토지를 포함한다)으로서 당해 사업연도 중 물품의 보관·관리에 사용된 최대면적의 100분의 120 이내의 토지"

토지양도(매매)관련 세무리스크 관리법

법인이 보유한 토지를 양도한다고 하자. 그렇다면 이 양도소득에 대해서는 법인세를 내는 것은 당연하다. 그런데 문제는 이렇게 토지를 양도하면 일반법인세 외에 추가법인세가 부과된다는 점이다. 이하에서 이와 관련된 세무리스크 발생 사례 및 관리법을 살펴보자.

1 토지양도관련 세무리스크 발생 사례1

K씨는 다음과 같은 토지를 보유하고 있다. 각 상황별로 답을 하면?

자료

- ㅇ 예상양도가액 : 3억 원
- ㅇ 취득가격 : 2억 원
- ㅇ 보유기간 : 5개월
- ㅇ 위 토지는 비사업용 토지에 해당하며 투기지역과 관계없다.
- ㅇ 양도소득세 계산 때 기본공제는 적용하지 않는다.
- ㅇ 이외에 사항은 무시하기로 한다.

- 상황1 : 이 토지가 사업용 토지인 경우와 비사업용 토지인 경우 양도소득세 계산은 어떻게 하는가?
- 상황2 : 이 경우 양도소득세는 얼마나 예상되는가(단, 세율은 50% 적용)?

상황에 대해 순차적으로 답을 찾아보면 다음과 같다.

첫째, (상황1) 이 토지가 사업용 토지인 경우와 비사업용 토지인 경우 양도소득세 계산은 어떻게 하는가?

구 분	사업용 토지	비사업용 토지
세율	50%, 40%, 기본세율	50%, 40%. 기본세율＋10~20%p
장기보유특별공제	적용함(단, 3년 이상 보유해야 함).	좌동

둘째, (상황2) 이 경우 양도소득세는 얼마나 예상되는가(단, 세율은 50% 적용)?

원래 토지 단기매매 시 양도소득세 중과세율은 Max(단기세율, 기본세율+10~20%p)를 적용한다. 사례의 경우는 보유기간이 1년 미만에 해당하는 50% 세율적용을 가정하였으므로 5천만 원(양도차익 1억 원×50%) 정도의 세금을 예상할 수 있다.

2 토지양도관련 세무리스크 발생 사례2

앞의 사례를 연장하여 보자.

- 상황1 : K씨가 매매사업자로 등록한 경우 종합소득세는 얼마인가? 단, 보유기간은 1년 미만이라고 가정한다.
- 상황2 : K씨가 매매법인을 설립한 경우 법인세는 얼마인가? 단, 보유기간은 1년 미만이라고 가정한다.
- 상황3 : 토지의 공급에 대해서는 계산서를 발행해야 하는가?

상황에 맞춰 답을 찾아보면 다음과 같다.

첫째, (상황1) K씨가 매매사업자로 등록한 경우 종합소득세는 얼마인가? 단, 보유기간은 1년 미만이라고 가정한다.

위의 토지가 비사업용 토지인 경우에는 종합소득세와 양도소득세 중 많은 세액을 산출세액으로 한다(비교과세). 따라서 5천만 원이 산출세액이 된다.

구 분	종합소득세	양도소득세
양도차익	1억 원	1억 원
× 세율	기본세율	50%
= 산출세액	2,010만 원	5천만 원
비고	과세표준×35%-1,490만 원	과세표준×50%

둘째, (상황2) K씨가 매매법인을 설립한 경우 법인세는 얼마인가? 단, 보유기간은 1년 미만이라고 가정한다.

매매법인의 경우에는 일반법인세 외에 추가법인세(10%)를 부과받는다.

구 분	일반법인세	추가법인세	계
양도차익	1억 원	1억 원	
× 세율	10%	10%	
= 산출세액	1천만 원	1천만 원	2천만 원

☞ 양도소득세가 중과세되는 토지를 매매하는 경우에는 법인이 유리함을 알 수 있다. 단, 이익배당금 등에 대한 소득세를 추가하면 위의 내용이 달라질 수 있다.

셋째, (상황3) 토지의 공급에 대해서는 계산서를 발행해야 하는가?

원래 법인이 재화나 용역을 공급하는 경우에는 계산서나 영수증을 발급하여야 하나, 토지나 건축물(주로 85㎡ 이하 주택)을 공급하는 경우에는 계산서 발급의무가 없다. 물론 계산서 발급요구를 하면 발급을 해주어야 한다. 아래 규정을 참고하기 바란다.

「법인세법」 제121조 [계산서의 작성 · 발급 등]

① 법인이 재화나 용역을 공급하면 대통령령으로 정하는 바에 따라 계산서나 영수증(이하 "계산서등"이라 한다)을 작성하여 공급받는 자에게 발급하여야 한다.

④ 부동산을 매각하는 경우 등 계산서등을 발급하는 것이 적합하지 아니하다고 인정되어 대통령령으로 정하는 경우에는 제1항부터 제3항까지의 규정을 적용하지 아니한다.[87)]

3 토지양도관련 세무리스크 관리법

법인소유의 토지는 목적에 무관하게 「법인세법」에서 정하고 있는 비사업용 토지에 해당되는지의 여부를 판정해야 한다. 이에 해당하면 추가과세가 적용되기 때문이다. 토지를 어떤 식으로 사용하는지에 따라 발생하는 세무리스크 관리법을 알아보자.

(1) 토지를 영업활동에 사용한 경우

이 경우에는 법인세만 부과한다. 예를 들어 토지를 물류창고로 사용하거나 또는 토지가 영업용 건물의 부속토지라면 이에 대해서는 중과세를 적용할 이유가 없다.

87) "대통령령으로 정하는 경우"란 토지 및 건축물을 공급하는 경우를 말한다.

(2) 토지를 투자목적으로 보유하고 있는 경우

기업이 투자목적으로 토지를 가지고 있다면 이는 비사업용 토지에 해당될 가능성이 높다. 이러한 경우에는 법인세 외에 추가법인세제도를 적용한다.

<table>
<tr><th rowspan="2">구 분</th><th colspan="2">양도시기</th></tr>
<tr><th>2009.3.16.~2012.12.31. 취득</th><th>좌 외의 취득</th></tr>
<tr><td>중과세 내용</td><td>추가과세 없음(단, 투기지역 내 토지 10% 추가과세).</td><td>10% 추가과세</td></tr>
<tr><td>비고</td><td colspan="2">2009.3.16.~2012.12.31. 기간 내에 취득한 토지는 2013년 이후에 양도하는 경우 추가과세제도를 적용하지 않음.</td></tr>
</table>

(3) 토지를 전문적으로 매매한 경우

법인이 토지를 전문적으로 매매하면 어떻게 될까? 이 경우에는 앞에서 본 추가과세제도가 적용될 가능성이 높다.

개인 대 매매사업자, 법인의 세제비교

<table>
<tr><th>구 분</th><th>개 인</th><th>매매사업자</th><th>매매법인</th></tr>
<tr><td>세목</td><td>양도소득세</td><td>종합소득세</td><td>법인세</td></tr>
<tr><td>원칙적인 세율</td><td>보유기간에 따른 세율(50%, 40%, 기본세율)</td><td>기본세율</td><td>기본세율</td></tr>
<tr><td rowspan="2">투기방지 조치</td><td>중과세(+10~20%p)</td><td>비교과세</td><td>10% 추가과세</td></tr>
<tr><td colspan="3">단, 2009.3.16.~2012.12.31. 사이에 취득한 비사업용 토지를 양도하는 경우에는 양도소득세 중과세 세율 적용배제 및 비교과세와 10% 추가과세제도의 적용을 배제한다(특례제도). 참고로 2009.3.16.~2012.12.31. 사이에 취득한 주택을 양도하는 경우에는 「소득세법 부칙」 제9270호 제14조를 적용할 수 없어 양도소득세 중과세제도가 적용되는 것으로 판단된다. 실무 적용 시 유권해석을 받아 처리하기 바란다(주의).</td></tr>
</table>

필수 세무상식

법인세가 추가과세되는 비사업용 토지

법인이 보유한 부동산 중 추가과세 대상이 되는 것은 주택과 토지에 한한다. 다만, 주택과 토지에 대해 무조건 추가과세를 적용하는 것이 아니다. 따라서 실무에서는 추가과세의 대상이 되는 자산인지를 잘 구별할 필요가 있다. 지금부터는 「법인세법」상의 비사업용 토지에 대해 알아보자.

1. 농지(전 · 답 · 과수원)[88]

아래의 토지에 대해서는 비사업용 토지로 분류한다.

- 농업을 주업으로 하고 있지 아니하는 법인이 소유한 토지(단, 「농지법」 등에서 소유가 허용되는 경우는 제외. 「법인세법 시행령」 제92조의 5, ③항 각호)
- 농지전용허가를 받거나 농지전용신고를 한 법인이 소유한 농지
- 특별시 · 광역시(광역시에 있는 군지역을 제외) 및 시지역(도 · 농 복합형태의 시의 읍 · 면 지역 제외) 중 도시지역 안의 농지(단, 특별시 등 도시지역에 편입된 날로부터 2년이 경과되지 아니한 농지는 제외)

2. 임야

원칙적으로 중과세 대상이나 보안림이나 채종림 등 대통령령이 정하는 것은 비사업용 토지에서 제외하나 기타의 것들은 이에 해당한다.

3. 목장용지

원칙적으로 축산업을 주업으로 해야 비사업용 토지에서 제외된다.

88) 농업회사법인의 경우 농지를 취득할 수 있다. 농업회사법인은 농업소득에 대한 법인세 전액 면제, 농업회사법인에 현물출자 시 양도소득세 면제, 배당소득 분리과세, 농업시설용 부동산에 대한 취득세와 재산세 감면 등을 폭넓게 받을 수 있다.

4. 농지, 임야 및 목장용지 외의 토지

다음의 토지를 제외하고는 해당 토지는 비사업용 토지로 사용한 것으로 본다.

- 재산세가 비과세되거나 면제되는 토지
- 재산세 분리과세 또는 별도합산 되는 토지
- 토지의 이용 상황 및 수입금액 등을 감안하여 법인의 업무와 직접 관련이 있다고 인정할 만한 상당한 이유가 있는 다음의 토지(「법인세법 시행령」 제92조의 8).
- 선수전용 체육시설용 토지
- 종업원 체육시설용 토지
- 주차장용 토지 중 일정한 것
- 하치장용 토지 등

사례

1. 주차장 운영업을 주업으로 하는 법인이 보유하고 있는 토지는 법인세 추가과세의 대상인가?

그렇지 않다. 「주차장법」에 따른 노외주차장으로 사용하는 토지로써 토지의 가액에 대한 1년간의 수입금액의 비율이 기획재정부령이 정하는 율(3%) 이상인 토지는 그 기간 동안은 비사업용 토지로 보지 않는다. 이 토지는 법인의 업무와 직접적인 관계가 있으므로 이를 비사업용 토지에서 제외하는 것이다.

사업용 기간조건의 판단법

법인의 비사업용 토지는 앞에서와 같이 양도 당시의 현황에 의하는 것이 일반적이다. 그러나 전체 소유기간 중에서 사업용으로 사용한 기간이 세법상의 기준에 미달하는 경우에는 최종적으로 비사업용 토지로 판정함에 유의해야 한다. 사업용 기간은 다음과 같이 토지 소유기간별로 판단한다.

토지 소유기간	사업용으로 사용한 기간
① 3년 미만	다음 중 하나의 조건만 충족하면 된다. • 토지 소유기간 중 2년 이상 사업에 사용(토지 소유기간이 2년 미만이면 이 기준은 사용하지 않고 아래 60% 조건을 사용한다) • 토지 전체 소유기간 중 60% 이상 사업에 사용
② 3년 이상 5년 미만	다음 중 하나의 조건만 충족하면 된다. • 토지 소유기간 중 3년 이상 사업에 사용

토지 소유기간	사업용으로 사용한 기간
② 3년 이상 5년 미만	• 양도일 직전 3년 중 2년 이상 사업에 사용 • 토지 전체 소유기간 중 60% 이상 사업에 사용
③ 5년 이상	다음 중 하나의 조건만 충족하면 된다. • 양도일 직전 5년 중 3년 이상 사업에 사용 • 양도일 직전 3년 중 2년 이상 사업에 사용 • 토지 전체 소유기간 중 60% 이상 사업에 사용

예를 들어 건물을 신축 판매하는 법인이 2022년 11월에 취득한 토지를 1개월 후에 이를 양도한 경우에는 위 ①의 규정이 적용된다. 따라서 토지 보유기간 동안 60% 이상을 사업에 사용해야 하나 그러지 못해 결국 비사업용 토지로 판정된다. 참고로 2009.3.16.~2012.12.31. 사이에 취득한 토지 등에 대해서는 추가과세제도가 적용되지 않는다.

2. 법인이 보유한 무허가건물을 양도하면 건물의 부속토지는 비사업용 토지에 해당하는가?

일반적으로 재산세 별도합산과세대상에서 제외되는 무허가건축물의 부속토지는 비사업용 토지에 해당한다(서면4팀-1681, 2006.6.12. 등). 따라서 무허가건물의 경우 재산세의 과세방식이 상당히 중요한 역할을 한다.

Tip

■ **비사업용 토지에서 제외되는 방법**

일반적으로 법인이 토지를 비생산적으로 보유하고 있으면 비사업용 토지로 판정될 가능성이 높다. 그런데 법 규정에 의해 개발을 제한받을 때에는 어떻게 할까? 또는 건설을 하기 위해 취득한 토지가 이런 저런 이유로 착공이 지연되는 경우는 어떻게 할까? 세법은 이처럼 부득이하게 토지를 보유할 수밖에 없는 상황에서 일정한 기준을 충족하면 비사업용 토지에서 제외한다.

1. 착공시기에 따른 비사업용 토지의 판단
   건축물을 신축하기 위해 지상건축물이 없는 토지를 구입한 경우라면 사업용 기간의 산정방법을 이해할 필요가 있다. 세법은 지상건축물이 없는 토지를 사업용으로 사용하기 위해 취득한 경우에는 취득일부터 2년간을 무조건 사업용으로 인정하고, 착공일 이후의 기간도 사업용으로 인정하고 있기 때문이다(「법인세법 시행령」 제46조의2 제1항 제5호). 따라서 개발을 위해 토지를 구입한 경우에는 2년이 되기 전에 착공에 들어가는 것이 비사업용 토지에 대한 문제소지를 줄일 수 있는 지름길이 된다.

사례

K법인은 건축물을 신축하기 위해 2년 전에 토지를 구입했다. 2년이 되는 시점에 착공신고를 하였다면 비사업용 토지로 볼 가능성은 없는가?

그렇다. 사업용으로 사용하기 위해 지상건축물이 없는 토지를 취득하면 그 토지 취득일로부터 2년간은 무조건 사업으로 인정한다. 또한 착공일 이후 건설이 진행 중인 기간(천재지변, 민원의 발생 그 밖의 정당한 사유로 인하여 건설을 중단한 경우에는 중단한 기간을 포함한다)은 비사업용 토지를 판정함에 있어 이 기간은 사업용을 사용한 기간으로 본다. 따라서 사례에서 K법인이 보유한 토지는 비사업용 토지와 관계가 없다.

2. 부득이한 사유가 있는 경우의 사업용 기간

앞에서 본 내용 외에도 토지보유 사유가 부득이한 경우에는 비사업용 토지로 보지 않는다(「법인세법 시행령」 제92조의 11 등).

① 토지를 취득한 후 법령에 따라 사용이 금지 또는 제한된 토지 : 사용이 금지 또는 제한된 기간

② 토지를 취득한 후 「문화재보호법」에 따라 지정된 보호구역 안의 토지 : 보호구역으로 지정된 기간

③ 그 밖에 기획재정부령이 정하는 사유에 해당하는 사유 : 기획재정부령이 정하는 기간(「법인세법 시행령」 제46조의2)

- 저당권의 실행 그밖에 채권을 변제받기 위하여 취득한 토지 및 청산절차에 따라 잔여재산의 분배로 인하여 취득한 토지 : 취득일로부터 2년
- 건축물이 멸실·철거되거나 무너진 토지 : 당해 건축물이 멸실·철거되거나 무너진 날로부터 2년
- 법인이 2년 이상 사업에 사용한 토지로써 사업의 일부 또는 전부를 휴업·폐업 또는 이전함에 따라 사업에 직접 사용하지 아니하게 된 토지 : 휴업·폐업 또는 이전일 부터 2년 등

사례

L법인이 보유한 토지는 1년 전에 건축물 부속토지에 해당하였다. 이 상태에서 이 토지를 매매하면 비사업용 토지로 보아 과세되는가?

그렇지 않다. 건축물의 부속토지로써 재산세가 별도합산과세되는 토지는 사업에 사용되는 토지로 보는 것이며 또한 건축물이 멸실된 경우에도 멸실된 날부터 2년 동안은 비사업용 토지에 해당하지 않는다(서면4팀-3698, 2007.12.27.).

사례

J법인이 보유한 토지가 수용 당했다. 이 토지는 10년 전에 취득하여 보유한 것으로써 현행세법에 의하면 비사업용 토지에 해당하며, 업무무관자산에 해당되어 이래저래 많은 세금을 내오고 있던 토지다. 그렇다면 이번에 수용으로 인해 받은 돈이 자그마치 100억 원이나 되는데 이에 대해 법인세는 어떻게 과세될까?

일단 받은 돈은 이 기업의 재무제표에 반영되어 당기순이익의 일부를 이루게 될 것이다. 그리고 세무조정을 거친 후의 과세소득에 기본세율로 법인세가 과세된다. 문제는 추가과세의 적용여부인데 세법은 수용토지의 경우 법인이든 개인이든 혜택을 주고 있다. 즉 사례처럼 법인이 수용당한 경우에는 비사업용 토지에서 제외를 해준다. 다만, 사업인정고시일이 2006년 이전이거나 사업인정고시일로부터 소급하여 2년 전에 취득해야 한다는 조건을 충족해야 한다.

제8장 건물임대법인의 세무리스크 관리법

상가나 사무실, 공장이나 기타 수익형 부동산을 임대하면 임대료를 받게 된다. 이때 부가가치세가 발생하며 수익에 대해서는 법인세 납부의무가 있다. 이 번 장에는 이러한 부동산의 임대와 관련하여 발생할 수 있는 세무리스크 관리법을 알아보자.

본 장에서 살펴볼 주요 내용들은 아래와 같다.

- 건물임대법인의 세무리스크 진단
- 건물임대법인의 사업자등록관련 세무리스크 관리법
- 건물취득관련 세무리스크 관리법
- 건물보유관련 세무리스크 관리법
- 건물임대관련 세무리스크 관리법
- 건물양도관련 세무리스크 관리법
- 부가가치세 계산과 포괄양수도

제1절 건물임대법인의 세무리스크 진단

CEO와 실무자들은 건물임대법인에서 발생하는 세무리스크의 존재를 점검하고 이에 문제가 있는 경우에는 적극적으로 대책을 세워야 한다. 아래에서 진단을 해보고 대책을 세워보자.

STEP1 각 항목별 체크

아래 해당되는 곳에 '○, ×' 표시를 한다.

구분	상 황	해당 여부
1	일반건물 임대 시 각 사업장마다 사업자등록을 해야 하는 이유를 알고 있다.	
2	사업자단위과세제도에 대해 알고 있다.	
3	건물을 취득하면 취득세 중과세가 발생할 수 있음을 알고 있다.	
4	건물 보유 시 발생하는 보유세 계산구조를 알고 있다.	
5	건물수선비에 대한 회계처리 내용을 알고 있다.	
6	특수관계인에게 무상이나 저가로 임대 시 부당행위계산부인제도가 적용됨을 알고 있다.	
7	임대법인에 대해서는 접대비가 축소됨을 알고 있다.	
8	건물양도 시 부가가치세를 계산할 수 있다.	
9	부동산 양도에 따른 공급시기를 알고 있다.	
10	포괄양수도계약에 대해 정확히 알고 있다.	

STEP2 대책수립

위에서 파악된 '×'표시에 따라 다음과 같이 대책을 세운다.

- ×표시가 7개 이상 → 건물임대법인에서 발생하는 세무리스크에 대한 이해가 전혀 안 되어 있다. 따라서 지금 당장 이에 대한 대비책을 세우도록 한다.
- ×표시가 4~6개 → 건물임대법인에서 발생하는 세무리스크에 대한 이해가 어느 정도 되어 있다. 따라서 현행의 제도를 정비하고 부족한 부분을 보완한다.
- ×표시가 3개 이하 → 건물임대법인에서 발생하는 세무리스크에 대한 이해가 되어 있다. 현행의 제도를 유지한다.

건물임대법인의 사업자등록관련 세무리스크 관리법

법인이 건물 즉 상가, 빌딩, 오피스텔, 공장 등을 임대하는 경우를 살펴보자. 이러한 건물들은 매매용이 아니므로 앞에서 본 주택이나 토지 등과는 세무리스크 등이 다를 수 있다. 사업자등록부터 정리해보자.

1 건물임대법인의 사업자등록관련 세무리스크 발생 사례1

K법인은 사업자등록을 준비 중에 있다. 아래 사업자등록증을 보고 각 상황별로 답을 하면?

> **사업자등록증**
> (일반과세자/간이과세자)
> 등록번호 :
>
> ① 상호(법인명) : ② (대표자)성명 :
> ③ 개업연월일 : 년 월 일 ④ 생년월일 :
> ⑤ 사업장소재지 :
> 본점소재지
> ⑥ 사업의 종류 : 업태 종목

- 상황1 : 건물을 임대하고자 할 때 사업자유형은 일반과세자인가?
- 상황2 : 건물임대업의 사업장 소재지는 어디인가?
- 상황3 : 건물을 양도하고자 할 때 부가가치세가 발생하는가?

상황에 대한 답을 찾아보면 다음과 같다.

첫째, (상황1) 건물을 임대하고자 할 때 사업자유형은 일반과세자인가?

「부가가치세법」에서는 임대용역의 제공에 대해 원칙적으로 부가가치세를 과세한다. 상가나 오피스텔 그리고 토지 등의 임대용역이 대표적이다.

둘째, (상황2) 건물임대업의 사업장 소재지는 어디인가?

건물임대업은 각 사업장별로 부가가치세를 신고 및 납부하는 것이 원칙이다. 따라서 부동산이 소재한 곳이 각각 사업장이 된다. 따라서 사업자등록은 각 사업장별로 해야 한다. 다만, 사업자단위과세제도를 이용하면 본점 한 곳에서만 등록해도 된다.

셋째, (상황3) 건물을 양도하고자 할 때 부가가치세가 발생하는가?

건물을 양도하는 것은 「부가가치세법」상 재화를 공급하는 행위에 해당한다. 따라서 부가가치세가 과세되는 것이 원칙이다. 다만, 건물의 부수토지의 공급분에 대해서는 면세를 적용한다. 따라서 다음과 같이 부가가치세 과세원리를 파악할 수 있다.

구 분	부가가치세 과세여부	비 고
일반건물의 일괄공급	건물 : 과세 토지 : 면세	건물과 토지의 공급가액은 통상 기준시가의 비율로 안분계산한다.

2 건물임대법인의 사업자등록관련 세무리스크 발생 사례2

K법인은 본점이 아닌 곳에서 임대용 건물을 매입하였다. 그런데 현재 이곳은 인테리어공사가 진행 중에 있다. 각 상황별로 답을 하면?

- 상황1 : 임대용 건물에 대한 인테리어공사비로 3천만 원(VAT 별도)을 지출한 후 세금계산서를 본점명의로 받았다. 이 경우 매입세액을 환급받을 수 있는가?
- 상황2 : 인테리어공사 후 임대용역을 공급할 때 본점명의로 세금계산서를 발행해도 되는가?

상황에 대한 답을 찾아보면 다음과 같다.

첫째, (상황1) 임대용 건물에 대한 인테리어공사비로 3천만 원(VAT 별도)을 지출한 후 세금계산서를 본점명의로 받았다. 이 경우 매입세액을 환급받을 수 있는가?

사례의 경우 용역의 공급이 개시되지 아니하였다면 기존 사업장 명의로 취득 및 공사 등과 관련된 세금계산서를 수령할 수 있다. 따라서 이 경우 기존 사업장에서 부가가치세 매입세액공제가 가능하다.

관련 예규 : 부가가치세과-1228, 2011.10.10.

법인이 사업 확장목적으로 부동산을 취득하고 동 부동산에 대한 수리 등을 하는 경우에는 당해 신설사업장 취득 및 수리와 관련된 매입세금계산서를 본점명의로 발행받아 당해 매입세액을 본점의 매출세액에서 공제받을 수 있는 것이나, 당해 신설사업장에서 재화 또는 용역을 공급하는 경우에는 신설사업장 명의로 사업자등록을 하고 신설사업장 명의의 세금계산서를 발행하여야 하는 것임.

「부가가치세법」 집행기준 17-0-5 [2 이상의 사업장에 관련된 매입세액공제]

① 법인의 사업장 신설과 관련된 매입세액

1. 사업자가 사업장을 확장하거나 이전하기 위하여 기존사업장 이외의 장소에 건물을 취득하면서 매입세금계산서를 기존사업장 명의로 발급받은 경우 해당 신설사업장이 과세사업을 영위하는 때에는 기존사업장의 매출세액에서 공제할 수 있다.
2. 신설사업장의 사업자등록일 이후에도 신설사업장의 건설용역에 대한 세금계산서를 기존사업장 명의로 발행받은 경우 해당 세금계산서의 매입세액은 기존사업장에서 공제받을 수 있다.
3. 신설사업장의 건설이 완료된 경우에도 기존사업장에서 신설사업장으로 세금계산서를 발행하지 아니한다.
4. 사업장 이전 목적으로 매입한 건물로 이전하지 못하고 매각하는 경우에도 해당 건물의 구입과 관련된 매입세액은 추징하지 않는다.

둘째, (상황2) 인테리어공사 후 임대용역을 공급할 때 본점명의로 세금계산서를 발행해도 되는가?

그렇지 않다. 「부가가치세법」은 사업장별 과세원칙[89]을 도입하고 있으므로 원칙적으로 지점을 설치한 후에는 지점명의로 세금계산서를 발행해야 한다. 다만, 사업자단위로 사업자등록을 신청한 경우에는 본점명의로 이를 발행할 수 있다.

89) 사업장별로 부가가치세 등을 관리하겠다는 것을 의미한다.

3 건물임대법인의 사업자등록관련 세무리스크 관리법

일반건물의 임대나 매매 등을 할 때 사업자등록과 관련된 세무리스크 관리법을 정리하면 다음과 같다.

(1) 업종 등

건물의 경우 부동산임대업이나 부동산매매업(건물신축판매업 포함) 정도가 이와 관련된 업종에 해당한다.

(2) 사업자유형

일반과세자로 등록하는 것이 원칙이다. 이때 사업자등록은 각 사업장별로 등록하는 것이 원칙이다. 하지만 사업자단위과세제도를 채택하면 사업자등록은 1개만 해도 된다. 이는 각 사업장을 대신하여 그 사업자의 본점 또는 주사무소의 소재지를 부가가치세 납세지로 하는 제도를 말한다.

(3) 사업장소재지

부동산임대업의 경우 부동산소재지가 각각 사업장이 된다. 따라서 전국에 걸쳐 사업장이 여러 군데 있는 경우에는 각 사업장별로 사업자등록을 내야 한다. 다만, 상법상 지점등기는 할 필요는 없다. 이곳에서 인적 및 물적 설비를 갖춰 지점영업을 하는 것은 아니기 때문이다. 하지만 수도권 과밀억제권역 내에서 지점영업을 위해 지점등기 없이 지점설치를 하거나 지점등기를 하게 되면 취득세 중과세의 문제가 발생한다.[90] 한편 건물을 신축해 분양하는 부동산매매업의 경우 본점소재지가 사업장이 된다.

※ 저자 주

건물임대업을 개인으로 할 것인지 법인으로 할 것인지에 대해서는 제13장 제2절의 Tip을 참조하기 바란다. 더 자세한 것은 저자의 카페와 상의해도 된다.

90) 수도권이 본점이나 지점을 설치하는 경우 반드시 취득세 중과세 규정을 검토해야 한다. 제2장을 참조하기 바란다.

건물취득관련 세무리스크 관리법

법인이 건물을 취득한다고 하자. 이때 세무상 어떤 리스크가 발생할까? 이러한 쟁점들을 미리 알아두고 건물을 취득하는 것이 세무리스크를 줄일 수 있는 지름길이 된다.

1 건물취득관련 세무리스크 발생 사례1

K법인은 일반건물(상가나 사무실 등)을 임대하고자 아래와 같이 취득하였다. 각 상황별로 답을 하면?

자료

구 분	날 짜	금 액			
		토 지	건 물	VAT	계
계약	20×9. 1. 5.	5천만 원	5천만 원	500만 원	1억 500만 원
중도금	20×9. 2. 5.	2억 원	2억 원	2천만 원	4억 2천만 원
잔금	20×9. 3. 5.	1억 원	1억 원	1천만 원	2억 1천만 원
계	–	3억 5천만 원	3억 5천만 원	3,500만 원	7억 3,500만 원

- 상황1 : 위의 건물 취득목적이 임대용인 경우 계정과목은?
- 상황2 : 이 경우 기말의 재무상태표는? 기타사항은 무시한다.

상황에 대한 답을 찾아보면 다음과 같다.

첫째, (상황1) 위의 건물 취득목적이 임대용인 경우 계정과목은?

원칙적으로 단순투자용은 투자자산(매매업용은 재고자산), 임대용은 유형자산으로 계상된다. 사례의 경우 임대용이므로 유형자산으로 계상한다.

둘째, (상황2) 이 경우 기말의 재무상태표는? 기타사항은 무시한다.

기말시점의 재무상태표는 아래와 같이 표시된다.

<table>
<tr><td rowspan="2">자산
Ⅰ. 유동자산
1. 당좌자산
2. 재고자산
건물
토지
Ⅱ. 비유동자산
1. 투자자산
건물
토지
2. 유형자산
건물 3억 5천만 원
(감가상각누계액)
토지 3억 5천만 원
3. 무형자산</td><td>부채</td></tr>
<tr><td>자본</td></tr>
</table>

2 건물취득관련 세무리스크 발생 사례2

위 K법인의 건물 취득내역을 다시 한 번 보자. 각 상황별로 답을 하면?

- 상황1 : 이 건물의 취득세는 얼마인가?
- 상황2 : 만일 위 법인이 수도권 과밀억제권역 내에서 설립된 지 얼마 안된 경우 취득세 중과세가 적용될 수 있다. 이 경우 어떻게 하면 이를 회피할 수 있을까?
- 상황3 : 이 건물을 취득하면서 발생한 부가가치세는 어떻게 환급받는가?
- 상황4 : 이 건물을 양도하면 법인세를 어떤 식으로 내야 하는가?
- 상황5 : 만일 건물에 대한 감가상각누계액이 1억 원이라면 건물 장부가액은 얼마인가?

상황에 대한 답을 찾아보면 다음과 같다.

첫째, (상황1) 이 건물의 취득세는 얼마인가?

법인이 건물을 취득하는 경우 취득세는 다음과 같이 부과된다.

구 분	취득세율	중과세율	계
중과세가 적용되지 않는 경우	4%	-	4%
중과세가 적용되는 경우	4%	4%(2% × 2배)	8%

따라서 농특세 등을 포함한 총 취득세는 다음과 같다.

구 분	취득가액	총 취득세율				총 취득세
		세율	농특세율	지방 교육세율	계	
중과세가 적용되지 않는 경우	3억 원	4%	0.2%	0.4%	4.6%	1,380만 원
중과세가 적용되는 경우	3억 원	8%	0.2%	1.2%	9.4%	2,820만 원

둘째, (상황2) 만일 위 법인이 수도권 과밀억제권역 내에서 설립된 지 얼마 안된 경우 취득세 중과세가 적용될 수 있다. 이 경우 어떻게 하면 이를 회피할 수 있을까?

수도권 과밀억제권역 외의 지역에서 법인을 설립하는 방법 등을 취해야 한다. 이에 대한 해법은 제2장에서 이미 살펴보았다. 해당부분을 참조하기 바란다.

셋째, (상황3) 이 건물을 취득하면서 발생한 부가가치세는 어떻게 환급받는가?

사례처럼 사업설비에 투자한 경우 자금부담을 완화해주기 위해 조기에 부가가치세를 환급받을 수 있도록 하고 있다. 조기환급신청은 사업자의 선택에 따라 매월, 매 2월, 예정신고기한 또는 확정신고기한 때 할 수 있고 이 신고기한 경과 후 15일 내에 환급된다.

☞ 부가가치세 환급은 일반과세자만을 대상으로 이루어진다. 따라서 일반과세자로의 사업자등록은 필수다.

넷째, (상황4) 이 건물을 양도하면 법인세를 어떤 식으로 내야 하는가?

일반법인세만 내면 된다. 원칙적으로 건물에 대해서는 10% 추가과세를 적용하지 않기 때문이다. 다만, 건물의 부수토지가 비사업용 토지에 해당하면 토지부분에 대해서는 추가과세제도가 적용될 수 있다. 주의하기 바란다.

다섯째, (상황5) 만일 건물에 대한 감가상각누계액이 1억 원이라면 건물 장부가액은 얼마인가?

건물 취득가액은 3억 5천만 원이고 이 중 감가상각비로 처리된 금액이 1억 원이므로 2억 5천만 원이 장부상의 가액이 된다.

3 건물취득관련 세무리스크 관리법

법인이 건물을 취득할 때 발생할 수 있는 세무리스크 관리법을 취득세, 부가가치세, 법인세 측면에서 정리하면 다음과 같다.

(1) 취득세

법인도 개인과 같은 취득세를 부담한다. 다만, 일정한 법인이 건물을 취득하면 취득세 중과세가 적용될 수 있다. 따라서 수도권 과밀억제권역 내에서 건물을 취득하기 전에 반드시 이러한 취득세 중과세 문제를 검토해야 한다. 특히 수도권으로 본점을 옮기면서 사옥을 취득하거나 사옥을 신축하는 경우에는 중과세가 적용되는 경우가 상당히 많다. 이에 대한 자세한 내용은 제1편에서 자세히 살펴보았다.

☞ 건물과 관련된 주된 세금문제는 취득세 중과세 정도가 된다. 법인세 추가과세제도는 원칙적으로 적용되지 않기 때문이다.

(2) 부가가치세

법인이 사업자로부터 건물을 취득하면 부가가치세가 발생한다. 그런데 이때 발생한 부가가치세는 환급을 받을 수 있다. 다만, 환급을 받기 위해서는 세금계산서를 교부받아야 한다.

(3) 법인세

건물을 양도하면 법인세를 내야 한다. 이때 법인세 추가과세는 적용하지 않는다.

이외에 건물을 양도할 때에는 부가가치세가 발생한다는 점에도 주의해야 한다.

(4) 기타 주의해야 할 사항들

건물취득 시에는 토지와 건물의 가액을 구분해서 장부에 계상해야 한다. 건물에 대해서만 감가상각비를 계산해야 하기 때문이다. 따라서 취득부대비용도 이에 맞춰 구분해야 한다. 한편 취득 후 발생하는 각종 수선비에 대한 세무처리법에도 주의해야 한다. 증축 등이 발생하면 취득세 과세문제도 발생하고 감가상각방법도 달라질 수 있기 때문이다.

Tip

■ 건물신축임대관련 세목들

건물을 신축할 때 아래와 같은 세목들이 관련을 맺는다.

구분	취득	보유	공사 중	준공	분양
국세	농특세(취득세율 2%의 10%), 부가가치세	종합부동산세, 농특세(종합부동산세의 20%)	부가가치세	-	법인세, 종합소득세, 부가가치세
지방세	취득세, 지방교육세	재산세(지방교육세 별도과세)		취득세[91)]	지방소득세(법인세의 10%)

건물을 신축할 때 명의를 어떤 식으로 가져갈 것인지에 대해서도 충분한 검토가 뒤따라야 할 것이다. 2020년 8월 12일 이후부터는 부동산임대업용 부동산을 법인전환하더라도 취득세 감면을 적용하지 않기 때문이다. 따라서 신축임대이든 승계취득임대이든 취득 전에 개인으로 할 것인지 법인으로 할 것인지에 대한 의사결정이 정교하게 이루어져야 한다. 특히 신축자금을 법인으로부터 개인이 이전받을 때에는 보수나 배당 등을 처리해야 하는데 이때 관련 세금문제가 쟁점으로 대두될 수 있다. 충분한 검토가 필요하다. 참고로 임대용 건물을 개인이 공동으로 매입하는 경우 차입한 금전이 사업용 부채인지 출자금인지의 여부가 중요하다. 후자에 해당하면 비용으로 인정이 안되기 때문이다*.

* 실무적으로 이에 대한 문제를 없애려면 동업계약서에 출자금을 표시하고 건물매입 자금은 대출을 받아 실행한다는 문구를 넣은 후 사업자등록을 낸다. 그리고 대출을 받아 매입자금으로 사용한다.

91) 참고로 일반건물의 신축 시 사용승인일 등 취득시점까지 발생한 취득세 과세표준의 범위에 유의하고 중과세에도 유의해야 한다. 특히 수도권 과밀억제권역에서 본점용 부동산을 취득(본점용으로 신축하거나 증축하는 건축물과 그 부속토지만 해당)하는 경우에는 오래된 법인이라도 취득세 중과세(2.8% + 4% = 6.8%)가 적용된다는 점에 유의해야 한다(「지방세법」 제13조 제1항).

건물보유관련 세무리스크 관리법

건물은 임대 또는 자가사용하는 경우가 일반적이다. 따라서 보유 중에는 업무무관자산으로 취급되는 경우가 흔치 않다. 따라서 보유세 정도만 유의하면 된다. 다만, 이 건물의 기준시가가 다른 부동산보다 높기 때문에 보유세가 많이 나올 가능성이 높다.

① 건물보유관련 세무리스크 발생 사례

K법인은 서울도심에 15층짜리 건물을 소유하고 있는데 땅값이 공시지가로 100억 원, 건물은 기준시가로 20억 원이다. 각 상황별로 답을 하면?

- 상황1 : 보유세는 어떤 식으로 부과되는가?
- 상황2 : 위 부동산에 대해서는 종합부동산세가 부과되는가?
- 상황3 : 위 부동산에 대한 보유세는 얼마인가?

상황에 대한 답을 찾아보면 다음과 같다.

첫째, (상황1) 보유세는 어떤 식으로 부과되는가?

보유세의 과세기준일은 매년 6월 1일로 한다. 따라서 이 날을 기준으로 소유권을 가지고 있으면 납세의무가 성립한다. 관할 시·군·구청에서 고지하는 것이 원칙이다.

둘째, (상황2) 위 부동산에 대해서는 종합부동산세가 부과되는가?

종합부동산세는 일정한 금액 이상이 되면 과세되는데 건물의 경우 부속토지의 기준시가가 80억 원을 초과해야 과세된다. 따라서 사례의 경우 종합부동산세가 과세된다.

셋째, (상황3) 위 부동산에 대한 보유세는 얼마인가?

이에 대한 답을 찾기 위해서는 건물 보유세에 대한 계산구조부터 알아볼 필요가 있다.

① 공정시장가액비율

이는 일종의 보유세를 늘렸다 줄였다할 수 있는 장치로 재산세의 경우 부동산 시장의 동

향과 지방재정 여건 등을 고려하여 다음 각 호의 어느 하나에서 정한 범위에서 대통령령으로 정하는 공정시장가액비율을 곱하여 산정한 가액으로 하도록 하고 있다.

- 토지 및 건축물 : 시가표준액의 100분의 50부터 100분의 90까지
- 주택 : 시가표준액의 100분의 40부터 100분의 80까지

2022년 1월 현재 아래와 같이 고시되어 있다.

재산세	종합부동산세
• 주택 : 60% • 건물 및 토지 : 70%	주택과 건물, 토지 : 2020년 90%, 2021년 95% 등

② 건물에 대한 재산세와 부속토지에 대한 종합부동산세 세율

건물의 건축물과 토지에 대한 재산세 및 종합부동산세 세율은 다음과 같다.

- 건축물

재산세		종합부동산세
골프장·고급오락장 건축물	4%	해당사항 없음.
법 소정 공장용 건축물	0.5%	
이외(빌딩건물 등)	0.25%	

- 토지(별도합산과세대상토지)

재산세		종합부동산세	
과세표준	세 율	과세표준	세 율
2억 원 이하	0.2%	200억 원 이하	0.5%
2억 원 ~10억 원 이하	40만 원+2억 원 초과금액의 0.3%	200억 원 ~400억 원 이하	1억 원+200억 원 초과금액의 0.6%
10억 원 초과	280만 원+10억 원 초과금액의 0.4%	400억 원 초과	2억2천만 원+400억 원을 초과한 금액의 0.7%

위의 내용을 토대로 보유세를 계산하면 다음과 같다.

구 분	건 물	토 지
재산세	• 과세표준 : 20억 원 × 공정시장가액비율(70%) = 14억 원 • 산출세액 : 14억 원 × 0.25% = 350만 원	• 과세표준 : 100억 원 × 공정시장가액비율(70%) = 70억 원 • 산출세액 : 280만 원 + (70억 원 − 10억 원) × 0.4% = 2,680만 원
종합부동산세	건물에 대한 종합부동산세는 과세 제외	• 과세표준 : (100억 원 − 80억 원) × 85%(공정시장가액비율) = 17억 원 • 산출세액 : 17억 원 × 0.5% = 850만 원
계	350만 원	3,530만 원

참고로 종합부동산세가 과세되는 구간은 재산세도 부과되어 이중과세가 된다. 따라서 이를 조정해야 하며, 최종 종합부동산세 산출세액의 20%는 농특세로 과세된다.

한편 보유세는 기준시가에 연동되므로 기준시가가 증가하면 보유세가 증가할 수 있다. 그래서 다음과 같이 세부담 상한제도를 운영하고 있다.

- 재산세 : 전년도 납부한 재산세액의 1.5배(50%)를 한도로 납부한다.[92]
- 종합부동산세 : 올해의 재산세와 종합부동산세 합계액은 전년도에 납부한 보유세(재산세와 종합부동산세)의 1.5배(50%)를 한도로 납부한다.[93]

2 건물보유관련 세무리스크 관리법

건물을 보유하는 경우에 발생할 수 있는 세무리스크에 대한 관리법을 정리해보자.

(1) 건물 보유세 과세원리

첫째, 재산세는 이렇다.

일단 건물의 경우 건물부분과 토지부분을 분리해 건물부분에 대해서는 사치성 건물이나 법 소정의 공장용 건물이 아닌 한 일반건물로 보아 0.25%의 세율을 적용한다. 한편 건물의 부속토지는 별도합산과세토지로 분류하고 이에 대해서는 가급적 저렴하게 재산세를 부과한다. 이에 대해 과세를 많이 하게 되면 임대료가 증가될 가능성이 있기 때문이다. 한편 건

92) 주택은 주택공시가격 3억 원 이하는 105%, 3~6억 원 이하는 110%, 6억 원 초과는 130%를 적용한다(단, 2022년부터 법인은 150%를 적용한다.

93) 주택은 일반적으로 150%이나 조정대상지역 2주택자와 전국 3주택 이상자는 300%를 적용한다.

물의 부속토지가 아래의 용도지역별 적용배율을 초과하는 경우에 그 초과분은 별도합산토지가 아닌 종합합산토지로 분류되어 세율이 달라진다.

용도지역별		적용배율
도시지역	1. 전용주거지역	5배
	2. 준주거지역 · 상업지역	3배
	3. 일반주거지역 · 공업지역	4배
	4. 녹지지역	7배
	5. 미계획지역	4배
도시지역 외의 용도지역		7배

둘째, 종합부동산세를 살펴보자.

우선 건물의 경우 건물분에 대해서는 종합부동산세가 과세되지 않는다. 따라서 토지에 대해서만 이 세금이 부과되는데, 이때 전국의 모든 별도합산토지의 공시가격에서 80억 원을 공제하므로 이의 초과분에 대해서만 과세된다.[94)]

(2) 재산세 중과세

사치성 재산으로 분류된 골프장, 별장, 고급선박, 고급오락장 건축물은 재산세가 4%로 중과세가 적용된다. 유흥주점으로 임대가 된 경우에는 재산세가 중과세됨에 유의해야 한다.[95)]

(3) 건물 용도변경 시 주의할 것들

건물을 리모델링이나 증축 등을 한 후에 이를 사치성 재산으로 임대하는 경우에는 취득세 및 재산세가 중과세될 수 있다. 이외 감가상각에도 영향을 주기 때문에 이러한 문제들을 사전에 검토할 필요가 있다.

94) 「종합부동산세법」 제13조에서는 별도합산과세대상인 토지에 대한 종합부동산세의 과세표준은 납세의무자별로 해당 과세대상토지의 공시가격을 합산한 금액에서 80억 원을 공제하도록 하고 있다.

95) 임대차계약 시 주의해야 한다.

제5절 건물임대관련 세무리스크 관리법

법인이 건물을 임대하는 경우 부가가치세와 법인세를 신고 및 납부해야 한다. 이하에서 이에 대해 알아보자.

1 건물임대관련 세무리스크 발생 사례

K법인은 아래와 같이 건물을 임대하고 있다. 각 상황별로 답을 하면?

자료

- ○ 취득가액 : 10억 원
- ○ 임대보증금 : 1억 원
- ○ 월 임대료 : 400만 원/VAT 별도

- 상황1 : 전세보증금에 대해서는 어떤 식으로 부가가치세 과세표준을 잡는가?
- 상황2 : 이 경우 세금계산서는 어떤 식으로 발행해야 하는가?
- 상황3 : 임대법인에 대해서는 세법상 규제가 있다고 한다. 이 내용을 소개하면?

상황에 대한 답을 찾아보면 다음과 같다.

첫째, (상황1) 전세보증금에 대해서는 어떤 식으로 부가가치세 과세표준을 잡는가?

임대보증금에 대해서 부가가치세를 과세하지 않으면 월세에 과세하는 것에 비해 형평성 측면에서 문제가 된다. 그래서 세법은 아래와 같이 전세보증금에 대해 부가가치세를 과세한다. 이를 간주임대료에 대한 부가가치세라 한다.

- 전세보증금에 대한 부가가치세 과세표준 : 전세보증금 × 임대기간 × 간주임대료율 (1.2%로 고시됨. 수시로 변경되니 최근의 것을 적용하기 바람)
- 전세보증금에 대한 부가가치세 : 위 과세표준 × 10%

참고로 「법인세법」상의 간주임대료는 무조건 계산하는 것이 아니라, 부동산임대업이 주업이고 차입금이 자기자본의 2배 이상인 경우에만 계산한다는 차이가 있다. 주의하기 바란다.

둘째, (상황2) 이 경우 세금계산서는 어떤 식으로 발행해야 하는가?

월세에 대해서만 세금계산서를 발행하면 된다. 간주임대료의 부가가치세에 대해서는 세금계산서를 발행할 수 없다.

셋째, (상황3) 임대법인에 대해서는 세법상 규제가 있다고 한다. 이 내용을 소개하면?

임대법인의 경우 접대비와 업무용 차량비에 대한 감가상각비의 한도가 일반기업에 비해 1/2로 축소된다.

- 접대비 한도 → 일반기업 기본한도 3,600만 원의 1/2인 1,800만 원
- 업무용 승용차 감가상각비 → 일반기업 기본한도 800만 원의 1/2인 400만 원

2 건물임대관련 세무리스크 관리법

건물의 임대와 관련해 발생할 수 있는 세무리스크 관리법을 정리해보자.

(1) 부가가치세

일반과세자가 상가를 임대 시 임대료의 10%, 임대보증금에 대해서는 이자상당액의 10%만큼 부가가치세가 발생한다. 후자를 간주임대료에 대한 부가가치세라고 한다.

「부가가치세법」 집행기준 29-65-1 [부동산임대용역에 대한 공급가액 계산]

사업자가 부동산임대용역을 제공하고 전세금 또는 임대보증금을 받은 경우에는 금전 이외의 대가를 받은 것으로 보아 다음 산식에 의하여 계산한 금액(간주임대료)을 공급가액으로 한다.

$$\text{전세금·임대보증금} \times \text{과세대상 기간의 일수} \times \frac{\text{1년 정기예금이자율}}{\text{365(윤년 366)}} = \text{공급가액}$$

참고로 상가임대료를 인하한 임대사업자에 대한 부가가치세 세액공제 등은 「조세특례제한법」 제96조의3 등을 참조하기 바란다.

위에서 정기예금이자율은 아래와 같다.

변경일자	2018.1.1.	2019.1.1.	2020.1.1.	2021.1.1.
적용 과세기간	2018년 1기 예정부터	2019년 1기 예정부터	2020년 1기 예정부터	2021년 1기 예정부터
정기예금 이자율(%)	1.8%	2.1%	1.8%	1.2%

(2) 특수관계인 간의 거래

세법은 특수관계인 간에 무상으로 임대차계약을 맺으면 정상임대료(「법인세법 시행령」 제89조 등 참조)를 기준으로 부가가치세를 부과하고, 임대자에게는 부당행위계산으로 보아 해당금액을 수입금액에 포함시켜 법인세 등을 부과한다. 한편 무상임차인은 「상속세 및 증여세법」 제37조에 의해 계산된 무상사용이익이 1억 원 이상인 경우에는 증여세를 부담해야 한다.

특수관계인 간의 무상임대에 대한 부가가치세 과세여부(부가-123, 2014.2.17.)

사업자가 대가를 받지 아니하고 타인에게 용역을 공급하는 것은 용역의 공급으로 보지 아니하나, 사업자가 「부가가치세법 시행령」 제26조 제1항에서 정하는 특수관계인에게 사업용 부동산의 임대용역을 공급하는 것은 용역의 공급으로 보아 부가가치세가 과세된다. 이 경우 부가가치세 과세표준은 같은법 제29조 제4항 제3호에 따라 공급한 용역의 시가를 공급가액으로 보는 것이며, 시가를 과세표준으로 하는 경우에 정상적인 거래 시가와 낮은 대가와의 차액에 대하여 같은법 제32조에 따른 세금계산서를 발급할 의무가 없다.

(3) 임대법인에 대한 규제

위에서 본 것과 같다. 이외에도 주업이 임대인 법인으로서 상시 근로자수가 5인 미만인 경우에 해당하면 당해 법인에 대해서도 성실신고확인제도가 적용된다. 한편 일반적인 주식의 경우 10~25%의 양도소득세 세율이 적용되나 부동산 과다보유법인의 경우에는 6~45% 등 누진세율이 적용된다.

제6절 건물양도관련 세무리스크 관리법

법인이 건물을 양도할 때 발생할 수 있는 세무리스크 관리법을 정리해보자. 건물을 양도할 때에는 특히 부가가치세 처리문제에 유의해야 한다.

1 건물양도관련 세무리스크 발생 사례1

K법인은 임대하고 있는 오피스텔을 아래와 같이 양도하고자 한다. 각 상황별로 답을 하면?

자료

- 10년 전에 신축됨.
- 전용면적 : 84.9㎡
- 취득가액 : 2억 원(토지가액 1억 원, 건물가액 1억 원)
- 양도가액 : 2억 2천만 원(기준시가로 안분한 토지가액 1억 5천만 원, 건물가액 7천만 원)
- 부가가치세가 있는 경우에는 VAT 별도

- 상황1 : 이 오피스텔이 주거용 오피스텔이라면 부가가치세는 얼마인가?
- 상황2 : 이 오피스텔이 업무용 오피스텔이라면 부가가치세는 얼마인가?
- 상황3 : 이 오피스텔을 양도하면 법인세는 얼마인가?

상황에 대해 순차적으로 답을 찾아보면 다음과 같다.

첫째, (상황1) 이 오피스텔이 주거용 오피스텔이라면 부가가치세는 얼마인가?

주거용 오피스텔은 부가가치세가 면제되므로 이를 양도하더라도 거래상대방으로부터 부가가치세를 징수할 필요가 없다.

둘째, (상황2) 이 오피스텔이 업무용 오피스텔이라면 부가가치세는 얼마인가?

업무용 오피스텔에 대해서는 부가가치세가 발생한다. 다만, 이때 토지공급에 대해서는 부가가치세가 면제되므로 건물공급분에 대해서만 부가가치세를 계산해야 한다.

구 분	금 액	부가가치세율	부가가치세
토지공급가액	1억 5천만 원	(면세)	-
건물공급가액	7천만 원	10%	700만 원
계	2억 2천만 원	-	700만 원

따라서 총 거래가액은 2억 2,700만 원이 된다.

잠깐퀴즈

위 부가가치세를 생략한 채로 거래할 수 있다. 어떻게 하면 되는가?
포괄양수도계약을 맺으면 된다. 물론 이때의 거래상대방은 일반과세자로 등록해야 한다. 자세한 내용은 바로 아래에서 살펴본다.

셋째, (상황3) 이 오피스텔을 양도하면 법인세는 얼마인가?

법인세는 아래와 같이 계산한다. 참고로 건물에 대해서는 추가법인세가 부과되지 않는다. 다만, 주거용 오피스텔은 주택에 해당되어 20%의 추가법인세제도가 적용될 수 있다.

구 분	금 액	비 고
수익(양도가액)	2억 2천만 원	부가가치세는 제외함.
- 비용(취득가액)	2억 원	
= 당기순이익	2천만 원	
± 세무조정	-	
= 과세표준	2천만 원	
× 세율	10%	
- 누진공제	-	
= 산출세액	200만 원	지방세소득세 별도

2 건물양도관련 세무리스크 발생 사례2

(주)빌딩은 보유한 빌딩을 아래처럼 양도하기로 하였다. 각 상황별로 답을 하면?

자료

○ 취득가액 : 50억 원
○ 양도가액 : 100억 원
○ 감가상각비 : 10억 원

- 상황1 : 사례의 경우 부가가치세가 발생하는가?
- 상황2 : 양도자의 입장에서 발생하는 세무문제는?
- 상황3 : 매수자의 입장에서 발생하는 세무문제는?

상황에 대한 답을 찾아보면 다음과 같다.

첫째, (상황1) 사례의 경우 부가가치세가 발생하는가?

발생하는 것이 원칙이다. 다만, 토지의 공급에 대해서는 면세가 적용된다.

둘째, (상황2) 양도자의 입장에서 발생하는 세무문제는?

빌딩을 매각하면 양도자 입장에서는 우선 부가가치세와 법인세 문제가 발생한다. 여기서 부가가치세는 양도가액 중 건물가액의 10%를 거래상대방으로부터 받아 정부에 납부하는 것을 말하며, 법인세는 법인이 벌어들인 이익에 법인세로 부과하는 세금을 말한다. 이 사례에서 양도소득 외에 다른 소득이 없다면 법인세는 다음과 같이 부과될 것이다.

- 법인세 과세표준 : 양도가액 100억 원 - 장부가액 40억 원(= 50억 원 - 10억 원[96]) = 60억 원
- 법인세 산출세액 : 법인세 과세표준 × 기본세율 = 60억 원 × 20% - 2천만 원(누진공제) = 11억 8천만 원

셋째, (상황3) 매수자의 입장에서 발생하는 세무문제는?

매수자 입장에서는 취득세 중과세와 취득가액을 장부에 어떻게 올릴 것인지가 주요 쟁점사항이 된다. 이때 일괄적으로 건물을 취득한 경우에는 토지와 건물의 시가로 안분하면 되겠지만 시가를 파악하기가 힘든 경우가 대부분이므로 이런 경우에는 기준시가(감정평가액이 있는 경우에는 감정평가액) 비율로 안분하는 것이 타당할 것이다. 토지와 건물의 취득가

96) 감가상각비를 말한다.

액을 어떻게 구분하느냐 하는 문제는 향후 감가상각비 등에 영향을 주므로 사전에 이에 대한 검토를 신중히 할 필요가 있다.

③ 건물양도관련 세무리스크 관리법

건물의 양도와 관련하여 발생할 수 있는 세무리스크를 매도자와 매수자의 관점에서 정리하면 다음과 같다.

구 분	매도자	매수자
취득세	–	취득세 중과세 검토
⇩		
부가가치세	• 건물공급가액의 10% 발생 • 포괄양수도계약 시 생략가능	• 부가가치세 환급가능(일반과세자로 등록해야 함)
⇩		
법인세	• 법인세(추가과세도 가능)	–

법인이 건물을 양도한 경우에는 양도가액에서 장부가액을 차감한 차익에 대해서 일반법인세를 내게 된다. 여기서 장부가액은 보통 취득가액에서 감가상각비를 차감한 금액을 말하므로 건물 보유 중에 감가상각비를 많이 계상한 경우에는 양도차익이 많아져 법인세가 증가하는 경향이 있다. 따라서 건물에 대한 감가상각비는 법인이 임의로 결정을 할 수 있으므로 향후 양도차익이 많이 기대되는 상황에서는 감가상각비를 계상하지 않는 것도 하나의 대안이 된다.

※ 저자 주

개인이 보유한 건물을 상속이나 증여로 이전 시 과세표준은 감정을 받아 신고하는 것이 좋을 것으로 보인다. 비주거용 건물을 기준시가로 신고한 경우 상속세와 증여세 결정기한(9개월, 6개월) 내에 과세관청이 감정을 받아 재산평가심의위원회에 심의를 요청할 수 있기 때문이다. 주의하기 바란다.

Tip

■ 부동산 양도에 따른 공급시기(부가가치세 집행기준 15-28-3)

① 부동산을 양도하는 경우의 공급시기는 해당 부동산이 이용가능하게 되는 때이며, 이용가능하게 되는 때란 원칙적으로 소유권 이전등기일을 말하지만, 당사자간 특약에 따라 소유권 이전등기일 전에 실제 양도하여 사용·수익하거나 잔금 미지급 등으로 소유권 이전등기일 이후에도 사용·수익할 수 없는 사실이 객관적으로 확인되는 때에는 실제로 사용·수익이 가능한 날을 말한다.

② 중간지급조건부로 부동산을 공급하기로 계약하였으나 소유권 이전 및 잔금 지급 전에 이를 이용가능하게 하는 경우 해당 부동산을 이용가능하게 한 때를 공급시기로 본다.

③ 사업자가 부동산임대사업에 사용하던 건물을 매각하는 계약을 체결하여 계약금과 중도금을 받고 잔금을 받지 않은 상태에서 폐업한 경우 그 폐업일을 해당 건물의 공급시기로 본다.

④ 건축 중인 건물을 양도하는 경우 양수인이 그 건축 중인 건물을 이용가능하게 된 때를 공급시기로 본다.

⑤ 부동산을 기부채납하기로 약정함에 따라 사회기반시설을 신축하여 일정기간 사용·수익한 후에 기부채납하는 경우 그 기부채납절차가 완료된 때를 공급시기로 본다.

폐업일 이후 공급시기 도래 시 공급시기 판단 사례

부동산임대업을 운영하는 사업자 이성실은 임대하던 부동산을 20억 원을 받고 아래와 같이 매각하였다.

• 계약금 : 2억 원(2018.6.20.)	• 중도금 : 8억 원(2018.7.20.)
• 잔 금 : 10억 원(2018.9.20.)	• 폐업일 : 2018.8.20.

이 경우 이성실이 매각한 부동산에 대한 공급시기 판단방법은?

☞ 통상의 공급시기는 2018.9.20.이지만 폐업일 이전에 매매계약을 체결하고 폐업일 이후 통상의 공급시기가 도래하는 때에는 그 폐업일(2018.8.20.)을 공급시기로 한다.

필수 세무상식

부가가치세 계산과 포괄양수도

건물을 양도할 때 부가가치세가 발생하는 것이 원칙이다. 이하에서는 부가가치세를 어떤 식으로 계산하는지 그리고 부가가치세 없이 거래하는 방식인 포괄양수도계약에 대해 정리해보자.

1. 원칙적인 방법

건물을 매각하는 경우에는 총 공급가액 중 건물에 해당하는 부분에 대해 10%의 부가가치세가 발생한다. 그런데 이 때 건물을 일괄하여 매매계약을 체결하여 그 대가가 구분되지 아니하는 경우에는 「부가가치세법 시행령」 제48조의2 제4항에 의해 다음과 같이 건물의 과세표준을 산정한다. 단, 감정평가액이 있는 경우에는 감정평가를 우선하여 적용한다.

① 실지거래가액에 부가가치세가 포함되지 아니한 경우의 안분계산

- 건물과세표준 = 실지거래가액 × $\dfrac{\text{건물기준시가}}{\text{토지기준시가} + \text{건물기준시가}}$

예를 들어 위의 사례에서 토지와 건물의 기준시가가 동일하다면 건물과세표준은 100억 원의 1/2인 50억 원이 되며 이 금액의 10%인 5억 원이 바로 부가가치세가 된다.

② 실지거래가액에 부가가치세가 포함된 경우의 안분계산

- 건물과세표준 = 실지거래가액 × $\dfrac{\text{건물기준시가}}{\text{토지기준시가} + \text{건물기준시가} + \text{건물기준시가} \times 1.1}$

일괄공급 시 과세표준 안분

1. 원칙
   (1) 과세표준의 안분계산
   과세사업과 면세사업에 공통으로 사용되는 재화를 공급하는 경우에 그 과세표준은 다음과 같이 계산한다.
   - 과세표준 = 해당 재화의 공급가액 × 직전과세기간의 과세공급가액 / 총 공급가액

   (2) 안분계산의 배제
   다음 중 어느 하나에 해당하는 경우에는 안분계산을 배제하고 해당 재화의 공급가액을

과세표준으로 한다.

- 재화를 공급한 날이 속하는 과세기간의 직전 과세기간의 총 공급가액 중 면세공급가액이 5% 미만인 경우. 다만, 해당 재화의 공급가액이 5천만 원 이상인 경우는 제외
- 재화의 공급가액이 50만 원 미만인 경우
- 재화를 공급하는 날이 속하는 과세기간에 신규로 사업을 개시하여 직전 과세기간이 없는 경우

2. 토지와 건물 등을 일괄공급하는 경우

(1) 원칙

토지와 건물을 함께 공급하는 경우에는 실지거래가액으로 한다.

(2) 예외

실지거래가액 중 토지의 가액과 건물 등의 가액의 구분이 불분명한 경우에는 다음의 방법으로 안분계산한다.

구 분		안분계산방법
감정평가액이 있는 경우		감정평가액에 비례하여 안분계산한다.
감정평가액이 없는 경우	기준시가가 모두 있는 경우	공급계약일 현재의 기준시가에 따라 계산한 가액에 비례하여 안분계산한다.
	어느 하나 또는 모두의 기준시가가 없는 경우	장부가액(장부가액이 없는 경우에는 취득가액)에 비례하여 안분계산한 후 기준시가가 있는 자산에 대하여는 그 합계액을 다시 기준시가에 따라 안분계산한다.
위의 방법을 적용할 수 없거나 적용하기 곤란한 경우		국세청장이 정하는 방법에 따른다.

2. 예외적인 방법(포괄양수도)

원래 부동산임대업 등을 폐업하면 건물공급가액의 10%가 부가가치세로 발생한다. 그런데 이때 포괄양수도방식에 의해 사업을 양도하면 이에 대한 부가가치세 없이 거래를 할 수 있다. 이러한 사업의 양도에 대해서 「부가가치세법」은 이를 공급으로 보지 않기 때문이다. 참고로 여기서 사업양도란 사업장별로 그 사업에 관한 모든 권리와 의무를 포괄적으로 승계시키는 것을 말한다(「부가가치세법 시행령」 제17조). 따라서 사업양도의 내용이 세법에서 정한 요건을 충족하지 않으면 부가가치세를 발생시켜야 하므로 이에 유의해야 한다.

사업양도의 구체적인 범위(부가가치세 집행기준 10-23-1)

재화의 공급으로 보지 아니하는 사업양도란 사업장별로 사업용 자산을 비롯한 물적 · 인적시설 및 권리와 의무를 포괄적으로 승계시키는 것을 말하며(미수금, 미지급금, 사업과 관련없는 토지 · 건물 등 제외), 다음과 같은 사례가 포함된다.

1. 개인인 사업자가 법인설립을 위하여 사업장별로 그 사업에 관한 모든 권리와 의무를 포괄적으로 현물출자하는 경우
2. 과세사업과 면세사업을 겸영하는 사업자가 사업장별로 과세사업에 관한 모든 권리와 의무를 포괄적으로 양도하는 경우
3. 과세사업에 사용 · 소비할 목적으로 건설 중인 독립된 제조장으로써 등록되지 아니한 사업장에 관한 모든 권리와 의무를 포괄적으로 양도하는 경우
4. 사업과 관련없는 특정 권리와 의무, 사업의 일반적인 거래 외에서 발생한 미수채권 · 미지급채무를 제외하고 사업에 관한 모든 권리와 의무를 승계시키는 경우
5. 사업의 포괄적 승계 이후 사업양수자가 사업자등록만을 지연하거나 사업자등록을 하지 아니한 경우
6. 사업을 포괄적으로 승계받은 자가 승계받은 사업 이외에 새로운 사업의 종류를 추가하거나 사업의 종류를 변경한 경우(2006. 2. 9. 이후 사업양도분부터 적용한다) *
7. 주사업장 외에 종사업장을 가지고 있는 사업자 단위과세사업자가 종사업장에 대한 모든 권리와 의무를 포괄적으로 승계시키는 경우
8. 2 이상의 사업장이 있는 사업자가 그 중 한 사업장에 관한 모든 권리와 의무를 포괄적으로 양도하는 경우
9. 「상법」에 따라 분할하거나 분할합병하는 경우에는 같은 사업장 안에서 사업부문별로 구분하는 경우 등

* 사업양수도 시점에서는 양수업종 등이 그대로 유지되어야 한다.

사업양도에 해당되지 아니하는 사례(부가가치세 집행기준 10-23-2)

1. 사업과 직접 관련이 있는 토지와 건물을 제외하고 양도하는 경우
2. 사업자가 한 사업장 내에 둘 이상의 과세사업을 겸영하던 중 특정 과세사업만을 포괄적으로 양도하는 경우
3. 부동산매매업자 또는 건설업자가 일부 부동산 또는 일부 사업장의 부동산을 매각하는 경우
4. 종업원 전부, 기계설비 등을 제외하고 양도하는 경우
5. 부동산임대업자가 임차인에게 부동산임대업에 관한 일체의 권리와 의무를 포괄적으로 승계시키는 경우

제 4 편

주택 · 건물신축판매법인의 세무리스크 관리법

법인이 주택이나 건물을 신축해서 판매하는 경우에도 다양한 세무리스크가 발생한다. 예를 들어 주택의 경우 건설용역을 제공받을 때 이에 대해 부가가치세가 발생하는지부터 시작해서 법인세 등에 대한 감면을 받을 수 있는지 등이 그렇다. 한편 건물신축판매업은 부동산공급업(세법은 부동산매매업으로 취급)으로 앞의 주택신축판매업과는 세무처리가 다르다. 우선 부가가치세가 발생하며, 법인세 감면도 받기가 힘들다. 이 편에서는 '사업자등록 → 착공 전 → 공사 중 → 공사완료 후 → 분양'의 단계별로 나누어 주택과 건물의 신축판매업에 대한 세무리스크 발생사례와 이에 대한 관리법을 살펴본다.

제 9 장

주택신축판매법인의 세무리스크 관리법

주택신축판매업은 세법상 건설업에 해당한다. 이러한 주택신축판매업은 국민들의 주거생활향상과 밀접한 관련을 맺고 있으므로 이를 우대하는 관점에서 세법을 적용하고 있다. 이 장에서는 주로 법인이 주택신축판매업을 영위하면서 부닥치는 다양한 세무리스크를 분석하고 이에 대한 관리법을 제시한다.

본 장에서 살펴볼 주요 내용들은 아래와 같다.

- 주택신축판매법인의 세무리스크 진단
- 주택신축판매법인의 사업자등록관련 세무리스크 관리법
- 토지구입부터 착공 전까지의 세무리스크 관리법
- 착공 후부터 공사완료 시까지의 세무리스크 관리법
- 분양관련 세무리스크 관리법
- 주택신축판매업 개인 대 법인선택
- 건설임대주택관련 세무리스크 관리법

제1절 주택신축판매법인의 세무리스크 진단

CEO와 실무자들은 주택신축판매업에서 발생하는 세무리스크의 존재를 점검하고 이에 문제가 있는 경우에는 적극적으로 대책을 세워야 한다. 아래에서 진단을 해보고 대책을 세워보자.

STEP1 각 항목별 체크

아래 해당되는 곳에 '○, ×' 표시를 한다.

구분	상 황	해당 여부
1	주택신축판매업은 세법상 건설업에 해당함을 알고 있다.	
2	전용면적 85㎡ 이하의 주택신축판매업은 면세업에 해당함을 알고 있다.	
3	국민주택 건설용역에 대해서는 무조건 부가가치세가 면제되는 것이 아님을 알고 있다.	
4	주거용 오피스텔 건설용역에 대해서는 부가가치세가 면제되지 않음을 알고 있다.	
5	토지매매와 관련된 양도자 및 구입자의 세무회계내용을 알고 있다.	
6	착공 전에 발생한 부가가치세는 환급이 되지 않음을 알고 있다.	
7	분양대금에 대한 영수증처리법을 알고 있다.	
8	신축주택에 대한 보존등기 시의 취득세 과세표준의 범위를 알고 있다.	
9	수분양자의 분양권양도에 대한 양도소득세율을 알고 있다.	
10	주택신축판매업도 개인사업으로 할 수 있음을 알고 있다.	

STEP2 대책수립

위에서 파악된 '×'표시에 따라 다음과 같이 대책을 세운다.

- ×표시가 7개 이상 → 주택신축판매업관련 세무리스크에 대한 이해가 전혀 안되어 있다. 따라서 지금 당장 이에 대한 대비책을 세우도록 한다.
- ×표시가 4~6개 → 주택신축판매업관련 세무리스크에 대한 이해가 어느 정도 되어 있다. 따라서 현행의 제도를 정비하고 부족한 부분을 보완한다.
- ×표시가 3개 이하 → 주택신축판매업관련 세무리스크에 대한 이해가 되어 있다. 현행의 제도를 유지한다.

제2절 주택신축판매법인의 사업자등록관련 세무리스크 관리법

신축판매업은 기존의 주택 등을 취득해 임대나 매매하는 것이 아닌 주택이나 건물을 신축하여 판매하는 업을 말한다. 따라서 신축판매업은 공사과정이 추가되므로 이러한 매매업과는 다른 차이가 있다. 이하에서는 주택신축판매업과 관련된 세무리스크 발생 사례 및 관리법을 알아보자. 먼저 사업자등록과 관련된 내용을 보자.

1 주택신축판매법인의 사업자등록관련 세무리스크 발생 사례1

K법인은 주택신축판매업과 관련하여 사업자등록을 준비 중에 있다. 각 상황별로 답을 하면?

사업자등록증

(일반과세자/간이과세자)

등록번호 :

① 상호(법인명) : ② (대표자)성명 :
③ 개업연월일 : 년 월 일 ④ 생년월일 :
⑤ 사업장소재지 :
본점소재지
⑥ 사업의 종류 : 업태 종목

- 상황1 : 주택신축판매업의 사업자유형은 어떻게 되는가?
- 상황2 : 일반적으로 주택신축판매업의 업종은?
- 상황3 : 만일 K법인이 공사전체를 다른 사업자에게 위탁하는 경우 「조세특례제한법」 상의 중소기업특별세액감면을 받을 수 있는가?

상황에 대한 답을 찾아보면 다음과 같다.

첫째, (상황1) 주택신축판매업의 사업자유형은 어떻게 되는가?

구 분	사업자유형	비 고
85㎡ 이하 주택만 신축하는 경우	면세사업자	
85㎡ 초과 주택만 신축하는 경우	일반과세자	
위 둘 모두를 동시에 신축하는 경우	일반과세자	겸업사업자

둘째, (상황2) 일반적으로 주택신축판매업의 업종은?

주택신축판매업에 대한 세법상의 업종은 다음과 같이 구분된다.

구 분	세법상의 업종	비 고
자영건설	건설업	중소기업특별세액감면 대상임.
일부도급	건설업	
전체도급	건설업	중소기업특별세액감면대상에서 제외

일부도급의 경우에도 중소기업특별세액감면을 받을 수 있다. 아래 예규를 참조하기 바란다.

관련 예규 : 법인세과-251, 2010.3.18.

건설업을 영위하는 내국법인이 건설공사에 대한 총괄적인 책임을 지면서 그 건설공사의 일부공정을 도급 또는 하도급을 주어 전체적으로 당해 건설공사를 관리하는 경우에는 전체공정의 건설활동을 직접 수행한 것으로 보아 「조세특례제한법」 제7조에 따른 중소기업에 대한 특별세액감면을 적용하는 것임.

셋째, (상황3) 만일 K법인이 공사전체를 다른 사업자에게 위탁하는 경우 「조세특례제한법」상의 중소기업특별세액감면을 받을 수 있는가?

받을 수 없다. 이는 사실상 공사를 위탁해 판매하는 업에 해당하기 때문이다.

② 주택신축판매법인의 사업자등록관련 세무리스크 발생 사례2

K법인의 주택신축판매업에 대한 사업계획서이다. 각 상황별로 답을 하면?

자료

○ 토지구입원가 : 10억 원

○ 예상건축원가

구 분	예상원가	비 고
외주비	10억 원	외주공사비
철근 및 잡자대	11억 원	VAT 1억 원 포함
기타 경비	4억 원	
도로 기부채납	5억 원	
계	30억 원	

○ 예상매출 : 50억 원(250채 × 2억 원)

○ 위 주택들은 모두 국민주택규모 이하의 주택에 해당함.

- 상황1 : 이 프로젝트의 예상이익은?
- 상황2 : 이 경우 예상되는 법인세는? 단, 중소기업특별세액감면은 10% 받을 수 있다고 하자.
- 상황3 : 만일 이 주택이 전용면적 85㎡ 초과 주택이라면 이 프로젝트의 예상이익 및 법인세는? 단, 1채의 분양가액 2억 원 중 1천만 원은 부가가치세로 납부해야 한다.

상황에 대한 답을 찾아보면 다음과 같다.

첫째, (상황1) 이 프로젝트의 예상이익은?

전체가 분양된 것으로 가정하면 예상이익은 10억 원이 된다. 예상매출액 50억 원에서 토지구입원가 10억 원과 건축원가 30억 원 등 40억 원을 차감해서 그렇다.

둘째, (상황2) 이 경우 예상되는 법인세는? 단, 중소기업특별세액감면을 10% 받을 수 있다고 하자.

위의 내용을 토대로 법인세를 계산하면 다음과 같다.

구 분	금 액	비 고
예상이익	10억 원	
× 법인세율	20%	
- 누진공제	2천만 원	
= 산출세액	1억 8천만 원	
- 감면세액	1,800만 원	10% 감면 가정
= 결정세액	1억 6,200만 원	

셋째, (상황3) 만일 이 주택이 전용면적 85m² 초과 주택이라면 이 프로젝트의 예상이익 및 법인세는? 단, 1채의 분양가액 2억 원 중 1천만 원은 부가가치세로 납부해야 한다.

이를 토대로 예상이익 및 법인세를 계산하면 다음과 같다.

구 분	금 액	비 고
분양매출	47억 5천만 원	50억 원-2억 5천만 원(=250채×1천만 원)
- 분양원가	39억 원	공사 중 발생한 VAT 1억 원 제외
= 예상이익	8억 5천만 원	
× 법인세율	20%	
- 누진공제	2천만 원	
= 산출세액	1억 5천만 원	
- 감면세액	1,500만 원	10% 감면 가정
= 결정세액	1억 3,500만 원	

3 주택신축판매법인의 사업자등록관련 세무리스크 관리법

주택신축판매업을 위한 사업자등록과 관련된 세무리스크 등을 정리하면 다음과 같다.

(1) 업종 등

주택신축판매업은 세법상 건설업으로 보는 경우가 일반적이다. 건설업에 해당하면 중소기업특별세액감면 등을 받을 수 있다.

(2) 사업자유형

국민주택만 건설할 경우 면세사업자로 구분된다. 하지만 국민주택 초과분이나 상가 등을 포함하면 일반과세자로 구분된다. 참고로 1개의 사업현장에서 둘 이상의 사업자(공동수급체)가 각각 자기의 지분 또는 공동의 지분에 대하여 사업을 수행하는 경우가 있다. 이러한 공동수급체는 공동사업자로 보지 아니하므로 사업자등록 대상에 해당하지 아니한다.

(3) 사업장소재지

건설업의 경우 「부가가치세법」상 사업장소재지는 본점소재지가 된다. 다만, 사업자의 신청에 의해 지점소재지도 사업장소재지가 될 수 있다.

Tip

■ 국민주택건설용역관련 부가가치세 면제(「조세특례제한법 시행령」 제106조)

일반적으로 재화와 용역을 공급하면 부가가치세가 과세되는 것이 원칙이다. 다만, 부가가치세를 면제하는 경우가 있다. 국민주택의 건설용역이 대표적이다. 이하에서 「조세특례제한법」 제106조 등을 중심으로 이에 대한 내용을 알아보자.

1. 면제요건

국민주택에 대한 건설용역으로 부가가치세를 면제받기 위해서는 아래와 같은 법규정상의 요건을 모두 충족해야 한다.

• 「조세특례제한법」 제106조

4. 대통령령으로 정하는 국민주택 및 그 주택의 건설용역(대통령령으로 정하는 리모델링 용역을 포함한다)

• 「조세특례제한법 시행령」 제106조

④ 법 제106조 제1항 제4호에서 "대통령령으로 정하는 국민주택 및 그 주택의 건설용역"이란 다음 각 호의 것을 말한다.

1. 제51조의2 제3항에 규정된 규모 이하의 주택[97]

97) 「주택법」에 따른 국민주택규모(다가구 주택의 경우에는 가구당 전용면적을 기준으로 한 면적을 말한다)를 말한다(조특령 제51조의2). 여기서 "국민주택규모"란 주거의 용도로만 쓰이는 면적(주거전용면적)이 1호(戶) 또는 1세대당 85㎡ 이하인 주택(「수도권정비계획법」 제2조 제1호에 따른 수도권을 제외한 도시지역이 아닌 읍 또는 면 지역은 1호 또는 1세대당 주거전용면적이 100㎡ 이하인 주택을 말한다)을 말한다. 한편 오피스텔은 주택법에 따른 주택이 아니므로 부가가치세 면제를 받을 수 없다. 또한 「건축법」상 다중주택은 단독주택에 해당하나 전체면적이 국민주택규모 이하가 되지 않으면 부가가치세 면제를 받을 수 없다.

2. 제1호의 규정에 의한 주택의 건설용역으로써 「건설산업기본법」·「전기공사업법」·「소방법」·「정보통신공사업법」·「주택법」·「하수도법 및 가축분뇨의 관리 및 이용에 관한 법률」에 의하여 등록[98)]을 한 자가 공급하는 것
3. 제1호의 규정에 의한 주택의 설계용역으로써 「건축사법」, 「전력기술관리법」, 「소방시설공사업법」, 「기술사법 및 엔지니어링산업 진흥법」에 따라 등록 또는 신고를 한 자가 공급하는 것

2. 국민주택건설 부가가치세 면제관련 집행기준

(1) 국민주택 건설용역 등의 부가가치세 면제(집행기준 106-106-1)

① 부가가치세가 면제되는 국민주택 건설용역이란 일정한 요건을 갖춘 사업자(「건설산업기본법」, 「전기공사업법」, 「소방법」, 「정보통신공사업법」, 「주택법」, 「하수도법」, 「가축분뇨의 관리 및 이용에 관한 법률」에 따라 등록을 한 자)가 공급하는 국민주택건설용역과 「건축사법」, 「전력기술관리법」, 「소방시설공사업법」, 「기술사법」, 「엔지니어링산업 진흥법」에 따라 등록 또는 신고를 한 자가 공급하는 국민주택 설계용역에 대하여는 부가가치세를 면제한다.

② 「건설산업기본법」 등에 따라 등록한 사업자가 하도급(하청) 또는 재하도급(재하청)을 받아 국민주택 및 이에 부수되는 부대시설의 건설용역을 공급하는 때에는 부가가치세를 면제한다.

③ 「건설산업기본법」에 따라 전문건설업(비계·구조물 해체공사업) 면허를 받은 건설업자가 주택재건축조합과 계약을 체결하고 제공하는 국민주택규모 이하의 주택을 건설하기 위하여 제공하는 기존 건축물 철거용역은 부가가치세가 면제되는 국민주택 건설용역에 해당한다.

④ 다음 각 호의 건설용역은 국민주택건설용역으로 보지 아니한다.

1. 종업원의 복리 또는 근로의 편의를 위한 합숙소나 기숙사에 대한 건설용역
2. 관계 법령에 따라 면허를 받지 아니하거나 등록을 하지 아니한 사업자가 공급하는 건설용역
3. 기존에 완성된 국민주택에 대한 수리 및 배관공사용역
4. 도·소매업자가 국민주택의 공급자 또는 국민주택건설업자에게 공급하는 재화(철근, 시멘트 등이 이에 해당함)

(2) 면세되는 국민주택의 의미(집행기준 106-0-1)

① 부가가치세가 면제되는 국민주택이란 「주택법」에 따른 국민주택규모 이하의 주택으로써 주거의 용도로만 쓰이는 면적(주거전용면적)이 1호 또는 1세대당 85㎡ 이하인 주택(수도권을 제외한 도시지역이 아닌 읍 또는 면 지역은 1호 또는 1세대당 100㎡ 이하의 주택)을 말하는 것이며, 오피스텔은 「주택법」에

98) 등록을 하지 않으면 부가가치세를 면제받을 수 없다(아래도 동일).

따른 주택에 해당되지 않는다(대법원 2020두43289, 2021.1.14.).

② 국민주택의 공급에 대하여는 해당 공급자가 관계 법령에 따른 면허 또는 등록 여부에 관계없이 부가가치세를 면제한다.

(3) 점포 딸린 다가구 주택 건설용역의 부가가치세 면제(집행기준 106-106-2)
「건설산업기본법」에 따라 등록한 사업자가 점포와 점포에 딸린 가구당 전용면적이 국민주택규모 이하인 다가구 주택에 대한 건설용역을 제공하는 경우 해당 건설용역 중 다가구 주택의 건설용역에 해당하는 부분에 대하여는 부가가치세를 면제한다.[99]

사례

K법인은 아래와 같이 사업을 진행하고 있다. 상황에 답을 하면?

자료

- 사업계획 : 20~100세대 정도의 공동주택 판매(아파트, 다세대 주택 등)
- 위 주택들은 모두 전용면적 85㎡ 이하 주택에 해당함.
- 건설방식 : K법인이 직접건설을 한 후에 분양

- 상황1 : 이 거래에서 부가가치세는 발생하는가?
- 상황2 : 계산서는 누가 발행하는가?
- 상황3 : K법인의 이익은 어떤 식으로 인식할까?

상황에 대한 답을 찾아보면 다음과 같다.

첫째, (상황1) 이 거래에서 부가가치세는 발생하는가?
발생하지 않는다. 국민주택규모의 주택의 공급에 해당하기 때문이다. 위 거래과정별로 부가가치세 발생여부를 정리하면 다음과 같다.

공사협력업체		K법인		수분양자
공사용역	⇒	주택분양	⇒	주택취득
K법인에게 공급 시 부가가치세 면세[100]		수분양자에게 공급 시 부가가치세 면세		부가가치세 면제

둘째, (상황2) 계산서는 누가 발행하는가?
공사용역을 제공하는 업체, 그리고 주택을 분양하는 K법인이 그 대상이다. 먼저 공

99) 취사도구를 설치할 수 없는 다중주택은 전체 면적을 기준으로 국민주택 규모 이하에 해당하는지의 여부를 따져야 할 것으로 보인다.

100) 자신이 부담한 매입세액도 환급되지 않는다.

사업체의 경우에는 반드시 계산서를 발행해야 한다. 법인간의 용역거래에 대해서는 무조건 이를 발행하도록 하고 있기 때문이다. 하지만 K법인이 수분양자에게 분양할 때에는 이러한 계산서를 발행하지 않아도 된다. 계산서나 세금계산서는 거래의 과정을 투명화시키기 위한 제도에 해당하는데 최종 소비자단계에서는 이러한 것과 관계가 없기 때문이다.

셋째, (상황3) K법인의 이익은 어떤 식으로 인식할까?
분양기간이 1년 미만인 경우에는 당해 주택을 판매(진행기준도 인정)할 때, 1년 이상인 경우에는 「법인세법 시행령」 제69조에 따라 진행기준 즉 작업진행률(건설 등을 완료한 정도)을 사용하여 수익을 인식해야 한다.

개인사업자의 수입시기

개인사업자의 경우 부동산매매업 및 주택신축판매업 수입시기는 대금을 청산한 날이며, 대금을 청산하기 전에 소유권 등의 이전에 관한 등기 · 등록을 하거나 당해 자산을 사용수익하는 경우에는 그 등기 · 등록일 또는 사용수익일로 한다. 법인과 차이가 남에 유의하자.

Tip

■ **공동도급에 대한 세금계산서 발급 방법(구)「부가가치세법」 집행기준 16-54-3)**

① 의의 : 공동도급이란 공사 등의 도급계약에 있어서 발주처와 공동수급체가 체결하는 계약으로서 1개의 사업현장에서 둘 이상의 사업자(공동수급체)가 각각 자기의 지분 또는 공동의 지분에 대하여 사업을 수행하는 형태

② 사업자등록 : 원칙적으로 공동수급체는 공동사업자로 보지 아니하므로 사업자등록 대상에 해당하지 아니한다.

③ 세금계산서 발급

1. 매출세금계산서 : 공동수급체의 구성원 각자가 해당 용역을 공급받는 발주처에게 자기가 공급한 용역에 대하여 세금계산서를 발급하는 것이 원칙이나, 공동수급체의 대표사가 그 대가를 지급받는 경우에는 해당 공동수급체의 구성원은 각자 공급한 용역에 대하여 공동수급체의 대표사에게 세금계산서를 발급하고, 그 대표사는 발주처에게 세금계산서를 일괄하여 발급할 수 있다.

2. 매입세금계산서 : 공동비용에 대한 세금계산서는 각각 발급받을 수 있는 경우에는 그 지분금액대로 각각 발급받을 수 있으며, 대표사가 전체를 발급받아 각 공동지

분에 따라 나머지 구성원에게 세금계산서를 발급할 수 있다. 이 경우 발급한 세금계산서는 재화 또는 용역을 공급한 것이 아니므로 부가가치세 과세표준에 포함되지 아니하지만 세금계산서합계표는 제출하여야 한다.

제3절 토지구입부터 착공 전까지의 세무리스크 관리법

이제 주택신축판매업을 영위하기 위해 토지를 매입하였다고 하자. 그 이후 착공을 하기 전까지 발생하는 세무리스크들에는 어떤 것들이 있을까? 이하에서 이에 대해 알아보자.

1 토지구입부터 착공 전까지의 세무리스크 발생 사례1

서울에 위치한 K법인은 주택신축판매업을 위해 다음과 같이 토지를 취득하였다. 각 상황별로 답을 하면?

자료

○ 토지가액 : 10억 원
○ 토지 취득관련 비용 : 5천만 원(취득세 별도, 부가가치세 1천만 원 별도)

- 상황1 : 부가가치세는 환급을 받을 수 있는가?
- 상황2 : 토지 취득관련 비용은 당기비용인가?
- 상황3 : 취득세는 얼마인가? 단, 세율은 4.6% 작용된다고 하자.

상황에 대한 답을 찾아보면 다음과 같다.

첫째, (상황1) 부가가치세는 환급을 받을 수 있는가?

환급받을 수 없다. 토지매입과 관련된 부가가치세는 매입세액공제가 되지 않으며 이는 토지의 자본적 지출로 처리된다. 즉 토지원가를 형성한다.

둘째, (상황2) 토지 취득관련 비용은 당기비용인가?

그렇지 않다. 토지취득관련 비용은 토지의 자본적 지출로써 토지원가에 해당한다.

셋째, (상황3) 취득세는 얼마인가? 단, 세율은 4.6% 작용된다고 하자.

세율은 주어졌으니 과세표준만 잘 결정하면 된다. 취득세 과세표준은 취득이 완료되기 전까지의 모든 비용(VAT는 제외)에 대해 과세된다. 따라서 사례의 경우 10억 5천만 원이

과세표준이 된다. 법인의 경우 취득세는 장부상의 취득가액을 중심으로 과세가 일어난다.

－사례의 취득세 : 10억 5천만 원 × 4.6% = 4,830만 원

잠깐퀴즈

토지의 자본적 지출로 보는 철거비용도 취득세 과세표준에 포함되는가?
그렇다. 「지방세법 시행령」 제82조의 3 제1항에서 취득세의 과세표준이 되는 취득가격은 과세대상물건을 취득하기 위하여 거래상대방에게 지급하였거나 지급하여야 할 일체의 직접·간접비용이라고 규정하고 있으므로 기존 건축물 철거비용은 신축 건축물 취득을 위한 사전적 비용으로 보기 때문이다(세정－154, 2005.1.11.).

2 토지구입부터 착공 전까지의 세무리스크 발생 사례2

앞의 K법인의 사례를 연장하여 각 상황별로 답을 하면?

자료

- 토지가액 : 10억 원
- 토지 취득관련 비용 : 5천만 원(취득세 포함, 부가가치세 1천만 원 별도)
- 토지취득 시 차입금 5억 원(취득 전 이자비용 1천만 원, 취득 후 1천만 원 발생)

- 상황1 : 위의 이자비용에 대한 세무처리법은?
- 상황2 : 만일 구입한 토지 중 일부가 사업상 불필요하여 이를 매각하는 경우 10%의 법인세를 추가로 내야 하는가?

상황에 대한 답을 찾아보면 다음과 같다.

첫째, (상황1) 위의 이자비용에 대한 세무처리법은?

「법인세법 시행령」 제72조 제2항 취득가액의 범위에는 건설자금이자를 포함하고 있으나 건설자금이자 계상 대상이 사업용 고정자산만 해당되므로 재고자산은 이에 해당하지 아니한다. 따라서 아파트 등을 공사하면서 발생하는 차입금에 대한 이자는 당기의 비용으로 처리해야 한다.

금융비용 자본화에 대한 기업회계기준과 세법의 차이비교

구 분		기업회계기준	「법인세법」	「지방세법」
건설자금 이자 (자본화)	재고자산 · 투자자산	기간비용(취득가액에 포함 가능)	손금산입	취득가액에 포함
	유형자산 · 무형자산[101)]	기간비용(취득가액에 포함 가능)	취득가액에 포함(강제사항)	

둘째, (상황2) 만일 구입한 토지 중 일부가 사업상 불필요하여 이를 매각하는 경우 10%의 법인세를 추가로 내야 하는가?

주택신축판매업으로 사업자등록 후 주택을 신축하여 판매하는 과정에서 부득이하게 이의 일부 등을 양도하는 경우에는 사업용 토지로 볼 수 있다. 하지만 과세관청의 사실판단을 통해 최종적으로 사업용 토지에 해당하는 지의 여부가 결정될 수 있음에 유의해야 한다.

3 토지구입부터 착공 전까지의 세무리스크 관리법

주택신축판매업을 위해 토지를 구입한 이후부터 착공 전까지의 세무리스크 관리법을 정리하면 다음과 같다.

(1) 토지취득관련

주택건설용지의 취득과 관련하여 부가가치세를 환급받을 수 없다. 한편 취득 전까지 발생한 직·간접비용에 대해 취득세가 부과된다.

(2) 부대비용관련

토지취득관련 부대비용도 취득원가에 포함되는 것이 원칙이다.

(3) 철거비용관련

법인의 주택신축을 위한 기존건물 철거비용은 수익적 지출로 처리하는 것이 원칙이다. 한편 건축물 철거와 관련된 비용에서 발생한 부가가치세는 신축판매업이 과세업에 해당하

101) 사업용 고정자산에 해당한다.

면 환급이 가능하다. 85㎡ 이하 주택만 분양하는 경우에는 환급이 불가능하다.

Tip

■ **주택건설용지 매입 시 검토해야 할 사항들**

법인 등이 주택건설을 위해 용지를 매입하는 경우에 발생하는 세금문제는 다양하다. 이하에서 이와 관련된 문제점들을 살펴보자.

1. 지주의 세금

법인이 개인으로부터 토지를 매입하는 경우 지주의 세금문제에 정통할 필요가 있다. 세금이 많이 부과되는 상황에서는 토지를 매각할 의사가 없는 경우가 많기 때문이다.

(1) 세금문제가 없는 경우

지주에게 세금이 비과세되거나 감면되는 경우에는 그렇지 않은 상황에 비해서는 매수가 쉬운 것이 일반적이다. 예를 들어 지주가 8년 이상 재촌·자경한 경우에는 양도소득세가 한도 내에서 100% 면제된다. 이외에 대토하여 자경한 경우에도 감면을 받을 수 있다. 그리고 수용이 되는 경우에도 최저 10%에서 최고 40%까지 감면을 받을 수 있다.

※ 토지에 대한 양도소득세 감면제도 요약

감면은 산출세액의 일부나 전부를 면제하는 것이다. 8년 자경농지에 대한 감면은 전국적으로 폭넓게 적용되고 있으므로 감면요건을 정확히 이해해 두는 것이 필요하다.

구 분		감면요건	감면내용
농지	자경농지 (「조세특례제한법」 제69조)	8년 이상 재촌·자경한 농지	100% 감면(단, 자경농지와 대토 감면분을 합하여 1년간 1억 원, 5년간 2억 원까지만 감면함)
	대토 (「조세특례제한법」 제70조)	4년 이상 자경한 경우로써 경작상 필요에 의해 농지를 사고 팔 때 감면함.	
모든 토지	수용 등 (「조세특례제한법」 제77조)	공공사업용으로 양도한 토지에 대해 감면을 적용함.	• 채권보상 : 15%(5년 만기 보유 시 40%) • 현금보상 : 10% • 대토보상 : 40%(「조세특례제한법」 제77조의2 참조)

(2) 세금문제가 있는 경우

지주에게 세금이 나오는 경우에는 양도를 주저하는 것이 일반적이다. 예를 들어 오래 전에 취득하여 취득가액이 낮은 경우나 부재지주에 해당하는 경우가 그렇다. 취득가액이 낮으면 양도차익이 많아지고 부재지주에 해당하면 양도소득세 중과세제도가 적용된다.

2. 구입법인의 세금문제

토지를 구입하는 법인의 세금문제는 주로 취득세의 중과세 문제와 업무무관자산에 해당하는지의 여부 등이 있다.

(1) 취득세 중과세 문제

주택건설법인이 주택을 짓기 위해 취득하는 용지에 대해서는 취득세의 중과세 대상에서 제외된다. 다만, 용지 취득 후 3년 이내에 주택건설에 착공하는 경우에 한하여 취득세 중과세제도를 적용하지 않음에 유의해야 한다. 한편 법인이 주택을 구입해 이를 허물고 주택을 신축하는 경우에도 해당 건설사업자가 주무관청에 등록된 경우라면 주택취득에 대한 취득세 중과세율을 적용하지 않는다. 다만, 3년 내에 멸실을 해야 한다. 참고로 2021년 4월 27일부터는 주무관청의 등록이 없더라도 주택신축판매업을 위해 사업자등록을 한 자도 취득세 중과세율을 적용받지 않는다(88페이지 참조).

(2) 업무무관자산에 해당여부

업무무관자산에 해당하면 이와 관련된 유지비용은 전액 비용으로 인정되지 않는다. 그리고 법인이 지출한 이자비용 중 일부도 비용으로 인정되지 않는다. 주택용지의 경우 취득일로부터 5년간은 업무무관자산으로 보지 않는다. 하지만 이 유예기간 중에 당해 법인의 업무에 직접 사용하지 아니하고 양도하는 경우에는 업무무관자산으로 본다(단, 부동산 매매업은 제외).

(3) 기타 검토할 사항들

이외에도 건설법인이 차입을 통해 용지를 구입하는 경우 부채비율이 올라갈 수 있다. 그리고 보유 중 토지를 매각한 경우 비사업용 토지에 해당되어 10%의 추가과세를 적용받을 수 있다. 한편 보유세의 과세여부도 관심을 둘 필요가 있다. 일반적으로 주택건설용지는 취득일로부터 5년까지는 종합부동산세 과세되지 않는다. 그리고 공사 중에는 재산세가 분리과세되는 토지에 해당하므로 이 역시 종합부동산세가 과세되지 않는다.

☞ 주택건설용지에 대한 자세한 세무상 쟁점은 이 장의 '필수 세무상식' 코너를 참조할 것

제4절 착공 후부터 공사완료 시까지의 세무리스크 관리법

주택신축판매업을 위해 본격적으로 사업을 시작한다고 하자. 이때 착공해서 공사가 완료되기 전까지 다양한 세무리스크들이 발생할 것이다. 이하에서 이들에 대한 세무리스크 발생 사례와 이의 관리법을 알아보자.

1 착공 후부터 공사완료 시까지의 세무리스크 발생 사례1

K법인은 주택신축판매업을 시행하는 법인이다. 이 법인은 아래와 같이 시공사를 선정했다. 각 상황별로 답을 하면?

자료

- 시공사 : L법인
- 시공물건 : 전용면적 85㎡ 이하 주택
- 도급금액 : 20억 원
- 시공사의 공사원가 : 15억 원(철근구입, 장비대여에 따른 부가가치세 1억 원 포함)
- 공사기간 : 2년
- 대금지급방법 : 기성률에 따라 매 2개월 단위로 지급, 다음 달 25일 정산 후 기성금 청구일로부터 15일 내에 결제조건

- 상황1 : 위의 도급공사에 대한 「부가가치세법」상 용역의 공급시기는 어떻게 되는가?
- 상황2 : 사례의 경우 언제 계산서를 발행해야 하는가?
- 상황3 : 시공사인 L법인은 철근구입 시 발생한 부가가치세는 환급받을 수 있는가?

상황에 대한 답을 찾아보면 다음과 같다.

첫째, (상황1) 위의 도급공사에 대한 「부가가치세법」상 용역의 공급시기는 어떻게 되는가?

일반적으로 용역의 공급시기는 그 용역의 제공이 끝나는 날이다. 하지만 위의 사례처럼 어떤 일이 완성된 정도에 따라 계약이 된 경우에는 "대가의 각 부분을 받기로 한 때"가 공

급시기가 된다. 이러한 기준을 세법에서는 "완성도지급조건부 용역"이라고 한다. 이는 세금계산서 또는 계산서 작성일을 결정하는 기준이 된다.

관련 규정

「부가가치세법 시행령」 제29조 [할부 또는 조건부로 용역을 공급하는 경우 등의 용역의 공급시기]

① 다음 각 호의 어느 하나에 해당하는 경우에는 '대가의 각 부분을 받기로 한 때'를 용역의 공급시기로 본다. 다만, 제2호와 제3호의 경우 역무의 제공이 완료되는 날 이후 받기로 한 대가의 부분에 대해서는 역무의 제공이 완료되는 날을 그 용역의 공급시기로 본다.

1. 기획재정부령으로 정하는 장기할부조건부 또는 그 밖의 조건부로 용역을 공급하는 경우
2. 완성도기준지급조건부로 용역을 공급하는 경우
3. 기획재정부령으로 정하는 중간지급조건부로 용역을 공급하는 경우
4. 공급단위를 구획할 수 없는 용역을 계속적으로 공급하는 경우

둘째, (상황2) 사례의 경우 언제 계산서를 발행해야 하는가?

사례의 경우 대가 수령일에 계산서를 발행하는 것이 원칙이다(다만, 계약서상에 대가의 각 부분을 받기로 한 때를 '정산일'로 하는 경우에는 정산일에 맞춰 발행해야 함).

셋째, (상황3) 시공사인 L법인은 철근구입 시 발생한 부가가치세는 환급받을 수 있는가?

시공사인 L법인이 수행하는 건설용역이 부가가치세가 면제되는 상황에서는 자신이 부담한 매입세액도 공제되지 않는다. 이때 공제되지 않는 매입세액은 공사원가를 구성하게 된다. 사례처럼 국민주택건설용역을 제공하는 경우 부가가치세 과세대상과 면세대상을 구분하면 다음과 같다.

구 분	내 용	비 고
면세 (「조세특례제한법」 제106조)	국민주택건설용역 및 설계용역 등	종합건설업, 전문공사업, 건축사업
과세	면세 외 용역, 재화(감리용역, 철근, 레미콘 등)	감리업, 철근공급업 등

국민주택의 건설용역에는 부대시설공사도 포함한다.

2 착공 후부터 공사완료 시까지의 세무리스크 발생 사례2

앞의 K법인의 사례를 연장하여 살펴보자. 각 상황별로 답을 하면?

자료

- ㅇ 공사도급금액 : 20억 원
- ㅇ K법인의 본사 일반관리비 : 10억 원

- 상황1 : 신축에 따른 보존등기 시 취득세율은 어떻게 되는가?
- 상황2 : 취득세 과세표준은 어떻게 결정할까?
- 상황3 : 이 사례의 취득세 과세표준은 얼마인가?

상황에 대한 답을 순차적으로 찾아보자.

첫째, (상황1) 신축에 따른 보존등기 시 취득세율은 어떻게 되는가?

보존등기는 새로운 건물이 들어설 때 행하는 행위로써 준공검사 후 건물대장이 생기면 바로 등기할 수 있다. 등기를 할 때에는 몇 가지 서류를 준비해야 한다. 개인이 신축한 경우에는 건물대장, 법인은 장부 등을 준비해야 한다. 한편 신축된 건물에 대해서는 총 3.16%의 취득세 등(취득세 2.8%, 농특세 0.2%, 지방교육세 0.16%)이 부과된다(농특세가 없는 경우에는 2.96%).

둘째, (상황2) 취득세 과세표준은 어떻게 결정할까?

세법은 원칙적으로 취득세 과세표준을 정할 때 당해 물건을 취득하기 위해 지출된 일체의 비용으로 하고 있다. 이에는 소개수수료, 설계비, 연체료, 할부이자, 건설자금에 충당된 금액의 이자 등 취득에 소요된 직접, 간접비용(부가가치세는 제외)이 포함된다.

☞ 취득세 과세표준은 위와 같은 취득가액으로 신고하는 것이 타당하다. 그런데 개인이 시공한 경우에는 객관적인 증빙을 갖추는 것이 상당히 힘들다. 세법은 이러한 점을 반영하여 개인이 시공한 경우에는 신고금액과 시가표준액(지방정부가 일정한 방법에 따라 금액을 결정한 금액) 중 큰 금액을 과세표준으로 하도록 하고 있다. 그 결과 개인이 시공한 경우에는 지방자치단체가 정한 과세표준에 의해 취득세를 내는 경우가 많다. 하지만 법인이 시공한 경우에는 법인장부에 의해 공사비가 입증되기 때문에 공사비로 지출된 금액을 과세표준으로 한다.

구 분	개 인	법 인
과세표준 범위	Max[신고한 금액, 시가표준액]	장부를 근거로 신고

셋째, (상황3) 이 사례의 취득세 과세표준은 얼마인가?

L법인에게 지출한 공사도급금액 20억 원이 취득세 과세표준에 해당한다. 일반관리비는 취득세 과세표준에 해당하지 않는다.

☞ 법인이 신축한 건물에 대해서 취득세 과세표준의 범위를 두고 과세관청과 마찰이 있을 수 있다. 주의하기 바란다.

3 착공 후부터 공사완료 시까지의 세무리스크 관리법

주택신축판매업(건설업)의 착공 이후부터 공사완료 전까지 발생할 수 있는 세무리스크 관리법을 정리하면 다음과 같다.

(1) 착공 시

본격적으로 착공에 들어가면 그 이후에 발생하는 원가는 대부분 건축원가에 포함된다. 한편 국민주택의 건설용역과 관련해서는 부가가치세가 면제된다. 이에 대해서는 제9장 제2절에서 살펴보았다.

국민주택 부대시설의 부가가치세 면제 (부가가치세 집행기준 106-0-4)

국민주택에 해당하는 집단주택의 부대시설 및 복리시설을 주택공급과 별도로 공급하는 경우에는 부가가치세를 면제하지 아니하나, 해당 시설을 주택의 공급에 부수하여 공급하고 그 대가를 주택의 분양가격에 포함하여 받는 경우에는 부가가치세를 면제한다(단, 실질내용에 사실판단을 함에 유의해야 한다).

(2) 공사 중

시공에 따른 자금지출과 세금계산서 등의 수수와 관련된 다양한 문제점들이 발생한다. 한편 부가가치세 신고, 일용직 등에 대한 원천세 신고 등의 업무가 발생한다.

(3) 완공 시

보존등기에 따른 취득세 납부의무가 발생한다. 이외에 분양에 따른 결산 및 법인세 신고 등의 업무가 발생한다.

Tip

■ **신축건물에 대한 보존등기 시 취득세 과세표준과 관련하여 주의해야 할 사항들**

공사를 완공한 후에는 원시취득한 건물에 대해 취득세를 납부해야 한다. 그런데 실무에서는 취득세 과세표준과 관련하여 다양한 세무리스크들이 발생하는데 이하에서 살펴보자.

1. 취득세 과세표준

취득세의 과세표준은 취득 당시의 가액으로 한다. 이때의 취득가격은 취득시기를 기준으로 그 이전에 해당 물건을 취득하기 위하여 거래 상대방 또는 제3자에게 지급하였거나 지급하여야 할 직접비용과 다음 각 호의 어느 하나에 해당하는 간접비용의 합계액으로 한다. 다만, 취득대금을 일시급 등으로 지급하여 일정액을 할인받은 경우에는 그 할인된 금액으로 한다.

※ 「지방세법 기본통칙」 10－1

1. 임시사용승인을 받아 사용하는 신축건물에 대한 취득세 과세표주은 임시사용승인일을 기준으로 그 이전에 당해 건물취득을 위하여 지급하였거나 지급하여야 할 비용을 포함한다.
2. 신축건물의 과세표준에는 분양을 위한 선전광고비(신문, TV, 잡지 등 분양광고비)는 제외하고 건축물의 주체구조부와 일체가 된 것은 과세표준으로 포함한다.
3. 사실상 취득가격의 범위에는 지목변경에 수반되는 농지전용부담금, 대체농지조성비, 대체산림조림비는 과세표준에 포함되지만, 취득일 이후에 공사의 완료로 인하여 수익이 전제가 되는 「개발이익 환수에 관한 법률」에 의한 개발부담금은 제외된다.
4. 분양하는 건축물의 취득시기 이전에 당해 건축물과 빌트인(Built－in) 등을 선택품목으로 일체로 취득하는 경우 취득가액에 포함한다.

2. 취득세 과세표준의 범위

포 함	불포함[102]
• 기존 건축물 철거비, 철거 용역비 • 토공사비, 파일(절토, 성토, 굴착, 흙막이 공사)	• 부가가치세 • 분양광고비 • 단지 내 포장공사비

102) 기존건물의 장부가액은 지출되는 비용이 아니므로 취득세 과세표준과 무관하다.

103) 2020년 1월 1일 이후부터 건축물 건축에 수반하는 조경 등 비용도 신축 건축물의 원시취득 비용에 포함되어 취득세가 부과될 것으로 보인다(세법 개정안).

포 함	불포함[102]
• 설계비, 감리비 • 건설자금이자(세정-3608, 2007.9.5.) • 교환설비 • 취득일 이전에 지급한 명도비용 • 빌트인 냉장고(빌트인이 아닌 경우는 불포함) • 산재보험료 등	• 지목변경이 수반되지 않는 조경공사비(단지외곽도로 조성에 소요된 포장 및 조경공사비는 「지방세법」 제105조 제5항에 의거 토지의 지목변경에 해당하여 과세대상임)[103] • 비치한 조각품 • 지역난방공사비분담금(시설물을 취득한 것이 아니므로 제외. 행자부 심사 2001-252, 2001.5.28.) • 사업권 양도양수비 • 학교용지부담금 • 하자보수충당금 등

※ 관련 규정 : 「지방세법 시행령」 제18조 [취득가격의 범위 등]

① 법 제10조 제5항 각 호에 따른 취득가격 또는 연부금액은 취득시기를 기준으로 그 이전에 해당 물건을 취득하기 위하여 거래 상대방 또는 제3자에게 지급하였거나 지급하여야 할 직접비용과 다음 각 호의 어느 하나에 해당하는 간접비용의 합계액으로 한다. 다만, 취득대금을 일시급 등으로 지급하여 일정액을 할인받은 경우에는 그 할인된 금액으로 한다.

1. 건설자금에 충당한 차입금의 이자 또는 이와 유사한 금융비용
2. 할부 또는 연부(年賦) 계약에 따른 이자 상당액 및 연체료. 다만, 법인이 아닌 자가 취득하는 경우는 취득가격에서 제외한다.
3. 「농지법」에 따른 농지보전부담금, 「산지관리법」에 따른 대체산림자원조성비 등 관계 법령에 따라 의무적으로 부담하는 비용
4. 취득에 필요한 용역을 제공받은 대가로 지급하는 용역비 · 수수료
5. 취득대금 외에 당사자의 약정에 따른 취득자 조건 부담액과 채무인수액
6. 부동산을 취득하는 경우 「주택도시기금법」 제8조에 따라 매입한 국민주택채권을 해당 부동산의 취득 이전에 양도함으로써 발생하는 매각차손
7. 제1호부터 제6호까지의 비용에 준하는 비용

② 제1항에도 불구하고 다음 각 호의 어느 하나에 해당하는 비용은 취득가격에 포함하지 아니한다.

1. 취득하는 물건의 판매를 위한 광고선전비 등의 판매비용과 그와 관련한 부대비용
2. 「전기사업법」, 「도시가스사업법」, 「집단에너지사업법」, 그 밖의 법률에 따라 전기 · 가스 · 열 등을 이용하는 자가 분담하는 비용

3. 이주비, 지장물 보상금 등 취득물건과는 별개의 권리에 관한 보상 성격으로 지급되는 비용
4. 부가가치세
5. 제1호부터 제4호까지의 비용에 준하는 비용

주택분양관련 세무리스크 관리법

주택신축판매업을 영위하는 법인들이 가장 관심을 보이는 세금은 분양이익에 대해 부과되는 법인세가 아닐까 싶다. 사업의 결과는 결국 이윤으로 귀결되는 것이고 관련 세금을 줄이는 것이 최대한 이익을 내는 것이기 때문이다. 이하에서 분양이익에 대한 법인세 과세문제를 살펴보자.

1 분양관련 세무리스크 발생 사례1

K법인은 15년 전에 5억 원에 구입한 토지 위에 건축원가 15억 원을 들여 주택신축공사를 완료하였다. 각 상황별로 답을 하면?

자료

- ○ 사업연도 : 20×9년
- ○ 분양방식 : 선분양
- ○ 계약기간 : 1년 미만
- ○ 분양률 : 50%
- ○ 총 예상분양금액 : 40억 원

- 상황1 : 일반적으로 주택신축판매업에 대한 수익인식방법은 어떻게 되는가?
- 상황2 : 분양방식에 따라 수익인식방법이 달라지는가?
- 상황3 : K법인의 분양수익은 어떤 식으로 계상하는가?

상황에 대한 답을 찾아보면 다음과 같다.

첫째, (상황1) 일반적으로 주택신축판매업에 대한 수익인식방법은 어떻게 되는가?

주택신축판매업(건설업)의 이익을 계산하고 이에 대한 법인세 등을 신고·납부하기 위해서라도 어느 사업연도로 수익을 귀속시켜야 하는지는 매우 중요하다. 특히 신축판매업처럼 부지를 매입하고 공사하는 기간이 긴 경우에는 일반적인 규정과는 다른 규정이 필요할 수밖에 없다. 그래서 기업회계와 세법에서는 아래와 같이 이에 대한 수익인식방법을 정하고 있다.

구 분	개 인	법 인
계약기간이 1년 미만인 경우	인도기준에 의해 수익인식	인도기준에 의해 수익인식(단, 진행기준도 가능)
계약기간이 1년 이상인 경우		진행기준에 의해 수익인식

「소득세법」에서는 계약기간이 1년 이상이 되더라도 완공 이후 판매가 되는 시점에 수익을 인식하도록 하고 있다. 개인은 진행기준(완성도에 따라 수익을 인식하는 방법)에 따라 수익을 인식하는 것이 힘들기 때문이다. 하지만 법인은 「법인세법」에서 계약기간이 1년 이상인 경우에는 진행기준을 강제 적용하도록 하고 있다.

둘째, (상황2) 분양방식에 따라 수익인식방법이 달라지는가?

공사가 완공되기 전에 먼저 분양(선분양)하는 경우를 세무회계에서는 '예약매출'로 부른다. 이러한 선분양은 보통 분양계약기간이 1년 이상의 장기[104]가 되므로 이때에는 진행기준을 사용하는 것이 원칙이다. 하지만 후분양의 경우에는 보통 공사가 완료된 이후에 판매되므로 주택을 인도한 날 등에 맞춰 수익을 인식하는 것이 타당하다.

셋째, (상황3) K법인의 분양수익은 어떤 식으로 계상하는가?

계약기간이 1년 미만이므로 공사가 완료된 이후에 판매되었을 때 수익을 인식하면 될 것이다. 물론 법인이 진행기준을 사용하는 경우에도 이를 인정한다.

2 분양관련 세무리스크 발생 사례2

앞의 사례를 연장하여 각 상황별로 답을 하면?

104) 분양공고를 승인받은 후 이 분양공고의 내용에 따라 계약금과 중도금을 순차 수령하고 준공 후 잔금을 수령한 경우 보통 분양계약의 계약기간이 1년 이상인 예약매출에 해당한다.

자료

- ○ 사업연도 : 20×9년
- ○ 분양방식 : 선분양
- ○ 계약기간 : 1년 미만
- ○ 분양률 : 50%
- ○ 총 분양예상금액 : 40억 원
- ○ 토지 및 건축원가 : 20억 원
- ○ 분양광고비 : 5억 원
- ○ 본사 일반관리비 : 5억 원

- 상황1 : 분양이 50% 완료되어 잔금까지 받았다고 하자. 이 경우 20×9년의 당기순이익은? 단, 이 법인은 인도기준(판매기준)에 의해 수익을 인식한다.
- 상황2 : 분양이 100% 완료되어 잔금까지 받았다고 하자. 이 경우 20×9년의 당기순이익은? 단, 이 법인은 인도기준(판매기준)에 의해 수익을 인식한다.
- 상황3 : 만일 분양이 50% 또는 100% 완료된 경우 20×9년의 예상되는 법인세는 각각 얼마인가?
- 상황4 : 만일 이 프로젝트를 개인이 진행했다면 예상되는 소득세는 얼마인가? 단, 분양률 100%를 기준으로 한다.

상황에 대한 답을 찾아보면 다음과 같다.

첫째, (상황1) 분양이 50% 완료되어 잔금까지 받았다고 하자. 이 경우 20×9년의 당기순이익은? 단, 이 법인은 인도기준(판매기준)에 의해 수익을 인식한다.

구 분	금 액	비 고
분양매출	20억 원	40억 원×50% = 20억 원
−분양원가	10억 원	20억 원×50% = 10억 원
=분양이익	10억 원	
−판매비	5억 원	
−일반관리비	5억 원	
=예상당기순이익	0원	

둘째, (상황2) 분양이 100% 완료되어 잔금까지 받았다고 하자. 이 경우 20×9년의 당기순이익은? 단, 이 법인은 인도기준(판매기준)에 의해 수익을 인식한다.

구 분	금 액	비 고
분양매출	40억 원	40억 원 × 100% = 40억 원
- 분양원가	20억 원	20억 원 × 100% = 20억 원
= 분양이익	20억 원	
- 판매비	5억 원	
- 일반관리비	5억 원	
= 예상당기순이익	10억 원	

셋째, (상황3) 만일 분양이 50% 또는 100% 완료된 경우 20×9년의 예상되는 법인세는 각각 얼마인가?

구 분	분양률 50%	분양률 100%	비 고
분양매출	20억 원	40억 원	
- 분양원가 등	20억 원	30억 원	
= 예상이익	0원	10억 원	
× 법인세율	-	20%	
- 누진공제	-	2천만 원	
= 산출세액	-	1억 8천만 원	

☞ 건설업에 대해서는 법인세 등이 5~30% 감면될 수 있다.

넷째, (상황4) 만일 이 프로젝트를 개인이 진행했다면 예상되는 소득세는 얼마인가? 단, 분양률 100%를 기준으로 한다.

구 분	금 액	비 고
분양매출	40억 원	분양된 매출을 기준으로 함.
- 분양원가	20억 원	토지 + 건축원가
= 분양이익	20억 원	
- 판매관리비 등	10억 원	분양광고비 + 일반관리비 등
= 당기순이익	10억 원	
× 세율	42%	

구 분	금 액	비 고
- 누진공제	3,540만 원	
= 산출세액	3억 8,460만 원	

3 분양관련 세무리스크 관리법

(1) 시행사와 시공사의 수익인식방법

시행사와 시공사의 수익인식방법을 정리해보면 다음과 같다.

구 분	시행사		시공사
	예약매출(선분양)	후분양	
단기(1년 미만)	인도기준[105]	인도기준	완성기준 (진행기준도 가능)
⇩			
장기(1년 이상)	진행기준	인도기준(진행기준도 적용 가능성 있음)	진행기준

(2) 인도기준과 진행기준

이는 신축판매업 등에 대한 수익인식방법을 말한다. 인도기준은 용역이나 판매가 완성되었을 때 수익을 인식하는 방법을, 진행기준은 완료는 되지 않았지만 작업진척도에 따라 수익과 비용을 계상하는 방법을 말한다.

(3) 판매촉진비와 접대비의 구분

부동산 시행업을 영위하는 법인이 미분양 물건의 판매촉진을 위하여 불특정 다수인을 대상으로 미분양 아파트의 수분양자에게 발코니 확장비용이나 취득세 대납, 중도금 이자 지원 등을 하는 경우가 있다. 이 경우 사전공시한 후 지출하는 비용은 판매부대비용에 해당되어 손금산입 가능하나, 그렇지 않으면 접대비에 해당되어 한도 규제 등을 받을 수 있다. 아래 예규를 참조하자.

105) 법인이 진행기준을 선택하는 경우 세법은 이를 인정한다.

관련 예규 : 법인-373, 2009.3.31.

내국법인이 장기연체된 공사미수금을 회수하기 위해 시행사로부터 미분양물건 및 그 시행권을 인수하고, 인수한 미분양 물건의 분양촉진을 위해 종전과 다른 분양조건으로 광고 및 사전공시에 의해 신규계약자를 대신하여 부담하는 중도금의 대출이자 및 발코니확장 비용은 판매부대비용으로 본다. 이때 시행사의 분양부진에 따라 공사미수금의 장기연체로 도급계약서를 변경한 후 기존의 발생된 연체이자의 감액 없이 건전한 사회통념상 인정되는 범위 안에서 연체이자율을 인하하는 것은 접대비로 보지 않는다.

Tip

■ **분양권이 주택으로 바뀔 때 알아야 할 것들**

분양권이 주택으로 바뀔 때 알아둬야 할 것들을 점검해보자.

① 일반분양자의 취득세

일반분양자는 잔금지급일에 맞춰 취득세 1~12%를 내게 된다.

② 일반분양 주택의 취득가액

일반분양 주택에 당첨된 후 중도금과 잔금을 지급한 사람에게는 분양가가 바로 취득가액이다. 그런데 중도에 프리미엄을 주고 분양권을 매입한 경우에 분양가액에 프리미엄을 합한 금액을 취득가액으로 한다. 취득세 과세표준도 이를 포함해 산정한다.

③ 일반분양자의 보유기간 산정

일반분양자의 주택보유기간은 새 아파트의 취득일(잔금)부터 따진다. 분양권 보유기간은 주택의 보유기간으로 인정되지 않는다.

※ 분양권의 양도소득세율

분양권과 분양권으로 취득한 아파트의 양도소득세율은 다음과 같다.

- 분양권 양도 : 보유기간이 1년 미만 50%, 1~2년 미만 40%, 2년 이상 기본세율(단, 조정대상지역의 분양권은 50%, 2021.6.1. 이후는 1년 미만 70%, 1년 이상 60%의 세율이 적용된다)
- 분양 아파트의 양도 : 잔금지급일로부터 1년 미만 보유 40%, 1년 이상 보유 기본세율 적용(단, 2021.6.1.이후는 1년 미만 70%, 1~2년 미만 60%, 2년 이상 6~45%가 적용된다)

필수 세무상식

주택건설용 부지관련 세무리스크 관리법

주택건설용 부지(용지)는 주로 주택의 건설에 사용되므로 재산세는 저율로 분리과세하고, 종합부동산세는 합산배제하며, 비사업용 토지에서 배제하여 소득세나 법인세를 일반과세하는 것이 타당하다. 그런데 사업계획의 승인이나 착공에 들어가기 전까지 시간이 소요되는 등 부득이하게 부지를 보유하는 경우가 많고 사업이 여의치 않아 이를 중도에 매각하는 경우도 많다. 이에 따라 보유세와 비사업용 토지에 대한 세무상 쟁점도 다양하게 발생하는데 이하에서 이에 대해 정리해보자.

1. 주택건설용 부지와 재산세

주택건설용 부지에 대해 「지방세법 시행령」 제102조 제7항 제7호에서는 등록 주택건설사업자가 국가 등으로부터 사업계획의 승인을 받은 토지에 대해 분리과세를 적용하고 있다.

※ 「지방세법 시행령」 제102조 [분리과세대상 토지의 범위]

> ⑦ 법 제106조 제1항 제3호 사목에서 "대통령령으로 정하는 토지"란 다음 각 호에서 정하는 토지(법 제106조 제1항 제3호 다목에 따른 토지는 제외한다)를 말한다.
>
> 7. 「주택법」에 따라 주택건설사업자 등록을 한 주택건설사업자(같은 법 제11조에 따른 주택조합 및 고용자인 사업주체와 「도시 및 주거환경정비법」 제24조부터 제28조까지 또는 「빈집 및 소규모주택 정비에 관한 특례법」 제17조부터 제19조까지의 규정에 따른 사업시행자를 포함한다)가 주택을 건설하기 위하여 같은 법에 따른 사업계획의 승인을 받은 토지로서 주택건설사업에 제공되고 있는 토지(「주택법」 제2조 제11호에 따른 지역주택조합 · 직장주택조합이 조합원이 납부한 금전으로 매수하여 소유하고 있는 「신탁법」에 따른 신탁재산의 경우에는 사업계획의 승인을 받기 전의 토지를 포함한다)

참고로 「주택법」상 사업계획승인 대상이 아닌 토지*는 그것이 주택건설사업에 공여되고 있는 토지라고 하더라도 분리과세대상 토지에 포함되지 아니한다(대판 2011두5551, 2015.4.16.). 따라서 이러한 토지는 종합합산과세로 재산세가 부과될 것으로 보인다.

* 「주택법」 제15조 제1항에서는 대통령령으로 정하는 호수(30세대) 이상의 주택건설사업을 시행하려는 자 또는 대통령령으로 정하는 면적(1만제곱미터) 이상의 대지조성사업을 시행하려는 자는 국가 등으로부터 사업계획승인을 받도록 하고 있다.

2. 주택건설용 부지와 종합부동산세

주택건설용 부지에 대한 종합부동산세는 아래와 같이 과세여부를 판단한다.

- 재산세가 분리과세되는 토지 : 종합부동산세 합산배제 적용
- 위 외 : 아래 특례가 적용됨(즉 취득 후 5년 내 사업계획의 승인을 받으면 종합부동산세 합산배제를 함).

※ 「조세특례제한법」 제104조의19 [주택건설사업자가 취득한 토지에 대한 과세특례]

> ① 다음 각 호의 어느 하나에 해당하는 사업자(이하 이 조에서 "주택건설사업자"라 한다)가 주택을 건설하기 위하여 취득한 토지(토지를 취득한 후 해당 연도 종합부동산세 과세기준일 전까지 주택건설사업자의 지위를 얻은 자의 토지를 포함한다) 중 취득일부터 5년 이내에 「주택법」에 따른 사업계획의 승인을 받을 토지는 「종합부동산세법」 제13조 제1항에 따른 과세표준 합산의 대상이 되는 토지의 범위에 포함되지 아니하는 것으로 본다.
> 1. 「주택법」에 따라 주택건설사업자 등록을 한 주택건설사업자 등
> ② 제1항을 적용받으려는 자는 해당 연도 9월 16일부터 9월 30일까지 대통령령으로 정하는 바에 따라 납세지 관할 세무서장에게 토지의 보유현황을 신고하여야 한다.

☞ 취득일로부터 5년 내에 사업계획 승인을 받지 못하면 종합부동산세가 추징된다. 주의하기 바란다.

3. 주택건설용 부지와 비사업용 토지

주택건설용 부지를 양도할 때 「소득세법」상의 비사업용 토지에서 제외되기 위해서는 아래 「소득세법 시행규칙」 제83조의5의 제1항 제5호 등에 해당되어야 한다. 이러한 원리는 「법인세법」에서도 동일하게 적용된다. 참고로 비사업용 토지에 대한 양도소득세율은 기본세율+10%p, 법인세 추가세율은 10%(주택은 20%)이다.

※ 「소득세법 시행규칙」 제83조의5 [부득이한 사유가 있어 비사업용 토지로 보지 아니하는 토지의 판정기준 등]

> ① 영 제168조의14 제1항 제4호에 따라 다음 각 호의 어느 하나에 해당하는 토지는 해당 각 호에서 규정한 기간 동안 법 제104조의3 제1항 각 호의 어느 하나에 해당하지 아니하는 토지로 보아 같은 항에 따른 비사업용 토지에 해당하는지 여부를 판정한다.

> 5. 지상에 건축물이 정착되어 있지 아니한 토지를 취득하여 사업용으로 사용하기 위하여 건설에 착공(착공일이 불분명한 경우에는 착공신고서 제출일을 기준으로 한다)한 토지 : 당해 토지의 취득일부터 2년 및 착공일 이후 건설이 진행 중인 기간(천재지변, 민원의 발생 그 밖의 정당한 사유로 인하여 건설을 중단한 경우에는 중단한 기간을 포함한다) (2005.12.31. 신설)

이 내용을 좀 더 자세히 살펴보면 아래와 같다.

첫째, 건축물이 없는 상태에서 토지를 취득하여 건설에 착공한 경우에는 토지취득일~2년과 건설 중의 기간을 사업용으로 사용한 것으로 본다. 예를 들어 토지취득일이 2016.1.1.이고 착공일 이후 건설이 진행 중인 기간이 2022.1.1.~2022.12.31.이라면 아래와 같은 요건 미충족으로 최종 비사업용 토지로 판정한다.

- 5년 중 3년 기간기준 → 미충족(2022.12.31. 기준 소급 5년 중 사업용 기간은 1년에 불과)
- 3년 중 2년 기간기준 → 미충족((2022.12.31. 기준 소급 3년 중 사업용 기간은 1년에 불과)
- 60% 기간기준 → 미충족(총 보유기간 7년 중 사업용 기간은 3년임)

참고로 사회통념상 특정 토지에 건물을 신축하기 위한 공사에 착공하였다고 인정하기 위해서는 실질적인 공사의 실행이라 볼 수 있는 행위로서 최소한 정도로 부지를 파내는 정도의 굴착공사나 터파기공사에 착수하는 경우 비로소 공사에 착공하였다고 볼 수 있다(대법원 2018.5.31. 선고 2018두38468 판결 참조).

둘째, 건축물이 있는 상태에서 멸실한 경우에는 이 규정을 적용하지 않고 다른 규정(철거일로부터 2년은 사업용 기간으로 인정)을 적용한다.

셋째, 위의 건축물은 일반건물은 물론이고 주택을 포함한다. 따라서 사업계획 승인을 받지 못한 소규모 주택건설용 부지를 취득해 바로 착공한 상태에서 이를 양도하는 경우 위 규정을 적용받을 수 있을 것으로 판단된다.

☞ 「소득세법」상 건설부지는 건설대상이 주택이든 아니든 그리고 사업계획승인을 받았든 받지 않았든 이를 묻지 않고 위와 같은 판단 기준에 따라 비사업용 토지여부를 판단하는 것으로 보인다. 이에 대한 재산세 분리과세는 주택용지로 사업계획승인을 받은 것을, 종합부동산세 합산배제는 주택용지 취득 후 5년 내에 사업계획승인을 받은 것에 한해 적용하는 것과 차이가 있다(실무적용 시 다시 한번 점검하기 바란다).

Tip

■ 상가나 오피스텔의 신축부지와 세제

- 재산세 : 보유 시 종합합산과세, 공사착수 시 별도합산과세
- 종합부동산세 : 종합합산과세 5억 원, 별도합산과세 80억 원 초과 시 과세
- 비사업용 토지 : 착공 시는 취득일+2년, 착공 후 건설기간은 사업용 기간으로 인정

필수 세무상식

주택신축판매업 개인 대 법인선택

아래 사례를 통해 주택신축판매업을 개인이 하는 것이 좋은지 법인이 하는 것이 좋은지 알아보자.

사례

경기도 고양시에 거주하고 있는 L씨는 주택을 신축하여 판매하는 사업자이다. 그는 이에 대한 사업을 하면서 토지대로 10억 원, 공사대로 5억 원을 지출하였다. 그리고 일반관리비 등으로 2억 원을 지출하여 총 비용은 17억 원 가량이 되었다.

L씨는 이 주택을 총 25억 원에 분양할 수 있다고 자신하고 있다. 이 경우 예상되는 소득세는 얼마이고, 만일 법인을 설립하여 진행한 경우라면 예상되는 법인세는 얼마나 될까?

위와 같은 사례에 대한 답을 찾기 위해서는 주택신축판매업과 관련하여 발생한 소득에 대한 세금정산법을 제대로 이해하고 있어야 한다.

1. 개인사업자와 법인사업자의 세금정산법

주택신축판매업의 사업주체는 크게 개인과 법인으로 나뉜다. 이들의 세금정산법을 정리하면 다음과 같다.

구 분	종합소득세	법인세
과세대상 소득	총 수입금액 – 필요경비	익금총액 – 손금총액
세율	6~45%	10~25%
조세감면	중소기업특별세액감면 5~30%	좌동
기타	• 열거된 소득에 대해 과세 • 대표자의 인건비는 필요경비에서 제외	• 법인의 순자산을 증가시킨 소득에 과세 • 비용으로 인정

종합소득세와 법인세는 세율체계도 다르고 비용의 인정범위도 다르다.

2. 종합소득세와 법인세 계산

위의 주택신축판매업을 통한 예상이익은 8억 원 정도가 된다. 이를 기준으로 종합소득세와 법인세를 예상하면 다음과 같다.

구 분	종합소득세	법인세
과세대상 소득	8억 원	8억 원
× 세율	42%	20%
- 누진공제	3,540만 원	2천만 원
= 산출세액	3억 60만 원	1억 4천만 원

사례의 경우 법인으로 하는 것이 1억 6천만 원 정도 유리하다. 하지만 법인의 경우 이익에 대해 배당 등을 할 때 추가적인 세금이 나오게 되므로 이 부분을 감안해야 한다.

〈추가분석〉

만일 개인사업을 2인이 공동으로 하는 경우 이때 종합소득세는 얼마나 될까?

구 분	종합소득세			법인세
과세대상 소득	4억 원	4억 원	8억 원	8억 원
× 세율	40%	40%	-	20%
- 누진공제	2,540만 원	2,540만 원	-	2천만 원
= 산출세액	1억 3,460만 원	1억 3,460만 원	2억 6,920만 원	1억 4천만 원

법인으로 하는 것이 1억 3천만 원 정도 유리하다. 앞의 경우에 비해 3천만 원 정도가 줄어든다.

☞ 참고로 주택신축판매업 등을 개인이 영위하는 경우에도 장부를 작성하여 신고하는 것이 원칙이다. 단순경비율제도[106]를 이용하는 것이 대단히 힘들게 세법이 개정되었기 때문이다. 참고로 개인이 미분양주택을 보유하고 있는 상태에서 개인용 주택을 양도하는 경우 양도소득세 비과세나 과세판단에 영향을 주는 경우가 많다. 주의하기 바란다.

106) 정부에서 정한 경비율로 소득금액을 계산하는 제도를 말한다. 국세청 홈택스 홈페이지에서 조회가 가능하다.

필수 세무상식

건설임대주택관련 세무리스크 관리법

주택을 신축해 판매하는 회사가 신축한 주택이 분양되지 않은 경우에는 보유세 등의 부담이 있을 수 있다. 이 경우 임대업으로 전환하면 보유세 부담 등을 줄일 수 있다. 이하에서 이와 관련된 사례를 통해 건설임대주택과 관련된 세무리스크를 예방하는 방법을 알아보자.

1. 건설임대주택관련 세무리스크 발생 사례

K법인은 현재 10세대의 다세대주택을 신축하고 있다. 아래 자료를 보고 상황에 답하면?

자료

- ○ 신축장소 : 경기도
- ○ 세대상 면적 : 60㎡ 이하
- ○ 기준시가 : 6억 원에 미달

- 상황1 : 위 주택이 분양이 되지 않은 경우 종합부동산세를 내야 하는가?
- 상황2 : 위 주택을 임대할 경우 종합부동산세를 면제받을 수 있는가?
- 상황3 : 위 주택을 사용승인이 난 후에 임대등록할 때 주의해야 할 사항은?
- 상황4 : 사용승인 전에 임대등록한 경우 어떤 혜택을 추가로 받을 수 있는가?

위 상황에 대해 순차적으로 답을 찾아보자.

첫째, (상황1) 위 주택이 분양이 되지 않은 경우 종합부동산세를 내야 하는가?

건설사가 보유한 미분양주택에 대해서는 5년간 종합부동산세를 과세하지 않는다. 다만, 여기서 미분양주택은 아래의 요건을 갖추어야 한다. 따라서 이러한 요건에 해당하지 않는 미분양주택에 대해서는 종합부동산세를 내야 함에 유의해야 한다.

1. 「주택법」 제15조에 따른 사업계획승인을 얻은 자가 건축하여 소유하는 미분양 주택으로서 2005년 1월 1일 이후에 주택분 재산세의 납세의무가 최초로 성립하는 날부터 5년이 경과하지 아니한 주택
2. 「건축법」 제11조에 따른 허가를 받은 자가 건축하여 소유하는 미분양 주택으로서 2005년 1월 1일 이후에 주택분 재산세의 납세의무가 최초로 성립하는 날부터 5년이 경과하지 아니한 주택. 다만, 다음 각 목의 요건을 모두 갖춘 주택은 제외한다.
   가. 「주택법」 제54조에 따라 공급하지 아니한 주택
   나. 자기 또는 임대계약 등 권원(權原)을 불문하고 타인이 거주한 기간이 1년 이상인 주택

둘째, (상황2) 위 주택을 임대할 경우 종합부동산세를 면제받을 수 있는가?

분양이 되지 않은 주택을 임대로 전환하는 경우에는 종합부동산세를 내는 것이 원칙이다. 다만, 「민간임대주택법」상 2호 이상 임대등록을 하고 의무임대기간 등의 요건을 갖춘 경우에는 종합부동산세를 내지 않아도 된다. 이처럼 건설임대주택에 대해서는 현재에도 세제상의 우대가 계속 적용되고 있다. 다만, 종합부동산세를 내지 않기 위해서는 합산배제 신청(9월 16~30일)을 해야 한다.

셋째, (상황3) 위 주택을 사용승인이 난 후에 임대등록할 때 주의해야 할 사항은?

건설임대주택은 일반적으로 사용승인이 나기 전에 임대등록한 주택을 말한다. 따라서 사용승인이 난 이후에 임대등록을 하면 세제지원이 박탈될 가능성이 높다. 2020년 6월 18일 이후에 법인이 조정대상지역 내에서 취득한 주택을 신규로 임대등록한 경우에는 종합부동산세 합산배제를 적용하지 않도록 법이 개정되었기 때문이다. 물론 이 개정규정은 건설임대주택에 대해서는 적용되지 않는다. 따라서 건설임대주택으로 세제혜택을 받기 위해서는 사용승인이 나기 전에 임대등록을 하는 것이 필요하다.

넷째, (상황4) 사용승인 전에 임대등록한 경우 어떤 혜택을 추가로 받을 수 있는가?

사용승인 전에 건설임대주택으로 등록한 경우에는 아래와 같은 혜택을 더 누릴 수 있다.

- 전용면적 60㎡ 이하인 신축 공동주택에 대해서는 취득세 감면을 받을 수 있다. 이때 감면율은 취득세액이 200만 원 초과하면 85%가 적용된다.
- 등록한 주택 수가 2주택 이상이면 면적에 따라 재산세 감면을 받을 수 있다.
- 향후 의무임대기간 종료 후 이를 양도하면 법인세 추가과세(개인은 양도소득세 중과

세)를 적용받지 않는다.

2. 건설임대주택관련 세무리스크 관리법

주택신축판매사업자가 사용승인 전까지 미분양난 주택을 임대로 돌리면 건설임대주택이 된다. 이와 관련된 세무리스크 관리법을 알아보자.

첫째, 신규임대등록 시에는 10년 이상 장기로만 등록해야 한다.

2020년 8월 18일(시행일) 이후부터 단기임대제도는 폐지되었다. 다만, 장기임대제도는 존속되고 있지만 의무임대기간이 8년에서 10년으로 늘어났다. 따라서 신규등록 시에는 10년 이상 임대를 생각해야 한다. 참고로 다세대주택이나 다가구주택를 신축해 등록한 경우 아파트처럼 중도에 자진말소를 할 수 없다. 따라서 임의로 말소하면 과태료 문제가 발생할 수 있으므로 등록여부를 신중하게 결정할 필요가 있다.

둘째, 건설임대주택으로 인정받기 위해서는 사용승인 전에 등록을 해야 한다.

사용승인 전에 관할 지자체에 임대등록을 한다. 그리고 관할 세무서에 하는 사업자등록의 경우 주택임대업 업종을 표기하도록 한다. 만일 사용승인 후에 등록해야 하는 상황이라면 관할 지자체에 건설임대주택으로 등록 신청할 수 있는지 별도로 확인하기 바란다. 참고로 「민간임대주택법」 제2조 제2호에서는 아래의 주택을 민간건설임대주택으로 정의하고 있다.

- 임대사업자가 임대를 목적으로 건설하여 임대하는 주택
- 「주택법」 제4조에 따라 등록한 주택건설사업자가 같은 법 제15조에 따라 사업계획승인을 받아 건설한 주택 중 사용검사 때까지 분양되지 아니하여 임대하는 주택

셋째, 임대가 개시된 이후에는 「민간임대주택법」상 각종 의무를 이행해야 한다.

이에는 임대차계약신고, 임대료 증액 5%룰 준수의무 등이 있다. 이러한 의무를 불이행하면 각종 과태료가 부과되며, 세제지원이 박탈될 수 있다.

Tip

■ 건설임대주택에 대한 세제혜택들

구 분	개 인	법 인
취득세	• 감면 – 전용면적 60~85m^2 이하 : 50% – 전용면적 60m^2 이하 : 100%	좌동
재산세	• 감면(전용면적 85m^2 이하) –(단기) 60~85m^2 이하 25%, 60m^2 이하 50% –(장기) 60~85m^2 이하 50%, 40~60m^2 75%, 40m^2 이하 100%	좌동
종합부동산세	• 종합부동산세 합산배제 – 종합부동산세 과세표준 주택 합산대상에서 제외	좌동
임대소득세/법인세	• 경감 : (단기) 30%, (장기) 75%	좌동
양도소득세/법인세	• 장기보유특별공제율 특례적용 –(8년 이상) 50%, (10년 이상) 70% • 양도소득세율 중과배제 – 조정대상지역 내 주택 양도 시 적용되는 중과세율 대상에서 제외(기본세율 + 2021.6.1. 20%p, 30%p 가산) • 사업자 본인 거주주택 양도소득세 비과세	• 법인세 추가세율 적용배제 – 법인이 주택 양도시 법인 추가세율 대상에서 제외(양도차익의 10%, 2021.1.1. 20%)

제10장 건물신축판매법인의 세무리스크 관리법

건물신축판매업은 상가나 오피스텔, 공장건물 등을 신축해 분양하는 사업을 말한다. 이는 세법상 건설업에 해당하지 않으며 한국표준분류표상 부동산공급업(세법은 부동산매매업)에 해당한다. 따라서 앞에서 살펴본 주택신축판매업처럼 세금감면혜택이 별로 없다. 이 장에서는 주로 법인이 건물신축판매업을 영위하면서 부닥치는 다양한 세무리스크를 분석하고 이에 대한 관리법을 제시한다.

본 장에서 살펴볼 주요 내용들은 아래와 같다.

- 건물신축판매업의 세무리스크 진단
- 건물신축판매법인의 사업자등록관련 세무리스크 관리법
- 토지구입부터 착공 전까지의 세무리스크 관리법
- 착공 후부터 공사완료 시까지의 세무리스크 관리법
- 건물분양관련 세무리스크 관리법
- 건설업의 부가가치세 처리법
- 건설업의 주상복합건물 부가가치세 처리법

제1절 건물신축판매법인의 세무리스크 진단

CEO와 실무자들은 건물신축판매업에서 발생하는 세무리스크의 존재를 점검하고 이에 문제가 있는 경우에는 적극적으로 대책을 세워야 한다. 아래에서 진단을 해보고 대책을 세워보자.

STEP1 각 항목별 체크

아래 해당되는 곳에 'ㅇ, ×' 표시를 한다.

구분	상 황	해당 여부
1	건물신축판매업은 세법상 부동산매매업에 해당함을 알고 있다.	
2	건물신축판매업은 부가가치세 과세업에 해당함을 알고 있다.	
3	건물 건설용역에 대해서는 무조건 부가가치세가 과세됨을 알고 잇다.	
4	일반건물과 국민주택규모 이하의 주택을 동시에 건설하는 경우 매입세액 안분계산을 해야 함을 알고 있다.	
5	토지매매와 관련된 양도사 및 구입자의 세무회계내용을 알고 있다.	
6	착공 전에 발생한 부가가치세는 환급이 되지 않음을 알고 있다.	
7	건물분양대금에 대한 영수증처리법을 알고 있다.	
8	신축건물에 대한 보존등기 시의 취득세 과세표준의 범위를 알고 있다.	
9	주택과 건물의 건설과 관련된 부가가치세 처리법을 알고 있다.	
10	주상복합건물의 부가가치세 처리법에 대해 알고 있다.	

STEP2 대책수립

위에서 파악된 '×'표시에 따라 다음과 같이 대책을 세운다.

- ×표시가 7개 이상 → 건물신축판매업관련 세무리스크에 대한 이해가 전혀 안되어 있다. 따라서 지금 당장 이에 대한 대비책을 세우도록 한다.
- ×표시가 4~6개 → 건물신축판매업관련 세무리스크에 대한 이해가 어느 정도 되어 있다. 따라서 현행의 제도를 정비하고 부족한 부분을 보완한다.
- ×표시가 3개 이하 → 건물신축판매업관련 세무리스크에 대한 이해가 되어 있다. 현행의 제도를 유지한다.

건물신축판매법인의 사업자등록관련 세무리스크 관리법

상가나 빌딩, 업무용 오피스텔 등 일반건물을 신축판매하는 업에 대한 세무리스크를 파악해보자. 건물신축판매업은 세법상 부동산매매업에 해당한다. 먼저 사업자등록과 관련된 부분부터 순차적으로 살펴보자.

1 건물신축판매법인의 사업자등록관련 세무리스크 발생 사례1

K법인은 건물신축판매업과 관련하여 사업자등록을 준비 중에 있다. 각 상황별로 답을 하면?

사업자등록증
(일반과세자/간이과세자)
등록번호 :

① 상호(법인명) :	② (대표자)성명 :
③ 개업연월일 :　　년　　월　　일	④ 생년월일 :
⑤ 사업장소재지 : 본점소재지	
⑥ 사업의 종류 :　　업태	종목

- 상황1 : 여기에서의 건물은 무엇을 의미하는가?
- 상황2 : 건물을 신축판매하면 이는 세법상 어떤 업종에 해당하는가?
- 상황3 : 건물매매업의 사업자유형은 어떻게 되는가?
- 상황4 : 건물매매업에 대해서는 「조세특례제한법」상의 중소기업특별세액감면을 받을 수 있는가?

상황에 대한 답을 찾아보면 다음과 같다.

첫째, (상황1) 여기에서의 건물은 무엇을 의미하는가?

여기서의 건물은 사람이 상시주거용으로 사용하지 않는 일반건물을 말한다. 이에는 상가, 사무실, 공장, 오피스텔(업무용) 등이 해당된다. 오피스텔의 경우 분양받은 자가 이를 주거용으로 사용하면 세법은 이를 주택으로 본다.

둘째, (상황2) 건물을 신축판매하면 이는 세법상 어떤 업종에 해당하는가?

건물신축판매업에 대한 건설방식에 따른 세법상의 업종은 다음과 같이 분류된다.

구 분	세법상의 업종	비 고
자영건설에 의한 신축판매	부동산매매업	중소기업특별세액 감면대상에서 제외
일부도급에 의한 신축판매	부동산매매업	
전체도급에 의한 신축판매	부동산매매업	

☞ 다만, 건물에 대한 건설용역을 제공하는 경우에는 이는 건설업으로 분류하는 것이 원칙이다.

셋째, (상황3) 건물매매업의 사업자유형은 어떻게 되는가?

건물을 공급하는 사업자의 유형은 일반과세자에 해당한다. 이 건물의 공급업은 분양면적과는 무관하게 일반과세자로 분류하고 있다. 아래를 참조하기 바란다.

구 분	사업자유형	비 고
85㎡ 이하 건물만 신축하는 경우	일반과세자	주택과 차이가 나는 부분임.
85㎡ 초과 건물만 신축하는 경우	일반과세자	
위 둘 모두를 동시에 신축하는 경우	일반과세자	

넷째, (상황4) 건물매매업에 대해서는 「조세특례제한법」상의 중소기업특별세액감면을 받을 수 있는가?

받을 수 없다. 그 이유는 한국표준분류표상에서는 건물의 공급업을 건설업이 아닌 부동산공급업(세법은 부동산매매업)으로 분류하고 있기 때문이다.

2 건물신축판매법인의 사업자등록관련 세무리스크 발생 사례2

K법인의 건물신축판매업(부동산매매업)에 대한 사업계획서이다. 각 상황별로 답을 하면?

자료

○ 토지구입원가 : 10억 원
○ 예상건축원가

구 분	예상원가	비 고
외주비	10억 원	외주공사비
철근 및 잡자대	10억 원	VAT 1억 원 별도
기타 경비	5억 원	
도로 기부채납	5억 원	
계	30억 원	

○ 예상매출 : 50억 원
○ 공사완공일 : 20×9년 10월

- 상황1 : 이 법인의 예상되는 법인세는?
- 상황2 : 만일 공사에 사용된 토지가 세법상 비사업용 토지에 해당한다면 어떤 문제점이 있는가?
- 상황3 : 분양가 책정은 어떤 기준으로 해야 하는가?

상황에 대한 답을 찾아보면 다음과 같다.

첫째, (상황1) 이 법인의 예상되는 법인세는?

구 분	금 액	비 고
예상이익	10억 원	50억 원－40억 원(토지원가 10억 원＋건축원가 30억 원)
× 법인세율	20%	
－누진공제	2천만 원	
＝산출세액	1억 8천만 원	
－감면세액	0원	부동산매매업은 감면업종이 아님.
＝결정세액	1억 8천만 원	

둘째, (상황2) 만일 공사에 사용된 토지가 세법상 비사업용 토지에 해당한다면 어떤 문제점이 있는가?

이러한 상황에서 토지에 대한 양도차익에 추가법인세 10%가 부과될 수 있다. 나대지를 오랫동안 보유하고 있는 상황에서 토지취득 후 2년 및 착공일 이후부터 판매일까지의 기간이 사업용 기간기준(2년, 3년, 60%)에 해당하지 않으면 비사업용 토지에 해당될 수 있다.

☞ 토지를 오래 보유한 상태에서 건물을 분양하는 경우에는 사전에 반드시 이러한 문제점을 검토해야 한다.

셋째, (상황3) 분양가 책정은 어떤 기준으로 해야 하는가?

건물의 분양가는 다음과 같이 세 가지 항목으로 구성된다.

구 분	금 액	비 고
건물공급가액	×××	
건물부가가치세	×××	건물공급가액의 10%
토지공급가액	×××	
계	×××	

위 표를 보면 건물과 토지의 공급가액을 어떤 식으로 정하느냐에 따라 총 분양가가 달라진다. 세법은 이러한 문제를 예견하고 토지와 건물을 일괄적으로 공급할 때 부가가치세 과세표준을 감정평가액 등으로 구분하도록 하고 있다.

☞ 「부가가치세법 시행령」 제48조의2 제4항에서는 토지와 그 토지에 정착된 건물을 함께 공급하는 경우 그 건물 등의 공급가액은 실지거래가액에 의하되, 실지거래가액 중 토지의 가액과 건물 등의 가액의 구분이 불분명한 경우에는 감정평가액, 기준시가 등을 순차로 적용하여 안분계산한다라고 규정하고 있다. 따라서 토지 분양가와 건물 분양가에 대한 합리적인 기준이 없다면 토지와 건물의 취득원가와는 상관없이 각 층별 호별 분양가액을 각 층별 호별 토지와 건물의 감정평가액 등을 기준으로 안분한 가액을 토지와 건물의 분양가액으로 해야 할 것으로 판단된다.

3 건물신축판매법인의 사업자등록관련 세무리스크 관리법

건물신축판매업 영위 시 사업자등록과 관련된 세무리스크 관리법을 정리하면 다음과 같다.

(1) 업종 등

건물신축판매업은 한국산업분류상 부동산공급업에 해당하며, 세법상으로는 부동산매매업에 해당한다. 따라서 이러한 업종에 대해서는 중소기업특별세액감면을 받을 수 없다.

(2) 사업자유형

건물신축판매업은 일반과세자로 사업자등록을 하게 된다. 만일 국민주택규모 이하의 주택과 같이 건설하는 경우에도 일반과세자로 등록하게 된다. 이 경우에는 공통매입세액 안분계산 등의 문제가 발생한다.

(3) 사업장소재지

건물신축판매업의 「부가가치세법」상 사업장소재지는 본점소재지가 된다.

건물신축판매업과 주택신축판매업의 세금비교

건물을 신축하든 주택을 신축하든 이 둘의 사업에서 만나는 세목은 같다. 예를 들어 토지를 취득하면 취득세가 보유하면 보유세가 양도하면 소득세나 법인세가 부과된다. 그리고 적용되는 내용도 거의 같다. 그러나 건물의 신축판매는 모두 과세사업에 해당하므로 세금계산서상의 매입세액을 전액공제 받을 수 있어 세금처리가 훨씬 간편하다.

참고로 세법은 건물신축판매업은 부동산매매업으로 분류하고 주택신축판매업은 건설업으로 분류하고 있다. 이 둘의 세금제도를 비교하면 다음과 같다.

구 분	주택신축판매	건물신축판매
세법상의 업종	건설업	부동산매매업
용지 취득세 중과세	해당사항 없음.	중과세 가능
완공 전 부가가치세 환급	과세분만 환급	좌동
분양 시 소득세·법인세	기본세율	좌동(단, 분양분의 토지가 비사업용 토지에 해당하면 비교과세 또는 추가과세제도가 적용됨)

Tip

■ 시행사와 시공사의 세무처리법 비교

주택신축판매업에 대한 사업절차별로 시행사와 시공사의 세무처리 내용을 정리하면 다음과 같다.

구분	사업절차		세무처리	
			시행사	시공사
사업 준비 단계 (1단계)	사업계획수립	• 사업부지 분석 • 사업타당성 검토 (토지대 대비 분양가 등)		-
	▼			
	선설용지 매입	사업부지 매입	• 금융비용 자본화 • 토지취득관련 부가가치세 검토 • 취득세 중과세 검토	-
공사 단계 (2단계)	사업성분석 (수지분석)	사업성분석 사업계획서 작성 등	수지분석표 상의 공사예정원가로 진행기준율 산정	-
	▼			
	건축인허가	건축인허가 허가용 도면 작성 영향평가(건축, 교통, 소방 등)		-
	▼			
	사업승인 및 착공(신고)	사업계획승인 착공계 제출 착공 및 착공신고	• 공사비에 대한 부가가치세 환급 검토 (겸업의 경우 안분계산) • 기부채납관련 세무처리 • 착공 : 업무무관자산 기산시점 등	• 공사계약 : 세금계산서 발행 • 부가가치세 신고 • 진행기준 또는 완성기준에 의해 결산 • 법인세 신고
분양 단계 (3단계)	분양(승인) 개시		• 진행기준 또는 완성기준에 의한 수익인식 • 계약 전 공사원가의	-

구분	사업절차		세무처리	
			시행사	시공사
			처리(모델하우스 비용포함) • 부가가치세의 처리	
	▼			
분양 단계 (3단계)	사용검사 (준공)	건축물 준공 전 사용검사 신청 입주자 사전체크 등		–
	▼			
	분양건물 보존등기		• 보존등기(6월 1일 전에 사용승인이 나는 경우에는 건물재산세를 부담해야 함) • 미분양관련 세금문제 등	
사업 완료 단계 (4단계)	분양 등기(입주자)		• 분양가할인, 이주비 지원 등에 따른 세무리스크 검토 • 분양권 전매관련 세무리스크 파악	

☞ 위 내용을 보면 시공사의 세무처리는 단순한 반면 시행사의 세무처리는 사업스케줄에 따라 다양한 쟁점들이 발생함을 알 수 있다. 참고로 공동도급에 대한 사업자등록, 세금계산서 처리 등에 대한 문제는 제9장 제2절의 Tip을 참조하기 바란다.

제3절 토지구입부터 착공 전까지의 세무리스크 관리법

이제 건물신축판매업(부동산매매업)을 영위하기 위해 토지를 매입하기로 하였다고 하자. 이때 착공일부터 공사완료일 전까지 발생하는 세무리스크들에는 어떤 것들이 있을까? 이하에서 이에 대한 세무리스크 발생 사례와 이의 관리법을 알아보자.

1 토지구입부터 착공 전까지의 세무리스크 발생 사례1

서울에 위치한 K법인은 수도권 과밀억제권역 내에서 건물신축판매업(부동산매매업)을 영위하기 위해 다음과 같이 토지를 취득하였다. 각 상황별로 답을 하면?

자료

- ㅇ 설립연도 : 5년 미경과
- ㅇ 토지가액 : 10억 원
- ㅇ 토지 취득관련 비용(취득세 제외) : 5천만 원(취득세 포함, 부가가치세 1천만 원 별도)

- 상황1 : 토지는 건물의 공급을 위해 취득한 것인데 토지취득 시 발생한 부가가치세는 환급을 받을 수 있는가?
- 상황2 : 토지취득관련 비용은 토지원가에 포함되는가?
- 상황3 : 취득세 과세표준과 취득세는 어떻게 되는가?

상황에 대한 답을 찾아보면 다음과 같다.

첫째, (상황1) 토지는 건물의 공급을 위해 취득한 것인데 토지취득 시 발생한 부가가치세는 환급을 받을 수 있는가?

그렇지 않다. 토지매입과 관련된 부가가치세는 매입세액공제가 되지 않기 때문이다. 이 부가가치세는 토지의 원가에 포함된다. 일반적으로 토지의 구입부터 건물의 터파기 이전까지 발생한 부가가치세는 주로 토지와 관련되므로 이에 대한 부가가치세 환급을 받을 수 없다.

둘째, (상황2) 토지취득관련 비용은 토지원가에 포함되는가?

취득 때 발생하는 중개수수료 등 각종 지출비용은 토지의 원가에 포함된다. 이때 환급되지 않는 부가가치세도 포함한다.

셋째, (상황3) 취득세 과세표준과 취득세는 어떻게 되는가?

먼저 취득세 과세표준은 취득 전까지 발생한 모든 직·간접비용(VAT는 제외)을 말하므로 사례의 경우 10억 5천만 원이 이에 해당한다. 참고로 차입금이 있는 경우 세법상 건설자금이자도 취득세 과세표준에 포함시키는 것이 원칙이다.

다음으로 설립된 지 5년 미만된 법인이 부동산을 취득(승계 또는 원시취득)하는 경우 취득세 중과세율이 적용될 수 있는데 이와 관련된 규정을 정리하면 다음과 같다.

구 분	세 율	비 고
해당 법인이 주택을 승계취득하는 경우(지법 제13조의2)	12%	4% + 중과기준세율 2% × 4배 = 12%
해당 법인이 건물 등을 승계취득하는 경우(지법 제13조)	8%	4% × 3배 − 중과기준세율 2% × 2배 = 12% −4% = 8%
해당 법인이 부동산을 신축(원시취득)하는 경우(지법 제13조)	4.4%	2.8% × 3배 − 중과기준세율 2% × 2배 = 8.4% − 4% = 4.4%

따라서 사례의 토지 취득세율은 8%가 된다. 주택신축판매업의 경우 중과세가 제외되는 것과 대비가 된다.

② 토지구입부터 착공 전까지의 세무리스크 발생 사례2

앞의 K법인의 사례를 연장하여 각 상황별로 답을 하면?

자료

- 토지가액 : 10억 원
- 토지 취득관련 비용 : 5천만 원(취득세 포함, 부가가치세 1천만 원 별도)
- 토지취득 시 차입금 5억 원(취득 전 이자비용 1천만 원, 취득 후 1천만 원 발생)

• 상황1 : 위의 이자비용에 대한 세무처리법은?
• 상황2 : 만일 구입한 토지 중 일부가 사업상 불필요하여 매각하는 경우 이에 대해서는 10%의 법인세를 추가로 내야 하는가?

상황에 대한 답을 찾아보면 다음과 같다.

첫째, (상황1) 위의 이자비용에 대한 세무처리법은?

「법인세법 시행령」 제72조 제2항 취득가액의 범위에는 건설자금이자는 포함하고 있으나 건설자금이자 계상 대상이 사업용 고정자산만 해당되므로 재고자산의 경우에는 해당되지 아니한 것으로 보고 있다. 따라서 아파트 등을 공사하면서 발생하는 차입금에 대한 이자는 당기의 비용으로 처리해야 한다.

둘째, (상황2) 만일 구입한 토지 중 일부가 사업상 불필요하여 매각하는 경우 이에 대해서는 10%의 법인세를 추가로 내야 하는가?

「법인세법」상 비사업용 토지에 대한 판단이 필요하다. 만약 「법인세법」상 비사업용 토지에 해당하면 법인세가 10%(주택은 20%) 추가과세된다.

〈추가분석〉

위의 법인이 건축물이 있는 토지를 아래와 같이 매입하는 경우 각 상황별로 답을 하면?

자료

○ 건물과 토지 일괄구입가액 : 10억 원
○ 철거비용 : 1천만 원(VAT 별도)

• 상황1 : 만일 건물가액을 0원으로 계약하면 세법상 어떤 문제점이 있는가?
• 상황2 : 위 철거비용에 대한 부가가치세는 환급받을 수 있는가?

상황에 대한 답을 찾아보면 다음과 같다.

첫째, (상황1) 만일 건물가액을 0원으로 계약하면 세법상 어떤 문제점이 있는가?

건물가액이 세법기준과 차이가 나는 경우에는 쟁점이 될 수 있다. 부가가치세를 내지 않으려고 인위적으로 이렇게 한 것이라고 인정될 수 있기 때문이다. 하지만 구입 후 바로 철거를 할 경우에는 사실상 건물의 가치가 0원이 되므로 세법상 문제는 없다고 보는 것이 타당하다.

둘째, (상황2) 위 철거비용에 대한 부가가치세는 환급받을 수 있는가?

위 철거비용은 토지조성을 위해 발생하는 것이 아니고 과세사업을 위해 발생한 것이므로 부가가치세는 환급되어야 할 것으로 판단된다(부가 22601-1216, 1990. 9. 15. 등).

3 토지구입부터 착공 전까지의 세무리스크 관리법

건물신축판매업(부동산매매업)을 위해 토지를 구입한 이후부터 착공 전까지의 세무리스크 관리법을 정리하면 다음과 같다.

(1) 토지취득관련

건물용지의 취득과 관련하여 발생하는 부가가치세는 환급을 받을 수 없다. 토지와 관련된 매입세액은 과세사업이든 면세사업이든 무조건 이의 환급을 받을 수 없다. 한편 취득 전까지 발생한 직·간접비용은 취득가액에 포함되므로 이에 대해서도 취득세가 부과된다.

(2) 부대비용관련

건물의 취득관련 부대비용도 취득원가에 포함되는 것이 원칙이다.

(3) 철거비용관련

건축물이 있는 토지를 구입한 후 발생한 철거비용은 원칙적으로 수익적 지출에 해당한다. 즉 이는 당기비용에 해당한다. 참고로 과세사업용 노후건물의 철거비용에서 발생한 부가가치세는 환급이 가능하다.

(4) 기타

착공 전에 토지를 양도하면 이는 비사업용 토지에 해당될 가능성이 높다. 이렇게 되면 법인세가 추가과세될 수 있다. 이외 업무무관자산에도 해당될 수 있다.

제4절 착공 후부터 공사완료 전까지의 세무리스크 관리법

건물신축판매업(부동산매매업)을 본격적으로 시작한다고 하자. 이때 착공일부터 공사완공일까지 발생한 세무리스크들에는 어떤 것들이 있을까? 이하에서 이에 대한 세무리스크 발생 사례와 이의 관리법을 알아보자.

1 착공 후~공사완료 전까지의 세무리스크 발생 사례1

K법인은 오피스텔을 분양하는 법인이다. 각 상황별로 답을 하면?

자료

- 분양면적 : 85㎡ 이하
- 토지구입가격 : 40억 원
- 건축비 : 120억 원
- 공사기간 : 2년
- 대금결제방식 : 계약서상의 기성률에 따라 지급

- 상황1 : 이 공사비에 대해서는 부가가치세가 면제되는가?
- 상황2 : 공사비에 대한 세금계산서는 언제 받아야 하는가?
- 상황3 : 이 토지를 보유하는 동안에 재산세는 얼마나 예상되는가?

상황에 대한 답을 찾아보면 다음과 같다.

첫째, (상황1) 이 공사비에 대해서는 부가가치세가 면제되는가?

오피스텔은 전용면적과 무관하게 부가가치세가 면제되지 않는다. 「조세특례제한법」 제106조 제1항 제4호에 따라 부가가치세가 면제되는 국민주택은 「주택법」에 따른 국민주택 규모 이하의 주택을 말하기 때문이다. 따라서 사업시행자들은 주거용으로 오피스텔을 분양하더라도 공사비에 대해서는 세금계산서를 수령해야 하며, 분양 시 부가가치세를 징수해야 한다. 아래 관련 예규를 참조하기 바란다.

관련 예규 : 서면법규과-1020, 2014.9.25.

「조세특례제한법」 제106조 제1항 제4호에 따라 부가가치세가 면제되는 국민주택의 공급은 「주택법」에 따른 국민주택규모 이하의 공급에 한해 적용되는 것으로, 오피스텔은 「주택법」에 따른 주택에 해당하지 아니하므로 이를 적용할 수 없는 것임(기획재정부 부가가치세과-563, 2014.9.24.).

둘째, (상황2) 공사비에 대한 세금계산서는 언제 받아야 하는가?

원칙상 '대가의 각 부분을 받기로 한 때'를 기준으로 세금계산서를 발행한다. 계약서상에 구체적으로 표시를 하는 경우에는 그 날을 기준으로 하면 문제가 없을 것이다.

셋째, (상황3) 이 토지를 보유하는 동안에 재산세는 얼마나 예상되는가?

토지보유분에 대해서는 재산세가 부과된다. 이때 영업용토지에 대해서는 재산세가 별도 합산과세된다.

2 착공 후~공사완료 전까지의 세무리스크 발생 사례2

앞의 K법인의 사례를 연장하여 살펴보자. 각 상황별로 답을 하면?

자료

- ○ 분양면적 : 85㎡ 이하
- ○ 토지구입가격 : 40억 원
- ○ 건축비 : 120억 원
- ○ 공사기간 : 2년
- ○ 대금결제방식 : 계약서상 기성률에 따라 지급

- 상황1 : 건축공사비 중 1억 원(VAT 별도)이 공사를 수행하지 않는 업체로 귀속되었다. 이 경우 어떤 문제점이 발생하는가?
- 상황2 : 공사 중 K법인은 함바식당을 이용하는데 이 식당은 무허가로 운영되고 있다. 어떤 문제점이 있는가?
- 상황3 : 완공에 따른 취득세는 얼마나 예상되는가?

상황에 대한 답을 찾아보면 다음과 같다.

첫째, (상황1) 건축공사비 중 1억 원(VAT 별도)이 공사를 수행하지 않는 업체로 귀속되었다. 이 경우 어떤 문제점이 발생하는가?

이는 가공경비의 가능성이 있는 것으로 보아 세무조사 등의 문제점이 발생할 가능성이 있다.

둘째, (상황2) 공사 중 K법인은 함바식당을 이용하는데 이 식당은 무허가로 운영되고 있다. 어떤 문제점이 있는가?

K법인이 미등록사업자로부터 음식용역을 공급받고 세금계산서 등 법정증명서류를 수취하지 아니한 경우에는 실제 거래와 관련된 자료(거래장부, 대금지급내역 등)에 의하여 거래사실이 객관적으로 입증되는 경우에는 당해 가액을 손금에 산입할 수 있다(「법인세법 기본통칙」 4-0…2 참조). 다만, 증빙불비가산세가 2% 정도 부과될 수 있다.

셋째, (상황3) 완공에 따른 취득세는 얼마나 예상되는가?

건축비 120억 원에 대해 3.16%로 과세된다.

3 착공 후~공사완료 전까지의 세무리스크 관리법

건물신축판매업(부동산매매업)의 착공 이후부터 공사완료 전까지 발생할 수 있는 세무리스크 관리법을 정리하면 다음과 같다.

(1) 착공 시

본격적인 착공에 들어가면 그 이후에 발생하는 원가는 대부분 건축원가에 포함된다. 이때 발생하는 이자는 사업용 고정자산이 아니므로 당기비용으로 처리하는 것이 원칙이다.

(2) 공사 중

시공에 따른 자금지출과 세금계산서 등의 수수와 관련된 다양한 문제점들이 발생한다. 이외 부가가치세 신고, 일용직 등에 대한 원천세 신고 등의 업무가 발생한다.

(3) 완공 시

보존등기에 따른 취득세 납부의무가 발생한다. 원시취득에 대한 취득세 과세표준에 대해서는 제9장을 참조하기 바란다. 한편 완공 후에는 분양에 따른 결산 및 법인세 신고 등의 업무가 발생한다. 이에 대해서는 뒤에서 순차적으로 살펴본다.

건물분양관련 세무리스크 관리법

건물공사가 완료되어 이를 분양한다고 하자. 이때 분양의 주체인 시행사에게는 다양한 세무리스크들이 발생할 수 있다. 이하에서 이에 대한 발생 사례 및 관리법을 알아보자.

1 건물분양관련 세무리스크 발생 사례1

K법인은 건물을 신축하여 분양하는 법인이다. 분양하는 물건에 대해서는 아래와 같이 분양가격을 책정했다. 각 상황별로 답을 하면?

구 분	토지공급가액	건물공급가액	부가가치세	계
계약금	2천만 원	2천만 원	200만 원	4,200만 원
중도금	5천만 원	5천만 원	500만 원	1억 500만 원
잔금	3천만 원	3천만 원	300만 원	6,300만 원
계	1억 원	1억 원	1천만 원	2억 1천만 원

- 상황1 : 세금계산서와 계산서는 반드시 발행해야 하는가?
- 상황2 : 이를 분양받은 개인들은 부가가치세 환급을 받을 수 있는가?
- 상황3 : 만일 위의 토지공급가액을 총 1억 5천만 원으로 하고, 건물공급가액을 5천만 원으로 한 경우의 세무상 문제점은?

상황에 대한 답을 찾아보면 다음과 같다.

첫째, (상황1) 세금계산서와 계산서는 반드시 발행해야 하는가?

아니다. 수분양자들은 이를 발급받지 않더라도 하등 문제가 없다. 다만, 수분양자들이 발급을 원하면 발급을 해주면 된다.

둘째, (상황2) 이를 분양받은 개인들은 부가가치세 환급을 받을 수 있는가?

개인들은 아래와 같은 요건을 충족하면 자신이 매입할 때 부담한 부가가치세를 환급받을 수 있다.

- 일반과세자로 등록할 것
- 사업자등록 신청은 공급시기가 속한 반기 말로부터 20일 내에 할 것
- 적법하게 세금계산서를 받을 것
- 환급신청을 할 것

셋째, (상황3) 만일 위의 토지공급가액을 총 1억 5천만 원으로 하고, 건물공급가액을 5천만 원으로 한 경우의 세무상 문제점은?

우선 총 분양가액이 달라진다. 부가가치세는 건물의 공급가액에 대해서만 부과되기 때문이다.

구 분	당 초	변 경
토지공급가액	1억 원	1억 5천만 원
건물공급가액	1억 원	5천만 원
부가가치세	1천만 원	500만 원
계	2억 1천만 원	2억 500만 원

그런데 문제는 공급가액을 이렇게 자위적으로 정하는 것을 과세관청이 통과시켜줄 것인지의 여부이다. 부가가치세가 과소발생하기 때문이다. 따라서 시행사들은 최대한 객관적으로 이 가격이 결정되었음을 입증할 수 있는 자료를 준비해두는 것이 좋다(감정평가 등).

2 건물분양관련 세무리스크 발생 사례2

K시행사와 A씨는 다음과 같이 분양계약을 체결하였다. 각 상황별로 답을 하면?

구 분		토지공급가액	건물공급가액	부가가치세	계
20×9.1.1.	계약금	5천만 원	1천만 원	100만 원	6,100만 원
20×9.2.1.	중도금	5천만 원	1천만 원	100만 원	6,100만 원
20×9.3.1.	잔금	1억 원	3천만 원	300만 원	1억 3,300만 원
계		2억 원	5천만 원	500만 원	2억 5,500만 원

- 상황1 : A씨는 계약금을 지급하였다. 이때 부가가치세를 환급받을 수 있는가?

• 상황2 : A씨가 계약금을 지급한 상태에서 이 분양권을 6,500만 원에 매매한 경우 부가가치세는 얼마나 발생할까? 이 금액 안에 부가가치세가 포함되어 있지 않다고 하자.
• 상황3 : 만일 위의 토지공급가액과 건물공급가액을 대충 나누었다면 세무상 어떤 문제점이 발생할까?

상황에 대한 답을 찾아보면 다음과 같다.

첫째, (상황1) A씨는 계약금을 지급하였다. 이때 부가가치세를 환급받을 수 있는가?

A씨가 과세사업을 위해 분양을 받은 경우에 해당한다면 환급을 받을 수 있다. 이때에는 일반과세자로 사업자등록을 해야 한다. 사업자등록은 계약과 동시에 하는 것이 안전하다.

둘째, (상황2) A씨가 계약금을 지급한 상태에서 이 분양권을 6,500만 원에 매매한 경우 부가가치세는 얼마나 발생할까? 이 금액 안에 부가가치세가 포함되어 있지 않다고 하자.

분양권 거래금액 6,500만 원 중 건물분의 공급가액의 10%가 부가가치세다. 따라서 거래금액을 토지와 건물분으로 나누는 작업부터 시작해야 한다. 사례의 경우 토지와 건물의 공급가액 비율이 4 : 1이므로 이를 기준으로 안분하는 것이 타당하다. 이를 기준으로 계산하면 위 6,500만 원의 1/5인 1,300만 원이 건물공급가액이고 이에 부가가치세율 10%를 곱하면 부가가치세는 130만 원이 된다. 따라서 총 거래금액은 6,630만 원이 된다.

잠깐퀴즈

위 거래에서 부가가치세 없이 거래하려면 어떻게 해야 하는가?
포괄양수도계약을 맺으면 된다. 이때 매수자는 일반과세자로 사업자등록을 해야 한다.

셋째, (상황3) 만일 위의 토지공급가액과 건물공급가액을 대충 나누었다면 세무상 어떤 문제점이 발생할까?

토지와 건물의 공급가액을 객관적인 기준 없이 인위적으로 나눈 경우에는 부가가치세의 과소발생, 향후 감가상각비 등에 영향을 주게 된다. 그래서 「부가가치세법 시행령」 제48조의 2 제4항에서는 토지와 그 토지에 정착된 건물을 함께 공급하는 경우 그 건물 등의 공급가액은 실지거래가액에 의하되, 실지거래가액 중 토지의 가액과 건물 등의 가액의 구분이 불분명한 경우에는 감정평가액, 기준시가 등을 순차로 적용하여 안분계산하도록 규정하고 있다.

다만, 사례처럼 토지 분양가와 건물 분양가에 대한 합리적인 기준이 결정된 경우에는 토지와 건물의 취득원가와는 상관없이 각 층별 호별 분양가액을 각 층별 호별 토지와 건물의 감정평가액 등을 기준으로 안분한 가액을 토지와 건물의 분양가액으로 하여야 할 것으로 판단된다.

☞ 각 층별로 토지와 건물의 원가비율을 계산한 후 이를 각 층의 분양가에 곱해 토지와 건물의 분양가를 계산할 수 있다. 다만, 이때 원가비율을 알기가 힘든 경우에는 감정평가를 받을 수밖에 없지 않을까 싶다.

3 건물분양관련 세무리스크 관리법

건물의 분양과 관련된 세무리스크 관리법을 정리하면 다음과 같다.

(1) 분양가액 책정

분양가액은 토지와 건물의 공급가액, 부가가치세로 구성된다. 토지와 건물의 공급가액은 투입된 원가를 기준으로 책정하는 것이 바람직하다. 감정을 받아서 처리해도 될 것으로 보인다. 참고로 대출 등의 이유로 미분양된 재고주택을 재평가하여 재무상태표에 반영한 경우 법인세 신고 시에 세무조정 사항으로 조정하면 문제가 없을 것으로 보인다.

(2) 분양계약해제

분양계약해제 시 관련 절차에 대해 이해하고 있어야 한다. 예를 들어 시행사와 B수분양자는 다음과 같이 분양계약을 체결하였다고 하자. 그런데 B가 부가가치세 1천만 원을 환급받은 상태에서 이에 대한 계약이 해제되었다. 시행사와 B는 어떤 업무절차를 밟아야 하는가?

구 분	건물분양대금	부가가치세
20×9.1.1.	5천만 원	500만 원
20×9.2.1.	5천만 원	500만 원
20×9.3.1.	1억 원	1천만 원

위의 물음에 대한 답을 시행사와 B의 입장에서 찾아보자.

첫째, 시행사는 다음과 같은 업무처리를 해야 한다.

- 계약해제일에 (−)의 수정세금계산서를 발급하여 이를 수분양자에게 교부해야 한다.
- 시행사는 해당 (−)의 수정세금계산서를 다른 정상적인 세금계산서상의 금액에 합산하여 부가가치세 신고 및 납부를 하게 된다.
- (−)수정세금계산서상의 금액을 B에게 지급한다.

둘째, B는 다음과 같이 업무처리를 해야 한다.

- 더 이상 사업자가 아니므로 폐업신고를 지체없이 한다.
- 계약해제일에 부(−)의 수정세금계산서를 발급받아 폐업일이 속하는 달의 말일로부터 25일 내에 부가가치세 확정 신고 및 납부를 해야 한다.
- 계약이 해제되었다면 부가가치세를 포함한 계약금액을 시행사로부터 돌려받는다.

(3) 각종 세무신고

원천세, 부가가치세, 법인세 신고 등의 의무가 뒤따른다.

(4) 기타 주의해야 할 것들

수분양자를 위해 중도금 이자나 취득세 등을 지원해주는 경우에는 판매부대비용에 해당하나 특정인을 지출하게 되면 접대비에 해당한다.

필수 세무상식 건설업의 부가가치세 처리법

건설공사와 관련된 부가가치세는 생각보다 까다로울 수 있다. 부가가치세가 발생하는 건물과 그렇지 않은 건물을 동시에 건설하는 경우 매입세액의 안분문제, 이를 공급하는 경우 부가가치세 징수문제 등이 복잡하게 대두되기 때문이다. 이하에서 주택과 건물의 신축판매업 영위 시 발생할 수 있는 부가가치세에 대해 알아보자.

1. 부동산업과 부가가치세

부동산 거래 시 발생하는 부가가치세를 먼저 알아보자. 이를 표로 요약하면 다음과 같다.

구 분			공사(매입)	공급(분양)
주택신축	토지		×(환급불가능)	×(부가가치세 부징수)
	건물	85㎡ 이하	×(환급불가능)	×(부가가치세 부징수)
		85㎡ 초과	○(환급가능)	○(부가가치세 징수 후 납부)
건물신축	토지		×(환급불가능)	×(부가가치세 부징수)
	건물		○(환급가능)	○(부가가치세 징수 후 납부)

(1) 주택을 신축분양하는 경우

1) 건축공사 진행 시 매입세액환급

국민주택규모를 초과하는 주택의 건설용역과 관련된 부가가치세는 전액 환급을 받을 수 있다. 하지만 국민주택의 건설용역과 관련된 부가가치세는 환급을 받을 수 없다. 한편 국민주택규모 초과 주택과 국민주택을 동시에 신축분양하고 매입세액이 공통으로 발생한 경우에는 안분계산을 해야 한다. 이외 상가와 주택을 같이 신축분양해도 이러한 문제가 발생한다.

2) 주택분양 시 부가가치세 징수

국민주택규모 초과 주택을 분양하는 경우 건물공급가액의 10%를 수분양자로부터 징수하여 국가에 납부해야 한다. 하지만 국민주택 분양분에 대해서는 부가가치세를 징수하지 않아도 된다.

(2) 건물을 신축분양하는 경우

1) 건축공사 진행 시 매입세액환급

일반건물을 공사와 관련하여 발생한 부가가치세는 전액 환급을 받을 수 있다.

2) 건물분양 시 부가가치세 징수

건물을 분양하는 경우 건물공급가액의 10%를 수분양자로부터 징수하여 국가에 납부해야 한다.

(3) 주거용 건물(주택)과 건물(상가 등)을 동시에 분양하는 경우

주상복합건물을 신축하여 판매하는 경우에는 과세사업과 면세사업이 동시에 발생하므로 부가가치세 안분계산문제가 발생한다.

☞ 이에 대해서는 아래에서 별도로 살펴본다.

2. 공통매입세액의 안분계산법

매출세액에서 공제되는 매입세액은 과세사업과 관련되는 매입세액에 한정된다. 그런데 면세사업과 과세사업에 공통되는 매입세액의 가액이 구분이 되지 않는 경우에는 면세분과 과세분을 인위적으로 나누는 작업이 필요하다. 이하의 공통매입세액 안분계산 등은 사업(현장)단위별로 적용한다.

(1) 원칙적인 안분계산방법

과세사업과 면세사업의 공급가액(매출)이 모두 있는 경우에는 다음과 같은 산식에 의해 안분계산을 한다. 과세사업과 면세사업의 매출이 있으므로 이를 공급가액 비율로 안분하는 것이 타당하다고 보는 것이다. 이렇게 작업한 결과 과세분은 매출세액에서 공제하고, 면세분은 공제받지 못할 매입세액으로 처리한다.

• 공제되는 매입세액 = 공통매입세액 × 당해 과세기간의 $\frac{\text{과세공급가액}}{\text{총 공급가액}}$

총 공급가액은 당해 과세기간에 확정된 면세수입금액과 과세수입금액을 합한 금액을 말한다. 예를 들어 1.1.부터 3.31.까지의 면세수입금액이 1억 원이고 과세수입금액이 2억 원이라면 총 공급가액은 3억 원이 된다. 이렇게 예정신고 기간에 안분계산을 한 경우에는 확정 신고 시 예정 및 확정 6개월분을 합하여 정산을 해야 한다.

참고로 다음에 해당하는 경우에는 공통매입세액의 안분계산을 생략하고 전액 공제되는 매입세액으로 한다.

1. 해당 과세기간의 총 공급가액 중 면세공급가액이 100분의 5 미만이고(면세예정사용면적비율이 100분의 5 미만인 경우 제외), 공통매입세액이 500만 원 미만인 경우
2. 해당 과세기간의 공통매입세액이 5만 원 미만인 경우
3. 신규사업자가 해당 과세기간에 구입한 재화를 양도하는 경우 그 재화에 대한 매입세액

사례

OO기업에서는 면세사업과 과세사업에 대해 공통으로 사용될 에어컨을 구입하였다. 에어컨 구입가격이 400만 원(VAT 별도)인 경우 환급받을 수 있는 부가가치세는? 단 당해 과세기간의 면세공급가액은 2억 원, 과세공급가액은 5천만 원이라고 하자.

• 환급가능 매입세액 = 공동매입세액 40만 원 × $\frac{\text{5천만 원}}{\text{2억 5천만 원}}$ = 8만 원

(2) 예외적인 방법

과세사업과 면세사업의 공급가액을 모두 알 수 있다면 앞의 방법으로 쉽게 안분계산을 할 수 있다. 하지만 둘 또는 하나의 공급가액을 알 수 없다면 부득이 다른 방법을 사용할 수밖에 없을 것이다. 세법은 이러한 상황에서는 다음과 같은 방법으로 안분계산하고 공급가액이나 면적이 확정되는 시기에 정산하도록 하고 있다.

1) 가안분계산 방법

이는 다음과 같이 순차적으로 적용하는 방법을 말한다. 다만, 건물을 신축 또는 취득하여 과세사업과 면세사업에 제공할 예정면적을 구분할 수 있는 경우에는 예정사용면적비율(토지면적 제외)을 우선 적용한다(③ → ① → ②).[107]

① 총 매입가액(공통매입가액은 제외)에 대한 면세사업에 관련된 매입가액의 비율
② 총 예정공급가액에 대한 면세사업에 관련된 예정공급가액의 비율
③ 총 예정사용면적에 대한 면세사업에 관련된 예정사용면적의 비율

107) 건물을 신축할 때에 통상적으로 면적비율로 안분계산한다.

2) 공통매입세액의 정산

만일 위의 방법 중 하나로 안분계산을 했다면 확정신고 시에 다음과 같이 공통매입세액을 정산해야 한다. 예정신고 시는 대략적으로 안분했으므로 이를 확정신고 시에 바로 잡기 위해서이다.

- 총 공통매입세액 × (1 − 공급가액이 확정되는 과세기간의 $\frac{\text{면세공급가액}}{\text{총 공급가액}}$)

  − 기공제세액

만일 예정사용면적으로 안분계산한 경우로써 확정신고를 하는 경우에는 확정된 사용면적으로 정산하는 것이 원칙이다.

- 총 공통매입세액 × (1 − 사용면적이 확정되는 과세기간의 $\frac{\text{면세공급가액}}{\text{총 공급가액}}$)

  − 기공제세액

(3) 공통매입세액 안분계산 사례

A법인은 건설법인으로써 공통매입세액이 1억 원이 발생했다. 과세예정사용면적과 면세사용면적이 같다면 공통매입세액 중 공제가 가능한 세액은?

과세예정사용면적과 면세사용면적이 같으므로 1억 원의 50%인 5천만 원이 환급가능한 매입세액이 된다. 이렇게 예정사용면적으로 안분계산한 경우로써 사용면적이 확정되는 과세기간에 맞춰 정산하는 것이 원칙이다.

☞ 분양건물 신축과 관련된 외주비, 설계비, 감리비 등에서 발생하는 공통매입세액은 과세사업과 면세사업에 제공할 예정사용면적 비율로 안분하는 것이 원칙이다. 그리고 향후 확정된 총 사용면적을 기준으로 정산한다. 정산은 확정신고 때만 가능하다. 그런데 일반관리비나 광고비 등의 경우 건물의 사용면적과 무관한 것이 일반적이다. 따라서 이 경우 공통매입세액의 안분은 '총 매입가액(공통매입가액을 제외한다) → 총 예정공급가액' 순으로 안분한 후 공급가액이 확정되는 과세기간에 정산하는 것이 원칙이다. 참고로 공급가액은 토지를 포함한 총 공급가액을 말한다.

Tip

■ 「부가가치세법」상 용역시기 등과 관련된 집행기준

1. 부가가치세 집행기준 15－28－1 「부가가치세법」상 중간지급조건부와 완성도기준 지급조건부 용역시기

구 분	공급시기
중간지급조건부	중간지급조건부*의 경우 대가의 각 부분을 받기로 한 때 * 계약금을 받기로 한 날의 다음 날부터 용역의 제공을 완료하는 날까지의 기간이 6개월 이상인 경우로써 그 기간 이내에 계약금 외의 대가를 분할하여 받는 경우를 계약을 말한다.
완성도기준 지급조건부	완성도기준지급조건부*의 경우 대가의 각 부분을 받기로 한 때 * 공급자는 일의 완성도를 측정하여 기성금을 청구하고 공급받는 자가 완성도를 확인하여 대가를 확정하는 계약을 말한다.

2. 집행기준 16－29－1 완성도기준지급조건부 용역의 공급시기 사례
   ① 완성도기준지급조건부로 건설용역을 공급함에 있어 당사자의 약정에 의하여 준공검사일 이후 잔금을 받기로 한 경우 해당 잔금에 대한 공급시기는 건설용역의 제공이 완료되는 때로 한다.
   ② 완성도기준지급조건부로 건설용역을 공급하면서 당사자간 기성금 등에 대한 다툼이 있어 법원의 판결에 의하여 대가가 확정되는 경우 해당 건설용역의 공급시기는 법원의 판결에 의하여 대가가 확정되는 때로 한다.
   ③ 완성도기준지급조건부 건설용역을 공급함에 있어 기성부분에 대한 공급시기는 기성청구 후 대가의 지급이 확정되어 그 대가를 실제로 받은 날이 되지만, 기성부분에 대한 대가를 기성고 확정일로부터 약정된 날까지 지급받지 못한 때에는 그 약정일의 종료일이 된다.
3. 집행기준 16－29－2 지급일을 명시하지 아니한 완성도기준지급조건부 용역의 공급시기
   ① 건설용역을 공급함에 있어 건설공사기간에 대한 약정만 체결하고 대금지급기일에 관한 약정이 없는 경우의 공급시기는 다음과 같다.
      1. 해당 건설공사에 대한 건설용역의 제공이 완료되는 때. 다만, 해당 건설용역 제공의 완료 여부가 불분명한 경우에는 준공검사일
      2. 해당 건설공사의 일부분을 완성하여 사용하는 경우에는 그 부분에 대한 건설용역의 제공이 완료되는 때. 다만, 해당 건설용역 제공의 완료 여부가 불분명한 경우에는 그 부분에 대한 준공검사일
   ② 건설공사 계약시 완성도에 따라 기성고 대금을 나누어 받기로 하였으나, 그 지급일을 명시하지 아니한 경우에는 공사기성고가 결정되어 그 대금을 받을 수 있

는 때를 그 공급시기로 한다.

③ 사업자가 완성도기준지급 또는 중간지급조건부 건설용역의 공급계약서상 특정 내용에 따라 해당 건설용역에 대하여 검사를 거쳐 대가의 각 부분의 지급이 확정되는 경우에는 검사 후 대가의 지급이 확정되는 때를 그 공급시기로 본다.

중간지급조건부인 경우 거래시기 판단사례

사업자 '갑'은 '을'에게 건물신축에 대한 건설공사용역을 제공하여 주기로 하면서 아래와 같이 중간지급조건부로 도급공사계약을 체결하였다.

- 도급금액 : 30억 원
- 계약금 : 4억 원(2018. 2. 20.),
- 1차 중도금 : 6억 원(2018. 4. 20.)
- 2차 중도금 : 6억 원(2018. 6. 20.)
- 잔금 : 14억 원(준공 후 지급)
- 준공일 : 2018. 10. 20.
- 잔금 수령일 : 2018. 11. 15.

이 경우 '갑'이 제공한 건설용역 공급시기는?

☞ 중간지급조건부 건설용역 공급계약에 따라 2018. 2. 20., 2018. 4. 20., 2018. 6. 20.을 각각 공급시기로 보아 세금계산서를 발행하고, 잔금은 2018. 11. 15. 받았더라도 건설용역 제공완료일인 2018. 10. 20.을 공급시기로 하여 14억 원에 대하여 세금계산서를 발행해야 한다.

건설업의 주상복합건물 부가가치세 처리법

주상복합건물의 분양 시에 통상 부가가치세 과세사업과 면세사업이 결합된 경우가 많다. 이때에는 부가가치세 처리를 잘해야 하는데 아래의 사례를 통해 이에 대한 내용들을 검토해보자.

사례

경기도 수원시에 소재하고 있는 K법인(또는 개인사업자)은 건물을 개발하는 업을 영위하고 있다. 이 법인은 최근 주상복합건물을 분양할 계획을 세웠다. 이때 분양 시와 공사 중에 발생하는 부가가치세는 어떻게 처리할까?

자료

(VAT 별도)

구 분	분양 호수	분양면적(m^2)	예상매출
85㎡ 이하 주택	5호	300	10억 원
85㎡ 초과 주택	2호	200	6억 원
상가	4호	100	8억 원
계	11호	600	24억 원

1. 분양 시 받아야 할 부가가치세

분양을 할 때 수분양자로부터 부가가치세를 징수해야 하는 대상은 85㎡ 초과 주택과 상가건물이다. 85㎡ 이하 주택은 국민주택에 해당하므로 면세품목에 해당한다.

그렇다면 소비자로부터 받아야 할 부가가치세는 얼마나 될까?

상가를 예로 들어보자. 상가의 1호당 예상매출은 2억 원이고 이 금액에는 부가가치세가 포함되어 있지 않다. 따라서 2억 원 중 1억 원이 건물공급가액으로 평가되었다면 이 금액의 10%인 1천만 원이 부가가치세가 된다. 그 결과 상가 1호 당 분양가액은 2억 1천만 원이 된다. 참고로 토지공급가액과 건물공급가액은 법인 장부에 의해 확인된 투입원가나 감정평가를 거쳐 결정되는 경우가 많다.

2. 완공 전에 발생한 부가가치세 처리법

완공 전에 발생한 부가가치세 처리방법을 알아보자. 공사 전의 부가가치세는 주로 토지매입단계와 건축 중에 발생한다.

(1) 토지매입관련 부가가치세

토지매입과 관련된 부가가치세는 무조건 공제받을 수 없다. 다음의 예규를 참조하자.

- 사업자가 토지 취득 전에 사업성 검토를 위한 토지적성평가용역, 생태계식생조사용역, 환경영향평가용역 등의 사전평가용역을 제공받은 경우 토지의 취득여부에 관계없이 동 사전평가용역비를 지급하면서 부담한 부가가치세는 토지관련 매입세액에 해당하는 것임. 따라서 이에 대한 부가가치세는 공제를 받을 수 없음(재정경제부 소비세제과-141, 2005.9.8.).
- 사업자가 토지를 취득하기 위하여 토지가액에 대한 감정평가 등의 용역수행계약을 체결하고 그 대가를 지급하면서 부담한 부가가치세는 토지관련 매입세액에 해당하는 것임(서면3팀-2229, 2005.12.8.).

토지관련 매입세액은 토지의 취득 및 형질변경, 공장부지 및 택지의 조성 등과 관련되어 발생한다. 참고로 공장신축 관련하여 토목공사를 할 때 이 건이 공장부지 정지작업 건인지, 건물신축을 위한 터파기 작업인지 등에 따라 토지의 자본적 지출인지 건물의 자본적 지출인지 여부가 갈린다. 만일 공장건물 기초공사를 하기 위한 터파기공사였다면 당해 토목공사 비용은 토지조성을 위한 매입세액에 해당되지 아니하여 건물관련 매입세액으로 공제할 수 있다.

(2) 공사비관련 부가가치세

토지매입 후에는 본격적으로 공사가 진행되는데 이때에는 부가가치세 처리에 각별히 신경을 써야 한다. 세금계산서를 받아야 하는지 계산서를 받아야 하는지 이를 구별해야 하고, 세금계산서상의 매입세액을 어떻게 공제받는지도 알아야 하기 때문이다.

우선 세금계산서는 85㎡ 초과 주택에 대한 건설용역과 상가건설용역에 대해 받는다. 그리고 계산서는 85㎡ 이하 주택의 건설용역을 제공받을 때 받는다. 따라서 제공받은 용역에 대해 세금계산서가 정확히 발행되었다면 부가가치세 환급처리는 별로 어렵지 않다. 그런데 세금계산서가 과세와 면세에 공통으로 끊긴 경우가 있다. 예를 들어 자재를 구입하거나 건설용역 중 면세로 인정받지 못하거나 기타 잡비 등이 그렇다. 이런 경우에는 세금계산서상의 매입세액 중 전액을 공제받지 못하고 면세와 관련된 부분은 불공제 처리해야 한다. 그럼 어떻게 공제분과 불공제분을 나눌까? 아래를 보자.

사례

위의 사례에서 20×9.1.1.~6.30. 사이에 발생한 과세와 면세의 공통 매입세액이 3천만 원이 발생했다고 하자. 그렇다면 이 중 얼마를 공제받을 것인가?

세법은 이러한 상황에서 원칙적으로 당해 과세기간에 확정된 면세와 과세의 공급가액 비율을 기준으로 안분하도록 하고 있다. 하지만 사례처럼 신축판매업은 완성 전에 확정된 공급가액을 얻기가 매우 힘들다. 따라서 대부분 당해 과세기간의 면적비율대로 안분계산을 하게 된다. 해당 과세기간의 사용예정인 면적이 다음과 같다고 할 때 공제여부를 점검하자.

구 분	분양면적(m^2)	부가가치세 안분	공제여부
85㎡ 이하 주택	300	1,500만 원*	×
85㎡ 초과 주택	200	1,000만 원	○
상가	100	500만 원	○
계	600	3,000만 원	-

* 3천만 원 × $300m^2/600m^2$ = 1,500만 원

총 3천만 원의 부가가치세 중 85㎡ 초과 주택과 상가분에 해당한 1,500만 원만 환급된다. 나머지 1,500만 원은 불공제 처리된다. 이렇게 공제되지 않은 금액은 건축원가로 처리된다(건축원가가 올라가는 효과가 발생함).

제 5 편

주주의 배당 · 주식관련 세무리스크 관리법

법인의 주주들은 자신의 몫에 해당하는 것만 책임을 지며, 성과가 좋으면 자신의 지분율에 따라 배당을 받는다. 한편 이들은 보유한 지분(주식)은 자유롭게 양도나 상속 또는 증여로 이전할 수 있다. 따라서 법인의 주인이라고 할 수 있는 주주들은 마음만 먹으면 배당도 자유롭게 받을 수 있고 자녀 등에게 자신의 부를 이전시킬 수도 있다. 세법은 이러한 과정에서 편법적인 일이 발생하면 이를 제어할 수밖에 없다. 이 편에서는 주주와 관련된 배당 및 주식과 관련된 다양한 세무리스크를 찾아보고 이에 대한 관리법을 알아보고자 한다.

제 11 장

배당관련 세무리스크 관리법

법인들이 벌어들인 이익은 궁극적으로 주주들의 배당으로 사용된다. 배당은 결산 때 주주총회를 거쳐 이루어지나 사업연도 중 1회에 한해 중간배당도 가능하다. 그리고 주주간에 불균등하게 배당하는 것도 가능하다. 하지만 어디까지나 법적인 테두리 내에서 배당이 되어야 한다. 이 장에서는 주주들과 관련된 배당에 관한 세무리스크 관리법을 알아보자.

본 장에서 살펴볼 주요 내용들은 아래와 같다.

- 배당관련 세무리스크 진단
- 잉여금발생관련 세무리스크 관리법
- 잉여금처분관련 세무리스크 관리법
- 기업잉여금(초과배당 포함)관련 세무리스크 관리법
- 주주의 종류와 세법상의 규제

제1절 배당관련 세무리스크 진단

CEO와 실무자들은 배당에서 발생하는 세무리스크의 존재를 점검하고 이에 문제가 있는 경우에는 적극적으로 대책을 세워야 한다. 아래에서 진단을 해보고 대책을 세워보자.

STEP1 각 항목별 체크

아래 해당되는 곳에 '○, ×' 표시를 한다.

구분	상 황	해당 여부
1	당기순이익이 도출되는 결산과정을 알고 있다.	
2	당기순이익과 법인세와의 관계를 알고 있다.	
3	잉여금이 과다하면 주식평가액이 높게 나옴을 알고 있다.	
4	결산배당절차를 알고 있다.	
5	중간배당에 대해서도 알고 있다.	
6	초과배당을 할 때 발생할 수 있는 제반 세무리스크를 알고 있다.	
7	배당을 받을 때에는 이익준비금을 적립해야 함을 알고 있다.	
8	잉여금을 상여로 처분할 때 세무처리법을 알고 있다.	
9	증여재산공제제도를 알고 있다.	
10	세법상 주주의 종류와 이에 대한 적용범위를 알고 있다.	

STEP2 대책수립

위에서 파악된 '×'표시에 따라 다음과 같이 대책을 세운다.

- ×표시가 7개 이상 → 주주의 배당관련 세무리스크에 대한 이해가 전혀 안되어 있다. 따라서 지금 당장 이에 대한 대비책을 세우도록 한다.
- ×표시가 4~6개 → 주주의 배당관련 세무리스크에 대한 이해가 어느 정도 되어 있다. 따라서 현행의 제도를 정비하고 부족한 부분을 보완한다.
- ×표시가 3개 이하 → 주주의 배당관련 세무리스크에 대한 이해가 되어 있다. 현행의 제도를 유지한다.

제2절 잉여금발생관련 세무리스크 관리법

잉여금은 기업이 벌어들인 이익 중 사내에 유보된 이익을 말한다. 이러한 잉여금은 자기자본비율을 끌어 올리는 한편 배당재원 등으로 사용되는 등 상당히 중요한 계정과목에 해당한다. 하지만 잉여금이 너무 많으면 상속이나 증여 등을 할 때 세부담이 많아진다. 따라서 적정 잉여금 관리의 필요성이 제기된다. 이하에서는 잉여금발생과 관련된 세무리스크 발생 사례와 이의 관리법을 알아보자.

1 잉여금발생관련 세무리스크 발생 사례

K법인의 20×9년 회계자료가 다음과 같다. 각 상황별로 답을 하면?

자료

① 매출 : 20억 원(부가가치세 제외)
② 매입(취득가액) : 10억 원
③ 인건비 등 제경비 : 7억 원
④ 위 경비 중에는 세법을 위반한 1억 원의 금액이 포함되어 있음.

- 상황1 : 기업회계상 당기순이익은 얼마인가?
- 상황2 : 「법인세법」상 소득금액은 얼마인가?
- 상황3 : 이 경우 법인세는 얼마인가? 10% 추가법인세를 포함한다.
- 상황4 : 이 법인의 이익잉여금은 얼마인가?
- 상황5 : 이 잉여금은 어떻게 사용되는가?

상황에 맞춰 답을 찾아보자.

첫째, (상황1) 기업회계상 당기순이익은 얼마인가?

회계상 당기순이익은 매출에서 비용을 차감하여 계산한다. 따라서 당기순이익은 다음과 같다.

• 매출 - 비용 = 20억 원 - (10억 원 + 7억 원) = 3억 원

둘째, (상황2) 「법인세법」상 소득금액은 얼마인가?

기업회계는 비용의 성격을 따지지 않고 경영실상을 반영하게 되므로 경비의 부당성을 따지지 않는다. 하지만 세법은 경비의 지출에 대한 타당성을 따져 부당한 경우 세법상 비용(손금)으로 인정하지 않는다. 이렇게 되면 사례의 소득금액이 아래와 같이 늘어난다.

• 세법상 매출 - 세법상 비용 = 20억 원 - (10억 원 + 6억 원[108]) = 4억 원

셋째, (상황3) 이 경우 법인세는 얼마인가? 10% 추가법인세를 포함한다.

구 분	금 액		
	일반법인세	추가법인세	계
매출	20억 원	20억 원	
- 매출원가 등	17억 원	10억 원[109]	
= 당기순이익/양도차익	3억 원	10억 원	
+ 세무조정	1억 원	-	
= 과세소득	4억 원	10억 원	
× 법인세율	20%	10%	
- 누진공제액	2천만 원	-	
= 산출세액	6천만 원	1억 원	1억 6천만 원

넷째, (상황4) 이 법인의 이익잉여금은 얼마인가?

당기순이익이 3억 원이고 법인세 산출세액이 1억 6천만 원이라면 1억 4천만 원이 내부에 남아 있는 잉여금이 된다. 지방소득세를 감안하면 이의 금액이 줄어든다.

다섯째, (상황5) 이 잉여금은 어떻게 사용되는가?

이 잉여금은 사내에 유보된 재원으로 향후 주주들의 배당이나 임직원에 대한 상여지급 등으로 사용될 수 있다. 또한 유보된 자금으로 재투자를 할 때 사용할 수도 있다.

108) 7억 원에서 비용부인된 1억 원을 차감하였다.
109) 취득가액을 말한다.

2 잉여금발생관련 세무리스크 관리법

(1) 당기순이익의 계산

잉여금은 당기순이익에서 파생되는 것이 만큼 당기순이익이 어떤 식으로 계산되는지를 알고 있어야 한다. 이러한 당기순이익은 기업회계기준에 따라 도출이 된다.

(2) 세금계산

재무상태표에 계상되는 잉여금은 세금을 차감한 잔액이 계상된다. 이때 세금은 「법인세법」 등을 기준으로 도출이 된다.

(3) 적정 잉여금관리

법인에게 이익이 많이 발생하면 일차적으로 법인세, 이차적으로 배당소득세 등이 발생하므로 아래와 같은 방식으로 이에 대한 관리방안을 모색해두는 것이 좋다.

구 분	대표이사	주 주	주주 겸 대표이사
지출항목	급여(상여), 퇴직급여	배당	급여(상여), 퇴직급여, 배당
관리방안	대표이사의 경우 가급적 퇴직급여로 처리하면 급여처리보다 세부담이 약할 수 있다.	연간 2천만 원으로 배당하는 경우 금융종합과세를 피할 수 있다. 한편 주식이 분산되어 있는 경우 초과배당의 효과를 누릴 수 있다.	급여와 퇴직급여, 배당을 종합하여 최적의 안을 도출할 수 있다.

참고로 잉여금이 많은 법인들은 가지급금의 규모도 큰 경우가 일반적이다. 따라서 적정한 잉여금의 관리는 가지급금 관리에도 긍정적인 영향을 주게 된다.

Tip

■ 법인세 절세원리

기업이 내는 소득세와 법인세는 기업회계의 손익계산서의 당기순이익을 출발하여 세법을 위배한 내용을 가감하여 세법상 소득을 산출하게 된다. 따라서 사전에 세법규제의 내용을 이해하여야만 절세할 수 있다.

과 목	절세원리
Ⅰ. 매출액	매출액과 관련하여서는 매출액이 누락되지 않도록 한다. 또한 가공매출이나 매출의 귀속시기에 대해 관리할 필요가 있다.
Ⅱ. 매출원가 1. 기초재고액 2. 당기공사원가 3. 기말재고액	매출원가는 기초재고액에 당기공사원가를 더한 금액에서 기말재고액을 차감해 계산한다. 따라서 공사원가가 왜곡되거나 기말재고액 등이 잘못 평가되면 원가왜곡을 가져온다.
Ⅲ. 매출총이익	–
Ⅳ. 판매비와 관리비 1. 급여 2. 퇴직급여 3. 감가상각비 4. 접대비 5. 대손상각비 6. 판매촉진비 7. 세금과공과 8. 잡비	세법에서는 주로 판매비와 관리비 항목에 대해서는 다음과 같이 규제하고 있다. • 부당지출규제 개인사용 접대비, 벌과금, 업무무관비용 등 • 한도규제 임원상여, 퇴직급여, 감가상각비, 접대비, 대손상각비 등
Ⅴ. 영업이익	–
Ⅵ. 영업외수익 1. 이자소득 2. 배당소득 3. 유형자산처분이익	영업외수익에 대해서는 모두 익금으로 처리하나, 배당수익 등 일정한 수입에 대해서는 익금으로 보지 않는다(익금불산입).
Ⅶ. 영업외비용 1. 이자비용 2. 매출할인 3. 재고자산평가손실	영업외비용은 대부분 비용으로 인정받을 수 있으나, 세법에 어긋나게 손실이나 비용으로 처리한 경우 이를 인정하지 않는다. 예를 들어 기업이 임의로 재고자산평가손실을 계상한 경우 이를 인정하지 않는다.
Ⅷ. 법인세(소득세)차감전순이익	–
Ⅸ 법인세(소득세) 비용	법인세 비용은 이익의 배분으로 보아 비용으로 불인정한다.
Ⅹ. 당기순이익	

제3절 잉여금처분관련 세무리스크 관리법

기업의 이익잉여금은 당장 배당재원으로 삼을 수도 있고, 재투자 금액으로 사용할 수도 있다. 따라서 지금까지 누적된 잉여금이 사내에 많이 남아 있는 기업은 그만큼 우량기업이라고 할 수 있다. 이하에서 잉여금처분과 관련된 세무리스크 발생 사례 및 이에 대한 관리법을 알아보자.

1 잉여금처분관련 세무리스크 발생 사례

K기업의 이익잉여금처분계산서가 다음과 같다. 각 상황별로 답을 하면?

과 목	제1(당)기	
	금 액	
Ⅰ. 처분전이익잉여금 1. 전기이월이익잉여금 2. 당기순이익 등	 50억 원 10억 원	
Ⅱ. 임의적립금 등의 이입액 1. 임의적립금	 10억 원	
합 계	70억 원	
Ⅲ. 이익잉여금처분액 1. 이익준비금 2. 배당금 등		
Ⅳ. 차기이월이익잉여금	?	

- 상황1 : 배당 가능한 재원은 얼마인가?
- 상황2 : K기업의 대표이사는 이 기업의 주식을 50% 보유하고 있다. 모두 배당한다면 배당받을 수 있는 금액은 얼마인가?
- 상황3 : 차기이월이익잉여금이 50억 원이라면 올해 얼마를 배당하였는가?

위의 상황에 대해 순차적으로 답을 찾아보면 다음과 같다.

첫째, (상황1) 배당 가능한 재원은 얼마인가?

배당 가능한 재원은 위의 처분전이익잉여금과 임의적립금 이입액 등 모두 70억 원이 된다. 임의적립금은 기업이 임의적으로 적립한 잉여금이므로 이는 자유롭게 사용할 수 있다.

둘째, (상황2) K기업의 대표이사는 이 기업의 주식을 50% 보유하고 있다. 모두 배당한다면 배당받을 수 있는 금액은 얼마인가?

일단 배당 가능한 금액이 70억 원이므로 이 금액의 50%인 35억 원을 배당받을 수 있다. 다만, 이 현금배당액의 10%는 자본금의 1/2에 달할 때까지 이익준비금으로 계상해야 되므로 이 금액을 제외한 잔액을 배당받을 수 있다(「상법」규정).

셋째, (상황3) 차기이월이익잉여금이 50억 원이라면 올해 얼마를 배당하였는가?

70억 원에서 50억 원을 차감한 20억 원을 배당한 것으로 보인다.

2 잉여금처분관련 세무리스크 관리법

배당은 기업의 이익을 해당 기업의 주주들에게 나눠주는 행위에 해당한다. 기업들은 배당을 하기 전에 세무회계상의 문제가 없는지를 미리 검토하는 것이 좋다.

(1) 현금배당(결산배당 또는 중간배당)

현금배당을 할 때에는 아래와 같은 절차를 따른다.

① 배당금 결정

배당금을 지급할 경우에는 주주총회의 결의에 따라 현금배당액을 결정한다. 이때 배당금액의 10%를 자본금의 1/2에 달할 때까지 이익준비금으로 적립해야 한다. 예를 들어 자본금이 5천만 원인 법인에서 이익잉여금 중에서 1천만 원을 배당한다고 하자. 이에 대한 회계처리를 보자.

(차변) 이익잉여금	11,000,000	(대변) 미지급배당금	10,000,000
		이익준비금	1,000,000

이익준비금은 현금배당금의 10%인 100만 원을 자본금의 1/2인 2,500만 원에 달할 때까지 쌓아야 한다. 이익준비금은 자본금의 1/2까지만 쌓으면 되므로 이를 넘긴 준비금은 법인

이 임의적으로 쌓는 적립금에 해당한다.

② 배당금 지급

현금배당금을 지급할 때에는 지급 시에 14%(지방소득세 포함 시 15.4%) 상당액을 원천징수해야 한다. 한편 이를 지급받은 주주들은 잉여금 처분결의일이 속한 날[110]이 속하는 연도에 소득이 귀속되는 것으로 보아 다음 해 5월이나 6월 중에 종합소득세 신고하는 것이 원칙이다. 한편 배당금 지급결의는 되었으나 자금사정상 미지급된 배당금이 있는 경우에는 잉여금 처분결의일로부터 3개월이 되는 날에 그 배당소득을 지급한 것으로 보아 소득세를 원천징수한다(지급시기 의제제도).

③ 지급명세서 제출 등

세법에서 정한 기한 내에 지급명세서를 제출해야 가산세가 없다.

(2) 상여금 처분

잉여금을 직원이나 임원에 대한 상여로 지급한 경우에는 원천징수 등을 하고 지급명세서를 제출해야 한다. 참고로 이렇게 상여로 지급된 잉여금에 대해서는 2018년 이후부터 법인세 계산 시 손금(비용)으로 인정이 되지 않는다.

(3) 이익잉여금 자본전입

이익잉여금은 자본으로 전입할 수도 있다. 그렇게 되면 주주들은 무상으로 주식을 받게 되는 효과가 발생한다. 그런데 세법에서는 무상주를 받은 재원이 이익잉여금이므로 이를 현금배당을 받은 것과 똑 같이 취급하여 무상주를 받은 주주들에게 배당소득세를 물리고 있으므로 이에 주의해야 한다.

(4) 기타의 재무전략

새로운 사업부 진출해 손실이 발생하거나 인건비나 접대비 등 비용을 추가하면 잉여금이 감소하게 된다. 이외에 자기주식을 취득해 소각한 경우에도 잉여금을 상계시킬 수 있게 된다.

---

110) 통상 12월말일 법인인 경우 3월에 주주총회에서 잉여금 처분을 한다.

제4절 기업 잉여금(초과배당 포함)관련 세무리스크 관리법

기업의 이익잉여금은 당장 배당재원으로 삼을 수도 있고, 재투자의 금액으로 사용될 수도 있는 아주 중요한 항목에 해당한다. 하지만 너무 많은 잉여금은 주식가치를 증가시켜 가업승계 등에서 걸림돌로 작용할 수 있다. 그래서 적정한 잉여금관리는 필수요소가 되고 있다. 그런데 이러한 과정에서 다양한 세무리스크들이 발생하고 있다. 최근에 세법이 많이 강화되었기 때문이다. 이하에서 기업잉여금과 관련된 세무리스크의 발생유형과 이에 대한 관리법을 알아보자.

1 초과배당관련 세무리스크 발생 사례

K법인은 부친이 90%의 지분과 아들이 10%의 지분을 보유하고 있다. 금년에 100억 원을 배당하려고 한다. 상황에 맞게 답하면? 단, 세율은 6~45%를 적용하며, 지방소득세 등은 고려하지 않는다.

- 상황1 : 주식보유비율 대로 배당을 받은 후 부가 자에게 증여하는 경우의 세금은 얼마나 될까?
- 상황2 : 父가 배당을 포기하여 子가 모두 배당 받는 경우(초과배당)의 세금은 얼마나 될까?
- 상황3 : 2021년 이후부터는 어떤 식으로 과세하겠다는 것인가?
- 상황4 : 소득세와 증여세 동시 과세로 이중과세의 문제는 없는가?
- 상황5 : 개정 규정으로 볼 때 앞으로 초과배당제도는 유용성이 있을까?

위의 상황에 대해 순차적으로 답을 찾아보자.

첫째, (상황1) 주식보유비율 대로 배당을 받은 후 부가 자에게 증여하는 경우의 세금은 얼마나 될까?

부가 90%, 자가 10%의 지분을 보유하고 있으므로 부는 90억 원, 자는 10억 원을 받게 된다. 따라서 이들 배당소득에 대해 다른 요소를 감안하지 않는다면 배당소득세가 37억

4,460만 원, 3억 8,460만 원이 각각 나온다. 그리고 부의 배당액에서 배당소득세를 차감한 금액(52억 5,540만 원)을 자가 증여받으면 증여세가 21억 6,770만 원이 나온다. 그 결과 이 둘을 합하면 대략 63억 원 정도의 세금이 발생하게 된다.

	소득액 또는 증여액	세부담		합 계
父	90억 원 (배당)	배당소득세	37억 4,460만 원	62억 9,690만 원
子	10억 원 (배당)		3억 8,460만 원	
		증여세*	21억 6,770만 원	

* 父의 배당액에서 배당소득세를 차감한 금액(52억 5,540만 원)에 대한 증여세
(증여재산공제, 10년간 증여재산 합산 등은 고려하지 않음)

둘째, (상황2) 父가 배당을 포기하여 子가 모두 배당 받는 경우(초과배당)의 세금은 얼마나 될까?

이러한 상황에서 부가 배당을 포기하고 자가 모두 배당을 받은 경우에는 아래와 같이 세금이 결정된다.

	배당액 또는 증여액	세부담		합 계
父	–	–	–	44억 6,000만 원
子	100억 원 (배당)		배당소득세	
			증여세*	

* 90억 원에 대한 증여세액 – 배당소득세액 = 40억 4,000만 원 – 37억 4,460만 원

위의 내용을 종합하면 첫 번째는 62억 9,690만 원, 두 번째는 44억 6,000만 원으로 18억 4,000만 원 정도가 차이가 난다. 즉 초과배당으로 하는 것이 세부담이 상당히 줄어든다.

셋째, (상황3) 2021년 이후부터는 어떤 식으로 과세하겠다는 것인가?

2021년 1월 1일 이후부터 발생한 초과배당(차등배당)에 대해서도 소득세와 증여세가 동시에 부과된다. 2020년 12월에 해당 법안(「상속세 및 증여세법」 제41조의2)이 국회를 통과했기 때문이다. 따라서 사례의 경우 위의 첫 번째 방식으로 과세가 될 것으로 보인다.

넷째, (상황4) 소득세와 증여세 동시 과세로 이중과세의 문제는 없는가?

이번에 통과된 내용에 의하면 초과배당금액에서 배당소득세 상당액을 차감한 금액을 증여이익으로 하여 이중과세를 조정해준다. 따라서 이중과세의 문제는 없을 것으로 보인다(「상속세 및 증여세법」 제41조의2 제1항).

다섯째, (상황5) 개정 규정으로 볼 때 앞으로 초과배당제도는 유용성이 있을까?

자신의 지분율을 초과해 받은 배당금에 대해서는 1차적으로 종합소득세를 내고, 초과배당액에 대해서는 증여세를 내야 하므로 초과배당에 대한 실익이 거의 없어질 가능성이 높다. 따라서 앞으로는 균등배당을 통한 잉여금관리를 하는 것이 좋을 것으로 보인다.

2 기업 잉여금관련 세무리스크 관리법

기업의 잉여금은 전기이월이익잉여금과 당기순이익 등을 더한 금액에서 배당금 등을 차감한 금액이 결산재무상태표에 누적잉여금으로 표시된다. 이를 잉여금처분계산서로 표시하면 아래와 같다.

과 목	금 액
Ⅰ. 처분전이익잉여금	
1. 전기이월이익잉여금	
2. 당기순이익 등	
Ⅱ. 임의적립금 등의 이입액	
1. 임의적립금	
합 계	
Ⅲ. 이익잉여금처분액	
1. 이익준비금	
2. 배당금 등	
Ⅳ. 차기이월이익잉여금	

그런데 최근 잉여금 및 배당 등과 관련해 세제가 상당히 많이 강화되었다. 주요 내용을 정리하면 아래와 같다.

첫째, 개인 유사법인의 초과 유보소득에 대한 배당간주제도는 입법이 보류되었다.

2021년 1월 1일 이후부터 시행하기 위해 추진되었던 개인 유사법인의 초과 유보소득에 대한 배당간주제도 도입은 보류되었다. 국회에서 업계 등의 건의를 받아들인 결과에 따른 것이다. 다만, 일단 보류가 된 것인 만큼 향후 재논의를 거쳐 다시 입법이 추진될 수도 있을 것으로 보인다. 이 제도는 기업이 세법에서 정한 적정 유보소득을 초과해 소득을 유보하면 초과 유보소득에 대해 배당으로 간주해서 소득세를 부과하는 제도를 말한다.

둘째, 초과배당(차등배당)에 대한 소득세와 증여세가 동시에 과세된다.

앞의 사례에서 살펴보았듯이 2021년 1월 1일 이후부터 발생한 초과배당(차등배당)에 대해서도 소득세와 증여세가 동시에 부과된다. 따라서 주주간 배당금 또는 배당률을 달리한 배당을 받게 되면 증여세 등도 추가되므로 이에 유의해야 한다.

셋째, 이익소각 시 의제배당으로 과세될 가능성이 있다.

주식을 시가에 맞춰 배우자에게 증여 후 법인에게 주식을 양도하는 행위가 조세회피행위에 해당할 수 있다는 최근의 조세심판원의 결정이 있었다(조심 2020부1593, 2020.9.15.). 이 심판원의 결정문을 보면 배우자에게 주식을 증여하고 법인에게 해당 주식을 유상으로 양도한 후 이를 소각하는 과정은 "조세회피의 목적"에서 비롯된 것이므로 주식의 실제소유자(사례의 경우 대표이사)에게 종합소득세를 과세해야 한다는 것이다(「국세기본법」 제14조 적용). 따라서 실무에서는 이러한 부분을 간과해서는 안될 것으로 보인다.

※ 저자 주

최근 앞의 세 번째 내용과 관련해 세무검증이 강화되고 있다. 주의하기 바란다.

필수 세무상식 주주의 종류와 세법상의 규제

주주는 주식을 보유한 자를 말하는데 세법은 일정한 주주에 대해서는 세법상의 불이익을 주고 있다. 이하에서 이를 정리해보자.

1. 지배주주

지배주주란 「상속세 및 증여세법 시행령」 제34조의2 제11항 등에서 정하고 있는 개념으로 법인의 발행주식 총수 또는 출자 총액의 100분의 1 이상의 주식 또는 지분을 소유한 주주와 출자자 중 그와 특수관계가 있는 자와의 소유주식 또는 출자지분의 합계가 당해 법인의 주주 또는 출자자 중 가장 많은 경우의 당해 주주 또는 출자자를 말한다.

☞ 지배주주에 해당하는 경우에는 일감몰아주기 등에 대한 증여세 과세문제가 있다.

2. 대주주(최대주주)

대주주란 「소득세법 시행령」 제157조 제4항 등에서 정하고 있는 개념으로 주주 1인과 기타 주주가 소유하고 있는 주식 등의 합계액이 4%(코스닥은 2%) 이상이거나 그 주식 등의 시가 총액이 10억 원 이상인 주주를 말한다.[111)]

☞ 대주주에 해당하면 주식양도에 따른 양도소득세율이 일반주주에 비해 높다.

111) 대주주란 「소득세법 시행령」 제157조 제4항 등에서 정하고 있는 개념으로 주주 1인과 특수관계에 있는 기타 주주가 소유하고 있는 주식 등의 합계액이 아래에 해당하는 주주를 말한다(2022.12.31.까지 적용).
- (코스피) 지분율 1%, 보유액 10억 원
- (코스닥) 지분율 2%, 보유액 10억 원
- (코넥스) 지분율 4%, 보유액 10억 원
- (비상장) 지분율 4%, 보유액 10억 원

주식 양도소득세율

구 분		1년 미만 보유	1년 이상 보유
대주주	일반기업	30%	20% (3억 원 초과시 25%)
	중소기업	20%	
대주주 외	일반기업	20%	20%
	중소기업	10%	10%

참고로 중소기업 대주주의 양도소득세율은 20%이나 2020년 이후부터 주식 과세표준이 3억 원 초과 시 그 초과분은 25%가 적용된다. 주식에 대한 자세한 양도소득세율은 제12장 제4절을 참조하기 바란다.

3. 과점주주

과점주주는 「국세기본법」과 「소득세법」, 「지방세기본법」에서 정하고 있는 주주 또는 유한책임사원 1인과 특수관계인이 소유하는 주식의 합계 또는 출자액의 합계가 당해 법인의 발행주식 총수 또는 출자 총액의 100분의 50을 초과하는 경우를 말한다.

☞ 과점주주에 해당하면 제2차 납세의무와 간주취득에 대한 취득세 납부의무가 있다. 그리고 주식에 대한 양도소득세 계산 시 누진세율이 적용될 수 있다. 참고로 과점주주 중 형식적 과점주주에 대해서는 제2차 납세의무를 지지 않을 수 있지만 이에 대한 입증이 쉽지가 않다는 점에 유의하기 바란다.

관련 예규 : 징세과-261, 2011.3.20.

법인의 주주로서 제2차 납세의무를 지는지 여부는 당해 국세의 납세의무성립일 현재 주주명부상의 지분율, 과점주주간의 관계, 법인에 자금을 투자할 수 있는 경제적 능력 여부, 임원 선임권 행사 여부, 경영권 행사 여부, 이사회 및 주주총회 참석 여부 등 구체적인 사실관계를 종합적으로 살펴서, 「국세기본법」 제39조 제2항이 정하는 '과점주주' 해당여부 및 제1항 제2호의 각목에 해당되는지 여부 등으로 판단하는 것임.

Tip

■ 주주종류와 그 적용범위

구 분	개 념	적용범위
대주주	1% 이상 등 지분보유 주주등	• 소법 – 주식 양도소득세 차등세율(소령 157) • 상증법 – 불균등 합병(상증령 28 ②, 1% or 액면 3억 원) 등
최대주주	지분율이 가장 높은 주주등	• 상증법 – 주식할증평가(상증 63 ③) – 금융재산공제 미적용(상증 22) – 특정법인(흑자법인) 주주 증여세 과세(상증 45조의 5) – 초과배당 증여세 과세(상증 41조의2) – 주식상장이익 증여세 과세(상증 41조의 3) – 가업승계 증여세 특례(조특 30조의 6 ②)
과점주주	50% 초과 보유 주주등	• 국기법 제2차 납세의무(국기 39) • 소법 과점주주 양도소득세 누진세율(소령 158) • 지방법 간주취득세(지법 7 ⑤)
지배주주	경영 지배력 행사 주주등	• 법법 – 과다 인건비 판단(법령 43 ③) • 상증법 – 일감몰아주기 증여세 과세(상증 45조의 3) – 특정법인(결손법인) 주주 증여세 과세(상증 45조의 5) • 조특법 – 인건비 연구 및 인력개발비 세액공제 적용배제(조특 7, 10% 초과 소유자 포함)

* 주주등 : 특수관계인 포함(단, 법 적용 시는 관련 조문을 검토해야 함)

제 12 장

주식관련 세무리스크 관리법

주주들이 보유하고 있는 주식은 재산가치를 가지고 있으므로 이의 양도나 상속 또는 증여 시에는 다양한 세무리스크가 발생할 수 있다.

본 장에서 살펴볼 주요 내용들은 아래와 같다.

- 주식관련 세무리스크 진단
- 주식취득관련 세무리스크 관리법
- 과점주주관련 세무리스크 관리법
- 주식보유관련 세무리스크 관리법
- 주식양도관련 세무리스크 관리법
- 부동산 과다보유법인의 주식양도관련 세무리스크 관리법
- 주식상속 · 증여관련 세무리스크 관리법
- 부동산 법인의 주식평가법

제1절 주식관련 세무리스크 진단

CEO와 실무자들은 주식에서 발생하는 세무리스크의 존재를 점검하고 이에 문제가 있는 경우에는 적극적으로 대책을 세워야 한다. 아래에서 진단을 해보고 대책을 세워보자.

STEP1 각 항목별 체크

아래 해당되는 곳에 '○, ×' 표시를 한다.

구분	상 황	해당 여부
1	주식에 대한 전반적인 세무상 쟁점들을 알고 있다.	
2	주식을 취득할 때 발생할 수 있는 세무상 쟁점들을 알고 있다.	
3	과점주주에 대한 취득세 과세문제를 정확히 알고 있다.	
4	주식에 대한 양도소득세율을 알고 있다.	
5	주식을 저가로 양도하는 경우에 발생하는 세무리스크를 알고 있다.	
6	부동산 과다보유법인에 대한 세제상의 불이익을 알고 있다.	
7	부동산 과다보유법인의 주식에 대한 양도소득세 과세방법을 알고 있다.	
8	주식에 대한 증여세 과세원리를 알고 있다.	
9	주식에 대한 상속세 과세원리를 알고 있다.	
10	비상장법인의 주식을 평가할 수 있다.	

STEP2 대책수립

위에서 파악된 '×'표시에 따라 다음과 같이 대책을 세운다.

- ×표시가 7개 이상 → 주식관련 세무리스크에 대한 이해가 전혀 안되어 있다. 따라서 지금 당장 이에 대한 대비책을 세우도록 한다.
- ×표시가 4~6개 → 주식관련 세무리스크에 대한 이해가 어느 정도 되어 있다. 따라서 현행의 제도를 정비하고 부족한 부분을 보완한다.
- ×표시가 3개 이하 → 주식관련 세무리스크에 대한 이해가 되어 있다. 현행의 제도를 유지한다.

제2절 주식취득관련 세무리스크 관리법

주주(株主)는 법인의 주인들을 말한다. 이들이 가지고 있는 주식은 세법상 여러 가지가 제도들이 적용되는데, 이하에는 주주들과 관련된 세무리스크 발생 사례 및 이에 대한 관리법을 알아보자.

1 주식취득관련 세무리스크 발생 사례

서울에 위치하고 있는 K법인의 대표이사는 본인이 가지고 있는 주식을 자녀에게 양도하려는 계획을 가지고 있다. 각 상황별로 답을 찾아보면?

- 상황1 : 보유한 주식이 많으면 어떤 문제가 발생하는가?
- 상황2 : 주식의 시가는 어떻게 알 수 있을까?
- 상황3 : 비상장주식 평가는 어떻게 하는가?

위 상황에 맞게 답을 찾아보면 다음과 같다.

첫째, (상황1) 보유한 주식이 많으면 어떤 문제가 발생하는가?

주주가 보유한 주식이 많으면 아래와 같은 세무상 문제점들이 발생한다.

① 제2차 납세의무의 발생

법인(비상장법인을 말한다)이 납세의무를 이행하지 못하면 과점주주에 해당하는 주주들에게 제2차 납세의무를 지우는 것을 말한다.

② 과점주주의 부동산 간주취득에 따른 취득세 납부

법인이 취득한 부동산에 대해 지분율이 증가해 과점주주가 된 경우 주주가 취득세를 내는 것을 말한다. 주식의 분산을 유도하기 위한 장치에 해당한다. 이러한 과점주주 취득세 납세의무는 비상장법인에만 적용된다.

③ 누진세율에 의한 양도소득세 과세

자산 중에서 부동산이 차지하는 비중이 높은 법인의 주식을 양도하면 일반적인 양도소득세율 10~20%(과세표준 3억 원 초과 시 25%, 2020년 이후)가 아닌 누진세율이 적용될 수 있다.

④ **상속세나 증여세 등의 부담**

주식도 재산가치를 가지고 있기 때문이다.

둘째, (상황2) 주식의 시가는 어떻게 알 수 있을까?

원래 시가는 불특정다수인과 계속적으로 거래한 가격을 말한다. 따라서 시장이 형성되어 있으면 이러한 시가를 알기가 비교적 쉽다. 그런데 비상장법인의 경우에는 시가를 알기가 힘들기 때문에 별도의 평가방법이 필요하다.

- 비상장법인의 시가 → 일반적으로 없음.
- 매매사례가액의 인정 → 양도일 또는 취득일 전후 각 3월의 기간 내에 해당 주식과 유사한 매매가액이 있으면 이를 인정함.
- 그 외 → 별도의 주식평가법에 따라야 함(아래 세 번째 답변 참조).

셋째, (상황3) 비상장주식 평가는 어떻게 하는가?

비상장주식의 경우 시장에서 형성되는 시세는 없다. 따라서 이러한 상황에서는 통상 세법에서 정한 「증권거래법」상의 평가방법을 준용하여 순손익가치와 순자산가치를 3과 2의 비율(부동산 과다보유법인은 2:3)로 가중평균하여 주식가치를 산정해야 한다.

- 일반법인의 1주당 평가액 = $\frac{\text{1주당 순손익가치} \times 3(2) + \text{1주당 순자산가치} \times 2(3)}{5}$

참고로 비상장법인의 자산 중 부동산비중이 80%를 넘는 경우에는 순자산가치로만 평가한다.[112] 따라서 위와 같이 가중평균한 필요가 없다. 앞의 내용들을 정리하면 다음과 같다.

---

112) 상증세 집행기준 63-54-2 [비상장주식을 순자산가치로만 평가하는 경우]
청산, 휴·폐업 등 다음의 경우와 같이 정상적인 영업활동이 이루어지지 않는 회사는 수익력 측정이 무의미하므로 순자산가치로만 평가하고, 영업권도 별도로 평가하지 아니한다.
① 상속·증여세 과세표준 신고기한 이내에 평가대상 법인의 청산절차가 진행 중이거나 사업자의 사망 등으로 인하여 사업의 계속이 곤란하다고 인정되는 법인
② 사업개시 전의 법인, 사업개시 후 3년 미만의 법인과 휴·폐업 중에 있는 법인
③ 평가기준일이 속하는 사업연도 전 3년 내의 사업연도부터 계속하여 결손금이 있는 법인

구 분	평 가	비 고
일반법인	(손익가치 × 3 + 자산가치 × 2)/5	가중평균
부동산 50% 이상 보유법인	(손익가치 × 2 + 자산가치 × 3)/5	가중평균
부동산 80% 이상 보유법인	순자산가치	가중평균 하지 않음.

2 주식취득관련 세무리스크 관리법

주식과 관련하여 발생하는 세무문제를 시간의 흐름에 따라 정리하면 다음과 같다.

(1) 주식의 취득

- 과점주주의 취득세 납부와 제2차 납세의무의 문제가 있다.
- 차명으로 주식을 관리 시 향후 증여세 과세문제가 있다.

(2) 주식의 보유

- 현금 및 주식배당 시 배당소득세 문제가 있다.
  → 초과배당 등을 하면 증여세 문제가 발생할 수 있다.
- 자본증자나 감소(주식소각 포함) 시 다양한 세무리스크가 발생한다.
  → 주주 등 간에 편법적으로 부가 이전되면 증여세 등이 부과될 수 있다.
- 특수관계가 있는 법인 간의 일감몰아주기에 대한 증여세 과세문제가 있다.

(3) 주식의 양도 · 상속 · 증여

- 주식의 양도 시 양도소득세 과세문제가 발생한다.
- 주식의 상속 · 증여 시 상속세 및 증여세 과세문제가 발생한다.
  → 주식의 이전 시 세법상의 주식가격과 차이가 나게 거래하면 양도소득세 시가과세, 증여세 문제 등이 발생한다.

---

④ 부동산 및 부동산에 관한 권리의 평가액이 자산총액의 80% 이상인 법인
⑤ 주식이 자산의 80% 이상인 법인
⑥ 설립 시부터 존속기한이 확정된 법인으로서 평가기준일 현재 잔여 존속기한이 3년 이내인 법인

과점주주관련 세무리스크 관리법

세법상 과점주주란 주주(또는 유한책임사원) 1인과 그 밖의 특수관계에 있는 자로서 그들의 소유주식이 해당 법인의 발행주식 총수의 50%를 초과하는 자들(과점주주)을 말한다. 이때 의결권 없는 주식 수는 제외한다. 이하에서는 과점주주와 관련된 세무리스크 발생 사례 및 이에 대한 관리법을 알아보자.

1 과점주주관련 세무리스크 발생 사례1

K법인의 주주명부를 보고 상황에 답하라. 단, A와 B는 부부이며, C는 제3자에 해당한다. A가 사실상 경영을 책임지고 있으며, B는 경영에 참여하고 있지 않다.

성 명	소유주식수	1주당 액면금액	소유주식금액	비 고
A	3만 주	5,000원		
B	1만 주	5,000원		무의결권 주식
C	1만 주	5,000원		
계	5만 주	–		

- 상황1 : 이 경우 과점주주는 누구인가?
- 상황2 : 과점주주가 되면 세무상 어떤 책임을 져야 하는가?
- 상황3 : K법인은 이번에 부가가치세 1억 원을 납부하지 못하였다. 제2차 납세의무자는 누구인가? 또한 구체적으로 얼마의 세금을 책임지게 되는가?

위의 상황에 맞게 답을 찾아보면 다음과 같다.

첫째, (상황1) 이 경우 과점주주는 누구인가?

K법인의 과점주주는 A(지분율 3/4)가 된다. B도 포함해야 하나 의결권없는 주식은 제외하므로 A가 과점주주가 된다.

둘째, (상황2) 과점주주가 되면 세무상 어떤 책임을 져야 하는가?

과점주주가 되면 우선 제2차 납세의무를 부담해야 한다. 또한 취득세를 추가로 부담해야 한다. 제2차 납세의무의 경우 출자총액의 50%가 초과되고 이들이 그에 관한 권리를 실질적으로 행사하는 자들에 해당되면 그들 개개인 모두를 과점주주로 보아 제2차 납세의무를 부담하는 것이 원칙이다.

셋째, (상황3) K법인은 이번에 부가가치세 1억 원을 납부하지 못하였다. 제2차 납세의무자는 누구인가? 또한 구체적으로 얼마의 세금을 책임지게 되는가?

순차적으로 이에 대한 답을 찾아보자.

STEP1 세법상의 제2차 납세의무자

세법에서는 제2차 납세의무자를 '그 국세의 납세의무 성립일 현재의 다음에 해당하는 과점주주'로 하고 있다.

① 해당 법인의 발행주식 총수 또는 출자총액의 50%를 초과하는 주식 또는 출자지분에 관한 권리를 실질적으로 행사하는 자

② 명예회장, 회장, 사장, 부사장, 전무, 상무, 이사, 그 밖에 그 명칭에 관계없이 법인의 경영을 사실상 지배하는 자

③ ①·②에 규정된 사람의 배우자(사실혼 포함) 및 그와 생계를 같이하는 직계존비속

STEP2 사례의 제2차 납세의무자 확정

이 사례에서 과점주주는 A이며, A가 사실상 경영을 지배하고 있으므로 A가 제2차 납세의무를 부담하게 된다.

STEP3 사례의 제2차 납세의무자의 납부액

부가가치세 체납액이 1억 원이므로 다음의 산식에 따라 납부금액을 정해야 한다.

- 과점주주의 제2차 납세의무 한도액 = 징수부족한 금액 × 과점주주의 소유주식수/발행주식총수 = 1억 원 × 3만 주/4만 주 = 7,500만 원

② 과점주주관련 세무리스크 발생 사례2

L법인의 주주명부가 아래와 같다. 이들은 모두 제3자에 해당한다. 각 상황별로 답을 하면?

자료

성 명	소유주식수	1주당 액면금액	소유주식금액	비 고
A	2만 주	5,000원		
B	2만 주	5,000원		
C	2만 주	5,000원		
계	6만 주	-		

- 상황1 : 과점주주는 누구인가?
- 상황2 : 만일 A가 B의 주식 전부를 이전받으면 과점주주가 되는가?
- 상황3 : A가 과점주주가 되면 앞으로 계속 취득세를 내야 하는가?
- 상황4 : 만일 위 모두가 설립 때부터 특수관계에 해당하는 경우 과점주주로서의 취득세 납세의무가 있는가?

상황에 맞게 답을 찾아보면 아래와 같다.

첫째, (상황1) 과점주주는 누구인가?

특수관계인의 주식을 포함하여 주식 수를 살펴보면 과점주주는 없다. A와 B 그리고 C는 제3자에 해당하기 때문이다.

둘째, (상황2) 만일 A가 B의 주식 전부를 이전받으면 과점주주가 되는가?

지분율이 50%를 넘어가기 때문에 과점주주가 된다.

셋째, (상황3) A가 과점주주가 되면 앞으로 계속 취득세를 내야 하는가?

과점주주로서의 부동산에 대한 취득세 납부는 법인의 주식 또는 지분을 취득함으로써 「지방세기본법」 제46조 제2호에 따른 과점주주가 되었을 때 그 과점주주가 해당 법인의 부동산등(법인이 「신탁법」에 따라 신탁한 재산으로서 수탁자 명의로 등기·등록이 되어 있는 부동산등을 포함한다)을 취득으로 본다. 다만, 법인설립 시에 발행하는 주식 또는 지분을 취득함으로써 과점주주가 된 경우에는 취득으로 보지 아니한다. 따라서 과점주주가 되었을 때 보유하고 있는 부동산에 대해서 취득세를 부과하게 된다. 참고로 과점주주에 해당하더라도 실질적으로 그 권리를 행사하지 아니하면 취득세 납세의무가 없다.

넷째, (상황4) 만일 위 모두가 설립 때부터 특수관계에 해당하는 경우 과점주주로서의 취득세 납세의무가 있는가?

위 상황3에 대한 답변에서 보았듯이 설립당시에 이미 과점주주가 된 경우에는 이러한 의무가 없다. 한편 과점주주간에 지분이 이동한 경우에도 취득세 납세의무가 없다.

사례

설립당시 30%의 주식을 보유했으나 주식의 매수나 증자를 통해 60%의 주식을 보유하게 되었다면 이 결과 취득세 납부의무가 있는가?

그렇다. 최초 과점주주가 된 때의 지분율 60%에 해당하는 취득세를 내야 한다. 그리고 과점주주가 된 이후라도 지분이 증가하면 증가된 지분율에 대해서 취득세를 내야 한다. 다만, 과점주주가 된 이후로서 지분이 감소되고 다시 증가한 경우에는 최종 지분율이 감소 전의 최고 지분율을 상회해야 납세의무가 발생한다. 이러한 내용들을 표로 정리하면 다음과 같다.

구 분	지 분	과세여부
설립일 현재 과점주주	55%	과세하지 않음.
일반주주에서 과점주주	40% → 55%	55% 전체에 대해 과세
과점주주 후 지분증가	53% → 60%	증가된 7%에 대해 과세
지분감소 후 지분취득	55% → 40% → 54%	과세하지 않음(∵최종 54%가 최고 지분 55%에 미달됨)
지분감소 후 지분증가취득	55% → 40% → 65%	10% 취득세 과세(∵최종 65%가 최고 지분 55%를 초과)
지분감소 후 지분취득	55% → 40% → 60%	5%에 대해 과세(∵과점주주에서 일반주주가 되고 다시 과점주주가 되면서 5% 증가)

참고로 과점주주가 된 때에 법인이 취득세 과세대상 자산을 보유하고 있지 않으면 과점주주는 취득세를 내지 않아도 된다. 그리고 이후에 법인이 추가로 취득한 부동산 등 취득세 과세대상자산에 대해서는 지분율이 증가하지 않는 한 과점주주로서의 취득세 납부의무는 없다.

3 과점주주관련 세무리스크 관리법

주식의 과반을 초과해 점유한 주주집단을 과점주주라고 하는데 이들과 관련된 세무리스크 관리법을 정리해보자.

(1) 과점주주의 판단

주주(또는 유한책임사원) 1인과 그 밖의 특수관계에 있는 자로써 그들의 소유주식이 해당 법인의 발행주식 총수의 50%를 초과하는 자들을 말한다. 이때 의결권 없는 주식 수는 제외한다. 여기서 특수관계인의 범위는 다음과 같다. 「국세기본법」과 「지방세기본법」이 동일하다.

- 친족(6촌 이내의 부계혈족 등을 포함)
- 사용인이나 그 밖에 고용관계에 있는 자
- 주주의 금전이나 그 밖의 재산으로 생계를 유지하는 사람과 생계를 함께 하는 사람
- 주주가 개인인 경우에는 그 주주 및 그와 ①~③의 관계에 있는 자들의 소유주식수의 합계가 발행주식 총수의 50% 이상인 법인
- 주주가 법인인 경우에는 그 법인의 소유주식수가 발행주식 총수의 50% 이상인 법인과 소유주식수가 해당 법인의 발행주식 총수의 50% 이상인 법인 등

(2) 과점주주의 납세의무

과점주주의 납세의무는 「국세기본법」상 제2차 납세의무, 「지방세기본법」상 제2차 납세의무 그리고 「지방세법」상 취득세 납세의무가 있다.

첫째, 「국세기본법」상 과점주주의 제2차 납세의무를 보자.

법인[113]의 재산으로 그 법인에 부과되거나 그 법인이 납부할 국세 및 체납처분비에 충당하여도 부족한 경우에는 그 국세의 납세의무 성립일 현재 다음 각 호의 어느 하나에 해당하는 자는 그 부족한 금액에 대하여 제2차 납세의무를 진다. 다만, 제2호에 따른 과점주주의 경우에는 그 부족한 금액을 그 법인의 발행주식 총수(의결권이 없는 주식은 제외한다) 또는 출자총액으로 나눈 금액에 해당 과점주주가 실질적으로 권리를 행사하는 주식 수(의결

113) 2021년 이후부터 상장법인은 제외된다.

권이 없는 주식은 제외한다) 또는 출자액을 곱하여 산출한 금액을 한도로 한다.

1. 무한책임사원
2. 주주 또는 유한책임사원 1명과 그의 특수관계인 중 대통령령으로 정하는 자로서 그들의 소유주식 합계 또는 출자액 합계가 해당 법인의 발행주식 총수 또는 출자총액의 100분의 50을 초과하면서 그에 관한 권리를 실질적으로 행사하는 자들(이하 "과점주주"라 한다)

둘째, 「지방세기본법」상 과점주주의 제2차 납세의무를 보자.

법인(주식을 「자본시장과 금융투자업에 관한 법률」에 따른 증권시장으로서 대통령령으로 정하는 증권시장에 상장한 법인은 제외한다)의 재산으로 그 법인에 부과되거나 그 법인이 납부할 지방자치단체의 징수금에 충당하여도 부족한 경우에는 그 지방자치단체의 징수금의 과세기준일 또는 납세의무성립일(이에 관한 규정이 없는 세목의 경우에는 납기개시일) 현재 다음 각 호의 어느 하나에 해당하는 자는 그 부족액에 대하여 제2차 납세의무를 진다. 다만, 제2호에 따른 과점주주의 경우에는 그 부족액을 그 법인의 발행주식총수(의결권이 없는 주식은 제외한다) 또는 출자총액으로 나눈 금액에 해당 과점주주가 실질적으로 권리를 행사하는 소유주식수(의결권이 없는 주식은 제외한다) 또는 출자액을 곱하여 산출한 금액을 한도로 한다(「지방세기본법」 제46조 제2호).

1. 무한책임사원
2. 주주 또는 유한책임사원 1명과 그의 특수관계인 중 대통령령으로 정하는 자로서 그들의 소유주식의 합계 또는 출자액의 합계가 해당 법인의 발행주식 총수 또는 출자총액의 100분의 50을 초과하면서 그에 관한 권리를 실질적으로 행사하는 자들

「지방세법」상 과점주주의 제2차 납세의무는 비상장법인만을 대상으로 한다. 앞의 경우와 차이가 남을 기억하기 바란다.

셋째, 「지방세법」상 과점주주의 취득세 납세의무를 보자.

위 「지방세기본법」 제46조 제2호에 따른 과점주주 되었을 때에 해당 법인의 부동산등을 취득한 것으로 본다. 따라서 이 경우 취득세 납세의무가 성립하게 된다.

제4절 주식양도관련 세무리스크 관리법

비상장법인의 주식은 상장되어 있는 것이 아니므로 대부분 특수관계인 간에 거래가 된다. 따라서 시세와 동떨어지게 이전이 될 수 있으므로 세법은 다양한 형태로 규제한다. 이하에서 이에 대한 세무리스크 발생 사례와 이의 관리법을 알아보자.

1 주식양도관련 세무리스크 발생 사례1

비상장법인인 K법인의 주식을 가지고 있는 김용수씨는 자녀에게 주식을 양도하고자 한다. 각 상황별로 답을 찾아보면?

자료

- ㅇ 양도가액 주당 1만 원
- ㅇ 취득가액 주당 5천 원
- ㅇ 기타필요경비 없음.
- ㅇ 양도소득세율은 20% 적용

- 상황1 : 주식 양도소득세율은 어떻게 되는가?
- 상황2 : 위 자료를 통해 양도소득세를 계산하면?
- 상황3 : 만일 세법상 주식평가액이 1주당 2만 원인 경우 어떤 문제가 있을까?

위의 자료에 맞춰 양도소득세를 계산하면 다음과 같다.

첫째, (상황1) 주식 양도소득세율은 어떻게 되는가?

주식 양도소득세율 체계는 아래와 같다.

상장주식의 경우 대주주의 주식과 장외양도에 대해서 양도소득세가 부과되며, 비상장주식은 소액주주에 대해서도 양도소득세가 부과된다. 이러한 주식에 대한 양도소득세율은 일반적으로 10~30%의 단일세율이 적용되나, 부동산 과다보유법인의 주식에 해당하는 경우에는 이 보다 높은 누진세율이 적용됨에 유의해야 한다.

<table>
<tr><th colspan="4">구 분</th><th>세 율</th></tr>
<tr><td rowspan="8">일반 주식</td><td rowspan="4">상장 주식</td><td rowspan="2">중소기업 주식</td><td>소액주주</td><td>장내 양도 : 과세 제외
장외 양도 : 10%</td></tr>
<tr><td>대주주</td><td>20%[114]</td></tr>
<tr><td rowspan="2">대기업 주식</td><td>소액주주</td><td>장내 양도 : 과세제외
장외양도 : 20%</td></tr>
<tr><td>대주주</td><td>1년 이상 보유 : 3억 원 이하 : 20%, 3억 원 초과 25%[115]
1년 미만 보유 : 30%</td></tr>
<tr><td rowspan="4">비상장 주식</td><td rowspan="2">중소기업 주식</td><td>대주주</td><td>20%[114]</td></tr>
<tr><td>그외 주주</td><td>10%</td></tr>
<tr><td rowspan="2">대기업 주식</td><td>소액주주</td><td>20%</td></tr>
<tr><td>대주주</td><td>1년 이상 보유 : 3억 원 이하 : 20%, 3억 원 초과 25%[115]
미만 보유 : 30%</td></tr>
<tr><td rowspan="2">부동산 과다보유 법인의 주식</td><td colspan="3">부동산 과다보유법인의 주식</td><td>기본세율</td></tr>
<tr><td colspan="3">비사업용 토지 과다보유법인의 주식</td><td>기본세율 + 10%</td></tr>
</table>

둘째, (상황2) 위 자료를 통해 양도소득세를 계산하면?

적용되는 세율이 20%라고 하자. 이 경우 양도소득세는 아래와 같이 계산된다.

① 양도차익의 계산 : 양도가액 − 취득가액과 기타필요경비 = (10,000원 − 5,000원) × 3,000주 = 15,000,000원

② 과세표준의 계산 : 15,000,000원 − 2,500,000원(기본공제) = 12,500,000원

③ 산출세액의 계산 : 12,500,000원 × 20% = 2,500,000원

셋째, (상황3) 만일 세법상 주식평가액이 1주당 2만 원인 경우 어떤 문제가 있을까?

사례의 김씨와 그의 자녀는 「소득세법」상 특수관계에 해당한다. 이 경우 아래와 같은 식으로 세금관계가 형성된다.

114) 상장 및 비상장법인인 중소기업 대주주의 주식양도소득세 과세표준이 3억 원 초과 시 2020년 이후의 양도분부터 25%가 적용된다.

115) 3억 원 이하 20%, 3억 원 초과 25% 누진세율[6천만 원 + (3억 원 초과액 × 25%)]이 적용된다.

① **양도인**

저가양도 시 부당행위계산부인규정이 된다. 세법은 세법상의 평가액과 거래가액의 차액이 3억 원 이상 발생하거나 거래가액이 평가액 대비 5% 이상 차이가 나면 평가액을 양도가액으로 하는 이 규정을 적용한다. 사례의 경우 2만 원이 평가액이고 이의 70%는 1만 4천 원이고 거래가액이 1만 원이므로 이 규정이 적용된다.

② **양수인**

세법상의 평가액 대비 3억 원의 차액이 발생하거나 거래가액이 평가액 대비 30% 이상 차이가 나는 경우 시가와 대가의 차액에서 '(시가의 30%와 3억 원 중 적은 금액)'을 공제한 금액을 증여받은 것으로 본다. 사례의 경우 30%가 차이가 남으로 양수인인 자녀에게 증여세가 부과될 수 있다. 다만, 자녀의 경우 10년간 5천만 원까지는 증여세가 부과되지 않는다.

2 주식양도관련 세무리스크 발생 사례2

J법인의 자료가 다음과 같다고 하자. 다음 질문에 답을 하라.

자료

- 가지급금 5억 원
- 1주당 액면가액(취득가액) 5,000원
- 세법상 평가액 10,000원
- 대표이사 보유주식 100%

- 상황1 : 이 법인은 자기주식을 취득할 수 있는가? 만일 취득가액이 세법상 평가액과 차이가 나면 문제는 없는가?
- 상황2 : 대표이사가 법인으로부터 받은 자금으로 가지급금을 상환하면 문제는 없는가?
- 상황3 : 법인이 자기주식을 제3자에게 주당 15,000원에 처분하였다면 세법상 어떤 문제가 있는가?

첫째, (상황1) 이 법인은 자기주식을 취득할 수 있는가? 만일 취득가액이 세법상 평가액과 차이가 나면 문제는 없는가?

「상법」 제341조의 규정에 위배되지 않는 한 문제가 없다. 따라서 자기주식을 취득하기 전에 이익배당가능액을 산정해야 한다. 한편 자기주식을 세법상 평가액보다 비싸게 취득한 경우에는 법인에게는 부당행위계산부인제도를 취득자에게는 증여세 등을 부과한다.

둘째, (상황2) 대표이사가 법인으로부터 받은 자금으로 가지급금을 상환하면 문제는 없는가?

대표이사가 받은 주식처분대금으로 가지급금을 상환하는 것은 문제가 없는 것으로 판단된다. 참고로 대표이사가 배우자에게 주식을 증여하고 그 배우자가 법인에 주식을 양도하여 받은 대금을 가지급금 상환에 사용하면 대표이사가 직접 법인에 주식을 양도하는 것으로 볼 수 있음에 유의해야 한다(「국세기본법」 제14조 실질과세의 원칙 적용. 조심 2020부1593, 2020.9.15. 등 참조). 주식의 소각 등과 관련해서는 저자의 「회사 세무리스크 관리노하우」 등을 참조하기 바란다.

셋째, (상황3) 법인이 자기주식을 제3자에게 주당 15,000원에 처분하였다면 세법상 어떤 문제가 있는가?

법인입장에서는 세법상 평가액보다 높은 가격으로 양도가 되는 만큼 문제가 없다. 단, 주주 간에 특수관계가 성립한 경우에는 증여세 등이 부과될 수 있다. 참고로 주식처분이익에 대해서는 법인세가 부과된다.

참고예규 (법인-1148, 2010.12.9.)

법인이 「상법」 및 기타의 법률에서 자기주식의 취득을 예외적으로 허용하는 경우 외에 자기의 계산으로 자기주식을 취득함으로써, 해당 자기주식 취득행위가 「상법」 제341조에 위반되어 무효에 해당하는 경우 해당 법인이 특수관계인인 주주에게 자기주식 취득대금으로 지급한 금액은 법률상 원인 없이 지급된 것으로서 이를 정당한 사유 없이 회수하지 않거나 회수를 지연한 때에는 「법인세법 시행령」 제53조 제1항의 '업무무관 가지급금'으로 보는 것임.

3 주식양도관련 세무리스크 관리법

주식의 양도와 관련하여 발생하는 세무문제를 시간의 흐름에 따라 정리를 하면 다음과 같다.

(1) 거래가액 결정

세법상 평가액을 먼저 검토한 후 이에 맞게 거래금액을 정하는 것이 필요하다. 세법상의 평가액과 5% 이상 낮게 또는 높게 거래하면 양도소득세 부당행위계산부인규정이 적용되기 때문이다. 만약 30% 이상 차이가 나면 상증법상의 증여세가 과세될 수 있다.

(2) 주식매매계약서 작성

주식매매계약서는 형식이 있는 것이 아니나 주당 거래가액과 주식 수를 포함시킨다.

(3) 양도소득세/증권거래세 신고

주식이 거래되면 양도소득세와 증권거래세를 신고 및 납부한다.

- 양도소득세 신고 : 주식의 양도일이 속하는 반기의 말일부터 2개월 이내에 관할 세무서에 신고 및 납부한다. 따라서 1~6월 사이에 거래된 것은 8월 말일까지, 7~12월 사이에 거래된 것은 다음 해 2월까지 신고 및 납부를 하면 된다.
- 증권거래세 신고 : 위 양도소득세처럼 신고 및 납부한다.

(4) 주식등변동상황명세서 제출[116)]

법인세 신고기한(통상 3월 31일)까지 법인세 첨부서류로 제출해야 한다. 만약 변동 상황의 누락제출 및 불분명하게 제출되면 지급금액의 1/100로 가산세를 부과하는 것이 원칙이다. 참고로 주식변동상황에 대해서는 세무조사가 나올 가능성이 높다.

116) 「법인세법」 제119조 [주식등변동상황명세서의 제출]
① 사업연도 중에 주식 등의 변동사항이 있는 법인(대통령령으로 정하는 조합법인 등은 제외한다)은 제60조에 따른 신고기한까지 대통령령으로 정하는 바에 따라 주식등변동상황명세서를 납세지 관할 세무서장에게 제출하여야 한다.
② 다음 각 호의 어느 하나에 해당하는 주식 등에 대하여는 제1항을 적용하지 아니한다.
1. 주권상장법인으로서 대통령령으로 정하는 법인 : 지배주주(그 특수관계인을 포함한다) 외의 주주 등이 소유하는 주식 등
2. 제1호 외의 법인 : 해당 법인의 소액주주가 소유하는 주식 등
③ 제2항에 따른 지배주주 및 소액주주의 범위, 그 밖에 필요한 사항은 대통령령으로 정한다.

제5절 부동산 과다보유법인의 주식양도관련 세무리스크 관리법

법인이 부동산을 과다하게 보유하고 있는 경우로써 그 법인의 주식을 보유하고 있으면 다양한 세무리스크가 발생할 수 있다. 주식 양도소득세율이 올라가는 것이 대표적이다. 따라서 부동산 과다보유법인을 어떤 식으로 판정하는지 등도 매우 중요하다. 이하에서 이에 대한 세무리스크 발생 사례와 이의 관리법을 알아보자.

1 부동산 과다보유법인의 주식양도관련 세무리스크 발생 사례

서울에 소재하고 있는 (주)건설은 건설업을 영위하는 비상장법인에 해당한다. 이 법인의 대주주인 김태풍씨는 50%의 주식을 보유하고 있다. 각 상황에 맞게 답을 하면?

자료

○ 재무상태표

재고자산 주택 10억 원 투자자산 상가 10억 원 유형자산 빌딩 20억 원 기타자산 50억 원 계 100억 원	부채 자본

○ ㈜건설의 총 발행주식 수 : 10만 주

○ 김태풍씨의 보유주식 수 : 5만 주

- 상황1 : 「소득세법」상 부동산 과다보유법인의 주식에 대해서는 누진세율이 적용된다. 어떤 경우에 이 세율이 적용되는가?
- 상황2 : 사례의 (주)건설의 주식을 양도하면 누진세율이 적용되는가?
- 상황3 : 김태풍씨가 자신이 보유한 주식의 50%를 양도하면 누진세율이 적용되는가?

위 상황에 맞게 답을 찾아보면 다음과 같다.

첫째, (상황1) 「소득세법」상 부동산 과다보유법인의 주식에 대해서는 누진세율이 적용된다. 어떤 경우에 이 세율이 적용되는가?

「소득세법」상 부동산 과다보유법인에는 아래와 같이 2가지 종류가 있는데 이러한 주식을 양도하면 누진세율이 적용된다.

과점주주의 주식(특정주식이라고도 함)

아래의 요건을 모두 충족한 경우 누진세율이 적용된다.

① 부동산가액 비율요건 : 당해 법인의 자산총액 중 토지 · 건물 및 부동산에 관한 권리의 자산가액과 당해 법인이 보유하고 있는 다른 법인(부동산 과다보유법인에 한함)의 주식가액 중 총자산 대비 토지 · 건물 등 가액의 합계액이 차지하는 비율이 50% 이상인 법인일 것

② 주식등의 소유비율 : 당해 법인의 주식합계액 중 주주1인 및 그와 친족 기타 특수관계인의 보유비율이 50% 초과할 것

③ 주식등의 양도비율 : 위의 2가지 요건을 갖춘 법인의 주주1인 및 기타주주가 그 법인의 주식의 전체합계액의 50% 이상을 양도할 것(단, 주주1인 및 기타주주가 수회에 걸쳐 양도 시에는 양도한 날로부터 소급하여 3년 내에 양도한 주식을 합산하여 판단함)

특정업종영위 주식

아래의 요건을 모두 충족한 경우 누진세율이 적용된다. 참고로 이러한 주식에 대해서는 앞의 ③처럼 주식등의 양도비율 조건이 없다. 따라서 이 경우에는 단 1주만 양도해도 누진세율이 적용된다.

① 부동산가액 비율 : 자산 중 토지와 건물 등의 가액이 80% 이상인 법인일 것

② 업종요건 : 골프장, 스키장, 휴양콘도미니엄, 전문휴양시설을 건설 또는 취득하여 직접 경영하거나 분양 또는 임대하는 사업일 것

둘째, (상황2) 사례의 (주)건설의 주식을 양도하면 누진세율이 적용되는가?

그렇다. 사례의 ㈜건설은 부동산 비율이 50% 이상이 되므로 부동산 과다보유법인에 해당한다. 따라서 주주가 양도하는 주식에 대해서는 누진세율이 적용된다고 할 수 있다. 다만, 최종적으로 누진세율이 적용되기 위해서는 주식보유비율이나 양도비율을 충족해야 한다.

셋째, (상황3) 김태풍씨가 자신이 보유한 주식의 50%를 양도하면 누진세율이 적용되는가?

그렇지 않다. 김태풍씨가 양도하는 주식이 ㈜건설의 총 발행주식 수의 50%를 양도하는 것에 해당되어야 하기 때문이다. 참고로 수 회에 걸쳐 양도 시에는 양도한 날로부터 소급하여 3년 내에 양도한 주식을 합산하여 판단함에 유의해야 한다.[117)]

2 부동산 과다보유법인의 주식양도관련 세무리스크 관리법

(1) 부동산 과다보유법인 판정

① 「소득세법」상

첫째, 「소득세법」에서는 주로 부동산 과다보유법인의 주식을 소유한 주주들에게 많은 양도소득세를 부과하기 위해 이에 대해 규정하고 있다(「소득세법」 제94조 제4호 다목).

둘째, 이 규정을 보면 당해 법인의 자산총액 중 토지와 건물 및 부동산에 관한 권리의 자산가액과 당해 법인이 보유하고 있는 다른 법인(부동산 과다보유법인에 한함)의 주식가액 중 그 다른 법인의 부동산등 보유비율을 곱하여 산출한 가액의 합계액이 차지하는 비율이 50%(특수업종은 80%) 이상이 되는 법인을 부동산 과다보유법인으로 보고 있다.

- 부동산 과다보유법인 : 토지가액 + 건물가액 + 부동산권리가액 + 타법인 주식 중 부동산이 차지하는 가액[118)] ≥ 자산총액의 50%(특수업종은 80%)

셋째, 여기서 주의할 것은 건물과 토지는 Max[장부가액, 기준시가]로 평가하며, 부동산 과다보유법인 여부를 판정할 때 주식 양도일로부터 소급하여 1년이 되는 날부터 양도일까지의 기간 중에 차입 또는 증자 등에 의하여 증가한 현금이나 금융재산(「상속세 및 증여세법」 제22조의 규정에 의한 금융재산을 말한다) 및 대여금의 합계액은 자산총액에 포함하지 않는다는 것이다. 인위적으로 자산가액 비율을 조작하는 것을 방지하기 위해서다.

② 「상속세 및 증여세법」상 판정

위 「소득세법」상의 내용을 준용한다.

117) 이는 양도횟수를 조절해 저렴한 세율을 적용받는 것을 방지하기 위한 취지가 있다.
118) 자회사를 말한다. 2020년 7월 이후부터는 손자회사(법인)도 포함한다.

(2) 부동산 비율관련 유의해야 할 것들

부동산 과다보유법인의 주식에 대한 세금을 줄이기 위해 부동산 비율을 조작하는 경우가 있다. 이와 관련해 유의해야 할 것들을 정리해보자.

첫째, 손자회사를 세워 부동산을 취득하는 경우

현재 법인의 자산총액 중 토지 · 건물 · 부동산에 관한 권리와 자회사(법인)의 부동산 보유비율상당액을 가지고 부동산 과다보유법인에 해당하는지의 여부를 판정하고 있다. 그런데 부동산 과다보유법인이 손자법인을 이용한 조세회피행위가 커지자 2020년 7월 1일 이후 양도하는 분부터 손자법인의 부동산 보유비율 상당액도 포함시켜 이에 대한 판단을 한다.

이에 따라 2020년 1월 6일에 입법예고가 되고 2월 11일에 공포된 「소득세법 시행령」 제158조 제7항을 보면 아래와 같은 비율도 합산하여 50% 등의 비율을 산정하도록 하고 있다.

부동산 등 보유비율 : (① + ②)/자산총액

① 부동산 등 가액

② 법인이 경영지배하는 법인의 주식가액× 경영지배하는 법인의 부동산 등 보유비율*

$$* \text{ 부동산등 보유비율} = \frac{A}{B}$$

A : 특수관계법인의 부동산 등 가액

B : 특수관계법인의 자산 총액

※ 경영지배하는 법인 : 「국세기본법 시행령」 제1조의2 제3항에 따른 경영지배관계 법인

둘째, 현금이나 기타 금융재산을 늘리는 경우

현금 등이 증가하면 부동산 비율이 줄어든다. 그 결과 부동산 과다보유법인에서 제외될 수 있다. 이에 세법은 평가기준일부터 소급하여 1년이 되는 날부터 평가기준일까지의 기간 중에 차입금 또는 증자 등에 의하여 증가한 현금, 금융자산 및 대여금의 합계액은 자산총액에 포함하지 않도록 하고 있다(소령 제158조 제4항).

(3) 양도소득세 세율 적용

부동산 과다보유법인의 주식을 양도하면 10~20%가 아닌 6~45% 같은 누진세율이 적용될 수 있다. 그런데 전체 자산 중 세법상 비사업용 토지가 차지하는 비율이 50% 이상인 경우에는 16~55%로 중과세율이 적용된다. 단, 비사업용 토지 세율이 인상되면 해당 세율도 인상될 수 있다.

주식상속 · 증여관련 세무리스크 관리법

비상장법인의 주식을 보유하고 있는 상황에서 이를 자녀 등에게 이전하는 방법에는 양도와 상속 그리고 증여 등이 있다. 지금부터는 주로 주식의 상속과 증여에 대한 세무리스크 발생 사례 및 이의 관리법을 알아보자.

1 주식의 상속증여관련 세무리스크 발생 사례

K씨는 (주)변화의 주식 중 50%를 가지고 있다. 이 법인은 비상장법인에 해당한다. 이번에 보유하고 있는 해당법인의 주식을 자녀에게 증여하고자 한다. 다음 상황에 대해 각각 답하면?

- 상황1 : (주)변화의 주식가치는 어떻게 알 수 있는가?
- 상황2 : 최대주주로부터 증여받는 경우 할증평가를 해야 하는가?
- 상황3 : 주식지분비율이 50% 미만인 경우에도 최대주주로 보는가?
- 상황4 : (주)변화의 1주당 가격이 1만 원이라고 하자. 이를 무시하고 주당 5천 원에 증여하면 어떤 문제가 발생할까?
- 상황5 : 만일 K씨가 사망한 경우 이에 대해서는 상속세가 나올까?

위의 상황에 대해 순차적으로 답을 찾아보면 다음과 같다.

첫째, (상황1) (주)변화의 주식가치는 어떻게 알 수 있는가?

비상장주식의 가치는 스스로 알기가 힘들기 때문에 세법에서 정하는 방법에 따라 평가하는 것이 원칙이다. 이에 대해서는 이 장의 마지막 '필수 세무상식' 코너를 살펴보기 바란다.

둘째, (상황2) 최대주주로부터 증여받는 경우 할증평가를 해야 하는가?

「중소기업기본법」상의 중소기업에 해당하면 할증평가를 적용하지 않는다. 하지만 일반기업에 해당하면 2020년부터 할증평가율 20%를 적용한다.

셋째, (상황3) 주식지분비율이 50% 미만인 경우에도 최대주주로 보는가?

최대주주 등이란 주주 1인 및 그와 특수관계에 있는 주주가 평가기준일 현재 보유하고 있는 의결권이 있는 주식 등의 합계를 주주그룹별로 계산하여 당해 법인에서 보유 지분율이 가장 많은 주주그룹에 속하는 모든 주주를 말한다. 따라서 50% 미만인 경우에도 최대주주에 해당할 수 있다.

넷째, (상황4) (주)변화의 1주당 가격이 1만 원이라고 하자. 이를 무시하고 주당 5천 원에 증여하면 어떤 문제가 발생할까?

세법상 평가액의 30%인 7천만 원 이하로 증여하면 증여를 받은 자녀에게 증여세를 부과한다. 그렇다면 이 경우 얼마의 증여세를 부담할까?

예를 들어 총 1만 주를 저가로 증여했다고 하자.

- 1만 주에 대한 세법상 평가액 : 1억 원(1만 주×1만 원)
- 증여세 신고가액 : 5천만 원
- 차액 : 5천만 원
- 증여재산가액 : 3천만 원[5천만 원-Min(2억 원, 시가×20%)]
- 증여재산공제 : 5천만 원
- 과세표준 : 0원

다섯째, (상황5) 만일 K씨가 사망한 경우 이에 대해서는 상속세가 나올까?

상속세는 상속재산가액에서 상속공제를 차감한 과세표준에 10~50%가 나오다. 따라서 사례의 경우 상속세가 과세될 지의 여부는 재산가액 및 상속공제 등을 정확히 파악해야 함을 알 수 있다.

2 주식의 상속증여관련 세무리스크 관리법

주식의 상속과 증여에 대한 세무리스크 관리법을 살펴보면 다음과 같다.

(1) 주식평가

주식의 상속이나 증여 시에 가장 먼저 점검해야 할 것은 주식에 대한 평가방법을 이해하는 것이다. 상장법인은 평가기준일 전후 2개월간의 종가평균을 해야 하고, 비상장법인은 세법에서 정한 방법을 적용해야 한다. 비상장법인의 주식은 평가법이 다소 까다롭다는 점에 유의해야 한다.

(2) 주식 증여 시

주식을 증여할 때에는 평가액에 맞춰 증여세 계산을 정확히 할 수 있어야 한다. 만일 가업승계를 염두에 두고 있는 경우에는 「조세특례제한법」에서 적용하고 있는 주식에 대한 증여세특례제도를 검토하는 것도 좋다.[119)]

(3) 주식 상속 시

상속이 발생한 경우에는 주식을 포함해서 상속세를 먼저 예측해야 한다. 제조업 등을 오랫동안 영위한 경우에는 가업상속공제를 활용해 상속세의 부담을 줄이는 것이 중요하다. 이 공제는 주식가액의 100%를 최고 500억 원까지 공제한다. 다만, 모든 기업에 대해 적용하는 것이 아니라 대통령령으로 정하는 중소기업 또는 대통령령으로 정하는 중견기업(상속이 개시되는 소득세 과세기간 또는 법인세 사업연도의 직전 3개 소득세 과세기간 또는 법인세 사업연도의 매출액의 평균금액이 4천억 원 이상인 기업은 제외한다)으로서 피상속인이 10년 이상 계속하여 경영한 기업에 해당되어야 한다. 「상속세 및 증여세법」 제18조를 참조하기 바란다.

Tip

- **법인에 부동산 등을 증여하는 경우**
  법인의 주주와 특수관계에 있는 개인 등이 해당법인에 부동산 등을 증여하는 경우 증여받은 법인에 대해서는 법인세를 과세하고, 해당 법인의 주주에게는 증여세를 과세하는 것이 원칙이다.

---

119) 「조세특례제한법」 제30조의 6에서는 18세 이상인 거주자가 60세 이상의 부모로부터 「상속세 및 증여세법」 제18조 제2항 제1호에 따른 가업의 승계를 목적으로 해당 가업의 주식 또는 출자지분을 증여받고 대통령령으로 정하는 바에 따라 가업을 승계한 경우에는 「상속세 및 증여세법」 제53조 및 제56조에도 불구하고 그 주식등의 가액 중 대통령령으로 정하는 가업자산상당액에 대한 증여세 과세가액(100억 원을 한도로 한다)에서 5억 원을 공제하고 세율을 100분의 10(과세표준이 30억 원을 초과하는 경우 그 초과금액에 대해서는 100분의 20)으로 하여 증여세를 부과한다. 다만, 가업의 승계 후 가업의 승계 당시 해당 주식등의 증여자 및 「상속세 및 증여세법」 제22조 제2항에 따른 최대주주 또는 최대출자자에 해당하는 자(가업의 승계 당시 해당 주식등을 증여받는 자는 제외한다)로부터 증여받는 경우에는 그러하지 아니하다.

필수 세무상식

부동산 법인의 주식평가법

「상속세 및 증여세법」에서 정하고 있는 비상장법인의 주식평가방법을 알아보자.

1. 원칙 : 시가

원칙적으로 제3자간에 거래되는 금액을 말하나 비상장주식의 경우 거래되는 금액이 거의 없기 때문에 보통 세법에서 정한 보충적 평가방법을 사용한다. 다만, 비상장주식의 상속이나 증여일 전후 일정기간[120] 내에 해당 비상장주식과 같은 주식의 매매가액이나 공매가액 또는 수용가액이 있으면 이를 당해 주식의 시가로 본다. 참고로 이러한 매매가액 등은 비상장주식에만 사용되며 상장주식은 상속이나 증여일 전후 2개월(총 4개월)간 종가를 평균해서 주식가치를 정한다. 한편 상장주식이든 비상장주식이든 감정평가액은 인정하지 않는다.

2. 예외 : 보충적 평가방법

「증권거래법」상의 평가방법을 준용하여 순손익가치와 순자산가치를 3와 2의 비율(부동산 과다보유법인은 2:3)로 가중평균하여 주식가치를 산정한다.

• 일반법인의 1주당 평가액 $= \dfrac{\text{1주당 순손익가치} \times 3 + \text{1주당 순자산가치} \times 2}{5}$

다만, 다음 각 호의 어느 하나에 해당하는 경우에는 위의 경우에 불구하고 순자산가치에 따른다.

1. 상속세 및 증여세 과세표준신고기한 이내에 평가대상 법인의 청산절차가 진행 중이거나 사업자의 사망 등으로 인하여 사업의 계속이 곤란하다고 인정되는 법인의 주식등
2. 사업개시 전의 법인, 사업개시 후 3년 미만의 법인 또는 휴업 · 폐업 중인 법인의

120) 여기서 일정기간이란 상속은 상속개시일 전후 6개월, 증여는 증여일 전 6개월부터 증여일 후 3개월까지, 매매는 매매일 전후 3개월을 말한다.

주식등

3. 법인의 자산총액 중 「소득세법」 제94조 제1항 제4호 다목1) 및 2)의 합계액[121)]이 차지하는 비율이 100분의 80 이상인 법인의 주식등
4. 삭제 (2018.2.13.)
5. 법인의 자산총액 중 주식등의 가액의 합계액이 차지하는 비율이 100분의 80 이상인 법인의 주식등
6. 법인의 설립 시 정관에 존속기한이 확정된 법인으로서 평가기준일 현재 잔여 존속기한이 3년 이내인 법인의 주식등

3. 주식평가액 하한제도 적용

위의 가중평균에 의한 1주당 평가액이 1주당 순자산가치의 100분의 80에 미달한 경우 1주당 순자산가치의 80%을 주식평가액으로 한다.

• 비상장주식 평가액 = Max〔1주당 평가액, 1주당 순자산가치의 80%〕

예를 들어 가중평균에 의한 1주당 평가액이 1만 원이고, 1주당 순자산가치가 2만 원이라면 2만 원의 80%인 1만 6,000원이 주식평가액이 되는 것이다.

4. 최대주주에 대한 주식할증평가 적용

최대주주에 대해서 주식평가액의 20%를 할증평가하는 제도를 말한다.

(1) 내국법인

최대주주에 해당하는 경우 아래와 같이 할증평가를 한다. 여기서 최대주주란 보유주식의 수가 가장 많은 1인을 말한다(상증법 제63조 제3항, 상증령 제53조 제4항 참조).

121) 부동산 및 부동산 권리 등의 합계액을 말한다.

구 분	할증평가액	비 고
중소기업	0%	2020년 이후
일반기업	20%	

(2) 국외법인

국외소재 법인의 경우에는 국내법상 중소기업에 해당하지 않으므로 최대주주에 해당하는 경우 무조건 할증평가를 해야 한다.

참고로 국외법인의 주식평가는 국내법인과 동일하게 한다. 단, 상증법상으로 평가가 힘든 경우에는 상증령 제583조의 3의 규정에 따라 평가해야 한다.

「상속세 및 증여세법 시행령」 제58조의 3 [국외재산에 대한 평가]

① 외국에 있는 상속 또는 증여재산으로서 법 제60조 내지 법 제65조의 규정을 적용하는 것이 부적당한 경우에는 당해 재산이 소재하는 국가에서 양도소득세 · 상속세 또는 증여세 등의 부과목적으로 평가한 가액을 평가액으로 한다.

② 제1항의 규정에 의한 평가액이 없는 경우에는 세무서장등이 2 이상의 국내 또는 외국의 감정기관에 의뢰하여 감정한 가액을 참작하여 평가한 가액에 의한다.

5. 사례

어떤 법인의 최근 3년간의 이익이 매년 2억 원씩 발생했다고 하자. 또한 재무상태표상의 토지와 건물은 시세를 반영하고 있고 이 기업의 발행주식 수는 10만 주라고 하자. 이 법인의 주식은 얼마로 평가될까?

자산		부채	
현금 · 예금	5억 원	차입금	5억 원
토지	50억 원	자본	
건물	10억 원	자본금 등	60억 원
계	65억 원	부채와 자본계	65억 원

첫째, 1주당 순손익가치를 계산해보자.

앞에서 매년 2억 원 정도의 순이익이 계산되었으므로 이를 10만 주로 나누면 매년 1주당 순손익액은 2,000원이 나온다. 세법에서는 최근의 3개년도 치의 1주당순손익을 가중평균하고 이렇게 하여 나온 금액을 10%(수시로 변경)로 할인하도록 하고 있다.

- 1주당 가중평균손익액
  = [(2,000 × 3) + (2,000 × 2) + (2,000 × 1)] × 1/6 = 12,000 × 1/6 = 2,000원
- 1주당 순손익가치
  = 2,000원 / 10% = 20,000원

순손익가치로 주식을 평가하면 1주당 2만 원이 나온다.

둘째, 1주당 순자산가치를 계산해보자.

이는 순자산가액을 발행주식 총수로 나눈다. 여기서 순자산가액은 다음과 같이 구한다.

구 분	근 거	금 액
① 자산	자산 + 토지평가증액 = 65억 원	65억 원
② 부채	B/S 부채합계 - 5억 원	5억 원
③ 순자산가액(① - ②)		60억 원

이를 바탕으로 산출된 60억 원을 10만 주로 나누면 1주당 순자산가치는 6만 원이 된다.

셋째, 이 둘을 가중평균해보자.

이상과 같이 1주당 순손익가치와 1주당 순자산가치를 계산했다면 다음과 같이 1주당 평가가격을 구할 수 있다. 참고로 이 법인은 부동산 과다보유법인에 해당하므로 가중평균 시 2 : 3의 비율을 사용한다.

- [(20,000 × 2) + (60,000 × 3)] × 1/5 = 220,000 × 1/5 = 44,000원

넷째, 예외적인 방법에 따라 주식평가를 해보자.

이는 전체 자산 중 부동산 비율이 80% 이상 되었을 때 순자산가치로만 평가하는 것을 말한다. 따라서 이 방법을 사용했을 때에는 6만 원이 주식평가액이 된다.

참고로 가중평균액이 순자산가치의 80% 이하에 해당하는 경우에는 순자산가치의 80%

를 하한으로 한다. 사례는 이보다 상회한 6만 원으로 평가되었으므로 이 금액이 최종 주식 평가액이 된다.

다섯째, 최종 결론을 내려 보자.

사례에서는 예외적인 방법에 따라 1주당 평가액은 6만 원이 된다. 이를 기준으로 주식가치를 산정하면 다음과 같다.

- 총 주식가치 = 10만 주 × 6만 원 = 60억 원

Tip

■ **기준시가로 부동산을 평가해 주식평가를 하는 경우**

원래 법인이 소유하는 부동산도 시가, 감정평가, 보충적 평가방법 순으로 평가해야 한다. 그런데 이 과정에서 법인이 부동산을 기준시가로 평가하여 주식을 평가하면 당연히 주식가격이 낮게 평가된다. 그렇다면 과세관청은 이를 그대로 인정을 할까? 아니다. 최근 상속세 또는 증여세 결정기한 내에 2군데 이상의 감정을 받은 금액을 재산평가심의위원회에 심의를 거칠 수 있도록 하는 해석 등이 등장했기 때문이다. 따라서 부동산에 대한 재산을 평가할 때에는 가급적 감정 등을 통해 이러한 문제를 예방하는 자세가 필요해 보인다.

관련 예규 : 재산세과-386, 2010.6.8.

[제 목] 비상장주식 평가 시 순자산가액의 산정방법

[요 지]

비상장법인의 순자산가액은 「상속세 및 증여세법」 제60조 내지 제66조의 규정에 의한 평가액에 의하는 것이며, 이 경우 당해 법인의 자산을 보충적 방법으로 평가한 가액이 장부가액보다 적은 경우에는 장부가액에 의하는 것임.

[회 신]

「상속세 및 증여세법 시행령」 제55조 제1항의 규정에 의하여 비상장법인의 순자산가액을 계산할 때에 당해 법인의 자산가액은 같은 법 제60조 내지 제66조의 규정에 의한 평가액에 의하는 것이며, 이 경우 당해 법인의 자산을 같은 법 제60조 제3항 및 제66조의 규정에 의하여 평가한 가액이 장부가액보다 적은 경우에는 장부가액에 의하되 장부가액보다 적은 정당한 사유가 있는 경우에는 그러하지 아니하는 것으로서 이때 장부가액은 기업회계기준 등에 의해 작성된 대차대조표상 가액에 의하는 것임.

[관련 참고자료]

1. 사실관계 및 질의내용

• 사실관계

- 당사는 제조업을 영위하고 있는 중소기업으로서 비상장업체임.
- 2008년 결산시 토지 재평가를 하였음.
- 당사의 주식 일부를 매매하고자 함.

• 질의내용

- 위 비상장주식 매매를 위하여 「상속세 및 증여세법」 상 주식을 평가하는 경우 토지 가액을 재평가한 장부가액을 적용해야 하는지 여부를 질의함.

2. 상증, 기획재정부 재산세제과-92, 2021.1.27.

[제 목]

평가심의위원회 심의를 통해 시가에 포함할 수 있는 감정가액의 인정 범위

[요 지]

상속개시일을 가격산정기준일로 하고, 감정가액평가서작성일을 평가기간이 경과한 후부터 법정결정기한 사이로 하여 2개 감정기관에서 감정평가받은 가액을 평가심의위원회에 회부하는 경우, 평가심의위원회의 심의대상에 해당함.

[회 신]

【질의】 납세자가 「상속세 및 증여세법」에 따라 법정신고기한 이내 시가를 확인할 수 없어 기준시가로 신고한 이후 납세자 또는 과세관청이 상속개시일을 가격 산정기준일로 하고, 감정가액평가서작성일을 평가기간이 경과한 후부터 법정결정기한 사이로 하여 2개 감정기관에서 감정평가받은 가액을 평가심의위원회에 회부하는 경우, 평가심의위원회의 심의대상에 해당하는지 여부

(제1안) 심의대상에 해당함.

(제2안) 심의대상에 해당하지 않음.

【회신】 귀 질의의 경우 제1안이 타당함.

※ 저자 주

법인이 보유하고 있는 부동산을 가급적 낮게 평가하면 주식 가치는 줄어들 가능성이 높다. 그래서 가급적 기준시가나 장부가액으로 평가하고 싶어 하는 경우도 있다. 하지만 최근 정부는 신고한 상속이나 증여재산에 대해 사후적으로 감정평가를 할 수 있도록 법을 개정하였으므로 기준시가 등으로 평가된 부동산을 감정평가로 결정할 가능성이 있다. 주의하기 바란다.

필수 세무상식

부동산 보유 비상장법인의 주식평가관련 세무리스크 관리법

최근 부동산가격이 급등함에 따라 사옥이나 기타 건물이나 토지 등을 보유한 비상장법인의 주식평가와 관련된 다양한 쟁점들이 등장하고 있다. 그 중 대표적인 것은 부동산을 장부가액이나 기준시가로 평가한 경우 과세관청에서 감정을 받아 이를 재산평가심의위원회에 심의를 부칠 수 있는 지의 여부다. 만일 이렇게 되면 상속세나 증여세 등이 크게 증가할 가능성이 높기 때문이다. 이하에서 이러한 문제에 대해 알아보자.

1. 부동산 보유 비상장법인의 주식평가관련 세무리스크 발생 사례

(주)부동산의 재무현황이 아래와 같다. 상황에 대해 답을 찾아보면?

자료

- ○ 취득가액 : 100억 원
- ○ 현재 장부가액 : 120억 원
- ○ 현재 공시지가 : 150억 원
- ○ 감정평가액 : 200억 원
- ○ 발행주식 수 : 1만 주
- ○ 대주주 K씨 : 7천주 보유

- 상황1 : 비상장법인의 주식평가는 원칙적으로 어떻게 하는가?
- 상황2 : 위 (주)부동산은 전체 자산가액 중 부동산이 차지하는 비율이 80%를 넘어간다. 이때 주식평가는 어떻게 하는가?
- 상황3 : 위 (주)부동산의 주식평가 시 부동산가액은 어떻게 정하는가?
- 상황4 : 회계감사 시 감정평가액을 장부가액으로 하도록 요구받았다. 이 경우 부동산가액은 어떻게 해야 하는가?
- 상황5 : 만일 부동산을 공시지가로 하여 주식을 평가한 상태에서 K씨가 증여를 했다고 하자. 관할 세무서에서는 부동산을 감정평가로 받아 주식가액을 수정할 수 있는가?
- 상황6 : 위 법인의 1주당 가액은 얼마인가?

상황에 대해 순차적으로 답을 찾아보자.

첫째, (상황1) 비상장법인의 주식평가는 원칙적으로 어떻게 하는가?

「상속세 및 증여세법」에서는 비상장법인의 주식을 평가할 때 부동산과다보유법인의 부동산비율에 따라 주식평가방법을 달리 적용하고 있다. 주식평가액이 높을수록 주식관련 상속세나 증여세가 많이 나올 수 있다.

부동산비율	내용	비고
50% 미만	1주당 순손익가치와 순자산가치의 비율 → 3 : 2	가중평균한 가액이 1주당 순자산가치에 100분의 80을 곱한 금액보다 낮은 경우에는 1주당 순자산가치에 100분의 80을 곱한 금액을 비상장주식 등의 가액으로 한다.
50% 이상	1주당 순손익가치와 순자산가치의 비율 → 2 : 3	
80% 이상	순자산가치로만 평가	

둘째, (상황2) 위 (주)부동산은 전체 자산가액 중 부동산이 차지하는 비율이 80%를 넘어간다. 이때 주식평가는 어떻게 하는가?

위에서 살펴본 것처럼 이 경우에는 순자산가치로만 평가한다. 따라서 시가로 평가한 자산에서 부채를 차감한 순자산가액을 주식 수로 나누면 1주당 주식가액을 얻을 수 있다.

셋째, (상황3) 위 (주)부동산의 주식평가 시 부동산가액은 어떻게 정하는가?

위의 자료를 보면 이 법인의 부동산가액은 총 3가지가 존재하고 있다. 당초 취득가액, 평가일 당시의 장부가액, 기준시가가 그것이다. 이외 감정평가를 받은 경우 이 금액을 포함하면 네 가지 정도가 된다. 그렇다면 이러한 가격들 중 어떤 것을 사용해 주식평가를 해야 할까? 이에 대해 과세관청은 아래 예규 등을 근거로 「상증법」상의 평가액(시가가 없으면 기준시가)과 회계상 장부가액 중 큰 것으로 평가하도록 하고 있다. 따라서 사례의 경우 150억 원으로 평가된다.

※ 재산세과-386, 2010.6.8.

「상속세 및 증여세법 시행령」 제55조 제1항의 규정에 의하여 비상장법인의 순자산가액을 계산할 때에 당해 법인의 자산가액은 같은 법 제60조 내지 제66조의 규정에 의한 평가액에 의하는 것이며, 이 경우 당해 법인의 자산을 같은 법 제60조 제3항 및 제66조의 규정에 의하여 평가한 가액이 장부가액보다 적은 경우에는 장부가액에 의하되 장부가액보다 적은 정당한 사유가 있는 경우에는 그러하지 아니하는 것으로서 이때 장부가액은 기업회계기준 등에 의해 작성된

대차대조표상 가액에 의하는 것임.

넷째, (상황4) 회계감사 시 감정평가액을 장부가액으로 하도록 요구받았다. 이 경우 부동산가액은 어떻게 해야 하는가?

감정가액으로 장부가액이 수정되고 이 금액이 기준시가보다 더 많으면 앞에서 본 예규에 따라 이 금액으로 부동산을 평가해야 한다. 따라서 이 경우 200억 원이 된다(실무적용 시에는 다시 한번 점검하기 바란다).

다섯째, (상황5) 만일 부동산을 공시지가로 하여 주식을 평가한 상태에서 K씨가 증여를 했다고 하자. 관할 세무서에서는 부동산을 감정평가로 받아 주식가액을 수정할 수 있는가?

그럴 수 있다. 「상속세 및 증여세법 시행령」 제49조 제1항에서는 상속세 등 평가기간에 해당하지 않는 기간으로서 평가기준일 전 2년 이내의 기간 중에 매매등이 있거나 평가기간이 경과한 후부터 상속세나 증여세 결정기한(신고기한~9개월, 6개월)까지의 기간 중에 과세관청이 감정평가를 받은 금액을 평가심의위원회에 심의를 거쳐 이의 금액으로 부동산을 평가할 수 있도록 개정이 되었기 때문이다(관련 예규 : 기재부 재산세제과-92, 기준-2021-법령해석재산-0004[법령해석과-405], 2021.2.2. 등).

여섯째, (상황6) 위 법인의 1주당 가액은 얼마인가?

- 기준시가 기준 : (150억 원-50억 원)/10만 주=10만 원
- 감정평가액 기준 : (200억 원-50억 원)/10만 주=15만 원

2. 부동산 보유 비상장법인의 주식평가관련 세무리스크 관리법

부동산을 보유하고 있는 비상장법인의 주식을 상속이나 증여 그리고 매매 등을 할 때 주식평가액이 중요하다. 그런데 이때 주식평가액의 근간이 되는 부동산가액을 취득가액, 공시지가, 장부가액, 감정가액 중 어떤 것으로 할 것인지의 여부가 상당히 중요하다. 이의 금액에 따라 주식가격이 달라지기 때문이다. 이점에 유의해 리스크를 관리할 필요가 있다.

첫째, 비상장법인의 주식가격은 부동산비율에 따라 평가방법이 달라진다.

부동산비율이 50% 또는 80%가 넘는 법인은 순손익가치보다는 순자산가치의 비중을 높여 주식평가를 한다. 따라서 미리 이러한 비율을 검토하여 자시에 맞는 주식평가를 진행할

필요가 있다.

둘째, 비상장법인이 보유한 부동산은 원칙적으로 장부가액과 기준시가 중 높은 금액으로 평가한다.

이는 당초 취득가액이 아닌 평가일 현재시점의 가격을 기준으로 평가함을 의미한다. 따라서 이런저런 이유로 감정평가를 하여 장부가액을 증가시킨 경우에는 이 금액으로 평가할 가능성이 높다는 점에 유의해야 한다.

셋째, 법인의 주식평가 시 부동산을 기준시가로 평가한 경우 감정가액으로 부동산가액이 수정될 수 있음에 유의해야 한다.

최근 「상속세 및 증여세법 시행령」 제49조 제1항의 개정에 따라 보충적 방법으로 평가하여 증여세 등을 신고한 경우 평가심의위원회를 거쳐 감정평가액으로 결정 등을 할 수 있는 제도가 도입되었기 때문이다.

제6편

법인설립 및 법인전환관련 세무리스크 관리법

이번 편에서는 법인설립과 법인전환 시에 발생하는 다양한 세무리스크를 검토한다. 먼저 법인설립 시 사업목적 및 설립방법, 사업장 등과 관련되어 어떠한 세무리스크들이 발생하는지부터 설립등기에 따른 사업자등록까지 전반적인 세무리스크를 알아본다. 다음으로 개인이 부동산업을 하는 상황에서 법인전환을 도모할 수 있는데 이때 어떤 실익이 있는지 등도 분석한다. 이 편은 법인을 통해 사업을 할 때 기본이 되는 내용들을 담고 있다.

제 13 장

법인설립관련 세무리스크 관리법

법인을 설립할 때 다양한 세무리스크에 봉착할 수 있다. 따라서 설립 전에 이러한 리스크들을 살피고 대책을 세우면 법인으로의 사업활동이 원활히 진행될 수 있다. 본 장에서는 법인설립 절차에 맞춰 발생할 수 있는 모든 세무리스크를 정리한다.

본 장에서 살펴볼 주요 내용들은 아래와 같다.

- 법인설립관련 세무리스크 진단
- 사업목적관련 세무리스크 관리법
- 법인설립방법관련 세무리스크 관리법
- 본점소재지관련 세무리스크 관리법
- 자본금관련 세무리스크 관리법
- 사업자등록관련 세무리스크 관리법
- 법인설립 절차
- 개인과 법인의 장부작성법 비교

제1절 법인설립관련 세무리스크 진단

CEO와 실무자들은 법인설립과 관련되어 발생하는 세무리스크의 존재를 점검하고 이에 문제가 있는 경우에는 적극적으로 대책을 세워야 한다. 아래에서 진단을 해보고 대책을 세워보자.

STEP1 각 항목별 체크

아래 해당되는 곳에 '○, ×' 표시를 한다.

구분	상 황	해당 여부
1	정관에 기재되어야 할 사항들을 알고 있다.	
2	주식회사와 유한회사의 차이점을 알고 있다.	
3	법인설립 절차에 대해 알고 있다.	
4	법인설립방법들에 대해 알고 있다.	
5	휴면법인의 범위에 대해 알고 있다.	
6	본점소재지와 관련된 취득세 중과세제도를 알고 있다.	
7	설립 시 필요한 자본금규모를 알고 있다.	
8	주주구성에 따라 달라지는 세제의 내용을 알고 있다.	
9	사업자등록절차에 대해 알고 있다.	
10	법인의 장부작성을 알고 있다.	

STEP2 대책수립

위에서 파악된 '×'표시에 따라 다음과 같이 대책을 세운다.

- ×표시가 7개 이상 → 법인설립관련 세무리스크에 대한 이해가 전혀 안되어 있다. 따라서 지금 당장 이에 대한 대비책을 세우도록 한다.
- ×표시가 4~6개 → 법인설립관련 세무리스크에 대한 이해가 어느 정도 되어 있다. 따라서 현행의 제도를 정비하고 부족한 부분을 보완한다.
- ×표시가 3개 이하 → 법인설립관련 세무리스크에 대한 이해가 되어 있다. 현행의 제도를 유지한다.

제2절 사업목적(업종선택)관련 세무리스크 관리법

본격적으로 법인을 설립하여 사업을 시작한다고 하자. 이 경우 가장 먼저 고려할 것은 사업목적을 정하는 일이다. 이하에서 이에 대한 세무리스크 발생 사례 및 관리법을 알아보자.

1 사업목적관련 세무리스크 발생 사례1

서울에서 거주하고 있는 K씨는 법인을 통한 부동산관련 사업을 구상 중에 있다. 그가 생각하는 사업은 주로 소형주택이나 소형오피스텔을 매입한 후 이를 매매하는 것이다. 물론 거래가 빈번하게 일어나지 않는 경우가 많으므로 보유기간 중에는 일시적인 임대도 병행할 예정이다. 각 상황별로 답을 하면?

- 상황1 : 등기부상에 표시될 사업목적은 무엇을 의미하는가?
- 상황2 : 만일 사업목적을 정하지 않고 사업을 하면 어떤 불이익이 있는가?
- 상황3 : K씨의 주된 사업은 무엇인가?

상황에 대한 답을 찾아보면 다음과 같다.

첫째, (상황1) 등기부상에 표시될 사업목적은 무엇을 의미하는가?

해당 법인이 앞으로 진행할 사업의 영역에 대한 것이다. 예를 들어 제조법인이 부동산을 매매하고 싶다면 이러한 내용을 사업목적으로 표시하면 된다.

둘째, (상황2) 만일 사업목적을 정하지 않고 사업을 하면 어떤 불이익이 있는가?

사업자등록에 표시를 할 수 없을 뿐 세법상에서는 큰 문제가 없다. 하지만 다른 법률에서는 사업추진에 있어 제한을 받을 가능성이 있다.

셋째, (상황3) K씨의 주된 사업은 무엇인가?

K씨가 소형주택이나 소형오피스텔을 구입하여 이를 매매하는 것이 주업(부동산매매업[122])이며 임대는 부업 정도가 된다. 임대업도 부동산관련 업종 중의 하나에 해당하므로

122) 부동산매매업 : 한국표준산업분류표상 부동산공급업에 해당한다.

사업자등록을 신청할 때 아래와 같이 기재하는 것이 보통이다. K씨의 주종목은 부동산매매업에 해당한다.

<table>
<tr><td rowspan="4">업 종</td><td rowspan="2">주업태</td><td rowspan="2">부동산업</td><td rowspan="2">주종목</td><td rowspan="2">부동산매매업</td><td rowspan="2">주생산요소</td><td rowspan="2"></td><td>주업종 코드</td></tr>
<tr><td></td></tr>
<tr><td rowspan="2">부업태</td><td rowspan="2">부동산업</td><td rowspan="2">부종목</td><td rowspan="2">부동산임대업</td><td rowspan="2">부생산요소</td><td rowspan="2"></td><td>부업종 코드</td></tr>
<tr><td></td></tr>
</table>

2 사업목적관련 세무리스크 발생 사례2

K법인은 아래와 같은 부동산을 보유하고 있다. 각 상황별로 답을 하면?

구 분	내 용	비 고
주택	투자목적용으로 보유	취득가액 1억 원
오피스텔	임대목적용으로 보유	월 임대료 500만 원

- 상황1 : K법인이 벌어들인 이익에 대해 내야 하는 세금은?
- 상황2 : 위 주택을 2억 원에 양도할 경우 법인세는 얼마나 나올까?
- 상황3 : 위 오피스텔을 임대하여 나온 소득에 대해서는 세금을 얼마나 낼까?

상황에 대한 답을 찾아보면 다음과 같다.

첫째, (상황1) K법인이 벌어들인 이익에 대해 내야 하는 세금은?

법인은 자신들이 벌어들인 모든 이익에 대해 기본세율을 적용한 법인세를 내게 된다. 다만, 「법인세법」에서 정하고 있는 주택과 토지 중 비사업용 토지에 대해서는 양도차익의 10~20% 상당액을 추가로 부담해야 한다. 법인을 통한 투기를 예방하는 차원에서 이 제도를 적용하고 있다.

둘째, (상황2) 위 주택을 2억 원에 양도할 경우 법인세는 얼마나 나올까?

이 법인의 각 사업연도 소득금액이 5천만 원이고 주택양도차익이 1억 원(2억 원-1억 원)이라면 다음과 같이 법인세가 도출된다.

구 분	일반이익	양도차익[123]	계
일반법인세	500만 원 (5천만 원 × 10%)	–	500만 원
추가법인세	–	2천만 원 (1억 원 × 20%)	2천만 원
계	500만 원	2천만 원	2,500만 원

셋째, (상황3) 위 오피스텔을 임대하여 나온 소득에 대해서는 세금을 얼마나 낼까?

오피스텔 등의 임대소득에 대해서는 기본세율로 일반과세가 된다. 사례의 경우 임대소득이 연간 6천만 원이고, 이에 법인비용을 차감하여 나온 이익에 대해 법인세를 계산하게 된다. 참고로 임대소득에 대해서는 추가과세제도가 적용되지 않는다.

3 사업목적관련 세무리스크 관리법

부동산 투자를 통해 발생하는 수익은 크게 매매소득, 임대소득, 분양소득 정도가 된다. 이러한 소득의 형태에 따라 업종을 구별하고 이에 따른 세무리스크 관리법을 정리하면 다음과 같다.

(1) 부동산매매업

부동산매매활동을 통해 차익을 실현시키는 것을 목적으로 하는 사업을 말한다.

→ 투기를 방지하는 차원에서 세법을 적용한다. 따라서 취득부터 보유 그리고 양도 시에 발생하는 다양한 제도 그리고 주식과 관련된 다양한 규제들을 섭렵해야 한다. 취득세 중과세, 보유세 중과세, 법인세 추가과세, 과점주주 제2차 납세의무 등이 이에 해당한다.

(2) 부동산임대업

부동산임대소득을 획득하는 것을 목적으로 하는 사업을 말한다.

→ 불로소득의 관점에서 세법을 적용한다. 다만, 이 경우에도 앞의 (1)과 같은 제도들이 적용될 수 있음에 유의해야 한다.

123) 양도차익은 양도가액에서 장부가액을 차감하여 계산한다. 따라서 장부가액을 정확히 반영하는 것이 중요하다.

(3) 신축판매업

주택이나 일반건물을 신축하여 분양소득을 획득하는 것을 목적으로 하는 사업을 말한다.

→ 주택의 경우 이 업을 장려하는 차원에서 세법을 적용한다. 일반건물의 경우 다른 일반 업종의 수준에서 세법을 적용한다. 예를 들어 법인세 감면 등이 대표적이다.

Tip

■ **부동산업 개인 대 법인 선택**

부동산임대업 등 부동산관련 업을 영위할 때에는 개인과 법인 중에서 선택할 수 있다. 이때 아래와 같은 요소들이 중요하다.

1. 취득세

구 분	개인사업자	법인사업자
부동산매매 · 임대업	• 주택 : 1~12% • 기타 : 4% 등	• 주택 : 12% • 기타 : 4% 등(과밀억제권 중과별도)
주택신축판매업	2.8%	2.8%

2. 종합부동산세

구 분	개인사업자	법인사업자
부동산매매 · 임대업	• 주택 : 0.6~6% • 토지 : 0.1~3%	• 3~6% • 좌동
주택신축판매업	–	–

3. 종합소득세 대 법인세

구 분	개인사업자	법인사업자
부동산매매업	6~45%. 단, 중과주택과 토지, 분양권, 미등기 자산은 다음 중 많은 세액(비교과세) ① 종합소득세 ② 양도소득세	10~25% 법인세율 적용. 단, 비사업용 토지와 주택은 10~20% 추가과세를 적용함.
부동산임대업 · 주택신축판매업	6~45%	10~25%(추가과세 가능)
비고	–	세후 이익 : 배당소득세 추가(14%)

제3절 법인설립방법관련 세무리스크 관리법

사업목적이 결정된 뒤에는 법인을 신설할 것인지 아니면 기존법인 등을 활용할 것인지 등을 결정해야 한다. 그런데 이때 어떤 방법을 선택하느냐에 따라 세무리스크들이 달라지는데 이하에서 이에 대해 알아보자.

1 법인설립방법관련 세무리스크 발생 사례1

K씨는 부동산매매법인의 설립을 고려하고 있다. 각 상황별로 답을 하면?

- 상황1 : 법인은 무엇을 의미하는가?
- 상황2 : K씨는 유한회사로 법인을 설립할 수 있는가? 그리고 주식회사에 비해 어떤 점이 차이가 나는가?
- 상황3 : 설립장소를 수도권으로 하는 경우 유의해야 할 점은?

상황에 대한 답을 찾아보면 다음과 같다.

첫째, (상황1) 법인은 무엇을 의미하는가?

법인은 자연인이 아니면서 법에 의하여 권리능력이 부여되는 사단과 재단, 법률상 권리와 의무의 주체가 될 수 있는 단체를 말한다. 이러한 법인은 공법인과 사법인, 사단법인과 재단법인, 영리법인과 공익법인, 외국법인과 내국법인 등으로 구분할 수 있다. 이 중 영리법인에는 대표적으로 주식회사, 유한회사, 합자회사, 합명회사, 유한책임회사 등이 있다.

둘째, (상황2) K씨는 유한회사로 법인을 설립할 수 있는가? 그리고 주식회사에 비해 어떤 점이 차이가 나는가?

물론이다. 유한회사는 영리법인의 유형 중 하나에 해당하기 때문이다. 유한회사를 주식회사와 비교하여 살펴보면 다음과 같다. 참고로 현실세계에서는 유한회사보다는 주식회사의 형태가 훨씬 더 많은 것으로 알려지고 있다.

구 분	주식회사	유한회사
책임	주주(유한책임)	사원(유한책임)
규모	자본규모에 따라 달라짐(유한회사보다는 규모가 클 가능성이 높음).	50명 이내 가족법인
장점	지분증권화, 사채발행가능, 상장가능	관련 제도의 적용이 느슨함(재무제표 공시의무 없음).124)
단점	「상법」 등의 규제가 강함(공시의무 있음).	지분증권화 불가능, 사채발행 불가능
설립절차 등	「상법」에 따름.	좌동
자본조달	상장, 사채 등	사원들의 출자
현물출자	가능(검사인이나 감정인의 감정이 필요)	가능(검사인이나 감정인의 감정은 불필요함. 법인설립 시 참고할 사항임)
지분양도제한	없음.	있음.125)
기관	주주총회, 이사회, 대표이사, 감사(필수기관)	사원총회, 이사회(감사는 임의기관)

잠깐퀴즈

「법인세법」은 주식회사에 비해 유한회사를 달리 취급하는가?
그렇지 않다. 유한회사도 다 같은 법인에 해당하기 때문이다. 하지만 실무에서는 미묘한 차이가 있는 경우가 있다. 예를 들어 법인전환 시 주식회사는 검사인의 조사가 있으므로 감정평가를 통해 법인전환을 해야 하지만, 유한회사는 이러한 절차가 없어 기준시가로도 법인전환을 할 수 있다. 또한 세무 및 회계관리 측면에서 관련 제도의 적용이 느슨한 경우가 많다.

셋째, (상황3) 설립장소를 수도권으로 하는 경우 유의해야 할 점은?

법인의 설립장소는 취득세 중과세 적용여부 등과 밀접한 관련이 있다. 따라서 수도권 과밀억제권역 내에서 설립된 법인은 이 제도에 유의해야 한다. 취득세 중과세에 대한 내용은 제2장 '필수 세무상식'에서 자세히 정리하고 있다.

124) 2020년 이후부터 유한회사도 외부감사를 받아야 한다.

125) 「상법」 제287조의8(지분의 양도)에서는 유한회사의 경우 사원은 다른 사원의 동의를 받지 아니하면 그 지분의 전부 또는 일부를 타인에게 양도하지 못하도록 하고 있다.

② 법인설립방법관련 세무리스크 발생 사례2

앞의 K씨는 기존법인을 인수하고자 한다. 그런데 이 법인은 아래와 같은 상황에 놓여있다. 각 상황별로 답을 하면?

자료

- 수도권 과밀억제권역 내에서 설립된 지 5년이 경과하였음.
- 최근 2년간 수익은 없음.
- 접대비와 복리후생비 카드지출액이 어느 정도 있음.

- 상황1 : 휴면법인을 인수해 부동산을 취득하는 경우 취득세 중과세가 적용될 수 있다. 여기서 휴면법인이란 무엇을 의미하는가?
- 상황2 : 사례의 경우 휴면법인에 해당하는가?
- 상황3 : 수도권에서 5년 이상 제조업을 영위하는 법인이 부동산을 승계취득하면 취득세 중과세를 적용받는가?

상황에 대해 순차적으로 답을 찾아보자.

첫째, (상황1) 휴면법인을 인수해 부동산을 취득하는 경우 취득세 중과세가 적용될 수 있다. 여기서 휴면법인이란 무엇을 의미하는가?

「지방세법」 제13조 동법 시행령 제27조에서는 휴면법인을 인수하고 인수일로부터 5년 내에 부동산을 취득하는 경우 취득세 중과세규정을 적용하고 있다. 이때 휴면법인은 다음과 같은 것들을 말한다.

1. 「상법」에 따라 해산한 법인
2. 「상법」에 따라 해산한 것으로 보는 법인
3. 「부가가치세법 시행령」 제10조에 따라 폐업한 법인
4. 법인 인수일 이전 1년 이내에 계속등기를 한 해산법인 또는 해산간주법인
5. 법인 인수일 이전 1년 이내에 다시 사업자등록을 한 폐업법인
6. 법인 인수일 이전 2년 이상 사업 실적이 없고, 인수일 전후 1년 이내에 인수법인 임원의 100분의 50 이상을 교체한 법인

둘째, (상황2) 사례의 경우 휴면법인에 해당하는가?

사례의 경우 휴면법인에 해당하는지 이에 대한 해답을 순차적으로 찾아보자.

STEP1 쟁점은?

인수예정인 법인이 「지방세법」상 휴면법인에 해당하면 이의 인수를 통한 부동산을 취득하더라도 취득세가 중과세될 수 있다. 문제는 사례처럼 최근 2년간 수익은 없는데 접대비 등의 지출만 있는 경우 과연 「지방세법」상 휴면법인에 해당하는지의 여부이다.

STEP2 세법규정은?

앞의 「지방세법」 제13조 및 「지방세법 시행령」 제27조 제6호를 살펴보면 법인 인수일 이전 2년 이상 사업 실적이 없고 인수일 전후 1년 이내에 인수법인 임원의 100분의 50 이상을 교체한 법인 등은 휴면법인으로 보고 있다. 여기의 '사업 실적'에 대해 심판례에서는 "그 법인의 목적사업의 특징 및 특수성 등을 고려하여 이를 수행하기 위한 준비내용, 사업활동에 따른 비용의 발생 여부, 수익(매출)의 발생 여부 등을 기준으로 종합적으로 판단하여야 할 것인바, 영리법인은 당장의 수익이 발생하지 않는다 하더라도 임차료, 관리비 및 각종 공과금 등의 경상적인 법인 유지비용의 발생, 소속 직원의 급여 지급 및 그에 따른 원천징수, 법인세 및 부가가치세 등의 신고 등이 수반되는 것이 일반적이고 이와 같은 거래 및 활동내역 등은 주로 법인장부, 각종 신고서 및 계약서 등을 통하여 확인된다 할 것이므로 이러한 내역이 객관적 자료에 나타나지 않는다면 사업 실적이 있다고 보기는 어렵다 할 것이다(조심 2016지401, 2016.11.28.)."라고 하고 있다.

STEP3 결론은?

위 심판례를 기준으로 판단해 보면 법인 카드 및 계좌의 거래내역에는 대부분 음식점이나 카페 등의 이용실적만 나타나고 법인의 활동과 관련된 것은 거의 없는 점 등에 비추어 사업을 지속적으로 추진하였다고 보기는 어렵다. 따라서 사례의 법인은 '법인 인수일 이전 2년 이상 사업 실적이 없고 인수일 전후 1년 이내에 인수법인 임원의 100분의 50 이상을 교체한 법인'으로 보아 취득세 중과세가 적용될 것으로 판단된다.

셋째, (상황3) 수도권에서 5년 이상 제조업을 영위하는 법인이 부동산을 승계취득하면 취득세 중과세를 적용받는가?

그렇지 않다. 수도권의 과밀억제권역 내에서 설립된 지 5년이 경과하였기 때문이다.

3 법인설립방법관련 세무리스크 관리법

법인설립 유형은 다양한데 이와 관련된 개념, 장단점, 세무상 주의해야 할 사항들부터 정리하면 다음과 같다.

구 분	법인신설	기존법인 활용	기존법인 인수	법인전환
개념	설립등기를 통해 새롭게 법인을 설립하는 것	기존법인에 목적사업을 추가하는 것	기존법인의 주식을 인수하는 것	개인사업자의 부동산을 신설법인에 현물출자하거나 사업양수도로 이전시키는 것
장점	새롭게 사업을 시작할 수 있다.	• 별도의 설립절차가 필요없다. • 업력이 긴 경우 취득세 중과세를 피할 수 있다.	별도의 설립절차가 필요없다.	사업의 연속성을 도모할 수 있다.
단점	• 설립등기비용 등이 소요된다. • 취득세 중과세를 적용받을 수 있다.	세무회계가 복잡해진다.	• 부외부채 등이 발생할 수 있다. • 구분경리 등의 문제점이 발생한다.	법인전환비용이 발생한다.
세무상 주의해야 할 사항	취득세 중과세	구분경리	• 부외부채 존재 여부 • 퇴직금 승계 등	취득세 감면 및 이월과세 추징

법인설립방법에는 다양한 유형이 있다. 장점과 단점을 정확히 구분하고 만일 이 중 하나가 선택되었다면 단점에 해당하는 부분을 집중적으로 분석하고 관리하는 것이 필요하다.

제4절 본점소재지관련 세무리스크 관리법

법인을 설립할 때 본점소재지 등도 주요 검토사항이 된다. 본점이 어디에 소재하는지에 따라 세금제도가 달라질 수 있기 때문이다. 이하에서 이에 대한 세무리스크 발생 사례와 이의 관리법을 알아보자.

1 본점소재지관련 세무리스크 발생 사례1

K씨는 법인설립을 앞두고 본점소재지를 어디에 둘까 고민 중에 있다. 각 상황별로 답을 하면?

- 상황1 : 본점은 무엇을 의미하는가?
- 상황2 : 본점이 갖는 세법상의 의미는?
- 상황3 : 본점소재지가 서울에 있는 경우 예상되는 세무상 문제점은?

상황에 대한 답을 찾아보면 다음과 같다.

첫째, (상황1) 본점은 무엇을 의미하는가?

법인의 본점이라 함은 대표이사 등 임직원이 상주하면서 기획, 재무, 총무 등 법인의 전반적인 사업을 수행하고 있는 영리법인의 주된 사무소를 의미하며, 주된 사무소는 법인의 중추적인 의사결정 등 주된 기능을 수행하는 장소를 의미한다(조심 2015지1560, 2016.6.21.). 참고로 지점은 본점의 지휘를 받지만 독립적인 업무기능을 하는 사무소를 말한다. 한편 주사무소와 분사무소는 주로 비영리법인의 본점과 지점을 일컬을 때 사용한다.

둘째, (상황2) 본점이 갖는 세법상의 의미는?

본점소재지는 법인세 등을 관할하는 세무서를 결정하는 기준이 되며, 어디에 소재하느냐에 따라 세법규제 또는 세법지원의 내용이 달라진다. 우리 세법은 주로 수도권(과밀억제권역) 밖에 소재한 기업에 대해서는 조세우대정책을 펴고 있지만, 안에 소재한 기업들에 대해서는 불이익을 주는 정책을 채택하고 있다. 이는 수도권 집중완화를 위한 취지가 있다.

사업장과의 구별

본점은 해당 법인의 모든 사무를 관장하는 장소를, 사업장은 자기사업을 위해 거래의 전부 또는 일부를 행하는 고정된 장소를 말한다. 따라서 본점과 사업장이 일치할 수 있고 본점 하나에 사업장이 여러 개일 수도 있다. 「부가가치세법」상 사업자등록은 '사업장'마다 하도록 하고 있다. 따라서 업종별로 사업장을 확인할 필요가 있다.

셋째, (상황3) 본점소재지가 서울에 있는 경우 예상되는 세무상 문제점은?

부동산업과 관련된 주요세금 중 취득세와 법인세에서 다음과 같은 문제점이 예상된다.

- 취득세 → 취득세 중과세의 가능성이 있다.
- 법인세 → 각종 법인세관련 조세감면을 받을 수 없다.

2 본점소재지관련 세무리스크 발생 사례2

Q: 서울에서 설립된 K법인은 부동산매매업을 영위하고 있다. K법인은 경기도와 충청도지역에서 부동산을 구입하였는데 경기도와 충청도지역에 지점설립을 해야 하는가?

A: 그렇지 않다. 부동산매매업과 주택신축판매업(건설업)은 본점소재지가 「부가가치세법」상 사업장에 해당하기 때문이다.

Q: L법인은 서울에서 설립되었으며 경기도 지역의 부동산을 취득하여 임대업을 시작하고자 한다. 이 경우 경기도 해당지역에서 별도의 지점등기를 하고 사업자등록을 별도로 내야 하는가 아니면 본점에서 일괄적으로 신고·납부할 수 있는가?

A: 앞에서 살펴본 바에 의하면 부동산임대업[126]의 납세지는 부동산의 등기부상 소재지였다. 따라서 「부가가치세법」은 사업장별 과세원칙을 적용하고 있으므로, 등기부상 소재지를 기준으로 별도로 사업자등록을 내야 한다. 다만, 둘 이상의 사업장을 가진 사업자가 사업자 단위로 본점 한 곳만 사업자등록을 하고 세금계산서 발행 및 신고·납부를 사업자 단위로 통일하고자 하는 경우에는 적용받고자 하는 과세기간 개시 20일 전까지 사업자 단위과세 적용을 신청할 수 있다.

126) 주택임대업은 부가가치세제도와 관계가 없으므로 사업장별 과세원칙을 적용하지 않는다. 따라서 법인소재지를 중심으로 사업자등록을 하면 될 것으로 보인다.

Q: 만일 지점에서 임대업을 하고 있으나 지점등기를 하지 않으면 어떤 문제가 있나?

A: 지점은 인적 및 물적 설비를 갖춰 사업하는 장소이므로 임대업은 이와 무관하다. 따라서 지점등기는 필요가 없다. 다만, 세법상 사업자등록을 하지 않으면 미등록가산세 등이 부과된다. 아래 예규를 참조하기 바란다.

관련 예규 : 부가 46015-825, 2000.4.14.

1. 부가가치세는 사업장마다 납부해야 하는 것이며, 사업장이라 함은 사업자 또는 그 사용인이 상시 주재하여 거래의 전부 또는 일부를 행하는 장소를 말하는 것으로 귀 질의의 A 및 B장소는 각각 독립된 별도의 사업장에 해당하는 것임.
2. 사업자가 별도로 사업장을 신설한 후 「부가가치세법」 제5조 제1항의 규정에 의하여 사업자등록을 하지 아니하고 기존에 등록된 사업장에서 부가가치세의 과세표준 및 세액을 신고・납부한 경우에는 별도 신설된 사업장의 거래분에 대하여는 동법 제22조 제1항(미등록가산세) 및 제5항(신고・납부불성실가산세)의 규정에 의한 가산세가 적용되는 것임.

3 본점소재지관련 세무리스크 관리법

본점소재지는 법인세나 부가가치세를 신고・납부해야 하는 관할 세무서 등을 결정하는 기준이 되기도 한다. 그런데 문제는 세목에 따라 관할 세무서 결정기준이 다르다는 것이다. 이를 정리해보자.

(1) 법인세 납세지 : 본점 과세원칙

법인세는 법인이 획득한 소득에 대해 과세하는 세목이므로 등기부상의 본점이 소재한 관할 세무서가 납세지가 된다. 지점이 별도로 운영된다고 하더라도 본점에 통합하여 법인세를 신고해야 한다. 따라서 법인세 납세지는 원칙적으로 '1개'만 존재한다.

(2) 부가가치세 납세지 : 사업장별 과세원칙

부가가치세는 재화나 용역의 거래에 따라 부가가치를 포착해야 하므로 '사업장별 과세원칙'을 유지하고 있다. 따라서 사업장이 소재한 관할 세무서마다 사업자등록을 하고 이를 기준으로 부가가치세를 신고 및 납부해야 한다. 부동산업의 경우 다음과 같이 사업장이 정해져 있다.

구 분	사업장	비고
부동산매매업/건설업	• 법인 : 법인(본점) 등기부상의 소재지(등기부상의 지점 포함) • 개인 : 업무 총괄장소	본점(지점)소재지의 관할 세무서에서 부가가치세를 신고·납부
부동산임대업	부동산의 등기부상의 소재지	부동산소재지의 관할 세무서에 각각 부가가치세를 신고·납부[127)] ☞ 따라서 임대부동산이 있는 사업장마다 사업자등록을 하는 것이 원칙임.

(3) 취득세 납세지 : 부동산의 소재지

취득세의 납세지는 부동산이 소재한 관할 시·군·구청이 된다.

Tip

■ **본점의 수도권 이전, 수도권 내 지점설치 시 주의해야 할 사항들**

수도권 과밀억제권역 외의 지역에서 수도권 과밀억제권역 내로 본점을 이전하거나 수도권 과밀억제권역 내에서 지점을 설치하면서 부동산을 취득하는 경우에는 취득세 중과세문제가 있다. 주의하기 바란다.

참고로 수도권 과밀억제권역 내에서 법인을 설립하는 경우에는 취득세 중과세의 문제가 있다. 그래서 이러한 문제점을 피하고자 이 지역을 벗어난 곳에서 법인을 설립한 후에 이곳에서 사무를 보는 경우가 있다. 이렇게 되면 취득세 중과세를 피할 수 있을까?

일단 형식적으로 법인을 운영하고 실질은 다른 곳에서 법인을 운영한다면 취득세 중과세규정을 적용하는 것이 세법의 태도이다.

127) 건물의 임대사업장이 여러 곳인 경우에는 '사업자 단위'로 본점 또는 주사무소 한 곳만 사업자등록을 할 수 있다.

자본금관련 세무리스크 관리법

주주(株主)는 법인에게 자본을 출자하고 이익에 대해 배당을 받는 법인의 주인들을 말한다. 이들이 가지고 있는 주식에 대해서는 세법상 여러 가지 제도들이 적용되는데, 이하에는 주식과 관련된 세무리스크 발생 사례 및 이에 대한 관리법을 살펴보자.

1 자본금관련 세무리스크 발생 사례1

K씨는 이번에 법인을 설립 중에 있다. 주주구성과 관련하여 각 상황별로 답을 하면?

자료

○ 예상 자본금 : 5천만 원
○ 가족 현황 : 본인, 배우자, 자녀

- 상황1 : 법인설립 시 자본금은 최소 얼마로 해야 하는가?
- 상황2 : 자본금은 현물로도 출자가 가능한가?
- 상황3 : 주주구성은 어떻게 해야 하는가?
- 상황4 : 과점주주와 대주주에 대한 세법상의 불이익은?

상황에 대한 답을 찾아보면 다음과 같다.

첫째, (상황1) 법인설립 시 자본금은 최소 얼마로 해야 하는가?

이에 대해서는 정해진 바가 없다. 「상법」에서 최저자본금제도를 폐지[128]했기 때문이다. 하지만 건설업은 「건설산업기본법」에 의한 최저자본금제도가 있다. 아래 「건설산업기본법」 규정을 참조하기 바란다.

128) 「상법」 제329조(자본금의 구성)에는 액면주식 1주의 금액은 100원 이상으로 하도록 하고 있다.

「건설산업기본법」 제9조 (건설업 등록 등)

① 건설업을 하려는 자는 대통령령으로 정하는 업종별로 국토교통부장관에게 등록을 하여야 한다. 다만, 대통령령으로 정하는 경미한 건설공사[129]를 업으로 하려는 경우에는 등록을 하지 아니하고 건설업을 할 수 있다.

② 제1항에 따라 건설업의 등록을 하려는 자는 국토교통부령(아래 참조)으로 정하는 바에 따라 국토교통부장관에게 신청하여야 한다.

• 건설업 등록기준(자본금 등)

업종	기술능력	자본금 (개인인 경우 영업용 자산평가액)		시설 · 장비 · 사무실
토목 공사업	「국가기술자격법」에 따른 토목 분야의 토목기사 또는 「건설기술 진흥법」에 따른 토목 분야의 중급 이상의 건설기술자인 사람 중 2명을 포함한 토목 분야 초급 이상의 건설기술자 6명 이상	법인	7억 원 이상	사무실
		개인	14억 원 이상	
건축 공사업	「국가기술자격법」에 따른 건축 분야의 건축기사 또는 「건설기술 진흥법」에 따른 건축 분야의 중급 이상의 건설기술자인 사람 중 2명을 포함한 건축 분야 초급 이상의 건설기술자 5명 이상	법인	5억 원 이상	사무실
		개인	10억 원 이상	

둘째, (상황2) 자본금은 현물로도 출자가 가능한가?

현물로도 출자가 가능하다. 다만, 현물을 최대한 객관적으로 평가해서 출자가 되어야 한다. 「상법」에서는 현물출자관련 사항을 정관에 기재하고 검사인의 조사 등을 통해 이를 확인하도록 하고 있다.[130]

129) 5천만 원 미만의 건설공사 등을 말한다.

130) ※ 「상법」 제290조 (변태설립사항)
다음의 사항은 정관에 기재함으로써 그 효력이 있다.
2. 현물출자를 하는 자의 성명과 그 목적인 재산의 종류, 수량, 가격과 이에 대하여 부여할 주식의 종류와 수
※ 「상법」 제299조 (검사인의 조사, 보고)
① 검사인은 제290조 각 호의 사항과 제295조에 따른 현물출자의 이행을 조사하여 법원에 보고하여야 한다.
② 제1항은 다음 각 호의 어느 하나에 해당할 경우에는 적용하지 아니한다.

셋째, (상황3) 주주구성은 어떻게 해야 하는가?

주주구성은 자유롭게 해도 된다. 다만, 이때 주의할 것은 가족을 중심으로 주식의 절반을 넘게 보유하게 되면 과점주주(아래 참조)에 해당되거나 대주주(비상장법인의 경우 지분율이 4% 이상 보유 등)에 해당되어 세법상의 불이익을 받을 수 있다는 것이다.[131)]

넷째, (상황4) 과점주주와 대주주에 대한 세법상의 불이익은?

① 과점주주에 대한 불이익

과점주주에 대해서는 취득세 납부, 제2차 납세의무 등이 있다. 전자의 경우 법인이 취득한 부동산에 대해 법인은 물론 주주도 취득세를 이중으로 부담하는 것을 말한다. 후자의 경우 법인이 내야 할 세금을 법인이 내지 못하는 경우 과점주주가 2차적으로 이를 부담하는 것을 말한다.

② 대주주에 대한 불이익

대주주에 해당하면 일반적인 주식에 대한 양도소득세율이 10%가 아닌 20%(과세표준 3억 원 초과 25%)가 적용될 수 있다.

2 자본금관련 세무리스크 발생 사례2

앞의 K씨가 법인을 설립하여 운용하던 중에 주식의 일부를 자녀에게 양도 또는 증여하고자 한다. 각 상황별로 답을 하면?

---

1. 제290조 제2호 및 제3호의 재산총액이 자본금의 5분의 1을 초과하지 아니하고 대통령령으로 정한 금액(5천만 원으로 정해짐)을 초과하지 아니하는 경우

☞ 자본금을 가장납입한 경우에는 「상법」은 5년 이하의 징역 또는 1,500만 원의 벌금에 처하도록 하고 있다. 한편 세법은 이에 대해 아래와 같이 가지급금으로 보아 규제하고 있다. 한편 「건설산업기본법」에서는 건설업등록 시의 자본금이 실제 유지되고 있는지를 매년 연말에 점검하고 있다(실질자본금제도).

※ 관련 예규 : 서면2팀-720, 2008.4.17.

자본금을 가장납입한 경우 가지급금으로 보는 것이며 상환기간 및 이자율 등에 대한 약정이 없는 가지급금의 미수이자를 계상한 경우 익금불산입하고 인정이자상당액을 상여로 처분함.

131) 미성년자나 공무원 또는 다른 회사의 임직원도 다른 법인의 주주가 될 수 있다. 다만, 대표이사 등 임원이나 기타 직원으로 활동하는 경우에는 겸직금지 조항 등에 위배될 소지가 있다.

자료

- K씨의 지분율 : 50%(나머지는 배우자와 그의 자녀)
- 주식발행가액 : 주당 5,000원
- 세법상의 주식평가액 : 주당 100,000원

- 상황1 : 만일 양도가액을 5,000원으로 하면 양도소득세는 얼마나 될까?
- 상황2 : 만일 증여가액을 주당 5천만 원으로 하면 증여세는 얼마나 될까? 단, 증여주식 수는 2,000주이다.
- 상황3 : 위 상황들에 대한 세법상의 문제점은?

상황에 대한 답을 찾아보면 다음과 같다.

첫째, (상황1) 만일 양도가액을 5,000원으로 하면 양도소득세는 얼마나 될까?

양도차익이 0원이 되므로 외견상 양도소득세는 발생하지 않는다.

둘째, (상황2) 만일 증여가액을 주당 5천만 원으로 하면 증여세는 얼마나 될까? 단, 증여주식 수는 2,000주이다.

주당 5,000원이고 주식 수가 2,000주이면 전체 주식가액은 1천만 원에 불과하다. 따라서 증여공제(5천만 원) 범위 내에 들어오기 때문에 증여세 문제는 없다.

셋째, (상황3) 위 상황들에 대한 세법상의 문제점은?

세법상의 주식평가액은 주당 10만 원인데 반해 양도소득세와 증여세를 액면가액으로 신고하는 경우 양도소득세와 증여세를 추징하게 된다. 따라서 세법상의 주식평가액을 먼저 확인한 후 이에 맞게 신고해야 사후적으로 문제가 발생하지 않는다.

3 자본금관련 세무리스크 관리법

(1) 자본금과 이사와 감사의 수

상법에서는 자본금의 크기에 따라 아래와 같은 수를 두도록 하고 있다. 따라서 자본금이 10억 원 미만인 회사의 주주가 1명(100%)이고, 그 주주가 이사인 경우에는 1인만으로도

회사를 운영할 수 있게 된다. 이러한 법인을 "1인 법인"이라고 한다. 이러한 1인 법인은 사실상 개인과 유사하여 현행의 법인세법 체계 등을 적용하는 것이 맞지 않는 경우가 많다. 향후 입법적인 개선이 필요한 부분이다.

구 분	자본금[132) 10억 원 미만	자본금 10억 원 초과	임 기[133)
이사	1~2인 이내	3인 이상	3년
감사	-	1인 이상	3년

(2) 증자 시의 등록면허세(중과세 포함)

법인이 자본금을 증자하는 경우에는 등록면허세가 0.4%만큼 부과된다. 그런데 이때 수도권 과밀억제권역 내에서 법인이 증자 등을 한 경우 등록면허세의 3배 만큼 중과세가 적용될 수 있으므로 사전에 이 부분을 검토해야 한다. 아래 규정을 참조하기 바란다.

「지방세법」 제28조 제2항

다음 각 호의 어느 하나에 해당하는 등기를 할 때에는 그 세율을 제1항 제1호 및 제6호에 규정한 해당 세율의 100분의 300으로 한다. 다만, 대도시에 설치가 불가피하다고 인정되는 업종으로써 대통령령으로 정하는 업종에 대해서는 그러하지 아니하다.

1. 대도시[134)에서 법인을 설립(설립 후 또는 휴면법인을 인수한 후 5년 이내에 자본 또는 출자액을 증가하는 경우를 포함한다)하거나 지점이나 분사무소를 설치함에 따른 등기
2. 대도시 밖에 있는 법인의 본점이나 주사무소를 대도시로 전입(전입 후 5년 이내에 자본 또는 출자액이 증가하는 경우를 포함한다)함에 따른 등기. 이 경우 전입은 법인의 설립으로 보아 세율을 적용한다.

(3) 자금출처

자본금 규모가 큰 경우에는 이에 대한 자금출처조사가 발생할 수 있다. 특히 주주에 미성년 자녀가 포함되어 있는 경우에는 추후 소명을 요구받을 수 있음에 유의해야 한다.

132) 회사설립 시 자본금 규모는 제한이 없다. 따라서 이론상 100원짜리 법인도 있을 수 있다.
133) 임원임기종료 후 연임 시에는 일반적으로 사유발생일로부터 14일 내로 등기를 해야 한다(대표이사 집주소 변경, 본점 이전 등도 등기). 이를 해태하면 과태료가 부과될 수 있음에 유의해야 한다.
134) 수도권 과밀억제권역을 말한다.

사업자등록관련 세무리스크 관리법

법인이 설립된 후라도 사업을 시작하기 전에 관할 세무서에 사업자등록을 신청해야 한다. 사업자등록은 부가가치세 환급 등과 밀접한 관계를 맺고 있으므로 이와 관련된 세무리스크를 미리 파악할 필요가 있다.

1 사업자등록관련 세무리스크 발생 사례1

K법인은 사업자등록을 준비 중에 있다. 아래 사업자등록증을 보고 각 상황별로 답을 하면?

<table>
<tr><td>

사업자등록증

(일반과세자/간이과세자)

등록번호 :

</td></tr>
<tr><td>

① 상호(법인명) : ② (대표자)성명 :
③ 개업연월일 : 년 월 일 ④ 생년월일 :
⑤ 사업장소재지 :
본점소재지
⑥ 사업의 종류 : 업태 종목

</td></tr>
</table>

- 상황1 : K법인은 간이과세자로 신청할 수 있는가?
- 상황2 : 사업장소재지와 본점소재지는 일치하는가?
- 상황3 : 업태와 종목은 무엇을 의미하는가?

상황에 대한 답을 찾아보면 다음과 같다.

첫째, (상황1) K법인은 간이과세자로 신청할 수 있는가?

그렇지 않다. 법인은 면세사업자가 아닌 한 무조건 일반과세자로만 신청이 가능하다. 참고로 일반과세자는 공급가액의 10%를 소비자로부터 징수하여 납부할 의무를 부담하는 사업자를 말한다. 연간 매출액이 4,800만 원(임대업 외는 8,000만원)에 미달하는 사업자를 간이과세자라 한다. 면세사업과 과세사업을 동시에 영위하는 경우에는 일반과세자로 사업자등록을 하는 것이 원칙이다.

둘째, (상황2) 사업장소재지와 본점소재지는 일치하는가?

사업장소재지와 본점소재지가 일치하지 않는 경우도 많다. 본점소재지는 딱 한 곳이지만 사업장이 많은 경우에는 사업장소재지가 여러 곳일 수 있기 때문이다. 사업자등록은 사업장이 있는 곳마다 하는 것이 원칙이다.

셋째, (상황3) 업태와 종목은 무엇을 의미하는가?

업태는 업무형태로써, 제조업, 부동산업, 건설업 등으로 표기되며 종목은 세부적으로 하는 일을 말한다. 이 둘을 합하면 업종이 된다.

2 사업자등록관련 세무리스크 발생 사례2

K법인은 부동산매매업과 부동산임대업을 겸업하고 있다. 사업자등록은 일반과세자로 하였다. 각 상황별로 답을 하면?

- 상황1 : 부동산매매업 외에 건설업종을 추가하려면 어떻게 해야 하는가?
- 상황2 : 위 세 가지 업종 중 중소기업특별세액감면을 받을 수 있는 업종은?

상황에 대한 답을 찾아보면 다음과 같다.

첫째, (상황1) 부동산매매업 외에 건설업종을 추가하려면 어떻게 해야 하는가?

사업자등록을 신청할 때 부업종으로 기재한다. 참고로 사업자등록 정정신청 시 정관을 지참해야 하며 이때 정관상에 건설업종에 대한 내용이 사업목적으로 표시되어 있어야 한다.

<table>
<tr><td rowspan="2">업 종</td><td>주업태</td><td>부동산업</td><td>주종목</td><td>부동산매매업</td><td>주생산요소</td><td></td><td>주업종 코드

</td></tr>
<tr><td>부업태</td><td>부동산업</td><td>부종목</td><td>부동산임대업</td><td>부생산요소</td><td></td><td>부업종 코드

</td></tr>
</table>

둘째, (상황2) 위 세 가지 업종 중 중소기업특별세액감면을 받을 수 있는 업종은?

건설업을 영위하는 사업자(개인, 법인)만 이 감면제도를 적용받을 수 있다. 건설업자의 세부담을 줄여주기 위해서이다. 다만, 건설업 중 일괄도급의 경우에는 감면이 배제된다. 직접 건설활동을 수행하지 않고 전체 건물 건설공사를 일괄도급[135]하여 주거용 건물을 건설하는 것은 부동산공급업에 해당하기 때문이다.

「조세특례제한법」 집행기준 7-0-2 [중소기업에 대한 특별세액감면의 감면비율]

① 소기업[136]의 감면비율

업종 \ 장소	수도권	수도권 외
도매 및 소매업, 의료업	10%	10%
기타 업종(건설업 등)	20%	30%

② 중기업의 감면비율

업종 \ 장소	수도권	수도권 외
도매 및 소매업, 의료업	–	5%
기타 업종(건설업 등)	– (지식기반산업[137] : 10%)	15%

135) 부분도급은 건설업에 해당한다. 따라서 위의 감면을 받을 수 있다.

136) 건설업 80억 원, 부동산업 및 임대업은 30억 원 이하이면 소기업에 해당한다. 다만, 이 중 부동산업 및 임대업은 감면적용 업종에는 해당하지 않는다.

137) 엔지니어링사업, 전기통신업, 연구개발업, 컴퓨터 프로그래밍, 서적, 잡지 및 기타 인쇄물 출판업, 창작 및 예술관련 서비스업(자영예술가는 제외한다) 등을 말한다.

❸ 사업자등록관련 세무리스크 관리법

(1) 사업자등록 절차

사업자등록 절차를 그림으로 나타내면 다음과 같다.

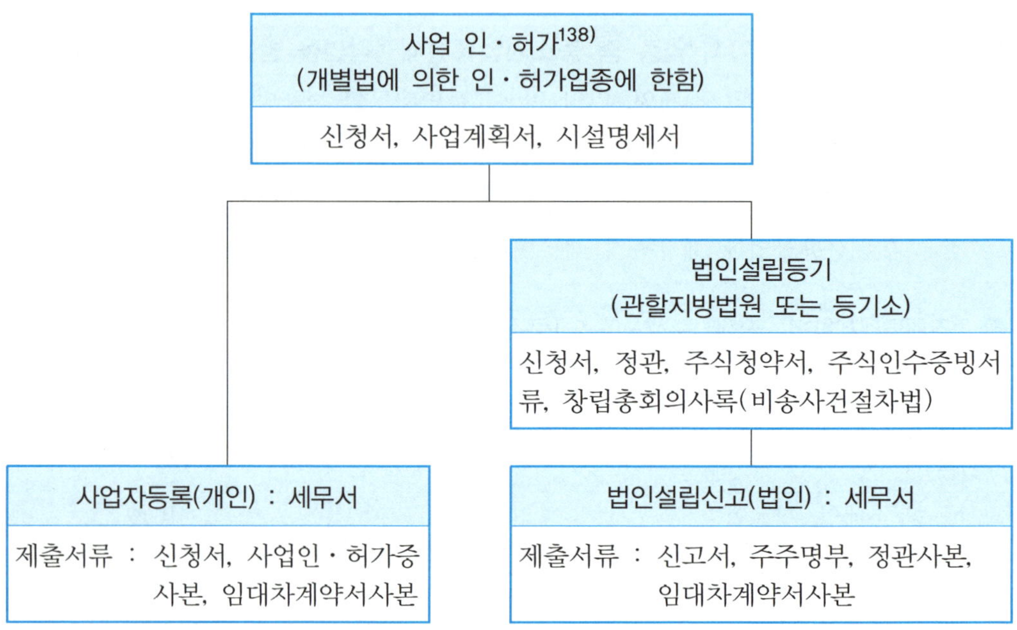

영리법인 본점의 사업자등록 시 구비서류

1. 법인설립신고 및 사업자등록신청서 1부
2. 법인등기부 등본 1부
3. (법인명의)임대차계약서 사본(사업장을 임차한 경우에 한함) 1부
4. 주주 또는 출자자명세서 1부
5. 사업허가 · 등록 · 신고필증 사본(해당 법인에 한함) 1부
   - 허가(등록, 신고) 전에 등록하는 경우 : 허가(등록)신청서 등 사본 또는 사업계획서
6. 현물출자명세서(현물출자법인의 경우에 한함) 1부

138) 주택임대업이나 주택신축판매업은 사전에 관할 주무부서에 등록 등의 행위가 있어야 한다.

(2) 유형별 사업자등록 방법(부가가치세 집행기준)

구 분	방 법
① 신규사업자의 사업자등록	신규사업자는 사업개시일로부터 20일 이내에 사업장 관할 세무서장에게 사업자등록을 하여야 한다. 다만, 신규로 사업을 개시하려는 자는 사업개시일 전이라도 등록할 수 있다.
② 미등기 지점의 사업자등록	과세사업을 영위하는 법인이 지점 또는 직매장에 대한 사업자등록신청을 하는 경우에는 해당 지점의 등기 여부와는 관계없이 사업자등록신청서에 해당 법인의 법인등기부등본 등을 첨부하여 등록할 수 있다.
③ 겸업 사업자의 사업자등록	부가가치세의 과세사업과 면세사업을 겸업하는 사업자는 「부가가치세법」에 따른 사업자등록증을 발행받아야 한다. 이 경우 해당 사업자는 「소득세법」 또는 「법인세법」에 따른 사업자등록을 별도로 하지 아니한다.
④ 허가사업의 사업자등록	법령에 의하여 허가를 얻어야 하는 사업을 영위하는 자가 사업허가증사본을 첨부하지 아니하고 사업자등록신청서를 제출한 경우 해당 사업장에서 사실상 사업을 영위하는 때는 실지 사업내용대로 사업자등록증을 발행할 수 있다. 이 경우 무허가 사업내용을 해당 기관에 문서로 통보한다.
⑤ 공동사업자의 사업자등록	2인 이상의 사업자가 공동사업을 영위하는 경우 사업자등록신청은 공동사업자 중 1인을 대표자로 하여 신청한다.
⑥ 사업 개시전 사업자등록	과세사업과 관련하여 건설 중인 공장 또는 사업장을 설치하지 아니한 자는 사업개시일 전에 사업자의 주소지를 사업장으로 하여 사업자등록을 할 수 있다.
⑦ 법인과 법인, 법인과 개인간 공동사업 시 사업자등록	2 이상의 법인 또는 개인과 법인이 동업계약에 의하여 공동사업을 영위하는 경우 영위하는 공동사업체의 인격에 따라 법인 또는 개인으로 사업자등록을 할 수 있다.
⑧ 건설업자의 미분양 상가 임대 시 사업자등록	건설업을 영위하는 사업자가 신축한 아파트 단지 내의 미분양상가를 임대하는 경우 해당 상가를 사업장으로 하여 사업자등록을 하여야 한다.
⑨ 대표이사가 2인 이상 등기된 법인의 사업자등록	법인등기부상 2인 이상이 대표이사로 등재되어 있는 경우(각 대표이사가 독립하여 법인대표권이 있는지 여부와 관계없음)에는 사업자등록증의 성명란에 대표이사로 등기된 자 전원을 기재한다.

구 분	방 법
⑩ 조합설립추진위원회 사업자등록	「도시 및 주거환경정비법」 제13조의 규정에 해당하는 조합설립추진위원회는 「국세기본법」 제13조에 따른 법인으로 보는 단체에 해당하며, 같은 법 제2조에 따른 정비사업을 시행하면서 신규로 부가가치세 과세사업을 개시하고자 하는 경우에는 사업자등록을 하여야 한다. 또한 「도시 및 주거환경정비법」 제15조 제4항에 따라 해당 조합설립추진위원회가 행한 업무와 관련된 권리와 의무를 「조세특례제한법」 제104조의 7 제2항에 따른 정비사업조합이 포괄승계하는 경우에는 그 조직을 변경한 것으로 보므로 사업자등록 정정신고를 하여야 한다.
⑪ 건물주 동의 없는 전차인의 사업자등록	임차인이 임대인의 동의 없이 전차한 경우 임대차계약 해지사유에 해당하지만 그 사유만으로 전차인에 대하여 사업자등록을 거부할 수 없다.

필수 세무상식

법인설립 절차

현실적으로 법인은 주로 주식회사의 형태로 설립을 많이 하고 있는데, 주식회사의 설립 등에 대해서는 「상법」에서 규율하고 있다. 이하에서 법인의 설립절차에 대해 간략히 살펴보고자 한다. 주식회사의 설립절차는 '정관의 작성 → 법인의 실체구성 → 설립등기'순으로 이루어진다.

1. 정관의 작성

'정관'은 법인의 조직과 활동에 관한 기본규칙에 해당하는 것으로써, 사업목적, 상호, 법인이 발행할 주식의 총수, 1주의 금액 등을 기재하도록 법정되어 있다(「상법」 제289조). 정관은 법인의 중요한 내용들이 들어있기 때문에 반드시 공증인의 인증을 받아야 한다(「상법」 제292조). 인증을 받지 않으면 정관 자체가 무효가 된다.

☞ 「상법」 제289조 (정관의 작성, 절대적 기재사항)

① 발기인은 정관을 작성하여 다음의 사항을 적고 각 발기인이 기명날인 또는 서명하여야 한다.

1. 목적
2. 상호
3. 법인이 발행할 주식의 총수
4. 액면주식을 발행하는 경우 1주의 금액
5. 법인의 설립 시에 발행하는 주식의 총수
6. 본점의 소재지
7. 법인이 공고를 하는 방법
8. 발기인의 성명 · 주민등록번호 및 주소

정관과 사업목적

정관은 법인 등의 목적과 조직에 대한 업무 집행에 관한 자주적이고 근본적인 규칙이 담긴 문서를 말한다. 여기에는 사업목적 등이 명기가 되는데 쟁점은 여기에 없는 사업을 할 때 불이익이 있는가 하는 점이다. 이에 대해 세법은 관련사업에 관한 내용이 명기되어 있는지 여부와 관계없이 법인에게 실제 「법인세법」상의 수입이 발생한다면 「법인세법」에 따라 사업자등록 및 법인세 신고납부, 각종 명세서의 제출 의무 등을 부여하고 있다. 따라서 정관에 사업목적이 없더라도 신고 등만 제대로 하면 세법상의 불이익은 없다. 다만, 세법 외의 다른 법률에서 불이익을 주는 사항이 있는지는 별개로 검토해야 한다.

2. 법인의 실체구성

'법인의 실체구성'은 주주를 확정하고 자본을 모집하고 법인 기관을 구성하는 단계를 말한다.

자본을 모집하는 방법에는 발기설립과 모집설립이 있다. '발기설립'은 발기인이 주식의 총수를 인수하는 방법을 말하며, '모집설립'은 자본의 일부를 별도의 주주로부터 청약을 받아 모집하는 방법을 말한다. 현실적으로는 비교적 설립이 쉬운 발기설립이 선호되고 있다.

☞ 자본금을 조달할 때에는 실제 자본금을 납입할 수 있도록 해야 한다. 설립 후에 자본금을 인출하면 「상법」과 세법 등에서 다양한 규제를 하기 때문이다. 한편 설립 시 주식비율에 따른 제반문제(과점주주에 대한 제2차 납세의무, 간주취득에 따른 취득세 납부의무 등)를 검토하는 것이 좋다. 이때 주식을 명의신탁하는 증여세 과세문제가 발생하므로 명의신탁이 되지 않도록 해야 한다. 한편 이사(대표이사)와 감사의 수와 그 범위 그리고 겸업금지 의무 등에 대해서는 법인설립 당시에 점검해보기 바란다.

3. 설립등기

발기설립의 경우 검사인의 설립경과 조사 등의 절차 완료일로부터 2주 내에 '법인설립등기신청서'에 정관과 주식인수를 증명하는 서류 등을 첨부하여 본점 소재지 관할 등기소에 설립등기를 신청한다(「상법」 제317조). 설립등기를 함으로써 법인격이 취득되어 법인의 이름으로 영업활동을 할 수 있게 된다.

(1) 법인설립신고

법인설립신고는 설립등기를 한 날로부터 2개월 이내에 본점 소재지 관할 세무서장에게 소정의 서류(등기부 등본, 임대차계약서, 주주 등의 명세 등)를 첨부하여 신고하는 것을 말한다. 이는 세법에서 정한 협력의무로써 법인의 현황을 파악하여 과세자료로 삼으려는 취지가 있다. 법인설립신고 시 구비서류는 다음과 같다.

- 법인설립신고서
- 법인등기부 등본(2003년부터 첨부 생략)
- 정관
- 주주 등의 명세, 임대차계약서 사본 등

(2) 사업자등록

사업자등록은 법인설립신고와 같이 할 수 있다. 물론 사업자등록은 사업개시일로부터 20일 내 또는 신설법인의 경우에는 사업 전이라도 가능하므로 매입세액의 환급관계를 고려하여 대표자의 주민등록번호로 세금계산서를 수취하면 된다.

법인설립 절차와 세무Flow

법인설립에 따른 세무Flow를 살펴보면 다음과 같다.

절 차	내 용
설립자금 및 사업장 마련	• 자본금 : 최저자본금제도 폐지됨(건설업은 최저자본금이 있음). • 사업장 : 자가 또는 타가(임차 시 대표이사의 주민등록번호로 가계약 → 향후 법인설립등기 시 법인등록번호나 사업자등록번호로 교체)
▼	
인테리어 계약	• 세금계산서 수수 및 계약서 수령(대표이사의 주민등록번호로 수취)
▼	
법인설립등기	• 법무사(법인에 한함)
▼	
세무회계사무소 선정	• 전문세무회계사무소 선정(설립 전 증빙처리, 절세하는 감가상각방법 의사결정 등)
▼	
사업자등록	• 사업장이 있는 관할 세무서(2~3일 내에 수령) • 준비서류 : 사업자등록신청서, 임대차계약서, 주주명부, 정관 등
▼	
신용카드단말기 등 설치	• 신용카드단말기 설치, 현금영수증
▼	
원천세 신고	• 임직원에 대한 급여 • 사업소득, 이자소득 지급 시 등
▼	

<table>
<tr><th>절 차</th><th>내 용</th></tr>
<tr><td>부가가치세 신고</td><td>• 법인
<table>
<tr><th>구 분</th><th colspan="2">과세대상기간</th><th>신고 · 납부기간</th></tr>
<tr><td rowspan="2">제1기
1.1.~6.30.</td><td>예정신고</td><td>1.1.~3.31.</td><td>4.1.~4.25.</td></tr>
<tr><td>확정신고</td><td>4.1.~6.30.</td><td>7.1.~7.25.</td></tr>
<tr><td rowspan="2">제2기
7.1.~12.31.</td><td>예정신고</td><td>7.1.~9.30.</td><td>10.1.~10.25.</td></tr>
<tr><td>확정신고</td><td>10.1.~12.31.</td><td>다음해 1.1.~1.25.</td></tr>
</table>
☞ 개인 중 일반과세자는 연간 2회, 간이과세자는 1회만 신고 및 납부</td></tr>
<tr><td>▼</td><td></td></tr>
<tr><td>법인세 신고</td><td>• 12월말 법인인 경우에는 다음 해 3월 말일까지 신고 및 납부해야 함.
• 최초 법인세 신고 시 과세관청에 신고해야 할 것들 : 감가상각방법, 재고자산평가방법 등
☞ 개인은 다음 해 5월(성실신고확인 적용대상은 6월)에 신고 및 납부</td></tr>
</table>

☞ 법인청산절차에 대해서는 저자와 상의하기 바란다.

필수 세무상식 개인과 법인의 장부작성법 비교

부동산관련 사업을 할 때 발생하는 모든 거래들의 결과는 장부상에 기록된다. 그리고 이러한 장부를 통해 결산을 진행하고 또 법인세 등을 납부하기도 한다. 더 나아가 향후 세무조사를 받을 때에도 장부가 사용되기도 한다. 이하에서는 개인과 법인의 장부작성법에 대해 알아보자.

1 개인과 법인의 장부작성법 비교관련 세무리스크 발생 사례1

K씨는 부동산매매업을 영위하고자 한다. 그는 개인으로 사업하는 경우와 법인으로 사업하는 경우 장부작성 측면에서 어떤 차이가 있는지 궁금하게 생각한다. 각 상황에 대한 답을 하면?

- 상황1 : 사업자들의 장부작성의무는 어떻게 되어 있는가?
- 상황2 : 개인사업자들은 장부를 작성하지 않으면 어떻게 신고해야 하는가?
- 상황3 : 법인들도 추계로 신고할 수 있는가?

상황에 맞춰 순차적으로 답을 찾아보자.

첫째, (상황1) 사업자들의 장부작성의무는 어떻게 되어 있는가?

개인사업자나 법인들은 모두 세법상 장부작성의무가 있다. 다만, 개인사업자들 중 영세사업자들은 회계처리를 해야 하는 복식장부를 작성하기 힘듦으로 매출액이 일정금액 이하가 되면 거래내역을 적기만 해도 되는 간편장부를 작성할 수 있도록 하고 있다.

구 분	개인사업자	법 인
복식장부	○	○
간편장부	○[139)	×

139) 부동산매매업은 직전연도 매출액이 3억 원, 건설업은 1.5억 원, 부동산임대업은 7,500만 원에 미달한 경우에 적용된다.

둘째, (상황2) 개인사업자들은 장부를 작성하지 않으면 어떻게 신고해야 하는가?

개인사업자가 장부를 작성하지 않은 경우에는 아래와 같이 경비율(기준경비율과 단순경비율을 말함)을 활용해 신고할 수 있다. 경비율은 업종별로 규정되어 있다.

기준경비율 적용대상자(①-②-③-④)	단순경비율 적용대상자[140](①-②)
① 수입금액 ② 매입비용과 사업용 고정자산의 임차료 ③ 직원의 급여와 퇴직급여 ④ 수입금액 × 기준경비율(업종별로 규정됨)	① 수입금액 ② 수입금액 × 단순경비율(업종별로 규정됨)

셋째, (상황3) 법인들도 추계로 신고할 수 있는가?

「법인세법」에서는 추계에 의한 신고를 명시하고 있지 않으므로 추계자진신고는 불가능하다. 다만, 법인세를 무신고하는 경우에는 「법인세법」 제66조 및 동법 제68조에 따라 추계에 의해 과세표준 등을 납세지 관할 세무서장 또는 관할 지방국세청장이 세액을 결정 또는 경정하게 된다. 따라서 부득이 추계로 신고하는 경우라도 최종 관할 세무서장의 최종 승인이 있어야 한다.

2 개인과 법인의 장부작성법 비교관련 세무리스크 발생 사례2

K씨의 사업에서 아래와 같은 실적이 발생했다. 각 상황별로 답을 하면?

자료

- 수입 : 3억 원
- 대표 인건비를 제외한 매출원가 등 비용 : 2억 원
- 대표 인건비 : 5천만 원

- 상황1 : 이 사업을 개인이 하는 경우와 법인이 하는 경우 세금은 얼마나 예상되는가?
- 상황2 : 왜 이런 차이가 발생하는가?

140) 당해 과세기간에 신규로 사업을 개시한 사업자 중 일정금액(부동산매매업 3억 원, 건설업 1.5억 원, 부동산임대업 7,500만 원) 미만 사업자와 직전 과세기간의 수입금액의 합계액이 일정금액(부동산매매업 6천만 원, 건설업 3,600만 원, 부동산임대업 2,400만 원)에 미달하는 소규모 사업자를 말한다.

상황에 대한 답을 찾아보면 다음과 같다.

첫째, (상황1) 이 사업을 개인이 하는 경우와 법인이 하는 경우 세금은 얼마나 예상되는가?

구 분	개인사업자	법 인
수입	3억 원	3억 원
− 비용1	2억 원	2억 원
− 비용2(대표 인건비)	−	5천만 원
= 이익	1억 원	5천만 원
× 세율	35%	10%
− 누진공제	1,490만 원	0원
= 산출세액	2,010만 원	500만 원

둘째, (상황2) 왜 이런 차이가 발생하는가?

개인사업자의 경우 대표자의 인건비는 경비처리를 할 수 없고 세율도 높기 때문이다. 하지만 법인의 경우에는 대표자의 인건비를 경비로 처리할 수 있고 세율도 저렴하다.

3 개인과 법인의 장부작성법 비교관련 세무리스크 관리법

(1) 개인과 법인의 장부작성법

개인과 법인의 장부작성과 관련된 내용을 비교하면 다음과 같다.

구 분	개인사업자	법 인
장부종류	복식장부/간편장부	복식장부
장부 미작성 시 신고방법	추계신고	추계신고는 명시적으로 할 수 없음(추계로 신고하더라도 관할 세무서장이 세액을 결정함).
장부작성 시의 혜택	기장세액공제(단, 간편장부대상 사업자에 한함)	−
장부미작성 시의 불이익	무기장가산세	무기장가산세

(2) 자금흐름의 통제

법인의 모든 지출거래는 통장, 장부상의 계정과목, 증빙 등과 일치되게끔 정리가 되어야 한다. 그래야 나중에 세무리스크가 발생하지 않는다. 만일 통장에서 인출된 자금이 있으나 이에 대한 증빙 등이 없다면 비용부인 및 대표이사의 상여로 보는 등의 불이익을 받을 수 있다.

(3) 증빙 등의 수취

법인이나 개인이나 사업과 관련해서 지출하는 비용들은 모두 그에 대한 지급근거를 갖춰야 한다. 여기서 지급근거는 내부의 사규, 지급규정, 세금계산서 같은 증빙 등을 말한다.

제 14 장

법인전환관련 세무리스크 관리법

개인이 임대사업을 영위하면 6~45% 같은 세율로 소득세를 내야 한다. 따라서 이러한 상황에서 소득세 부담이 많은 경우에는 법인전환을 고려하게 된다. 하지만 법인전환을 시도할 때에는 전환비용이 많이 들기 때문에 사전에 실익분석을 정확히 할 필요가 있다. 그리고 실제 전환 시에는 절차에 맞게 세무리스크도 관리해야 한다. 이 장에서는 주로 법인전환과 관련된 세무리스크를 살펴보고 이에 대한 관리법을 제시한다.

본 장에서 살펴볼 주요 내용들은 아래와 같다.

- 법인전환실익관련 세무리스크 진단
- 법인전환절차관련 세무리스크 진단
- 양도소득세 이월과세관련 세무리스크 진단
- 취득세 감면관련 세무리스크 진단
- 법인전환사례와 전환비용(종합)

제1절 법인전환관련 세무리스크 진단

CEO와 실무자들은 법인전환과 관련되어 발생하는 세무리스크의 존재를 점검하고 이에 문제가 있는 경우에는 적극적으로 대책을 세워야 한다. 아래에서 진단을 해보고 대책을 세워보자.

STEP1 각 항목별 체크

아래 해당되는 곳에 '○, ×' 표시를 한다.

구분	상 황	해당 여부
1	법인전환방법의 종류를 알고 있다.	
2	법인전환을 하는 것이 유리한 경우를 알고 있다.	
3	부동산매매업은 법인전환을 할 수 없는 이유를 알고 있다.	
4	임대업은 법인전환이 유리하지 않을 수 있음을 알고 있다.	
5	세감면 법인전환에 대한 절차를 알고 있다.	
6	법인전환에 따른 양도소득세 이월과세 규정을 알고 있다.	
7	법인전환에 따른 취득세 감면내용을 알고 있다.	
8	면제받은 취득세에 대해 15% 최소납부제도가 적용됨을 알고 있다.	
9	법인전환에 대한 사후관리 내용을 알고 있다.	
10	법인전환 후 3년간 성실신고확인제도가 적용됨을 알고 있다.	

STEP2 대책수립

위에서 파악된 '×'표시에 따라 다음과 같이 대책을 세운다.

- ×표시가 7개 이상 → 법인전환관련 세무리스크에 대한 이해가 전혀 안되어 있다. 따라서 지금 당장 이에 대한 대비책을 세우도록 한다.
- ×표시가 4~6개 → 법인전환관련 세무리스크에 대한 이해가 어느 정도 되어 있다. 따라서 현행의 제도를 정비하고 부족한 부분을 보완한다.
- ×표시가 3개 이하 → 법인전환관련 세무리스크에 대한 이해가 되어 있다. 현행의 제도를 유지한다.

법인전환실익관련 세무리스크 관리법

부동산관련 사업을 개인사업자로 영위하다가 법인전환을 하는 경우가 종종 있다. 하지만 무턱대고 법인전환을 하면 낭패를 낭하기 쉽다. 취득세와 양도소득세 등이 나올 수 있기 때문이다. 이하에서 이에 대한 실익분석부터 해보자.

1 법인전환실익관련 세무리스크 발생 사례1

K임대사업자의 재무상태표는 아래와 같다. 각 상황별로 답을 하면?

자료

- 자산분류 : 유형자산
- 임대현황 : 연간 임대료 3억 원 발생함.
- 예상비용 : 임대료의 50%

- 상황1 : K임대사업자가 법인을 만들어 이를 임대하면 종합소득세에 비해 법인세는 얼마나 나올까?
- 상황2 : K임대사업자는 이미 다른 소득에서 과세표준 3억 원이 넘었다. 이 경우 임대소득에 대해 얼마의 세금이 예상되는가? 단, 한계세율 40%를 적용한다.
- 상황3 : 만일 법인으로 운영한 경우 배당소득세 14%를 포함한다면 이에 대한 결과는? 단, 배당금은 이익에서 산출세액을 차감한 금액을 배당한다고 하자.

상황에 맞춰 답을 찾아보면 다음과 같다.

첫째, (상황1) K임대사업자가 법인을 만들어 이를 임대하면 종합소득세에 비해 법인세는 얼마나 나올까?

개인과 법인이 임대하면 임대소득에 대해 종합소득세와 법인세를 내야 한다. 이를 비교하면 다음과 같다.

구 분	개 인	법 인
임대수입	3억 원	3억 원
– 임대비용	1억 5천만 원	1억 5천만 원
= 임대소득	1억 5천만 원	1억 5천만 원
× 세율	35%	10%
– 누진공제	1,490만 원	–
= 산출세액	3,760만 원	1,500만 원

둘째, (상황2) K임대사업자는 이미 다른 소득에서 과세표준 3억 원이 넘었다. 이 경우 임대소득에 대해 얼마의 세금이 예상되는가? 단, 한계세율 40%를 적용한다.

구 분	개 인	법 인
임대수입	3억 원	3억 원
– 임대비용	1억 5천만 원	1억 5천만 원
= 임대소득	1억 5천만 원	1억 5천만 원
× 세율	40%	10%
– 누진공제	–[141]	–
= 산출세액	6천만 원	1,500만 원

셋째, (상황3) 만일 법인으로 운영한 경우 배당소득세 14%를 포함한다면 이에 대한 결과는? 단, 배당금은 이익에서 산출세액을 차감한 금액을 배당한다고 하자.

구 분	개 인	법인/주주		
		법인세	배당(주주)	계
상황1의 경우	3,760만 원	1,500만 원	1,890만 원[142]	3,390만 원
상황2의 경우	6천만 원	1,500만 원	1,890만 원	3,390만 원

법인의 경우 배당소득세를 추가하더라도 한계세율이 높은 K씨보다 유리한 결과가 도출되었다.

141) K씨는 이미 다른 소득에 의해 40%를 적용받고 있으므로 누진공제를 적용하지 않는다.
142) (임대소득 – 산출세액) × 14% = (1억 5천만 원 – 1,500만 원) × 14% = 1,890만 원

② 법인전환실익관련 세무리스크 발생 사례2

위 사례의 연장선상에서 각 상황별로 답을 하면?

- 상황1 : 위 임대사업을 법인으로 경영할 수 있는 방법은?
- 상황2 : 이때 개인에서 법인으로 바꿔서 사업을 진행하면 어떤 문제점이 발생할까?
- 상황3 : 상황2의 양도소득세와 취득세에 대해 세금혜택을 받기 위해서는 어떤 조건을 충족해야 하는가?

상황에 대한 답을 찾아보면 다음과 같다.

첫째, (상황1) 위 임대사업을 법인으로 경영할 수 있는 방법은?

개인임대사업을 법인으로 운영하는 방법을 생각하면 다음과 같은 것들이 있을 수 있다.

개 인		법 인
① 개인 임대부동산	현물출자[143] 또는 사업양수도[144]로 소유권 이전 ⇒	신설법인이 운영
② 개인 임대부동산	현물출자 또는 사업양수도로 소유권 이전 ⇒	기존법인이 운영
③ 개인 임대부동산	(소유권 이전 없음) ⇒	건물관리법인이 위탁관리

둘째, (상황2) 이때 개인에서 법인으로 바꿔서 사업을 진행하면 어떤 문제점이 발생할까?

개인이 위 ①이나 ②의 부동산을 신설법인이나 기존법인에 이전하게 되면 개인에게는 양도소득세 과세문제가, 법인에게는 취득세 과세문제가 발생한다.

143) 현금이 아닌 현물(물건)로 자본을 출자하는 것을 말한다. 출자자는 이에 대한 대가로 법인의 주식을 획득한다.

144) 법인에 사업자체를 유상으로 넘기는 것을 말한다. 시장에서 물건을 사고파는 것과 같다. 법인의 주주가 되기 위해서는 별도의 출자과정이 있어야 한다.

셋째, (상황3) 상황2의 양도소득세와 취득세에 대해 세금혜택을 받기 위해서는 어떤 조건을 충족해야 하는가?

「조세특례제한법」 제32조와 「지방세특례제한법」 제57조의2에서 제시한 요건을 충족하면 양도소득세는 이월과세, 취득세는 75% 감면을 받을 수 있다.

「조세특례제한법」 제32조 등 법인전환

「조세특례제한법」 제32조 등에서 규정하고 있는 ①현물출자나 ②사업양수도에 의한 방법 중 하나를 선택하면 양도소득세 이월과세, 취득세 감면 등을 적용받을 수 있다.

구 분	현물출자	사업양수도
개념	개인사업자가 자기의 사업용 고정자산[145]을 현물출자하여 법인을 설립하는 것	개인사업자가 법인을 설립한 후, 법인에게 개인사업자의 사업용 고정자산을 포괄적으로 양수도하는 것
요건	• 소비성 서비스업(무도업 등)이 아닐 것 • 설립법인의 자본금이 법인으로 전환하는 사업장의 순자산가액(= 시가평가 자산가액 - 충당금 등을 포함한 부채가액) 이상일 것 • 이월과세신청서를 제출할 것	• 좌동 • 법인설립 후 3개월 이내 사업을 양수도할 것

2020년 7·10대책과 법인전환

2020년 7·10대책에서는 법인전환에 대한 세제혜택을 대폭 축소시켰다.

구 분	개정 내용	시행시기 등
양도소득세 이월과세	주택/권리에 대해서는 이월과세 대상에서 제외	2021.1.1. 이후 법인전환분
취득세 감면	2020.8.12. 이후 「통계법」 제22조에 따른 부동산임대업 및 공급업은 취득세 감면 적용배제	2020.8.12. 이후 법인전환분

2022년 1월 현재 주택에 대해서는 양도소득세 이월과세를 적용받을 수 없고, 부동산임대업 및 공급업자의 법인전환에 대한 취득세 감면도 받을 수 없다. 따라서 부동산임대업을 제외한

145) 사업에 직접 사용되는 유형자산 및 무형자산을 말한다. 따라서 재고자산과 투자자산은 사업용 고정자산이 아니므로 법인전환 시 감면혜택이 없다. 따라서 법인전환에 따른 세감면은 부동산임대업 정도에서만 적용될 수 있다.

일반 업종(제조업 등)을 영위하면서 보유한 부동산 정도에 대해서만 법인전환의 효과가 발생할 것으로 보인다.

3 법인전환실익관련 세무리스크 관리법

부동산업과 관련하여 개인사업자가 부동산업을 법인으로 전환하는 동기는 무엇일까? 이하에서 업종별로 실익분석을 해보자.

(1) 부동산매매업

개인사업자에게 양도소득세 비교과세제도가 적용되는 경우 법인으로 전환하면 세부담이 줄어들 가능성이 높다. 하지만 현행 세법은 재고자산에 대해서는 법인전환을 허용하고 있지 않다. 재고자산은 양도소득세 과세대상이 아니기 때문이다. 따라서 법인을 통해 매매를 생각하는 경우에는 법인설립 후에 이 법인에 소유권을 이전할 수밖에 없다. 다만, 이때 재고자산 매매가액에 대한 부당행위계산부인제도, 법인의 취득세문제 등을 검토해야 한다.

「조세특례제한법」 집행기준 32-29-1 [사업용 고정자산의 범위]

사업용 고정자산은 사업에 직접 사용하는 유형자산과 무형자산을 말하는 것으로, 사업에 직접 사용하지 아니하는 토지나 건설중인 자산(그에 딸린 토지 포함) 또는 재고자산을 현물출자하는 경우에는 이월과세가 적용되지 아니한다.

☞ 사업에 직접 사용하지 아니하는 토지나 건설중인 자산(그에 딸린 토지 포함) 또는 재고자산을 현물출자하는 경우에는 이월과세가 적용되지 아니한다.

(2) 부동산임대업

부동산임대 중에 개인소득세율이 높은 경우나 법인을 통해 상속이나 증여관리를 하고자 하는 경우 법인이 유리할 수 있다. 특히 주택이나 상가 등을 임대하면 이는 사업용 고정자산에 해당하므로 이에 대해서는 법인전환이 가능하다. 하지만 2020년 7·10대책으로 부동산임대업 법인전환의 실익이 대부분 없어졌다.

(3) 신축판매업

신축분양에 따른 소득세 부담이 많이 예상되는 경우 법인이 유리하나 재고자산에 대해서는 법인전환을 허용되지 않는다.

Tip

■ **법인전환에 따른 성실신고확인제도 적용**

개인사업자가 법인전환을 하게 되면 전환 후 3년 동안에 성실신고확인제도가 적용된다. 이 제도는 과세표준 및 세액 신고 시 세무사 등이 작성한 성실신고확인서 제출하는 것으로써 수입과 비용에 대해 건별로 타당성을 검증하게 된다. 참고로 이러한 성실신고확인대상은 아래와 같은 요건을 모두 충족한 법인에도 적용된다.

- 해당 사업연도의 상시근로자 수가 5인 미만
- 지배주주 및 특수관계인 지분합계가 전체의 50% 초과
- 부동산임대업 법인 또는 이자 · 배당 · 부동산임대소득이 수입금액의 70%(2022년 50% 예정) 이상인 법인

※ 2021년 개정세법

아래에 해당하는 경우에도 성실신고확인제도를 적용한다(「법인세법」 제60조의2 제1항 제3호 신설)

현물출자 등에 의해 전환한 내국법인이 그 전환에 따라 경영하던 사업을 같은 호에서 정하는 방법으로 인수한 다른 내국법인(같은 호에 따른 전환일부터 3년 이내인 경우로서 그 다른 내국법인의 사업연도 종료일 현재 인수한 사업을 계속 경영하고 있는 경우로 한정한다)(2021.12.21. 신설)

제3절 법인전환절차관련 세무리스크 관리법

이제 부동산과 관련한 법인전환은 부동산임대업을 제외한 업종에서나 실익이 있다. 하지만 법인전환 때 개인이 소유한 부동산을 법인에 넘기는 과정에서 양도소득세와 취득세가 나오는데 이에 대한 해결이 되지 않으면 이 경우에도 법인전환의 실익이 없어진다. 그래서 세법에서는 이에 대한 문제점을 해결해주기 위해 요건을 충족하면 세금혜택을 부여하고 있다. 이하에서는 세감면을 받을 수 있는 법인전환절차와 관련된 세무리스크 발생 사례 및 이에 대한 관리법을 알아보자.

1 법인전환절차관련 세무리스크 발생 사례1

K제조사업자의 재무상태표는 아래와 같다. 각 상황별로 답을 하면?

자료

- ○ 사업용 고정자산(일반건물)의 취득가액 : 10억 원(기준시가는 15억 원, 시가는 20억 원), 10년 이상 보유
- ○ 부채 : 0원
- ○ 건물소재지 : 서울

- 상황1 : 현물출자란?
- 상황2 : 현물출자에 따른 소유권 이전에도 양도소득세와 취득세의 과세대상이 되는가?
- 상황3 : 사례의 경우 얼마의 세금이 예상되는가?
- 상황4 : 사례의 경우 어떤 세금을 어떻게 감면받을 수 있는가?

상황에 대한 답을 찾아보면 다음과 같다.

첫째, (상황1) 현물출자란?

개인소유의 부동산을 법인에 출자하는 것을 현물출자라고 한다. 즉 자본을 현금이 아닌 물건으로 출자하는 것을 의미한다.

둘째, (상황2) 현물출자에 따른 소유권 이전에도 양도소득세와 취득세의 과세대상이 되는가?

그렇다. 현물출자는 개인이 법인에게 부동산을 출자하고 대신 주식을 받게 되므로 이는 부동산으로 주식을 산 것과 같다. 이 과정에서 부동산에 대한 소유권도 법인에게로 이전되므로 당연히 양도소득세와 취득세 과세대상이 된다.

셋째, (상황3) 사례의 경우 얼마의 세금이 예상되는가?

사례의 자료를 바탕으로 관련세금을 계산해보면 다음과 같다.

구 분	개 인	법 인[146]
양도소득세	양도차익 10억 원 − 장기보유특별공제 3억 원 = 과세표준 7억 원 × 세율 42% − 누진공제 3,540만 원 = 2억 5,860만 원	−
취득세 (소유권 이전)	−	• 수도권 과밀억제권역 내 설립 : 중과세 −20억 원 × 9.4% = 1억 8,800만 원 • 수도권 과밀억제권역 외 설립 : 일반과세 −20억 원 × 4.6% = 9,200만 원
취득세 (설립등기)	−	설립 시 자본금에 대해 0.4~1.2%까지 등록면허세가 발생함. 이 등록면허세는 감면이 적용되지 않음.

넷째, (상황4) 사례의 경우 어떤 세금을 어떻게 감면받을 수 있는가?

위의 양도소득세는 향후 법인이 양도할 때로 납부시점이 연기되며, 취득세는 취득시점에 75% 상당액을 감면을 받을 수 있다. 참고로 「지방세특례제한법」 제177조의2에서는 취득세 또는 재산세가 전액 면제되는 경우 취득세 또는 재산세의 면제규정에도 불구하고 100분의 85에 해당하는 감면율을 적용하도록 하고 있다. 따라서 앞의 75% 감면은 전액 면제가 아니므로 이 규정이 적용되지 않는다.

146) 법인의 경우 법인설립에 따른 자본금에 대한 등록면허세가 0.4%(중과배율은 3배)만큼 부과되며 기타 수수료 등이 발생한다.

2 법인전환절차관련 세무리스크 발생 사례2

앞의 K제조사업자의 재무상태표를 보고 각 상황별로 답을 하면?

자료

- ㅇ 사입용 고정자산(일반건물)의 취득가액 : 10억 원(현재 기준시가는 15억 원), 시가는 20억 원 정도 예상되나 불분명함.
- ㅇ 건물소재지 : 서울

- 상황1 : 세법상 현물출자에 대해서는 어떻게 평가하는 것이 원칙일까?
- 상황2 : 「상법」에서는 어떻게 평가할까?
- 상황3 : 기준시가 15억 원으로 출자하면 어떤 문제가 있을까?

상황에 대한 답을 찾아보면 다음과 같다.

첫째, (상황1) 세법상 현물출자에 대해서는 어떻게 평가하는 것이 원칙일까?

세법은 원칙적으로 시가로 평가하도록 하고 있다. 하지만 시가가 불분명한 경우가 있기 때문에 이때에는 다른 방법을 통해 산정된 금액을 시가대용으로 사용할 수 있다. 아래의 내용을 참조하기 바란다.

「조세특례제한법 기본통칙」 32-29…2 [법인전환 시 순자산가액 요건]

① 사업장의 순자산가액을 계산함에 있어서 영업권은 포함하지 아니한다.

② 영 제28조 제1항 및 제29조 제5항의 순자산가액을 계산함에 있어서 '시가'라 함은 불특정다수인 사이에 자유로이 거래가 이루어지는 경우에 통상 성립된다고 인정되는 가액을 말하며, 수용 · 공매가격 및 감정가액[147] 등 「상속세 및 증여세법 시행령」 제49조의 규정에 의하여 시가로 인정되는 것을 포함한다.

둘째, (상황2) 「상법」에서는 어떻게 평가할까?

「상법」에서는 주식회사(유한회사는 제외)의 현물출자가 자본충실을 저해해 주주와 채권자 등의 재산권을 침해할 소지가 있으므로 검사인으로 하여금 조사를 하게 하거나, 공인된 감정인(감정평가사)의 감정평가로 대체할 수 있도록 하고 있다.

147) 통상 2 이상의 감정평가를 받은 후 이를 산술평균한 금액을 말한다.

☞ 「상법」상 현물출자에 관한 내용은 「상법」 제290조(변태설립사항), 제298조(이사 · 감사의 조사 · 보고와 검사인의 선임청구), 제299조(검사인의 조사, 보고) 등을 참조하기 바란다(법제처).

셋째, (상황3) 기준시가 15억 원으로 출자하면 어떤 문제가 있을까?

현물출자액이 시가보다 낮은 기준시가로 현물출자를 할 수 있는지의 여부는 세법과 「상법」의 관점에서 살펴볼 필요가 있다. 우선 세법의 경우 세법에서 정한 규정에 따라 시가나 매매사례가액 등이 없으면 기준시가로도 현물출자가 가능하다. 하지만 「상법」의 경우 검사인의 조사 등이 있어 현실적으로 감정평가액으로 출자가액이 정해지는 경우가 많다.

잠깐퀴즈

「상법」은 유한회사에 대해 검사인의 선임청구나 감정인의 감정평가 등을 요구하고 있지 않다. 왜 그런가?
유한회사는 폐쇄적인 법인으로 주식이 분산되어 있는 주식회사와 차이가 있기 때문이다. 즉 유한회사는 선의의 이해관계자들에게 피해를 덜 줄 수 있으므로 규제강도가 약하다.

3 법인전환절차관련 세무리스크 관리법

사업용 부동산의 법인전환 시 그 절차와 관련하여 대두되는 세무리스크 관리법을 정리하면 다음과 같다.

(1) 현물출자가액관련

주식회사는 「상법」상의 검사인에 의해 현물출자가액에 대한 검사를 받게 된다(유한회사는 제외). 한편 「상법」 및 세법상 현물출자가액을 어떻게 정하는지 이에 대해 알아둬야 한다.

(2) 현물출자의 이행관련

법인에 현물출자 시에는 「상법」과 세법의 내용을 충실히 지켜야 한다.

(3) 세무회계관련

현물출자가 이행되는 과정에서 발생하는 각종 비용들은 취득가액에 합산해야 한다.

Tip

■ 법인전환절차(현물출자와 사업양수도)

현물출자와 사업양수도에 따른 법인전환절차 등을 정리해보자.

1. 현물출자에 의한 법인전환절차

현물출자는 먼저 법인을 설립해 둔 후 개인의 자산 및 부채 등을 신설된 법인에 포괄적으로 출자하는 것을 말한다. 이때 개인사업자는 반드시 법인설립 시 발기인으로 참여해야 한다.

개 인	법 인
결산(전환일 기준)	법인설립 • 소비성업종 제외 • 개인사업체의 순자산가액 이상 현물 등으로 자본금조달
▼	
순자산가액 확인 • 시가기준(영업권 미반영) – 감정가액	
▼	
현물출자계약	현물인수 및 검사인의 조사 또는 감정인의 감정(유한회사는 생략)
▼	
주식수령	• 법인설립등기 및 주식교부 • 사업자등록신청
▼	
폐업 및 부가가치세 신고 • 폐업신고는 지체없이 • 전환일 말일로부터 25일 내에 부가가치세 신고	취득세 감면신청
▼	
양도소득세 이월과세신청 • 전환일이 속하는 달의 말일부터 2개월 이내(거주지 세무서) • 포괄양수도계약서, 이월과세적용신청서 등 제출	
▼	
종합소득세 신고	법인세 신고

☞ 현물출자방식에 의해 법인전환을 할 때 세법상의 요건을 갖추면 조세감면혜택이 있으나, 이에 대한 요건을 갖추지 못하면 조세감면을 받지 못한다. 따라서 개인에게는 양도소득세가 과세되는 한편, 법인에게는 취득세가 부과된다. 아래의 사업양수도의 방식도 마찬가지이다.

2. 포괄 사업양수도에 의한 법인전환절차

포괄 사업양수도는 사업에 관한 권리 · 의무를 그대로 넘기는 것으로 개인은 법인으로부터 부동산 양도대가를 현금으로 받는 것이 원칙이다.

개 인	법 인
결산(전환일 기준)	법인설립 • 소비성업종 제외 • 개인사업체의 순자산가액 이상 현금으로 자본금조달 • 1년 이상 사업영위 개인사업자가 발기인(주주)으로 참여 (2006.1.1. 이후 폐지) • 개인사업자는 대표이사가 될 필요는 없음.
▼	
순자산가액 확인 • 시가기준(영업권 미반영) - 감정가액	사업자등록신청
▼	
사업양수도계약 • 법인설립일로부터 3개월 이내 체결	• 포괄 사업양수도에 따른 현금지급(법인설립 후 3개월 내에 사업에 대한 포괄적인 양도가 되어야 함. 소유권 이전 등) ※ 모든 권리 · 의무가 이전되어야 하므로 이에 대한 확인절차가 중요함. 이사회 승인과 주총 특별결의
▼	
폐업 및 부가가치세 신고 • 폐업신고는 지체없이 • 폐업일의 말일로부터 25일 내에 부가가치세 신고	취득세 감면신청
▼	
양도소득세 이월과세신청 • 양수도일이 속하는 달의 말일부터 2개월 이내(거주지 세무서) • 포괄양수도계약서, 이월과세적용신청서 등 제출	

개 인	법 인
▼	
종합소득세 신고	법인세 신고

☞ 법인전환 시 개인사업에서 발생한 이월결손금은 법인전환 시 전액 소멸되며, 미지급된 퇴직금도 부채로 보아 법인에게로 이전된다. 기타 절차에 따른 세무회계의 실무처리(회계처리 포함)는 다소 복잡할 수 있으므로 저자가 운영하는 카페 등을 통해 문의 또는 확인하기 바란다.

법인전환의 요약

앞에서 살펴본 전환 유형에 대한 내용을 대략적으로 요약하면 다음과 같다.

구 분		조세지원	검사인의 조사	소유권 이전 시 국민채권 매입의무	소요시간
현물출자	일반	×	○	○	장기
	세감면	○	○	×[148)	장기
사업 양수도	일반	×	×	○	단기
	세감면	○	×	○	단기

☞ 참고로 개인기업과 개인기업간 또는 중소기업인 개인기업과 법인기업간이 통합에 의하여 법인을 신규로 설립하거나 기존법인이 흡수 통합하는 방법도 있다. 이는 소멸사업장의 대표자가 존속법인의 주주가 되며, 소멸 사업장의 대표자가 인수하는 주식 또는 지분이 소멸사업장의 순자산가액 이상이 되면 앞에서 본 세감면을 받을 수 있다. 한편 전환비용에 대해서는 이 장의 '필수 세무상식'편에서 다루고 있다.

148) 「조세특례제한법」 제32조의 현물출자에 의한 세감면 요건을 충족한 법인전환의 경우 국민주택채권구입의무가 면제된다(「주택도시기금법 시행령」 제6조 제1항 별표1). 다만, 이 채권을 「중소기업기본법」에 따른 중소기업을 경영하는 자가 해당 사업에 1년 이상 사용한 사업용 자산을 현물출자하여 설립한 법인(자본금이 종전 사업자의 1년간 평균순자산가액 이상인 경우로 한정한다)의 설립에 따른 등기에 해당되어야 한다. 사업양수도에 의한 법인전환은 이 채권을 의무구입해야 하는데 이 부분이 현물출자의 장점이 될 수 있다.

양도소득세 이월과세(과세이연)관련 세무리스크 관리법

양도소득세 이월과세는 현물출자 당시에 개인에게 양도소득세를 과세하지 않고 향후 전환법인이 해당 부동산을 양도했을 때 양도소득세를 내도록 하는 제도를 말한다. 일종의 과세이연제도에 해당한다. 이하에서 이에 대한 세무리스크 발생 사례와 이의 관리법을 알아보자.

1 양도소득세 이월과세관련 세무리스크 발생 사례1

앞의 사례를 연장하자. 각 상황별로 답을 하면?

자료

- ○ 사업용 고정자산(일반건물)의 취득가액 : 10억 원(기준시가는 15억 원, 시가는 20억 원), 15년 이상 보유
- ○ 부채 : 0원
- ○ 건물소재지 : 서울

- 상황1 : K씨는 이 부동산에 대해 감정평가를 두 군데 받아 법인전환을 하기로 하였다. 이 경우 현물출자가액은 얼마인가?
- 상황2 : K씨는 얼마의 양도소득세가 예상되는가?

상황에 대한 답을 찾아보면 다음과 같다.

첫째, (상황1) K씨는 이 부동산에 대해 감정평가를 두 군데 받아 법인전환을 하기로 하였다. 이 경우 현물출자가액은 얼마인가?

현물출자가액을 어떤 식으로 정하는지는 관련 세금의 크기 등에 절대적인 영향을 준다. 이에 대해 세법은 원칙적으로 현물출자일 현재의 시가로 평가하도록 하고 있다. 따라서 자료상의 20억 원으로 평가될 가능성이 높다.

관련 예규 : 부동산납세과-478, 2014.7.8.

거주자가 사업용 고정자산[149]을 현물출자하여 법인으로 전환하는 사업장의 순자산가액은 현물출자일 현재의 시가로 평가한 자산의 합계액에서 충당금을 포함한 부채의 합계액을 공제하여 계산하는 것이며, 이 경우 공제대상 부채는 당해 사업과 관련하여 발생된 부채를 말하는 것임.

둘째, (상황2) K씨는 얼마의 양도소득세가 예상되는가?

시가기준과 기준시가기준을 비교하는 형식으로 답을 찾아보자. 양도소득세는 현물출자가액에서 취득가액을 차감한 금액에서 장기보유특별공제 등을 적용한 과세표준에 양도소득세율을 곱해 계산한다. 단, 기본공제 250만 원은 적용하지 않는다.

구 분	시가기준	기준시가기준
양도가액	20억 원	15억 원
- 취득가액	10억 원	10억 원
= 양도차익	10억 원	5억 원
- 장기보유특별공제(30%)	3억 원	1.5억 원
= 과세표준	7억 원	3.5억 원
× 세율	42%	40%
- 누진공제	3,540만 원	2,540만 원
= 산출세액	2억 5,860만 원	1억 1,460만 원

참고로 2021년 1월 1일부터는 주택에 대해서는 양도소득세 이월과세가 적용되지 않는다. 또한 2020년 8월 12일부터 상가 등 부동산임대업은 취득세 감면을 적용하지 않으므로 양도소득세 이월과세는 주택과 부동산임대업을 제외한 제조업 등의 사업용 부동산에만 일부 적용될 것으로 보인다.

2 양도소득세 이월과세관련 세무리스크 발생 사례2

K씨는 L법인을 설립하여 법인전환을 통해 앞의 부동산을 법인에게 이전하였다. 그 이후

149) 당해 사업에 직접 사용하는 유형자산 및 무형자산(1981년 1월 1일 이후에 취득한 부동산으로서 기획재정부령이 정하는 법인의 업무와 관련이 없는 부동산의 평가기준에 해당되는 자산을 제외한다)을 말한다.

법인은 아래와 같이 해당부동산을 양도하였다. 각 상황별로 답을 하면?

자료

- 현물출자가액 : 20억 원
- 법인 양도가액 : 40억 원
- 법인의 기타수익 : 20억 원
- 법인의 운영비용 : 20억 원
- 이월결손금 : 20억 원

- 상황1 : 법인전환 후 5년 내에 이 부동산을 양도하면 어떤 문제가 있는가?
- 상황2 : 법인전환 후 5년이 경과한 후에 이 부동산을 양도하면 이월된 양도소득세는 얼마인가?
- 상황3 : 상황2에서 법인세는 얼마나 되는가?

상황에 대한 답을 찾아보면 다음과 같다.

첫째, (상황1) 법인전환 후 5년 내에 이 부동산을 양도하면 어떤 문제가 있는가?

5년 내에 사업을 폐지하면 당연히 이월된 양도소득세를 내야 한다. 사유발생일이 속하는 달의 말일부터 2개월 이내에 이를 내도록 하고 있다.

둘째, (상황2) 법인전환 후 5년이 경과한 후에 이 부동산을 양도하면 이월된 양도소득세는 얼마인가?

앞에서 시가로 계산되어 이월과세된 양도소득세 2억 5,860만 원을 납부하게 된다. 이외 지방소득세도 추가로 납부해야 한다. 참고로 이렇게 이월된 양도소득세를 나중에 납부하더라도 이때에는 가산금 등의 불이익이 없다.[150)]

셋째, (상황3) 상황2에서 법인세는 얼마나 되는가?

전환법인이 현물출자로 받은 부동산을 사후관리기간인 5년이 경과된 후에 40억 원에 양도하는 경우 아래와 같이 과세된다. 참고로 현물출자로 이월과세된 양도소득세 납세의무자는 법인이 아닌 개인이 된다. 다만, 세법은 납세편의를 고려해 이월과세된 세액을 법인세로

150) 이월과세된 양도소득세의 실질적인 납세의무자는 현물출자한 개인이 되나, 법인이 법인세로 납부해야 한다.

납부하도록 하고 있다.

구 분	금 액	비 고
익금(수익)	60억 원	양도가액 + 기타수익
− 손금(비용)	40억 원	현물출자가액 + 법인비용
= 각 사업연도 소득금액	20억 원	
− 이월결손금	12억 원	10년(2021년 이후는 15년) 이내의 이월결손금 중 60%[151]는 공제됨.
= 과세표준	8억 원	
× 세율	20%	
− 누진공제	2천만 원	
= 산출세액	1억 4천만 원	

3 양도소득세 이월과세관련 세무리스크 관리법

현물출자에 의한 양도소득세 이월과세 내용을 정리하면 다음과 같다.

(1) 현물출자 시

법에서 정한 요건을 갖춰 현물출자 시 양도소득세 이월과세가 적용된다. 이때에는 이월과세신청서(아래 참조)를 제출해야 한다.

(2) 전환법인 양도 시

이월된 양도소득세는 현물출자한 개인이 부담하는 것으로 법인이 법인세로 납부한다. 한편 현물출자가액을 초과한 이익에 대해서는 법인세를 내야 한다.

(3) 현물출자조건 위반 시

양도소득세 이월과세가 취소되고 양도소득세가 바로 추징된다. 이때 사후관리 요건을 위반하는 경우에도 마찬가지이다. 예를 들어 법인의 설립등기일부터 5년 이내에 다음 각 호의

151) 일반기업의 이월결손금은 당해연도 소득의 60%만큼 공제가 된다. 「조세특례제한법」 제5조 제1항에서 규정하고 있는 중소기업은 당해연도 소득의 100%를 인정받을 수 있다. 부동산임대업은 이와 관계가 없다.

어느 하나에 해당하는 사유가 발생하는 경우에는 이월과세를 적용받은 거주자가 사유발생일이 속하는 달의 말일부터 2개월 이내에 제1항에 따른 이월과세액(해당 법인이 이미 납부한 세액을 제외한 금액을 말한다)을 양도소득세로 납부하여야 한다. 이 경우 사업 폐지의 판단기준 등에 관하여 필요한 사항은 대통령령으로 정한다.

- 설립된 법인이 제1항을 적용받은 거주자로부터 승계받은 사업을 폐지하는 경우
- 이월과세를 적용받은 거주자가 법인전환으로 취득한 주식 또는 출자지분의 100분의 50 이상을 처분하는 경우

Tip

■ **법인전환과 세무회계처리법**

개인이 1억 원에 취득한 자산을 2억 원에 현물출자하고 이후 법인이 4억 원에 양도하는 경우 회계처리는 아래와 같다.

① 자산 취득 시

(차변) 자산	2억 원	(대변) 자본금	2억 원

② 자산 처분 시

(차변) 현금	4억 원	(대변) 자산	2억 원
		처분이익	2억 원

이렇게 처리한 후에 처분이익에 대해서는 법인세를 내게 된다. 참고로 이월된 양도소득세에 대한 회계처리에 대해서는 이론이 정립되지 않은 것이 현실이다. 이 양도소득세는 사실상 법인의 부채가 아니기 때문에 법인의 장부에 계상이 되면 안되기 때문이다. 하지만 법인세로 납부해야 하므로 근거를 확보하는 차원에서 장부에 계상하는 것도 고려해볼 필요가 있다. 비망기록도 검토해볼만 하다.

■ 조세특례제한법 시행규칙 [별지 제12호 서식](2015.3.13. 개정)

이월과세적용 신청서

※ 뒤쪽의 작성방법을 읽고 작성하시기 바랍니다. (앞쪽)

신청인 (양도자)	① 상호	② 사업자등록번호
	③ 성명	④ 생년월일
	⑤ 주소 (전화번호 :)	

양수인	⑥ 상호	⑦ 사업자등록번호
	⑧ 성명	⑨ 생년월일
	⑩ 주소 (전화번호 :)	

이월과세적용 대상 자산

⑪ 자 산 명	⑫ 소 재 지	⑬ 면 적	⑭ 취득일	⑮ 취 득 가 액

⑯ 양 도 일	⑰ 양 도 가 액	⑱ 이월과세액	⑲ 비 고

소멸하는 사업장의 순자산가액의 계산

⑳ 사업용자산의 합계액 (시가)	부 채		㉓ (⑳－㉒) 순 자 산 가 액
	㉑ 과 목	㉒ 금 액	

「조세특례제한법 시행령」 [ ] 제28조 제3항 / [ ] 제29조 제4항 / [ ] 제63조 제10항 / [ ] 제65조 제5항 에 따라 이월과세의 적용을 신청합니다.

년 월 일

신청인(양도인) (서명 또는 인)

양수인 (서명 또는 인)

세무서장 귀하

첨부 서류	1. 사업용자산 및 부채명세서 1부 (전자신고 방식으로 제출하는 경우에는 구비서류를 제출하지 않고 법인이 보관합니다) 2. 현물출자계약서 사본 1부(「조세특례제한법 시행령」 제63조 제10항에 따라 신청하는 경우로 한정합니다)	수수료 없 음
담당 공무원 확인사항	이월과세적용대상자산의 건물(토지) 등기사항증명서	

210㎜× 297㎜[백상지 80g/㎡ 또는 중질지 80g/㎡]

(뒤쪽)

작 성 방 법

1. 이월과세적용대상 자산 · 사업용자산 및 부채명세는 각각 별지로 작성합니다.

2. "⑮ 취득가액"란 및 "⑰ 양도가액"란은 "⑱ 이월과세"란의 금액을 기준시가로 산정하는 경우 기준시가를 기재하고, 실지거래가액으로 산정하는 경우 실지거래가액을 적습니다.

3. "⑯ 양도일"란은 통합일(법인전환일) 또는 현출출자일을 적습니다.

4. "⑳ 사업용자산의 합계액"란은 소멸하는 사업장의 사업용자산을 시가로 평가한 후 그 합계액을 적습니다.

5. "㉓ 순자산가액"란은 소멸하는 사업장의 사업용자산에 대한 시가의 합계액에서 부채의 합계액을 차감한 금액을 적습니다.

6. 「조세특례제한법 시행령」 제63조 제10항 및 제65조에 따른 이월과세는 "⑳ 사업용자산의 합계액(시가)"란부터 "㉓ 순자산가액"란까지는 적지 않습니다.

210㎜×297㎜[백상지 80g/㎡ 또는 중질지 80g/㎡]

취득세 감면관련 세무리스크 관리법

법인전환에 따라 발생하는 법인의 취득세 문제를 따져보자. 앞에서 본 양도소득세 이월과세는 양도소득세 납부시점을 연기하는 것에 불과하지만 취득세 감면은 취득세의 일부를 감면한다는 관점에서 매우 중요하다.

1 취득세 감면관련 세무리스크 발생 사례1

앞 K제조사업자의 사례를 연장하여 취득세와 관련된 내용들을 알아보자. 각 상황별로 답을 하면?

자료

- ○ 현물출자가액 : 20억 원
- ○ 부채 : 0원
- ○ 건물소재지 : 서울

- 상황1 : 현물출자 시 발생하는 취득세는 얼마인가? 취득세 기본세율은 4%로 한다.
- 상황2 : 현물출자 시 발생하는 취득세가 중과세되면 취득세는 얼마인가? 단, 중과기준세율은 2%의 2배(4%)로 한다.
- 상황3 : 법인전환으로 통해 이 취득세를 감면받을 수 있는 요건은?
- 상황4 : 법인설립 시 자본금에 대한 등록면허세는 얼마인가? 그리고 이 세금은 감면이 되는가?

상황에 대한 답을 찾아보면 다음과 같다.

첫째, (상황1) 현물출자 시 발생하는 취득세는 얼마인가? 취득세 기본세율은 4%로 한다.

법인이 현물출자에 의해 취득한 부동산에 대해서 취득가액의 4%(농특세 등 포함 시 4.6%)만큼 기본적인 세금이 나온다. 따라서 사례의 경우 8천만 원(농특세 등 포함 시 9,200만 원)의 취득세가 부과된다.

둘째, (상황2) 현물출자 시 발생하는 취득세가 중과세되면 취득세는 얼마인가? 단, 중과기준세율은 2%의 2배(4%)로 한다.

법인이 설립된 곳이 수도권 과밀억제권역 내라면 취득세 중과세가 적용될 수 있다. 이 경우 취득세율은 8%(농특세 등 포함 시 9.4%)가 적용된다. 따라서 사례의 경우 1억 6천만 원(농특세 포함 시 1억 8,800만 원)의 취득세가 발생한다.

셋째, (상황3) 법인전환으로 통해 이 취득세를 감면받을 수 있는 요건은?

법인전환 시 개인사업장의 순자산가액(시가기준으로 자산－부채로 계산) 이상으로 자본금을 확보해야 한다. 사례의 경우 부채가 없으므로 20억 원이 된다.

넷째, (상황4) 법인설립 시 자본금에 대한 등록면허세는 얼마인가? 그리고 이 세금은 감면이 되는가?

설립 시 자본금을 등기할 때 등록면허세를 납부해야 한다. 세율은 출자한 가액의 0.4%이다. 따라서 800만 원(20억 원×0.4%)이 등록면허세에 해당한다. 만일 법인등기 장소가 수도권 과밀억제권역 내에 해당하면 3배로 중과세가 적용된다.[152)]

☞ 자본금 증자 시에도 등록면허세가 0.4%(3배 중과 시 1.2%)만큼 나올 수 있음에 유의해야 한다.

2 취득세 감면관련 세무리스크 발생 사례2

위의 사례를 연장하여 취득세 감면에 대해 좀 더 알아보자.

- 상황1 : 감면받은 취득세가 200만 원을 초과하는 경우 15%를 최소한 납부하는 제도를 적용받는다. 이 경우에도 이 제도가 적용되는가?
- 상황2 : 취득세가 중과세가 적용된다고 하자. 그리고 감면받은 취득세에 대해서는 20%만큼 농특세가 부과된다. 이 경우 얼마 정도의 세금을 내야 하는가?
- 상황3 : 전환법인이 현물출자일로부터 5년 내 해당 부동산을 양도하는 경우와 그 이후에 양도하는 경우 취득세와 관련하여 예상되는 불이익은?

152) 「지방세법」 제28조 [등록면허세 세율]

가. 상사법인, 그 밖의 영리법인의 설립 또는 합병으로 인한 존속법인

1) 설립과 납입 : 납입한 주식금액이나 출자금액 또는 현금 외의 출자가액의 1천분의 4

2) 자본증가 또는 출자증가 : 납입한 금액 또는 현금 외의 출자가액의 1천분의 4

상황에 대한 답을 순차적으로 찾아보자.

첫째, (상황1) 감면받은 취득세가 200만 원을 초과하는 경우 15%를 최소한 납부하는 제도를 적용받는다. 이 경우에도 이 제도가 적용되는가?

「지방세특례제한법」 제177조의2 [지방세 감면 특례의 제한] 제1항에서는 15% 최소납부제도를 아래와 같이 운영하고 있다. 이 규정을 보면 감면율이 100%인 경우에는 최소납부세액 15%를 납부해야 한다. 하지만 75% 감면이 적용되면 이러한 제도는 적용되지 않는 것으로 해석된다.

> ① 이 법에 따라 취득세 또는 재산세가 면제(지방세 특례 중에서 세액감면율이 100분의 100인 경우와 세율경감률이 「지방세법」에 따른 해당 과세대상에 대한 세율 전부를 감면하는 것을 말한다)되는 경우에는 이 법에 따른 취득세 또는 재산세의 면제규정에도 불구하고 100분의 85에 해당하는 감면율(「지방세법」 제13조 제1항부터 제4항까지의 세율은 적용하지 아니한 감면율을 말한다)을 적용한다. 다만, 다음 각 호의 어느 하나에 해당하는 경우에는 그러하지 아니하다.
> 1. 「지방세법」에 따라 산출한 취득세 및 재산세의 세액이 다음 각 목의 어느 하나에 해당하는 경우
>   가. 취득세 : 200만 원 이하
>   나. 재산세 : 50만 원 이하

둘째, (상황2) 취득세가 중과세가 적용된다고 하자. 그리고 감면받은 취득세에 대해서는 20%만큼 농특세가 부과된다. 이 경우 얼마 정도의 세금을 내야 하는가?

사례의 취득가액 20억 원에 대해 취득세관련 내용을 총 정리하면 다음과 같다.

구 분	취득세	농특세	지방교육세	계
중과세율	8%	0.2%	1.2%	9.4%
1차 취득세 계산	1억 6천만 원	400만 원	2,400만 원	1억 8,800만 원
▼				
2차 감면세액 계산(75% 감면)	1억 2천만 원	300만 원	1,800만 원	1억 4,100만 원
감면 후 세액	4천만 원	100만 원	600만 원	4,700만 원
▼				

구 분	취득세	농특세	지방교육세	계
3차 감면분 농특세액 계산	-	2,400만 원	-	2,400만 원
▼				
4차 최종 납부할 세액 계산	4천만 원	2,500만 원	600만 원	7,100만 원

셋째, (상황3) 전환법인이 현물출자일로부터 5년 내 해당 부동산을 양도하는 경우와 그 이후에 양도하는 경우 취득세와 관련하여 예상되는 불이익은?

법인전환을 하면서 취득세 감면을 받은 후 법에서 정한 기간 내에 사업을 폐지하거나 해당 재산을 처분하는 경우 감면세액을 추징한다. 아래 관련규정을 참조하자.

「지방세특례제한법」 제57조의2

취득세 감면 및 이에 대한 추징규정은 「지방세특례제한법」 제57조의2 [기업합병 · 분할 등에 대한 감면] 제4항에 규정되어 있다. 이 규정을 그대로 살펴보면 다음과 같다.

> ④ 「조세특례제한법」 제32조에 따른 현물출자 또는 사업 양도 · 양수에 따라 2024년 12월 31일까지 취득하는 사업용 고정자산에 대해서는 취득세의 100분의 75를 경감(「통계법」 제22조에 따라 통계청장이 고시하는 한국표준산업분류에 따른 부동산 임대 및 공급업에 대해서는 제외한다)한다. 다만, 취득일부터 5년 이내에 대통령령으로 정하는 정당한 사유[153] 없이 해당 사업을 폐업하거나 해당 재산을 처분(임대를 포함한다) 또는 주식을 처분하는 경우에는 경감받은 취득세를 추징한다.

3 취득세 감면관련 세무리스크 관리법

현물출자에 의한 취득세 감면관련 세무리스크 관리법을 정리하면 다음과 같다. 구체적인 내용들을 위에서 확인하기 바란다.

153) "대통령령으로 정하는 정당한 사유"란 다음 각 호의 어느 하나에 해당하는 경우를 말한다.
1. 해당 사업용 재산이 「공익사업을 위한 토지 등의 취득 및 보상에 관한 법률」 또는 그 밖의 법률에 따라 수용된 경우
2. 법령에 따른 폐업 · 이전명령 등에 따라 해당 사업을 폐지하거나 사업용 재산을 처분하는 경우
3. 「조세특례제한법 시행령」 제29조 제7항 각 호의 어느 하나에 해당하는 경우
4. 「조세특례제한법」 제32조 제1항에 따른 법인전환으로 취득한 주식의 100분의 50 미만을 처분하는 경우

(1) 감면내용

법에서 정한 요건을 갖춰 현물출자 시 취득세가 75% 상당액이 면제된다. 감면요건에 주의해야 한다. 한편 감면받은 세액의 20%만큼 농특세가 부과된다. 참고로 2015년 말까지 감면대상을 "사업용 재산"으로 정하고 있었으나, 2016년 이후부터는 사업에 직접 사용하는 "사업용 고정자산"으로 개정하였다. 따라서 재고자산 등 고정자산이 아닌 것과 사업과 관련없는 자산은 제외되며, 무형자산이라도 고정자산이라면 감면대상에 해당한다. 한편 2020년 8월 12일부터는 부동산임대업과 공급업에 대해서는 취득세를 감면하지 않는다. 따라서 제조업 등의 영위자에 대해서만 이 혜택이 부여될 것으로 보인다.

(2) 감면신청

감면신청서를 제출해야 한다.

(3) 사후관리

취득세 감면을 받은 후 사후관리 요건(5년 내 양도 등)을 위반하는 경우에는 감면된 취득세가 추징된다.

※ 저자 주

다시 한 번 강조하건대 2020년 8월 12일 이후 부동산임대업을 법인전환 시 취득세 감면이 적용배제되는 것으로 입법이 되었다. 다시 한 번 확인하기 바란다.

필수 세무상식 개정 세법에 맞춘 현물출자 법인전환관련 세무리스크 관리법

개인이 보유하고 있는 부동산을 현물출자로 법인전환하는 경우가 있다. 법인으로 부동산을 관리하는 것이 더 낫다는 판단에서 그렇다. 물론 이 과정에서 양도소득세와 취득세 등이 발생하는데, 세법은 이를 지원하기 위해 양도소득세 이월과세와 취득세 75% 감면을 실시하고 있다. 하지만 2020년 7·10대책에 따라 이에 대한 지원이 대폭 축소되었다. 따라서 현물출자(또는 사업양수도)에 따른 법인전환을 하기 전에 반드시 이에 대한 내용을 점검할 필요가 있다. 이하에서는 앞의 본문의 내용을 사례를 통해 확인해보자.

1. 현물출자 법인전환관련 세무리스크 발생 사례

A씨는 아래와 같은 부동산을 보유하고 있다. 상황에 답하면?

자료

○ A씨는 현재 임대주택, 상가빌딩, 공장 등을 보유하고 있음.
○ 그는 현물출자를 하여 법인을 설립하려고 함.

상황에 대해 순차적으로 답을 찾아보자.

- 상황1 : A씨가 해당 부동산을 법인에 현물출자하면 양도소득세가 발생하는가? 그리고 이를 바로 납부해야 하는가?
- 상황2 : 현물출자로 신설된 법인은 부동산을 취득하면 취득세를 내야 한다. 이 경우 취득세 감면은 가능한가?
- 상황3 : A씨 공장건물을 법인전환하면 실익이 있는 주택과 상가빌딩은 법인전환에 대한 실익이 있는가?
- 상황4 : 공장건물을 법인전환하면 실익이 있는가?

첫째, (상황1) A씨가 해당 부동산을 법인에 현물출자하면 양도소득세가 발생하는가? 그리고 이를 바로 납부해야 하는가?

현물출자도 양도에 해당하므로 당연히 양도소득세가 발생한다. 이에 대해 세법은 향후 법인이 양도할 때 납부할 수 있도록 아래와 같이 이월과세를 적용한다.

구 분	이월과세 적용	시행시기
임대주택	적용하지 않음.	2021.1.1. 이후 현물출자분
위 외 사업용 고정자산	적용함.	

이를 사례에 적용해보면 우선 주택을 현물출자하면 바로 양도소득세를 내야하며, 기타 빌딩 등은 향후 법인이 양도할 때 납부할 수 있다(이월과세).

둘째, (상황2) 현물출자로 신설된 법인은 부동산을 취득하면 취득세를 내야 한다. 이 경우 취득세 감면은 가능한가?

원래 「지방세특례제한법」 제57조의2 제4항에서는 법인전환 시의 취득세 감면에 대해 아래와 같이 정하고 있다.

> ④ 「조세특례제한법」 제32조에 따른 현물출자 또는 사업 양도·양수에 따라 2024년 12월 31일까지 취득하는 사업용 고정자산에 대해서는 취득세의 100분의 75를 경감한다. 다만, 취득일부터 5년 이내에 대통령령으로 정하는 정당한 사유 없이 해당 사업을 폐업하거나 해당 재산을 처분(임대를 포함한다) 또는 주식을 처분하는 경우에는 경감받은 취득세를 추징한다.

하지만, 2020년 7·10대책에 따라 부동산임대업이나 매매업용 사업용 고정자산에 대해서는 같은 해 8월 12일 이후 법인전환부터 위의 감면을 적용하지 않는다. 사례의 경우 주택과 상가빌딩이 이에 해당하며, 공장은 감면을 받을 수 있다.

셋째, (상황3) A씨의 주택과 상가빌딩은 법인전환에 대한 실익이 있는가?

A씨가 보유한 주택은 이월과세와 취득세 감면이 더 이상 없다. 한편 상가빌딩은 이월과세는 주어지지만, 취득세 감면은 받을 수 없다. 따라서 임대업용 주택이나 빌딩 등은 법인전환의 실익이 거의 없는 것으로 평가된다.

넷째, (상황4) 공장건물을 법인전환하면 실익이 있는가?

공장건물을 직접 사용하는 상태에서 법인전환하면 양도소득세 이월과세와 취득세 감면을 동시에 누릴 수 있다. 따라서 이 경우 법인전환의 실익이 있다. 이러한 유형에는 숙박업이나 기타 서비스업 등에서 사용되는 사업용 고정자산들이 포함된다.

2. 현물출자 법인전환관련 세무리스크 관리법

현물출자 또는 사업양수도로 법인전환을 할 때 부동산이 있는 경우 세무리스크 관리법을 정리해보자.

첫째, 법인전환에 따른 세제혜택을 확인해야 한다.

부동산임대업용 자산들은 취득세 감면을 받을 수 없고, 특히 주택의 경우에는 이월과세의 혜택도 없다. 따라서 현재는 주로 임대업을 제외한 사업용 고정자산에 대해서만 현물출자에 의한 혜택이 부여되고 있다.

둘째, 법인전환 시 현물출자가액은 감정평가액으로 하는 것이 원칙이다.

셋째, 법인전환 시 신설되는 법인의 자본금은 개인 사업의 순자산가액(자산에서 부채를 차감한 금액) 이상이 되어야 한다.

이때 순자산가액을 정할 때 비사업용 부채는 제외하므로 주의해야 한다. 자본금이 법에서 정한 액수에 미달하면 세제혜택을 받을 수 없기 때문이다.

넷째, 법인전환을 한 경우 3년간은 법인에 대한 성실신고확인제도를 적용받는다.

이 제도는 세무대리인으로 하여금 수입과 지출에 대한 타당성 검증을 하도록 하는 제도를 말한다.

다섯째, 사후관리에도 주의해야 한다.

이월과세의 경우 설립일로부터 5년 내에 사업을 폐지하거나 주식의 50% 이상을 처분하면 양도소득세를 추징하며, 취득세의 경우 취득일부터 5년 이내에 대통령령으로 정하는 정당한 사유 없이 해당 사업을 폐업하거나 해당 재산을 처분(임대를 포함한다) 또는 주식을 처분하는 경우에는 경감받은 취득세를 추징한다.

여섯째, 현물출자에 소요되는 비용도 확인해야 한다.

이에는 아래와 같은 비용들이 해당한다.

- 결산비용
- 감정평가수수료(통상 2개)
- 법원보고 및 등기수수료
- 부동산 취득세 및 법인자본금 등록면허세
- 양도소득세 이월과세 신청 등 세무신고 및 세무컨설팅 수수료 등

필수 세무상식

법인전환 사례와 전환비용(종합)

K씨는 제조업 영위 중 아래와 같이 법인전환을 하려고 한다. 이때 취득세 등 관련 비용이 얼마나 나올지 알아보자.

자료

- 자본금 : 30억 원(자산 - 부채)
- 현물출자가액 : 20억 원
- 설립지역 : 서울
- 감면율 : 75%

위의 자료에 맞게 취득세 등을 알아보면 다음과 같다.

(1) 법인설립등기비용

자본금이 30억 원이고 이에 0.4%를 적용하나, 설립지역이 과밀억제권역 내인 경우에는 자본금에 대해서도 3배만큼 등록면허세가 중과세가 적용된다. 이러한 등록면허세 외에 지방교육세가 부과된다. 따라서 설립등기비용은 총 4,320만 원이 발생한다.

(2) 법인전환 부동산에 대한 취득세 등

현물출자가액 20억 원에 대한 취득세가 1억 6천만 원이나 75% 감면을 적용하면 4천만 원을 납부해야 한다. 이외 취득세에 부과되는 농특세와 감면받은 세액의 20% 상당액을 농특세로 내야 한다. 또한 지방교육세도 부과된다. 이들을 합계하면 총 7,100만 원이 발생한다.

(3) 합계

법인설립등기관련 등록면허세와 감면받은 후의 취득세 등을 합계하면 1억 1,400만 원 정도 세금이 발생한다. 다만, 실무에서는 세법개정 등에 의해 금액 차이가 날 수 있으므로 전문세무사의 확인을 요한다.

<table>
<tr><th colspan="2" rowspan="2">구 분</th><th rowspan="2">법인설립등기</th><th colspan="2">부동산 소유권 이전</th><th rowspan="2">계</th></tr>
<tr><th>감면 전</th><th>감면 후</th></tr>
<tr><th colspan="2">과세표준</th><th>30억 원</th><th>20억 원</th><th>20억 원</th><th></th></tr>
<tr><td rowspan="11">취득세 등</td><td rowspan="2">등록면허세</td><td>3,600만 원</td><td>–</td><td>–</td><td></td></tr>
<tr><td>(1.2%,
0.4% × 3배)</td><td></td><td></td><td></td></tr>
<tr><td rowspan="2">취득세</td><td>–</td><td>1억 6천만 원</td><td>4천만 원</td><td></td></tr>
<tr><td>–</td><td>(8%, 중과세)</td><td>(75% 감면)</td><td></td></tr>
<tr><td rowspan="2">농특세1</td><td>–</td><td>400만 원</td><td>100만 원</td><td></td></tr>
<tr><td>–</td><td>(0.2%, 중과세
적용하지 않음)</td><td>–</td><td></td></tr>
<tr><td rowspan="2">농특세2</td><td></td><td></td><td>2,400만 원</td><td></td></tr>
<tr><td></td><td></td><td>(취득세
감면세액의
20%)</td><td></td></tr>
<tr><td rowspan="2">지방교육세</td><td>720만 원</td><td>2,400만 원</td><td>600만 원</td><td></td></tr>
<tr><td>(위 등록면허세
× 20%)</td><td>(1.2%, 중과세)</td><td>–</td><td></td></tr>
<tr><td>계</td><td>4,320만 원</td><td>1억 8,800만 원</td><td>7,100만 원</td><td>1억 1,420만 원</td></tr>
<tr><td rowspan="5">기타[154)]</td><td>채권할인비용</td><td></td><td></td><td></td><td></td></tr>
<tr><td>인증료</td><td></td><td></td><td></td><td></td></tr>
<tr><td>등기수수료</td><td></td><td></td><td></td><td></td></tr>
<tr><td>감정평가
수수료</td><td></td><td></td><td></td><td></td></tr>
<tr><td>세무회계
수수료</td><td></td><td></td><td></td><td></td></tr>
<tr><td colspan="2">총계</td><td></td><td></td><td></td><td></td></tr>
</table>

법인설립등기 시 자본금에 대해 등록면허세(중과 가능)가 부과된다는 점에 유의하기 바란다.

154) 실비에 해당한다. 구체적인 것은 저자한테 문의하기 바란다.

부록

개인(수요자) 부동산관련 세무리스크 관리법

부록에서는 주로 개인이 보유하고 있는 부동산에 대한 세무리스크를 정리해보자. 법인의 경우 대표이사 등 임직원이나 수분양자의 세금문제를 파악하는 관점에서도 중요성이 있다.

부록에서 살펴볼 주요 내용들은 아래와 같다.[155)]

- 주택관련 세무리스크 관리법
- 오피스텔관련 세무리스크 관리법
- 상가빌딩관련 세무리스크 관리법
- 상가주택관련 세무리스크 관리법
- 단독 · 다가구 · 다중 · 다세대 주택관련 세무리스크 관리법
- 토지관련 세무리스크 관리법
- 입주권관련 세무리스크 관리법
- 분양권관련 세무리스크 관리법

155) 개인에 대한 양도소득세 등은 저자의 신간 「양도소득세 세무리스크 관리노하우」를 참조하기 바란다.

주택관련 세무리스크 관리법

주택은 상시 주거용 건물을 의미하는데 최근 정부의 세제정책이 다양하게 얽혀 있다. 따라서 이에 대한 세무리스크가 상당히 높은 상황이다. 이하에서 주택관련 세무리스크 발생 사례 및 이에 대한 관리법을 알아보자.

1 주택관련 세무리스크 발생 사례1

서울에서 거주하는 K씨는 전용면적 85㎡ 이하 아파트를 매수하였다. 각 상황별로 답을 하면?

자료

- ○ 취득목적 : 거주목적
- ○ K씨 가족 주택보유 현황 : 없음.
- ○ 매수예상가액 : 5억 원(계약금 지급일 2021.3.1., 잔금지급일 2021.4.1.)
- ○ 대출 : 2억 원

- 상황1 : 이 경우 예상되는 취득세는 얼마인가?
- 상황2 : 주택 취득 후 언제 양도해야 양도소득세 비과세를 받을 수 있을까?

위의 상황에 대해 답을 찾아보면 다음과 같다.

첫째, (상황1) 이 경우 예상되는 취득세는 얼마인가?

취득세는 취득가액에 취득세율을 곱해 계산한다. 사례의 아파트는 전용면적이 85㎡ 이하 주택에 해당하므로 5억 원에 1.1%를 곱한 550만 원이 취득관련 세금이 된다. 단, K씨가 보유한 주택 수에 따라서는 취득세가 최고 12%까지 나올 수 있다.

둘째, (상황2) 주택 취득 후 언제 양도해야 양도소득세 비과세를 받을 수 있을까?

잔금지급일로부터 2년 이상 보유해야 한다.[156] 잔금지급일이 2021.4.1.이므로 2023.4.1. 이후에 양도해야 비과세를 받을 수 있다. 보유기간은 실제 잔금지급일과 등기접수일 중 빠른 날을 취득시기로 하여 산정한다. 다만, 일시적 2주택으로 양도하는 경우에는 신규주택 취득일로부터 1~3년 내에 양도해야 한다. 한편 다주택자가 1주택이나 일시적 2주택이 된 경우에는 2021년부터 적용되는 최종 1주택에 대한 보유기간 및 거주기간 계산법에 주의해야 한다.

2 주택관련 세무리스크 발생 사례2

K씨는 아래의 주택을 처분하고자 한다. 각 상황별로 답을 하면?

자료

- 양도대상 : 주택(1세대 1주택자에 해당)
- 예상양도가액 : 15억 원
- 취득가액 : 5억 원
- 보유 및 거주기간 : 10년

- 상황1 : 이 경우 비과세를 받을 수 있는가?
- 상황2 : 이 경우 양도소득세는 얼마인가?
- 상황3 : 만일 2주택자인 경우 어떻게 해야 할까?
- 상황4 : 2주택자에 해당하는 경우 중과세의 가능성도 있다. 중과세는 어떻게 적용되는가?

위의 상황에 대해 답을 찾아보면 다음과 같다.

첫째, (상황1) 이 경우 비과세를 받을 수 있는가?

1세대 1주택에 해당하므로 비과세가 가능하다. 다만, 1주택자의 보유주택이 실거래가액 12억 원을 초과하면 '고가주택'으로 구분하여 일부과세한다. 이 경우 과세방식은 다음과 같다.

과 세	비과세
전체 양도차익 × [(양도가액 - 12억 원*)/양도가액]	전체 양도차익 - 좌의 과세되는 양도차익

* 2021년 12월 8일 이후 양도분부터 9억 원에서 12억 원으로 기준금액이 상향조정되었다.

156) 2017년 8월 3일 이후에 조정대상지역에서 주택을 취득한 경우에는 2년 거주요건이 있다.

둘째, (상황2) 이 경우 양도소득세는 얼마인가?

양도소득세는 다음과 같이 계산한다. 참고로 1세대 1주택이 고가주택인 경우 양도차익 중 일부는 양도소득세가 과세되는데 이때 장기보유특별공제율은 최대 80%(10년 이상 보유)까지 가능하다. 하지만 2020년 1월 1일 이후 양도분부터는 2년 이상 거주를 해야 이를 적용하며, 이의 거주요건을 충족하지 못하면 최대 30%(15년 이상 보유)를 적용한다. 한편 2021년부터는 2년 이상 거주는 물론이고 10년 이상을 거주해야 최대 80%의 공제가 가능하다. 보유기간별 40%와 거주기간별 40%로 공제가 적용되기 때문이다.

구 분	금 액	비 고
양도가액	15억 원	
− 취득가액	5억 원	
= 양도차익	10억 원	
= 과세양도차익	2억 원	10억 원×[(15억 원−12억 원)/15억 원] = 2억 원
− 장기보유특별공제	1억 6천만 원	80% 공제
= 양도소득금액	4,000만 원	
− 기본공제	250만 원	
= 과세표준	3,750만 원	
× 세율	15%	
− 누진공제	108만 원	
= 산출세액	454만 5천 원	지방소득세 10% 별도

셋째, (상황3) 만일 2주택자인 경우 어떻게 해야 할까?

원칙적으로 과세된다. 다만, 비과세 특례도 가능하므로 이를 검토하는 등의 대책안을 마련한다. 이러한 대안검토를 어떤 식으로 하느냐에 따라 세부담의 크기가 결정된다.

넷째, (상황4) 2주택자에 해당하는 경우 중과세의 가능성도 있다. 중과세는 어떻게 적용되는가?

주택 중과세제도에는 3주택 중과세와 2주택 중과세가 있다. 그런데 이러한 중과세제도가 적용되면 세율은 기본세율(6~45%)에 20% 또는 30%p가 더해진다. 그리고 불이익을 추가하는 관점에서 장기보유특별공제 적용을 배제한다. 따라서 주택에 대해 중과세가 적용되면 양도차익에 대해 60~70% 정도의 세금이 발생한다. 해당자들은 상당히 많은 세금을 부담해야 한다. 그런데 중과세는 모든 주택에 대해 적용하는 것이 아니라 서울시를 포함한 조정대상지역의 주택에 한한다. 따라서 이 지역 내의 주택을 양도할 때에는 반드시 중과세 적용 여부를 점검하는 것이 중요하다.

3 주택관련 세무리스크 관리법

주택을 거래할 때 매수인과 매도인의 관점에서 알아야 할 세무리스크 관리법을 정리하면 다음과 같다.

	매수인	매도인
취득 시	• 1.1~13.4%의 취득세가 발생한다. • 소형임대주택은 취득세가 감면된다(신규분양 공동주택, 60㎡ 이하, 등록요건). • 수수료, 채권할인비용 등 부대비용이 발생한다.	
⇩		
보유 시	• 재산세가 발생한다. • 종합부동산세가 발생한다.	
⇩		
임대 시	• 임대소득에 대한 과세문제가 있다. • 과세형태 : 비과세, 분리과세, 종합과세 • 무신고 시 : 세무조사가 발생한다.	
⇩		
양도 시		• 비과세, 감면, 일반과세 중의 하나로 과세방식이 결정된다. • 과세되는 경우 세금의 크기를 예측해보고 전략을 수립한다.

Tip

■ 실수요자부터 다주택자까지의 양도소득세 비과세전략

최근 실수요자부터 투자수요자까지 맞춤별 세제 강화책 등이 연이어 들어왔다. 특히 양도소득세 비과세제도가 상당히 많이 바뀌었다. 지금부터는 실수요자뿐만 아니라 다주택자들이 변화된 세제환경 속에서 양도소득세 비과세를 받는 방법을 알아보자. 알다시피 비과세는 세금이 전혀 없기 때문에 가장 좋은 절세방법에 해당한다.

1. 양도소득세 비과세와 관련해 최근에 바뀐 내용들

주택에 대한 양도소득세 비과세 적용과 관련해 최근에 바뀐 규정들을 먼저 살펴보자.

(1) 거주요건 도입(2017년 8월 2일, 8・2부동산대책관련)

정부는 2017년 8월 2일 8・2부동산대책을 발표하면서 조정대상지역 내에서 취득한 주택에 대한 비과세 요건에 '2년 이상 거주요건'을 추가하였다.

구 분	2017년 8월 2일 이전 취득분	2017년 8월 3일 이후 취득분
조정대상지역 내	2년 보유	2년 보유 및 2년 거주
조정대상지역 밖		2년 보유

이 거주요건은 2017년 8월 3일 이후에 조정대상지역에서 취득한 주택들에 한해 적용된다. 다만, 2017년 8월 3일 현재 분양권을 보유하고 있는 경우, 계약 체결시에 다른 주택을 소유하지 않는 이상 소급하여 이 요건을 적용하지 않는다.

(2) 일시적 2주택 비과세 처분기한 단축(2018년 9월 13일, 9・13대책관련 및 2019년 12월 16일, 12・16대책관련)

일시적 2주택의 경우에도 양도소득세 비과세가 적용된다. 물론 양도대상 주택도 위와 같이 2년 이상 거주요건이 적용된다. 그런데 일시적 2주택 비과세는 신규주택 취득 후 3년 이내 종전주택을 양도해야 하는 등의 조건이 추가된다. 그런데 2018년 9월 13일에 발표된 9 ・ 13대책에 따라 조정대상지역 내의 주택보유자가 이 지역 내의 주택을 취득해 일시적 2주택자가 된 경우에는 종전주택을 2년 내에 양도해야 비과세를 적용하는 것으로 세법을 개정하였다. 적용대상은 2018년 9월 14일 이후에 조정대상지역에서 취득한 주택에 한한다. 만일 그 이전에 계약을 한 경우라면 종전 규정(즉 3년)을 적용한다. 이처럼 일시적 2주택자의 비과세를 위한 중복보유기간이 3년과 2년으로 이원화되었으므로 변경된 내용에 주의할 필요가 있다. 위의 내용들을 표로 정리하면 다음과 같다.

현재 주택 소재지역	새 주택 소재지역	일시적 2주택 중복보유기간
조정대상지역 내	조정대상지역 내	3년에서 2년으로 단축
조정대상지역 내	조정대상지역 밖	현행 규정 적용(3년)
조정대상지역 밖	조정대상지역 내	
조정대상지역 밖	조정대상지역 밖	

한편 정부는 2019년 12월 16일 제3차 부동산종합대책을 발표하면서 2019년 12월 17일 이후 조정대상지역 내에서 주택을 취득한 경우에는 종전주택을 1년

내에 처분하는 동시에 새로운 주택으로 1년 내에 전입(이후 30일 이상 거주요함)하도록 하였다. 다만, 전입해야 할 주택에 잔여 임대차계약기간이 남아 있는 경우 그 계약이 종료된 날까지 처분 및 전입을 하도록 하였다(최대 2년간 유예).

(3) 다주택자의 비과세 보유기간 기산점 변경 등(2019년 2월 12일, 「소득세법 시행령」 개정관련)

2019년 2월 12일 정부는 「소득세법 시행령」을 변경해 다주택자 및 주택임대사업자에 대한 비과세제도를 대폭 변경했다. 아래 내용들은 다주택자를 겨냥한 세제강화책에 해당되어 향후 부동산시장에 큰 영향을 줄 것으로 예상된다.

① 일반 다주택자의 비과세 보유기간 기산점 변경

다주택자도 최종 1주택에 대해 비과세를 받을 수 있다. 현행 세법이 최종 1주택에 대해서는 '양도일 현재' 2년 이상 보유 등을 하면 비과세를 적용하고 있기 때문이다. 하지만 2021년 양도분부터는 아래와 같이 비과세 보유기간 기산일이 달라진다. 즉 2021년 이후에 비과세를 받으려면 최종 1주택이 남은 날부터 2년 이상을 새롭게 보유(거주 포함)해야 한다는 것이다. 따라서 이 시기가 도래한 경우에 최종 1주택에 대한 비과세를 받기 위해서는 평소에 다른 주택(일시적 2주택은 제외)을 소유하지 않아야 한다.

A주택 :	다주택 보유기간	보유기간 2년 충족	⇒ 1주택 비과세
B주택 :	2주택 상황		

② 주택임대사업자의 거주주택 비과세 횟수 신설

주택임대사업자들은 임대주택 외의 거주주택에서 2년 이상 거주 시 횟수 제한 없이 비과세를 받을 수 있었다. 하지만 2019년 2월 12일 이후에 취득한 주택들 중 최초 거주주택에 대해서만 평생 1회 비과세를 적용하는 것으로 세법이 변경되었다. 따라서 앞으로 주택임대사업자들이 거주주택을 옮겨가면서 비과세를 받는 모습을 찾기가 점점 힘들어질 것으로 보인다.

2. 확 바뀐 과세환경에서의 비과세전략 찾기

최근의 개정세법을 분석해보면 가장 강력한 절세방법인 비과세제도에 대해 실수요자부터 투자수요자까지 그 요건이 매우 까다로워졌음을 직감할 수 있다. 그렇다면 앞으로 어떤 식으로 해야 양도소득세 비과세를 최대한 받을 수 있을까?

(1) 1세대 1주택자의 경우

같은 공간에서 거주하고 있는 가족구성원인 1세대가 1주택을 보유한 경우에는 2년 이상을 보유하면 비과세를 받는데 지장이 없다. 다만, 2017년 8월 3일 이후 조정대상지역에서 주택을 신규로 취득한 경우에는 "2년 이상 거주" 요건이 적용됨에 유의해야 한다. 이때 양도가액이 12억 원이 넘는 고가주택에게 적용되는 장기보유특별공제도 많은 변화가 있다.

구체적으로 살펴보면 2020년에 양도하는 경우 10년 이상 보유 및 2년 이상 거주해야 최대 80%를 공제받을 수 있고, 2021년에 양도하면 보유기간에 따른 공제 40%를 적용하는 한편, 10년 이상 거주해야 40%를 추가하여 총 80%를 공제한다(2023년 이후 취득분부터 보유기간 공제율 40%이 양도차익별로 10~40%로 축소될 예정이다).

주택 수를 판단하는 기준인 '1세대'의 개념

양도소득세 과세판단을 할 때에는 '1세대' 기준을 사용한다. 이는 부부와 생계를 같이하는 가족을 말한다. 그리고 여기서 '가족'이라 함은 거주자와 그 배우자의 직계존비속(그 배우자를 포함한다) 및 형제자매를 말하며, 취학 · 질병의 요양, 근무상 또는 사업상의 형편으로 본래의 주소 또는 거소를 일시퇴거한 자를 포함한다.

(2) 일시적 2주택자의 경우

일시적 2주택자의 경우 1세대 1주택자에 비해 몇 가지 비과세 요건이 추가된다. 예를 들어 구주택과 신주택 사이의 보유기간이 1년 이상이 되어야 하고, 종전주택을 3년 또는 2년(2019년 12월 17일 이후는 1년) 내에 처분해야 한다. 이러한 내용을 요약 정리하면 다음과 같다.

구 분	취득시기	구주택과 신주택 사이의 보유기간	중복보유기간	양도 시 비과세 요건	
조정대상 지역 내	2017.8.2. 전 취득	1년	3년(조정지역 : 2년[157])	2년 보유	-
	2017.8.3. 후 취득	1년	3년(조정지역 : 2년[157])	2년 보유	2년 거주
조정대상 지역 밖	취득시기 불문	1년	3년	2년 보유	-

이러한 일시적 2주택 비과세제도는 비과세 적용횟수에 제한이 없다. 즉 이러한 방식으로 주택을 갈아타도 평생 비과세 가능하다는 것이다. 따라서 다주택자에 대한 비과세제도가 사라지는 상황에서 이 제도를 잘 활용하는 전략이 필요할 것으로 보인다.

157) 2019년 12월 17일 이후 취득분은 원칙적으로 1년 내에 처분 및 1년 내에 전입의무가 있다.

(3) 일반 다주택자의 경우(비 주택임대사업의 경우)

앞으로 가장 주의해야 할 유형에 해당한다. 다주택자들에 대한 비과세 적용방법이 2021년부터 바뀌었기 때문이다. 구체적으로 비과세 요건 중 2년 보유기간과 거주기간을 산정할 때 다주택 소유기간을 제외하고 기산하는 것으로 변경되었기에 이에 맞춰 전략을 수행할 필요가 있다.

① 2020년 12월 31일 이전에 1주택이거나 일시적 2주택인 경우

2020년 12월 31일에 다주택자가 1주택을 만들어 둔 경우에는 보유기간 등의 기산일이 바뀌지 않는다. 또한 본래부터 비과세가 성립하는 일시적 2주택과 3주택 이상 보유한 상태에서 처분(양도, 증여, 용도변경)을 통해 일시적 2주택이 된 경우에도 마찬가지이다. 다만, 다주택 상태에서 처분을 통해 1주택이 되고 신규로 취득해 일시적 2주택이 된 경우에는 최종 1주택만 보유한 날로부터 보유기간이 기산된다고 해석하고 있다. 하지만 저자는 2020년 12월 31일까지 일시적 2주택을 만들어두면 당초 취득일로부터 보유기간을 기산하는 것이 타당하다는 입장이다. 참고로 2017년 8월 3일 이후에 조정대상지역에서 취득한 주택은 2년 거주요건이 있는데 위 보유기간의 기산일이 변경되면 거주기간도 변경됨에 유의해야 한다.

② 2021년 1월 1일 이후에 1주택이거나 일시적 2주택인 경우

2021년은 최종 1주택에 대한 보유기간 등의 기산일이 변경되는 해로, 만일 2주택 이상 상태에서 처분을 통해 1채를 남겨두고 비과세를 받고자 하는 경우에는 1주택만 보유한 날로부터 2년을 더 보유(거주)하고 양도해야 한다. 한편 당초 비과세가 성립하지 않는 다주택자가 처분과 취득을 반복하여 일시적 2주택을 만든 경우에는 최종 1주택을 보유한 날로부터 2년을 더 보유해야 비과세가 적용된다. 예를 들어 3주택 이상자가 처분을 통해 일시적 2주택을 만든 경우 비과세 대상이 되는 종전주택의 보유기간은 직전 주택을 처분한 날로부터 2년을 더 보유해야 한다는 것이다(적용시점 : 2021.11.2. 이후 양도분, 2021.11.2. 기재부 재산세제과-953 유권해석 참조). (참고로 2021년부터 분양권도 주택 수에 산입되었으므로 분양권을 사고팔면 역시 이 개정규정이 적용된다. 주거용 오피스텔, 조합원입주권도 마찬가지이다.)

(4) 주택임대사업자의 경우

주택임대사업자들은 본인이 2년 거주한 주택에 대해서는 양도소득세 비과세를 받을 수 있다. 하지만 2019년 2월 12일 이후 신규로 취득한 주택에 대해서만 평생 1회로 비과세가 적용된다. 이를 감안해 전략을 세워보자.

① 2019년 2월 12일 전에 주택을 취득해 거주하고 있는 경우

이 경우에는 개정규정을 적용받지 않는다. 따라서 개정규정이 적용되기 전에 취득한 주택에서 2년 거주한 경우에는 평생 1회 비과세 적용과 관계없이

비과세 혜택을 누릴 수 있다.

② 2019년 2월 12일 후에 주택을 취득해서 거주하고 있는 경우

이 경우에는 이번 개정규정을 적용받기 때문에 이날 이후 취득해 최초 거주한 주택에 대해서 평생 1회만 비과세 혜택을 누릴 수 있다. 따라서 이러한 상황에서는 양도차익이 많이 날 것으로 예상되는 주택에서 거주한 후에 비과세 혜택을 누리도록 하자(비과세 효과가 큰 것을 골라 비과세 신청을 하면 될 것으로 보인다. 저자 의견이므로 유권 해석을 확인하기 바란다). 단, 2019년 2월 12일 이후 취득한 거주주택은 "생애 1회"만 비과세를 받을 수 있기 때문에 그 이전에 거주주택 비과세를 받았다면 이 주택에 대해서는 비과세를 받을 수 없다. 다만, 2019년 2월 12일 현재 거주하고 있거나 그 이전에 거주주택을 취득하기 위해 계약금을 지급한 경우에는 예외적으로 비과세를 받을 수 있다(2회도 가능).

(5) 법인사업자의 경우

다주택자들의 경우, 주택에 대한 양도소득세를 비과세 받는 경우의 수가 종전에 비해 많이 축소되었다. 따라서 이들은 2020년 이전에 1주택자로 주택 수를 줄이거나 주택 임대사업자등록을 내는 식으로 대응해야 한다. 하지만 등록을 하더라도 거주주택에 대한 비과세가 평생 1회로 제한이 되므로 등록의 실익이 많이 줄어들 수밖에 없다. 그렇다면 법인을 통해 주택을 구입하면 어떻게 될까? 원칙적으로 법인과 개인은 법적으로 분리가 되므로 법인이 소유한 주택과 개인이 소유한 주택은 서로 연관관계가 없다. 따라서 법인을 통해 주택을 보유한 경우 개인에 대해서는 폭넓게 1세대 1주택 또는 일시적 2주택 비과세를 받을 수 있을 것으로 보인다. 다만, 법인을 세워야 하고 이를 유지하는데 관리비용 등이 증가하는 등의 단점이 있다. 또한 2020년 7·10대책을 통해 취득세부터 보유세, 법인세까지 줄줄이 세금이 인상되었으므로 이 부분을 감안할 필요가 있다.

제2절 오피스텔관련 세무리스크 관리법

오피스텔은 「건축법」상 준주택으로써 업무용 건물에 해당한다. 하지만 이를 주거용으로도 사용할 수 있는데 이때 세법은 이를 주택으로 취급하여 법을 적용하고 있다. 이에 따라 오피스텔과 관련된 다양한 세무리스크들이 발생한다. 이하에서 이에 대한 세무리스크 발생 사례와 이의 관리법을 정리해보자.

1 오피스텔관련 세무리스크 발생 사례1

서울에서 거주하고 있는 K씨는 오피스텔을 취득하려고 한다. 각 상황별로 답을 하면?

자료

- ㅇ 매도인의 용도 : 업무용
- ㅇ 매도인의 사업자등록형태 : 간이과세자
- ㅇ 예상취득가액 : 2억 원

- 상황1 : K씨가 매수하고자 하는 오피스텔은 부가가치세가 발생하는가?
- 상황2 : K씨가 위 오피스텔을 취득 후 일반인한테 임대 시 어떤 문제점이 발생할까?
- 상황3 : K씨가 향후 이를 양도 시 어떤 세목이 발생하는가?

위의 상황에 대해 답을 찾아보면 다음과 같다.

첫째, (상황1) K씨가 매수하고자 하는 오피스텔은 부가가치세가 발생하는가?

오피스텔은 원래 업무용 시설에 해당한다. 따라서 부가가치세가 발생하는 것이 원칙이다. 다만, 사례처럼 매도인이 간이과세자인 경우에는 통상적으로 공급가액 안에 부가가치세가 포함되어 있으므로 매수인이 이를 부담하는 경우는 드문 것이 현실이다. 참고로 오피스텔을 취득하는 경우 용도불문하고 취득세율은 4%를 적용한다. 「지방세법」에서는 「건축법」상 주택에 대해서만 취득세를 1~3%, 12%로 적용하고 있기 때문이다. 따라서 오피스텔은 주택처럼 중과세율은 적용되지 않는다.

둘째, (상황2) K씨가 위 오피스텔을 취득 후 일반인한테 임대 시 어떤 문제점이 발생할까?

업무용 오피스텔을 주거용으로 임대하면 이는 주택에 해당한다. 참고로 이때 주의할 것은 당초 환급받은 부가가치세가 있다면 이를 다시 반환해야 한다는 것이다. 하지만 사례처럼 당초 환급받은 부가가치세가 없다면 이러한 문제가 발생하지 않으므로 주거용으로 임대해도 세무상 문제점이 거의 없다.

☞ 업무용을 주거용으로 전환 시 일반과세자로서 부가가치세를 환급받은 경우에 부가가치세 추징이 발생하는 것이 원칙이다.

셋째, (상황3) K씨가 향후 이를 양도 시 어떤 세목이 발생하는가?

업무용 오피스텔과 주거용 오피스텔로 나눠서 살펴보면 다음과 같다.

구 분	업무용 오피스텔	주거용 오피스텔
부가가치세	○(포괄양수도계약 시 생략)	×
양도소득세	과세	비과세, 과세

2 오피스텔관련 세무리스크 발생 사례2

L씨는 아래와 같은 오피스텔을 양도하고자 한다. 각 상황별로 답을 하면?

자료

- ○ 10년 전에 신축됨.
- ○ 전용면적 : 84.9㎡
- ○ 취득가액 : 2억 원(토지가액 1억 원, 건물가액 1억 원)
- ○ 양도가액 : 2억 2천만 원(기준시가로 안분한 토지가액 1억 5천만 원, 건물가액 7천만 원)
- ○ 부가가치세가 있는 경우에는 부가가치세 별도

- 상황1 : 이 오피스텔이 주거용 오피스텔이라면 부가가치세는 얼마인가?
- 상황2 : 이 오피스텔이 업무용 오피스텔이라면 부가가치세는 얼마인가?
- 상황3 : 이 오피스텔을 양도하면 양도소득세는 얼마인가? 단, 보유기간은 5년이다.

위의 상황에 대해 순차적으로 답을 찾아보면 다음과 같다.

첫째, (상황1) 이 오피스텔이 주거용 오피스텔이라면 부가가치세는 얼마인가?

주거용 오피스텔은 부가가치세가 면제되므로 이를 거래하더라도 이에 대한 부가가치세가 발생하지 않는다.

둘째, (상황2) 이 오피스텔이 업무용 오피스텔이라면 부가가치세는 얼마인가?

업무용 오피스텔에 대해서는 부가가치세가 발생한다. 다만, 이때 토지공급에 대해서는 부가가치세가 면세되므로 건물공급분에 대해서만 부가가치세를 계산해야 한다.

구 분	금 액	부가가치세율	부가가치세
토지가액	1억 5천만 원	(면세)	-
건물가액	7천만 원	10%	700만 원
계	2억 2천만 원		700만 원

따라서 총 거래가액은 2억 2,700만 원이 된다.

셋째, (상황3) 이 오피스텔을 양도하면 양도소득세는 얼마인가? 단, 보유기간은 5년이다.

양도소득세는 아래와 같이 계산한다.

구 분	금 액	비 고
양도가액	2억 2천만 원	부가가치세는 제외함.
- 취득가액	2억 원	
= 양도차익	2천만 원	
- 장기보유특별공제	200만 원	10%
= 양도소득금액	1,800만 원	
- 기본공제	250만 원	
= 과세표준	1,550만 원	
× 세율	15%	
- 누진공제	124만 원	
= 산출세액	124만 5,000원	지방세소득세 10% 별도

참고로 양도소득세는 국세이며 양도소득세 산출세액의 10% 만큼 지방소득세가 부과된

다. 따라서 정확한 분석을 위해서는 지방소득세를 포함하는 것이 좋다(이하 동일).

3 오피스텔관련 세무리스크 관리법

오피스텔을 주거용 오피스텔과 업무용 오피스텔로 나누어 세무리스크 관리법을 정리하면 다음과 같다.

	업무용 오피스텔	주거용 오피스텔
취득 시	• 취득세율 : 4%(4.6%) • 부가가치세 환급가능	• 취득세율 : 좌동 • 부가가치세 환급없음.
⇩		
보유 시	• 재산세 • 종합부동산세	• 좌동
⇩		
임대 시	• 무조건 종합과세	• 비과세, 분리과세, 종합과세
⇩		
양도 시	• 일반 건물로 보아 무조건 과세	• 주택으로 보아 비과세, 과세

Tip

■ 오피스텔거래와 관련하여 알아둬야 할 사항들

- 오피스텔의 태생은 준주택 즉 업무용 건물이다.
- 세법은 이를 상시 주거용으로 사용하면 주택으로 보아 이를 적용한다(실질과세의 원칙).
- 업무용 오피스텔을 임대나 양도하면 부가가치세가 발생한다.
- 업무용 오피스텔을 10년 내에 주거용으로 전환하거나 면세사업용으로 사용하면 당초 환급받은 부가가치세 중 일부를 반환해야 한다.
- 주거용 오피스텔은 주택에 해당하므로 주택으로 보아 주택에 대한 세제를 적용해야 한다. 참고로 다주택자가 1주택 비과세를 받기 위해 주거용 오피스텔을 업무용 오피스텔로 용도변경을 하면 그 날로부터 2년을 더 보유한 후에 양도해야 비과세를 적용한다. 자세한 내용은 저자의 「양도소득세 세무리스크 관리노하우」를 참조하기 바란다.

제3절 상가빌딩관련 세무리스크 관리법

상가빌딩은 비교적 덩치가 큰 업무용 건물을 말한다. 이러한 상가빌딩을 거래하면 업무용 건물과 관련된 세금들이 발생한다. 이하에서는 이를 거래할 때 대두되는 세무리스크를 정리해보자.

1 상가빌딩관련 세무리스크 발생 사례1

K씨는 일반과세자인 L씨로부터 상가빌딩을 매수하려고 한다. 각 상황별로 답을 하면?

자료

- 취득목적 : 임대목적
- 매수예상가액 : 10억 원
- VAT는 포괄양수도계약으로 생략할 예정임.

- 상황1 : 매수인이 부담해야 할 취득세는 얼마인가?
- 상황2 : 매수인은 간이과세자로 등록이 가능한가?
- 상황3 : 매수인이 이를 자신의 사업용으로 사용할 경우 포괄양수도계약이 가능한가?

위의 상황에 대해 답을 찾아보면 다음과 같다.

첫째, (상황1) 매수인이 부담해야 할 취득세는 얼마인가?

상가에 대한 취득세는 앞에서 본 오피스텔과 같은 4%(4.6%)이다.

둘째, (상황2) 매수인은 간이과세자로 등록이 가능한가?

일단 매도인이 어떤 유형인지 살펴보아야 한다. 포괄양수도계약이 되려면 다음과 같은 포지션이 되어야 하기 때문이다. 여기서 포괄양수도계약이란 사업자체를 포괄적으로 양수도하는 계약을 말한다. 「부가가치세법」은 이런 거래를 통해 사업자체를 양수도하면 부가가치세 없이 거래할 수 있도록 하고 있다.

매도인		매수인
• 일반과세자	⇨	• 일반과세자(매수인이 간이과세자인 경우 일반과세자로 자동전환된다)
• 간이과세자	⇗ ⇨	• 간이과세자

사례의 경우 매도인은 일반과세자이다. 따라서 매수인인 K씨는 간이과세자가 될 수 없다(간이과세자로 등록한 경우 일반과세자로 자동 전환됨).

셋째, (상황3) 매수인이 이를 자신의 사업용으로 사용할 경우 포괄양수도계약이 가능한가?

업종이 상이한 경우 포괄양수도계약이 성립되지 않는다. 따라서 이 경우에는 세금계산서를 교부받아 부가가치세신고를 통해 환급을 받아야 한다. 다만, 2006년 2월 9일부터는 사업의 동일성을 유지하지 않아도 되지만, 사업양수도 시점에는 양도인과 양수인의 사업 간에 동일성이 유지되도록 해야 한다. 따라서 양수도 시점에 업종을 추가하거나 변경하는 행위는 하지 않는 것이 좋을 것으로 보인다(조심 2010중1105, 2010.6.24. 등 참조).

❷ 상가빌딩관련 세무리스크 발생 사례2

일반과세자인 K씨는 다음과 같은 상가를 양도하려고 한다. 각 상황별로 답을 하면?

자료

- ○ 2006.1.5. 토지취득(취득가액 1억 원)
- ○ 2014.8.30. 건물신축(신축가액 1억 원)
- ○ 2021.8.30. 양도[토지가액 4억 7천만 원, 건물가액 1천만 원(VAT 별도)]

- 상황1 : 이 사례의 양도소득세 계산방법은?
- 상황2 : 이 경우 양도소득세는 얼마인가?
- 상황3 : 만일 기준시가로 안분계산한 결과 토지가액은 4억 원, 건물가액은 8천만 원이 나왔다면 양도소득세는 얼마나 나올까?

위의 상황에 대해 순차적으로 답을 찾아보자.

첫째, (상황1) 이 사례의 양도소득세 계산방법은?

사례의 경우 토지와 건물의 취득시기가 다르다. 따라서 취득시기가 다르면 장기보유특별공제 등의 적용측면에서 차이가 발생하므로 이를 구분하여 양도차익을 계산해야 한다.

둘째, (상황2) 이 경우 양도소득세는 얼마인가?

위의 자료를 통해 양도소득세를 계산하면 다음과 같다.

구 분	토 지	건 물	계
양도가액	4억 7천만 원	1천만 원	4억 8천만 원
- 취득가액	1억 원	1억 원	2억 원
= 양도차익	3억 7천만 원	△9천만 원	2억 8천만 원
- 장기보유특별공제	1억 1,100만 원	0원	1억 1,100만 원
- 양도소득금액	2억 5,900만 원	△9천만 원	1억 6,900만 원
- 기본공제			250만 원
= 과세표준			1억 6,650만 원
× 세율			38%
- 누진공제			1,940만 원
= 산출세액			4,387만 원

한편 토지는 양도차익이, 건물은 양도차손이 발생한 경우 장기보유특별공제는 원래 물건별로 양도차익에서 일정률(사례의 경우 30%)을 곱하여 산정한다. 따라서 토지 양도차익 3억 7천만 원에서 장기보유특별공제를 적용한 금액이 토지 양도소득금액이 되는 것이며, 건물 양도차손의 경우 장기보유특별공제 적용 없이 그 금액이 건물 양도소득금액이 된다. 이렇게 계산된 양도소득금액을 통산하여 양도소득세를 계산한다.

셋째, (상황3) 만일 기준시가로 안분계산한 결과 토지가액은 4억 원, 건물가액은 8천만 원이 나왔다면 양도소득세는 얼마나 나올까?

이 경우에는 상황2와는 다르게 양도소득세가 많이 나온다. 상황1보다 토지가액이 낮게 산정되었고 그 결과 장기보유특별공제액도 줄어들어 전체적으로 과세표준이 상승했기 때문이다. 그래서 세법은 임의로 구분기재한 결과와 기준시가 비율로 계산한 결과의 차이가 30%가 나는 경우 기준시가 비율로 토지가액과 건물가액을 정하도록 하고 있다.

구 분	토 지	건 물	계
양도가액	4억 원	8천만 원	4억 8천만 원
- 취득가액	1억 원	1억 원	2억 원
= 양도차익	3억 원	△2천만 원	2억 8천만 원
- 장기보유특별공제	9천만 원	0원	9천만 원
= 양도소득금액	2억 1천만 원	△2천만 원	1억 9천만 원
- 기본공제			250만 원
= 과세표준			1억 8,750만 원
× 세율			38%
- 누진공제			1,940만 원
= 산출세액			5,185만 원

☞ 토지가액과 건물가액의 크기는 부가가치세 및 양도소득세 모두에 영향을 준다.

3 상가빌딩관련 세무리스크 발생 사례3

K씨는 자신이 보유하던 토지 위에 상가를 신축한 다음 향후 이를 양도하고자 한다. 신축비용은 10억 원이 소요되었는 바, 이에 대한 자료를 받지 않았다. 각 상황별로 답을 하면?

- 상황1 : 만일 이를 향후 양도하는 경우 어떤 식으로 양도소득세를 계산해야 하는가?
- 상황2 : 취득가액을 환산하는 경우 5%의 가산세가 부과되는가?

상황에 대한 답을 찾아보면 다음과 같다.

첫째, (상황1) 만일 이를 향후 양도하는 경우 어떤 식으로 양도소득세를 계산해야 하는가?

신축비용에 대해 계약서 등으로 입증하지 못하면 부득이 취득가액을 환산할 수밖에 없다. 환산은 '양도가액 × 취득 시 기준시가/양도 시 기준시가'로 계산하는 방법을 말한다.

둘째, (상황2) 취득가액을 환산하는 경우 5%의 가산세가 부과되는가?

건물을 신축 후 5년 내에 양도하고 이때 취득가액을 환산하는 경우에는 환산한 가액의 5%를 가산세로 부과한다. 한편 취득가액을 감정받은 경우에도 해당 가산세를 부과한다.

④ 상가빌딩관련 세무리스크 관리법

상가빌딩을 거래 시 점검하여야 할 세무리스크 관리법을 정리하면 다음과 같다.

	매수인	매도인
취득 시	• 부가가치세가 발생함(토지와 건물가액 안분[158]). • 취득세가 발생함.	–
⇩		
보유 시	• 보유세가 발생함.	–
⇩		
임대 시	• 상가임대소득에 대해 다음과 같은 세금이 발생함. –부가가치세 –종합소득세 : 무조건 종합과세 • 무신고 시 : 세무조사의 가능성이 높음.	–
⇩		
양도 시	–	• 부가가치세가 발생함. • 양도소득세가 발생함.

Tip

■ 상가빌딩 거래 시 알아둬야 할 사항들

- 토지와 건물의 공급가액에 따라 부가가치세와 양도소득세가 달라질 수 있다.
- 토지와 건물의 공급가액은 기준시가에 따라 안분계산하는 것이 원칙이다.
- 부가가치세 환급액이 2천만 원 초과 시 계좌개설신고서를 제출해야 한다.
- 참고로 2020년 이후부터 소형빌딩이나 단독주택, 상가주택 등의 상속 또는 증여 시 기준시가가 아닌 감정평가액으로 상속세 또는 증여세가 부과되고 있으므로 주의하기 바란다. 한편 상가나 빌딩을 증여받으면 부가가치세가 발생할 수 있음에도 주의해야 한다(단, 포괄양수도계약에 해당하는 경우에는 제외).

158) 토지와 건물가액을 구분해야 하는 이유는 건물에 대해서만 부가가치세가 발생하기 때문이다. 안분기준은 기준시가로 하는 경우가 일반적이다.

상가주택관련 세무리스크 관리법

상가주택은 상가와 주택이 결합된 건축물을 말한다. 하나의 부동산에서 주거용과 상업용 건물이 결합되어 관련 세금이 상당히 복잡해질 수 있다. 이러한 상가주택을 거래할 때 알아야 하는 세금문제를 정리해보자.

1 상가주택관련 세무리스크 발생 사례1

P씨는 아래의 상가주택을 거래하려고 한다. 각 상황별로 답을 하면?

자료

- ○ 매매예상가액 : 8억 원
- ○ 주택의 연면적 〉 상가의 연면적
- ○ 상가의 기준시가 : 3억 원(상가건물 5천만 원, 상가부속토지 2억 5천만 원)
- ○ 주택의 기준시가 : 2억 원
- ○ 매도인은 일반과세자에 해당함.

- 상황1 : 매수인 K씨는 취득세를 얼마나 부담해야 하는가?
- 상황2 : 상가에 대해 부가가치세가 얼마나 발생하는가?
- 상황3 : 주택과 상가 모두를 임대하려고 한다. 사업자등록은 어떻게 해야 할까?

위의 상황에 대해 답을 찾아보면 다음과 같다.

첫째, (상황1) 매수인 K씨는 취득세를 얼마나 부담해야 하는가?

상가주택을 취득하는 경우에는 상가와 주택에 대한 가격을 안분해야 한다. 취득세율이 다르기 때문이다. 전체 취득가액이 8억 원이고 상가와 주택의 기준시가가 3억 원과 2억 원이므로 아래와 같이 상가와 주택의 양도가액을 계산할 수 있다.

- 상가의 취득가액 = 8억 원 × (3억 원/5억 원) = 4억 8천만 원
- 주택의 취득가액 = 8억 원 − 4억 8천만 원 = 3억 2천만 원

이를 기준으로 취득세를 계산하면 다음과 같다(주택은 1% 적용).

구 분	취득가액	취득세율	취득세
상가	4억 8천만 원	4%	1,920만 원
주택	3억 2천만 원	1%	320만 원
계	8억 원	–	2,240만 원

둘째, (상황2) 상가에 대해 부가가치세가 얼마나 발생하는가?

부가가치세를 계산하기 위해서는 위에서 계산된 상가의 양도가액을 상가건물분과 토지분으로 나누어야 한다. 상가건물분에 대해서만 부가가치세가 과세되기 때문이다. 상가건물의 기준시가는 5천만 원, 토지의 기준시가는 2억 5천만 원을 기준으로 상가건물분의 공급가액을 계산하면 다음과 같다.

- 상가건물 공급가액 = 4억 8천만 원 × (5천만 원/3억 원) = 8천만 원

사례의 경우 매도인은 일반과세자에 해당하므로 이 금액의 10%가 부가가치세가 된다. 매수인 K씨는 이 부가가치세를 환급받을 수 있다. 참고로 이러한 부가가치세 없이 거래하려면 포괄양수도계약을 맺어 진행하면 된다.

- 상가양도에 따른 부가가치세 = 8천만 원 × 10% = 800만 원

셋째, (상황3) 주택과 상가 모두를 임대하려고 한다. 사업자등록은 어떻게 해야 할까?

주택과 상가를 동시에 임대하는 경우 다음과 같은 식으로 등록을 하도록 하자.

- 주택임대 → 2020년부터 사업자등록 의무화가 되었다. 이를 제때 하지 않으면 미등록 가산세(0.2%)를 부과한다.
- 상가임대 → 일반과세자 또는 간이과세자 중 하나를 선택하여 등록하는 것이 원칙이다.

2 상가주택관련 세무리스크 발생 사례2

앞의 상가주택을 매도하는 관점에서 아래 각 상황별로 답을 하면?

- 상황1 : 상가주택을 양도하면 어떤 세금문제를 검토해야 하는가?

• 상황2 : 상가주택양도에 따른 부가가치세는 얼마인가?
• 상황3 : 상가양도에 따른 양도소득세는 얼마인가?

위의 상황에 대해 답을 찾아보면 다음과 같다.

첫째, (상황1) 상가주택을 양도하면 어떤 세금문제를 검토해야 하는가?

상가주택은 상가와 주택이 결합된 것이므로 상가에 대한 부가가치세, 그리고 상가와 주택에 대한 양도소득세 과세문제를 검토해야 한다. 부가가치세는 매도인이 일반과세자인지 간이과세자인지, 양도소득세는 매도인의 보유주택 수, 주택의 연면적과 상가의 연면적에 따라 과세방식이 달라짐에 유의해야 한다.

둘째, (상황2) 상가주택양도에 따른 부가가치세는 얼마인가?

매도인이 매수인 K씨로부터 징수해야 할 부가가치세는 앞에서 계산된 800만 원이 된다. 만약 이러한 부가가치세 없이 거래하려면 포괄양수도계약을 맺어 진행하면 된다.

• 상가양도에 따른 부가가치세 – 8천만 원 × 10% = 800만 원

참고로 부가가치세가 발생한 경우 매도인은 이에 대한 세금계산서를 발급하는 것이 원칙이다. 토지에 대해서는 세금계산서를 발급할 수 없으며 그 대신 계산서를 발급할 수 있다(발급생략 가능).

셋째, (상황3) 상가양도에 따른 양도소득세는 얼마인가?

사례의 경우 매도인의 보유주택 수에 따라 과세방식이 달라진다.

① 1세대 1주택자에 해당하는 경우

'주택의 연면적 〉 상가의 연면적'이므로 전체가 주택에 해당한다. 따라서 이 경우에는 전체 양도차익에 대해 비과세가 가능하다. 다만, 2022년 이후 양도분부터는 실거래가액이 12억 원이 넘는 상가주택 중 상가부분에 대해서는 무조건 양도소득세가 과세될 예정이다.

② 1세대 2주택 이상자에 해당하는 경우

이 경우 상가주택에 대해 비과세가 적용되는 경우에는 앞과 같은 연면적을 기준으로 과세물건을 구분하므로 전액 비과세가 가능하다. 하지만 과세가 되는 경우에는 상가와 주택으로 구분한 후 상가와 주택에 맞는 세법을 적용한다(결국 둘을 합산하여 과세를 하게 된다).

3 상가주택관련 세무리스크 관리법

상가주택을 거래 시 점검하여야 할 세무리스크 관리법을 정리하면 다음과 같다.

	매수인	매도인
취득 시	• 주택부분 : 1.1~13.4%의 취득세가 발생함. • 상가부분 : 4.6%의 취득세가 발생함.	-
⇩		
보유 시	• 재산세가 발생함. • 종합부동산세가 발생함.	-
⇩		
임대 시	• 주택임대소득 : - 부가가치세 : 없음. - 종합소득세 : 비과세, 분리과세, 종합과세 • 상가임대소득 - 부가가치세 : 발생함. - 종합소득세 : 종합과세	-
⇩		
양도 시	-	• 주택연면적[159] 〉 상가연면적 : 전체가 주택 • 주택연면적 ≤ 상가연면적 : 주택은 주택, 상가는 상가

Tip

■ 상가주택 거래 시 알아두어야 할 것들

• 상가에 대해서는 부가가치세가 과세되며, 주택에 대해서는 부가가치세가 과세되지 않는다.

• 상가와 주택의 연면적은 취득세, 부가가치세, 양도소득세 과세판단에 많은 영향을 미친다. 연면적 판단 시 지하실, 옥탑방, 부속건물, 계단, 공실, 실질용도 등과 관련하여 다양한 쟁점이 발생한다. 사전에 다각도로 검토해야 세무리스크를 예방할 수 있다.

159) 연면적이란 각 층의 면적을 합한 것을 말한다.

- 상가임대 시에는 사업자등록을 의무적으로 해야 하나, 주택임대 시에는 선택적으로 하면 된다. 단, 주택임대소득에 대해 과세가 되면 미등록에 따른 가산세가 부과될 수 있으므로 사전에 등록의 실익을 검토해야 한다.
- 상가주택을 양도 시에는 비과세가 적용되는 경우에는 연면적의 크기로 과세물건을 구분하되, 과세가 되는 경우에는 상가와 주택을 각각 구분하여 과세한다. 이때 주의할 것은 주거용으로 사용되는 층이 4층 이상인 경우에는 다가구 주택에서 제외되어 비과세 받기가 힘들어진다는 것이다. 한편 2022년 이후 양도분부터는 12억 원 초과 겸용주택에 한해 상가의 부분에 대해서는 무조건 양도소득세가 과세될 예정이다.

제5절 단독 · 다가구 · 다중 · 다세대 주택관련 세무리스크 관리법

주택의 형태 중 단독주택이나 다가구 주택 등과 관련되어서도 다양한 세무리스크가 발생한다. 이하에서는 특수한 주택들에 대한 세무리스크 발생 사례 및 이에 대한 관리법을 알아보자.

1 단독 · 다가구 주택 등과 관련된 세무리스크 발생 사례

K씨는 나대지를 보유하고 있는데 이 위에다 다가구 주택 등을 건축할까 고민하고 있다. 각 상황에 맞게 답을 하면?

- 상황1 : 단독주택을 건축할 때 고려해야 할 세무리스크는?
- 상황2 : 다가구 주택을 신축후 일부만 임대등록할 경우의 다른 주택에 대한 과세방법은 어떻게 될까?
- 상황3 : 다중주택을 신축할 경우 부가가치세가 면제될까?
- 상황4 : 다세대 주택을 신축해 판매하면 양도소득세를 내는 것인가?

상황에 맞게 답을 찾아보면 다음과 같다.

첫째, (상황1) 단독주택을 건축할 때 고려해야 할 세무리스크는?

도시지역 내의 토지는 주택바닥정착면적의 5배, 그 밖은 10배까지 주택의 부수토지로 인정하나, 2022년 이후 양도분부터는 수도권의 주 · 상 · 공 지역의 경우에는 3배로 축소된다. 따라서 이 배율을 초과한 부분은 비사업용 토지에 해당되어 양도소득세 중과세가 적용된다.

단독주택의 부수토지관련 절세법

- 대지가 넓은 단독주택의 부수토지는 바닥정착면적의 일정 비율(5배, 10배, 2022년 이후는 수도권 주 · 상 · 공 지역에 한해 3배)까지만 비과세를 받을 수 있다.
- 5배 등을 초과하는 부수토지는 나대지(비사업용 토지)로 분류되어 많은 세금이 나오게 된다. 따라서 대지면적이 넓은 경우에는 미리 세금문제를 검토한 후 매매에 나서는 것이 좋다.

- 부수토지가 일정 비율을 초과하는 경우에는 실제 면적과 공부상의 면적이 차이가 나는지 검토하는 것이 좋다. 만약 차이가 난 경우에는 측량 등을 통해 실제 면적을 입증(국토정보공사 등에 의뢰)하면 절세할 수 있다.

둘째, (상황2) 다가구 주택을 신축후 일부만 임대등록할 경우의 다른 주택에 대한 과세방법은 어떻게 될까?

다른 주택에서 2년 이상 거주하다가 다가구 주택을 신축해 여기에서 거주하면서 나머지 호수를 임대등록한 경우가 있다. 이 경우에는 일시적 2주택 비과세는 성립하나 비과세를 위한 양도기한을 넘긴 경우에는 주택임대사업자에게 적용되는 거주주택에 대한 비과세를 받을 수 있는지가 쟁점이 된다. 다가구 주택은 각 호별로 기준시가 등의 요건을 적용하는데, 이 경우 다가구 주택 모두를 임대해야 하기 때문이다. 따라서 사례와 같은 상황에서는 거주주택에 대한 양도소득세 비과세가 적용되지 않을 것으로 보인다. 다만, 다른 유권해석이 가능하므로 최종적으로 과세관청의 확인을 요한다. 한편 2017년 8월 3일 이후에 조정대상지역에서 다가구 주택을 취득해 1세대 1주택 양도소득세 비과세를 받기 위해서는 2년 거주요건이 필요하다. 그런데 이때 모든 호수에서 거주하지 않고 일부 호수에서 거주하면 거주요건을 충족한 것으로 본다.

셋째, (상황3) 다중주택을 신축할 경우 부가가치세가 면제될까?

다중주택은 단독주택에는 해당하나 다가구 주택과는 구별이 된다. 현행 세법은 신축할 때 다가구 주택만 각 호별 면적이 국민주택규모 이하이면 공급이 이에 대한 건설용역에 대해 부가가치세를 면제하고 있다. 다중주택은 여기에서 제외가 되므로 부가가치세가 발생한다. 주의하기 바란다.

넷째, (상황4) 다세대 주택을 신축해 판매하면 양도소득세를 내는 것인가?

그렇지 않다. 다세대 주택은 주택신축판매업에 해당하는 것으로 이를 분양하면 사업소득세로 세금을 내야 한다.

2 단독 · 다가구 주택 등과 관련된 세무리스크 관리법

(1) 「건축법」상 주택의 분류

「건축법 시행령」 제3조의 5(별표 1)에서는 아래와 같이 주택을 분류하고 있다.

1. 단독주택[단독주택의 형태를 갖춘 가정어린이집 · 공동생활가정 · 지역아동센터 및 노인복지시설(노인복지주택은 제외한다)을 포함한다]

가. 단독주택

나. 다중주택 : 다음의 요건을 모두 갖춘 주택을 말한다.

1) 학생 또는 직장인 등 여러 사람이 장기간 거주할 수 있는 구조로 되어 있는 것

2) 독립된 주거의 형태를 갖추지 아니한 것(각 실별로 욕실은 설치할 수 있으나, 취사시설은 설치하지 아니한 것을 말한다)

3) 1개 동의 주택으로 쓰이는 바닥면적의 합계가 330제곱미터 이하이고 주택으로 쓰는 층수(지하층은 제외한다)가 3개 층 이하일 것

다. 다가구 주택 : 다음의 요건을 모두 갖춘 주택으로서 공동주택에 해당하지 아니하는 것을 말한다.

1) 주택으로 쓰는 층수(지하층은 제외한다)가 3개 층 이하일 것. 다만, 1층의 전부 또는 일부를 필로티 구조로 하여 주차장으로 사용하고 나머지 부분을 주택 외의 용도로 쓰는 경우에는 해당 층을 주택의 층수에서 제외한다.

2) 1개 동의 주택으로 쓰이는 바닥면적(부설 주차장 면적은 제외한다)의 합계가 660제곱미터 이하일 것

3) 19세대(대지 내 동별 세대수를 합한 세대를 말한다) 이하가 거주할 수 있을 것

라. 공관(公館)

2. 공동주택[공동주택의 형태를 갖춘 가정어린이집 · 공동생활가정 · 지역아동센터 · 노인복지시설(노인복지주택은 제외한다) 및 「주택법 시행령」 제10조 제1항 제1호에 따른 원룸형 주택을 포함한다]. 다만, 가목이나 나목에서 층수를 산정할 때 1층 전부를 필로티 구조로 하여 주차장으로 사용하는 경우에는 필로티 부분을 층수에서 제외하고, 다목에서 층수를 산정할 때 1층의 전부 또는 일부를 필로티 구조로 하여 주차장으로 사용하고 나머지 부분을 주택 외의 용도로 쓰는 경우에는 해당 층을 주택의 층수에서 제외하며, 가목부터 라목까지의 규정에서 층수를 산정할 때 지하층을 주택의 층수에서 제외한다.

가. 아파트 : 주택으로 쓰는 층수가 5개 층 이상인 주택

나. 연립주택 : 주택으로 쓰는 1개 동의 바닥면적(2개 이상의 동을 지하주차장으로 연결하는 경우에는 각각의 동으로 본다) 합계가 660제곱미터를 초과하고, 층수가 4

개 층 이하인 주택

다. 다세대 주택 : 주택으로 쓰는 1개 동의 바닥면적 합계가 660제곱미터 이하이고, 층수가 4개 층 이하인 주택(2개 이상의 동을 지하주차장으로 연결하는 경우에는 각각의 동으로 본다)

라. 기숙사 : 학교 또는 공장 등의 학생 또는 종업원 등을 위하여 쓰는 것으로서 1개 동의 공동취사시설 이용 세대 수가 전체의 50퍼센트 이상인 것(「교육기본법」 제27조 제2항에 따른 학생복지주택을 포함한다)

(2) 단독주택 세무리스크 관리법

단독주택의 경우 세법상 주택의 부수토지에 대한 과세방식을 먼저 이해해야 한다.

구 분	주택 부수토지	나대지
면적	일정 비율 이내	일정 비율 초과
과세방식	주택으로 보아 비과세 등 적용	비사업용 토지로 보아 과세

만일 주택 부수토지의 범위를 초과하는 경우에는 양도일을 기준으로 소급하여 2년 전에 주택 바닥정착면적을 늘려두면 향후 주택 부수토지가 늘어나 세금이 줄어든다.

(3) 다가구 주택 세무리스크 관리법

다가구 주택형태라도 층수가 4층이 넘어가면 다세대 주택으로 변해 주택 수가 많아진다는 위험성이 있다. 따라서 불법증축된 건물이 있다면 원상복구를 통해 이러한 문제를 해결해야 한다.

한편 위 사례에서 보았듯이 다가구 주택에서 거주 및 임대를 동시에 하는 경우에는 다른 주택의 과세방식에 영향을 줄 수 있음에 유의해야 한다.

(4) 다중주택 세무리스크 관리법

다중주택을 신축할 때에는 이를 일반 단독주택으로 취급해 부가가치세 면세를 판단한다. 한편 이를 주택으로 임대할 때에는 부가가치세를 면제하며, 이를 양도할 때에는 일반 주택으로 취급해서 세법을 적용한다. 다만, 임대주택으로 등록한 경우 기준시가나 면적 등의 요건을 정할 때에는 전체의 기준시가나 전체면적을 가지고 이를 정함에 유의해야 한다. 한편 이를 신축해 분양할 때에는 주택이 아닌 일반건물로 보아 부가가치세를 징수하는 것이 세법의 기본적인 태도에 해당한다.[160)]

(5) 다세대 주택 세무리스크 관리법

다세대 주택은 주택신축판매사업자가 이를 신축해 판매하는 주택을 말한다. 따라서 이를 통해 발생하는 소득에 대해서는 종합소득세를 내는 것이 원칙이다. 참고로 다세대 주택을 다가구 주택으로 용도변경한 후 양도하는 경우에는 용도변경일 이후 1세대 1주택 비과세 요건(2년 이상 보유 등)을 충족하여야 다가구 주택 양도에 대하여 비과세가 적용된다.

Tip

■ 주택을 어린이집으로 사용하는 경우

주택을 어린이집으로 사용하는 경우에는 원칙상 주택에 해당하나 다른 주택을 양도할 때에는 이를 주택에서 제외하여 다른 주택에 대한 비과세 적용 여부를 판단한다. 다만, 이 규정에 의해 비과세를 받기 위해서는 장기가정어린이집은 1세대의 구성원이 「영유아보육법」 제13조의 규정에 따라 시장·군수 또는 구청장의 인가를 받고 「소득세법」 제168조의 규정에 따른 사업자등록을 한 후 5년 이상 가정어린이집으로 사용하고, 가정어린이집으로 사용하지 아니하게 된 날부터 6월이 경과하지 아니한 주택에 해당되어야 한다. 한편 비과세 대상인 주택에서는 세대원이 2년 이상 거주해야 한다. 이 비과세 특례규정은 전국적으로 적용된다.

160) 다중주택은 다가구 주택과 유사하나 세법 적용상에서 차이가 있다. 다중주택도 다가구 주택과 동일하게 법을 적용하도록 하는 것이 좋을 것으로 보인다.

토지관련 세무리스크 관리법

토지는 주택 등과는 달리 중과세제도가 존재하기 때문에 이에 대한 판단이 매우 중요하다. 이하에서는 토지를 거래나 거래할 때 알아야 할 세무리스크 발생 사례 및 이에 대한 관리법을 정리해보자.

1 토지관련 세무리스크 발생 사례1

K씨는 토지를 매수하려고 한다. 각 상황별로 답을 하면?

자료

- ㅇ 지목 : 농지
- ㅇ 예상취득가액 : 1억 원

- 상황1 : 농지를 취득하기 위해서는 농지취득자격증명이 필요한가?
- 상황2 : 이 경우 취득세는 얼마인가?
- 상황3 : 이 농지를 향후 양도할 때 과세방식은 어떻게 되는가?

위의 상황에 대해 답을 찾아보면 다음과 같다.

첫째, (상황1) 농지를 취득하기 위해서는 농지취득자격증명이 필요한가?

그렇다. 농지를 취득하려는 자는 원칙적으로 관할 시·군·읍·면장으로부터 농지취득자격증명을 발급받아야 한다. 단, 다음의 경우에는 농지취득자격증명이 필요 없다. 자세한 것은 「농지법」을 참조하기 바란다.

- 국가, 지방자치단체
- 상속(유증 포함), 공유물 분할, 농업법인 합병, 취득시효완성
- 수용 및 협의취득, 도시지역 내 농지(녹지지역 안)
- 농지전용 협의, 토지거래허가구역 내 농지

• 저당권자 담보농지, 지목상 농지이나 현황상 비경작 및 재배지 등

둘째, (상황2) 이 경우 취득세는 얼마인가?

농지의 경우 취득형태에 따라 취득세율이 결정된다. 아래 표를 보면 농지를 유상으로 취득하면 전체 취득관련 세율은 3.4%가 된다. 만일 2년 이상 자경한 농업인이 취득한 경우에는 50% 감면을 받아 1.6%의 세율로 취득세 등을 낸다.

취득 종류	구 분	취득세	농어촌특별세	지방교육세	합계
일반토지의 유상취득	-	4.0%	0.2%	0.4%	4.6%
농지의 유상취득	신규	3.0%	0.2%	0.2%	3.4%
	2년 이상 자경한 농업인	1.5%	비과세	0.1%	1.6%
상속취득	농지	2.3%	0.2%	0.06%	2.56%
	농지 외	2.8%	0.2%	0.16%	3.16%
증여취득	-	3.5%	0.2%	0.3%	4.0%

셋째, (상황3) 이 농지를 향후 양도할 때 과세방식은 어떻게 되는가?

농지의 경우 중과세, 감면, 일반과세 등이 적용될 수 있다.

• 중과세 → 비사업용 토지에 해당하면 16~55%의 세율이 적용될 수 있다. 농지의 경우 재촌·자경을 세법에서 정한 기간만큼 하지 않으면 이에 해당한다(소득이 3,700만 원 초과하면 무조건 비사업용 토지에 해당함).
• 감면 → 8년 이상 재촌·자경하면 양도소득세를 100% 감면받을 수 있다(한도 1년간 1억 원, 5년간 2억 원).
• 일반과세 → 사업용 토지에 한해 일반과세가 적용된다.

농지의 경우 재촌·자경기간이 중요하다. 따라서 이의 충족이 힘든 경우에는 농어촌공사에 위탁하는 것도 좋은 방안이 된다. 이에 8년 이상 위탁하면 사업용 토지로 봐주기 때문이다.

② 토지관련 세무리스크 발생 사례2

L씨는 아래와 같은 토지를 매도하려고 한다. 각 상황별로 답을 하면?

자료

- ○ 지목 : 나대지
- ○ 매도예상가액 : 5억 원
- ○ 취득가액 : 1억 원
- ○ 보유기간 : 20년

- 상황1 : 나대지에 대한 양도소득세 과세방식은?
- 상황2 : 이 경우 장기보유특별공제가 적용되는가?
- 상황3 : 양도소득세는 얼마인가?

위의 상황에 대해 답을 찾아보면 다음과 같다.

첫째, (상황1) 나대지에 대한 양도소득세 과세방식은?

나대지는 건축을 할 수 있는 공지의 형태로 세법상 비사업용 토지로 분류된다. 이렇게 되면 다음과 같이 과세방식이 적용된다. 사업용 토지와 비교하면 다음과 같다.

구 분	장기보유특별공제	세 율*
사업용 토지	적용	• 1년 미만 : 50% • 1~2년 미만 : 40% • 2년 이상 : 6~45%
비사업용 토지	적용	• 1년 미만 : Max[50%, 16~55%] • 1~2년 미만 : Max[40%, 16~55%] • 2년 이상 : 16~55%

* 2022년의 토지에 대한 세율도 위와 같이 적용된다.

둘째, (상황2) 이 경우 장기보유특별공제가 적용되는가?

장기보유특별공제는 3년 이상 보유한 부동산에 대해 원칙적으로 6~30%의 공제율을 적용하는 제도를 말한다. 이 공제는 비사업용 토지에 대해서도 적용이 가능하다.

셋째, (상황3) 양도소득세는 얼마인가?

양도소득세는 다음과 같이 계산한다. 참고로 비사업용 토지에 대한 양도소득세는 세율이 기본세율에 10(일반지역)~20%p(투기지역)가 더해지지만 장기보유특별공제율은 적용된다. 주택의 경우 중과세가 적용되면 장기보유특별공제율이 적용되지 않는 것과 차이가 있다.

구 분	금 액	비 고
양도가액	5억 원	
− 취득가액	1억 원	
= 양도차익	4억 원	
− 장기보유특별공제	1억 2천만 원	양도차익×30%
= 양도소득금액	2억 8천만 원	
− 기본공제	250만 원	
= 과세표준	2억 7,750만 원	
× 세율	48%	38% + 10%(중과세율)
− 누진공제	1,940만 원	
= 산출세액	1억 1,380만 원	

3 토지관련 세무리스크 관리법

토지를 거래할 때 점검하여야 할 세무리스크 관리법을 정리하면 다음과 같다.

	매수인	매도인
취득 시	• 취득세(농지의 경우 감면)가 발생함.	–
보유 시	• 재산세가 발생함. • 종합부동산세가 발생함.	–
임대 시	• 농지 등은 대부분 임대소득세가 비과세됨.	–
양도 시	–	• 비과세(교환, 분합 등) • 중과세(비사업용 토지) • 감면(8년 자경농지 등)

토지의 양도단계에서는 양도소득세 중과세 그리고 감면제도를 정확히 판단할 필요가 있다. 이 중 비사업용 토지에 대한 중과세제도는 매우 중요하다.

구 분	내 용
비과세	농지를 교환하거나 분합하는 경우에는 양도소득세 비과세가 가능하다.
중과세	비사업용 토지에 해당하는 경우에는 장기보유특별공제는 적용되나, 16~55% 등의 세율로 중과세를 적용한다.
감면	• 대토농지 : 4년 자경농지를 대토하는 경우 양도소득세를 감면받을 수 있다. • 8년 이상 자경농지 : 8년 이상 자경농지에 대해서도 감면이 적용된다. • 수용토지 : 공공사업용으로 수용되는 경우 현금보상은 산출세액의 10%, 채권보상을 받으면 10~40%를 감면한다.

참고로 농지나 임야를 대지 등으로 지목변경을 하는 경우가 있다. 이때에는 지목변경에 따라 다양한 세무상 쟁점들이 발생한다. 예를 들어 대지로 변경된 농지의 경우 더 이상 농지가 아니므로 8년 자경농지에 대한 감면을 받을 수 없고, 지목변경에 의해 증가된 가치에 대해 각종 개발부담금과 취득세가 부과되기도 한다. 따라서 지목변경 전에 이러한 세무리스크 등을 검토할 필요가 있다.

토지거래 시 알아두어야 할 것들

•토지는 중과세와 감면제도 등이 복합적으로 적용된다.
•비사업용 토지에 대한 개념을 확실히 이해해둘 필요가 있다.
•농지감면의 경우 감면요건에 주의해야 한다.

Tip

■ 2022년 토지관련 개정세법

2021년 중에 아래와 같은 내용이 개정되었다.

① 주말농장 재촌·자경요건 적용

재촌·자경하지 않더라도 사업용 토지로 봐주던 주말농장에 대해서도 재촌·자경요건 등을 적용한다(2022년 이후 양도분부터 적용).

② 사업인정고시일 이전에 취득한 토지에 대한 비사업용 토지 판정법 변경

2021년 5월 4일 이후에 사업인정고시가 된 토지는 이 날 기준 5년 이전에 취득해야 비사업용 토지에서 제외한다. 이날 전에 고시된 토지는 2년을 기준으로 한다.

Tip

■ 비사업용 토지 판정요령

비사업용 토지 중 농지와 임야, 목장용지 외의 기타토지에 대한 비과세 판정요령을 그림을 통해 대략적으로 정리하면 다음과 같다. 참고로 아래의 그림은 국세청에서 발간한 책자에서 인용하였다.

1. 농지

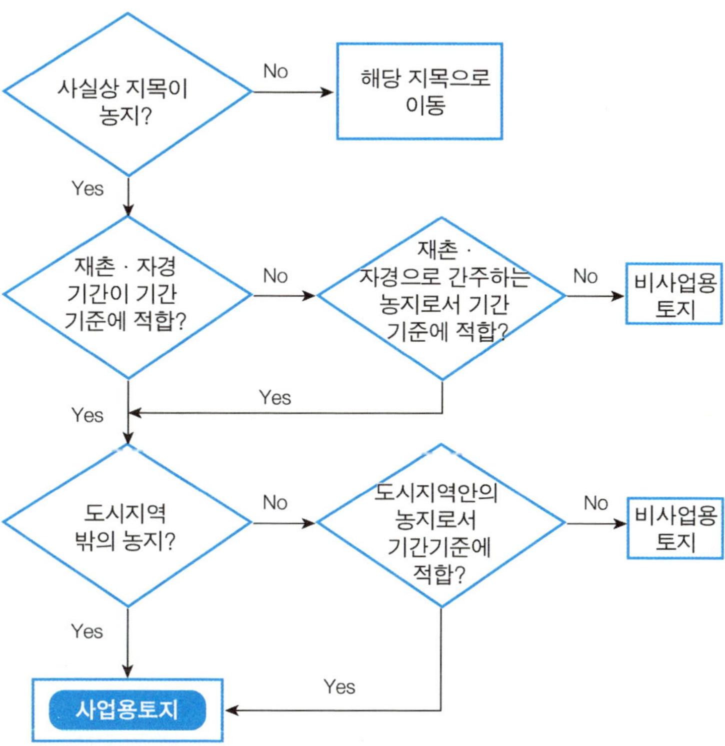

① 재촌 · 자경기간기준 : 3년 중 2년, 5년 중 3년, 60% 조건을 말함. 이러한 기간기준을 충족하지 못하면 비사업용 토지에 해당될 가능성이 높음.

② 재촌 · 자경으로 간주하는 농지 : 주말농장(2022년 이후 삭제), 상속농지 등을 말함. 이러한 농지들은 재촌 · 자경을 하지 않아도 위 기간기준만 충족하면 사업용 토지가 됨.

③ 도시지역 안의 농지 : 상속개시일로부터 5년 내에 처분한 농지 등을 말함. 상속농지는 상속개시일로부터 5년 내에 처분하면 도시지역 등과 무관하게 사업용 토지에 해당함.

2. 임야

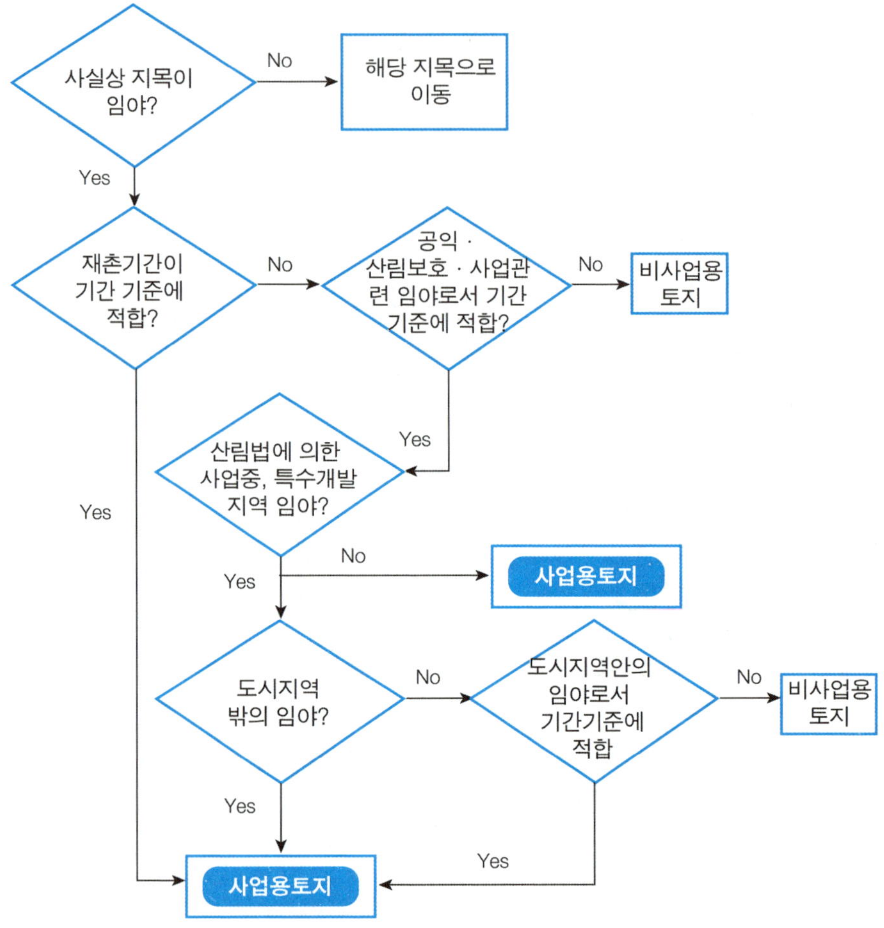

① 재촌기간기준 : 3년 중 2년, 5년 중 3년, 60% 조건을 말함. 임야는 농지와는 달리 자경요건 같은 개념은 없음.

② 공익 · 산림보호용 임야 : 이에 대해서는 재촌요건을 적용하지 않음. 공익용 등의 임야에 대한 일종의 세법상의 혜택임.

③ 도시지역 안의 임야지 : 상속개시일로부터 5년 내에 처분한 임야 등을 말함. 상속받은 임야를 상속개시일로부터 5년 내에 처분하면 도시지역 등과 무관하게 사업용 토지로 봄. 앞의 상속농지와 같은 논리임.

3. 기타토지

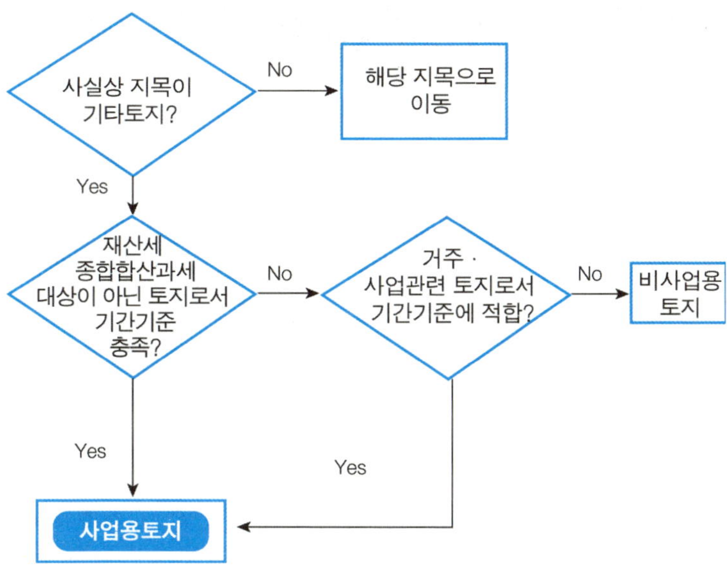

① 종합합산과세대상이 아닌 토지 : 재산세 비과세, 분리과세토지, 별도합산과세토지를 말함. 이러한 토지는 사업용 토지에 해당함. 물론 3년 중 2년 등의 기간기준을 충족해야 함.

② 거주 · 사업관련 토지 : 재산세 종합합산과세대상이 되는 토지라도 해당 토지가 거주나 사업에 필수적인 경우에는 사업용 토지로 봄. 야적장, 주차장 등이 이에 포함됨. 이에 대한 비사업용 토지 판단은 법조문 등으로 일일이 확인해야 함.[161)]

161) 나대지 위에 단독주택, 다가구 주택, 다중 주택, 다세대 주택, 상가주택, 창고 등을 건축하는 경우 비사업용 토지에서 제외될 수 있다. 그리고 이후 신축건물을 양도할 때 부담하는 세금의 내용도 달라진다. 따라서 사전에 어떤 건물을 지을 것인지 충분히 검토한 후 실행하도록 한다.

제7절 입주권관련 세무리스크 관리법

입주권(入住權)은 재개발이나 재건축사업과정에서 조합원들이 가지고 있는 신축한 주택에 입주할 수 있는 권리를 말한다. 세법은 입주권에 대한 과세를 강화하기 위해 이를 주택으로 취급하고 있다. 이하에서 입주권과 관련된 세무리스크 발생 사례 및 이에 대한 관리법을 알아보자.

1 입주권관련 세무리스크 발생 사례1

서울 강남구 역삼동에서 거주하고 있는 K씨는 아래와 같은 재건축 중에 있는 입주권을 구입하려고 하고 있다. 각 상황별로 답을 하면?

자료

- 취득대상 : 입주권
- 매수예상가액 : 10억 원

- 상황1 : 입주권을 취득하는 경우 무엇을 취득하는 것인가?
- 상황2 : 이 입주권을 취득하는 경우 취득세는 얼마인가?
- 상황3 : K씨는 이 주택 취득 전에 1주택을 보유하고 있다. 만일 관리처분계획인가에 들어간 후 주택이 멸실된 경우 주택 수는 1세대 1주택을 유지하는가?

위의 상황에 대해 답을 찾아보면 다음과 같다.

첫째, (상황1) 입주권을 취득하는 경우 무엇을 취득하는 것인가?

재건축 또는 재개발사업과정에서 주택이 멸실된 경우 이를 입주권 즉 신축주택에 들어갈 수 있는 권리가 된다. 그런데 국세와 지방세에서는 이에 대해 다르게 세법을 적용하고 있다. 구체적으로 국세인 「소득세법」에서는 이를 주택으로 보아 과세하나, 「지방세법」에서는 취득세를 부과할 때 대지를 취득한 것으로 본다.

둘째, (상황2) 이 입주권을 취득하는 경우 취득세는 얼마인가?

K씨는 대지를 취득하는 것인 만큼 위 취득가액의 4%(농특세 등 0.6% 별도) 상당액인 4천만 원을 취득세로 내야 한다. 만일 주택으로 취급되는 경우에는 3%의 세율이 적용될 것이다.

셋째, (상황3) K씨는 이 주택 취득 전에 1주택을 보유하고 있다. 만일 관리처분계획인가에 들어간 후 주택이 멸실된 경우 주택 수는 1세대 1주택을 유지하는가?

그렇지 않다. 「도시 및 주거환경정비법(도정법)」상의 재건축이나 재개발과정에서 발생한 입주권은 주택으로 보기 때문에 K씨는 1세대 2주택자가 된다.

2 입주권관련 세무리스크 발생 사례2

서울에서 거주하고 있는 L씨는 아래와 같은 물건을 보유하고 있다. 각 상황별로 답을 하면?

자료

- 2008년 주택 취득
- 2019년 8월 1일 사업시행인가
- 2019년 8월 30일 관리처분계획인가
- L씨는 현재 전세거주자로서 향후 이 주택이 완공되면 이곳으로 입주할 계획임.

- 상황1 : L씨가 보유한 위 주택은 현재 철거를 앞두고 있다. 이는 부동산인 주택인가?
- 상황2 : 세법상 입주권은 구체적으로 어떻게 구분하는가?
- 상황3 : 만일 L씨가 이 입주권을 양도하면 양도소득세가 과세되는가?

위의 상황에 대해 답을 찾아보면 다음과 같다.

첫째, (상황1) L씨가 보유한 위 주택은 현재 철거를 앞두고 있다. 이는 부동산인 주택인가?

이는 부동산이 아닌 세법상 부동산을 취득할 수 있는 권리에 해당한다. 「소득세법」은 원칙적으로 관리처분계획인가일 전까지만 주택으로 본다.

※ **양도소득세 집행기준 89-156의2-1 [관리처분계획인가일의 의미]**

관리처분계획인가일은 「도시 및 주거환경정비법」 제48조에 따른 조합원입주권의 권리가 확정된 날로서 지방자치단체의 공보에 고시한 날을 말한다.

둘째, (상황2) 세법상 입주권은 구체적으로 어떻게 구분하는가?

입주권으로 보는 시기는 재건축·재개발 사업일정상 관리처분계획인가일부터 완공일 전일까지이다. 참고로 입주권을 보는 시기는 재개발사업과 재건축사업의 진행시기에 따라 다음과 같이 달라진다. 현재는 관리처분계획인가일을 가지고 판단한다.

구 분	재개발정비사업	재건축정비사업
2003.6.30. 이전	관리처분계획인가일	사업계획승인일
2003.6.30.~2005.5.30.	관리처분계획인가일	사업시행인가일
2005.5.31. 이후	관리처분계획인가일	관리처분계획인가일

셋째, (상황3) 만일 L씨가 이 입주권을 양도하면 양도소득세가 과세되는가?

이 입주권은 부동산이 아닌 권리에 해당하나 실질이 부동산에 해당하므로 1세대 1주택에 대한 양도소득세 비과세를 적용받을 수 있다. 다만, 이 입주권은 관리처분계획의 인가일(인가일 전에 기존주택이 철거되는 때에는 기존주택의 철거일) 현재 보유기간이 2년(조정대상지역은 2년 거주, 2017년 8월 3일 이후) 이상이 되어야 한다. 관리처분계획인가일 전에 실질적으로 주택을 2년 이상 보유(조정대상지역은 2년 거주, 2017년 8월 3일 이후)한 경우에만 비과세를 적용하겠다는 의미를 담고 있다.

잠깐퀴즈

만일 입주권을 포함하여 2주택자가 되는 경우에도 비과세가 가능한가?
그렇다. 양도일 현재 1조합원입주권 외에 1주택을 소유한 경우로서 해당 1주택을 취득한 날부터 3년 이내에 해당 조합원입주권을 양도하는 등에 해당하면 비과세가 가능하다. 단, 이때 입주권은 주택으로서 보유(거주)기간이 2년 이상이 되어야 함에 주의해야 한다(이러한 이유로 승계조합원은 입주권에 대해 비과세를 받을 수 없다). 세법은 이외에도 다양한 방법으로 비과세를 적용해주고 있다.

❸ 입주권관련 세무리스크 관리법

입주권을 거래할 때 점검하여야 할 세무리스크 관리법을 정리하면 다음과 같다.

	매수인	매도인
취득 시	• 취득세(주택은 주택 취득세, 입주권은 토지 취득세)가 발생함.	-
⇩		
보유 시	• 보유세는 발생하지 않음(조합측이 부담함).	-
⇩		
임대 시	• 없음.	-
⇩		
양도 시	-	• 비과세(1세대 1주택, 일시적 2주택 등에 대한 비과세 가능) • 입주권에 대해 과세되는 경우에는 과세방식에 유의해야 함.

참고로 2020년 8월 12일 이후에 취득한 입주권은 다른 주택의 취득세를 결정할 때 주택 수에 포함된다. 2020년 7·10대책을 통해 개정된 사항이다. 한편 입주권에 의해 완공된 주택에 대해서는 원시취득에 해당하므로 취득세율은 2.8%가 적용된다.

※ 입주권에 대한 양도소득세 과세방식 요약

구 분	부동산	입주권
양도차익 계산	실거래가 원칙	실거래가 원칙
장기보유특별공제	적용함.	제외함.
1세대 1주택 비과세	일반주택과 동일하게 처리	입주권 비과세 특례가 적용됨. ※ 비과세 요건 : 관리처분계획인가일과 철거일 중 빠른 날 현재 2년 보유 등을 해야 함.
공사기간 통산여부	해당사항 없음.	공사기간은 보유기간에 통산
비과세 판정 시 주택 수에 포함여부	당연히 포함됨.	2006년부터 포함됨.

Tip

■ **입주권 거래 시 알아두어야 할 것들**

- 입주권도 주택으로 보아 세법을 적용해야 한다.
- 입주권에 대해서도 양도소득세 비과세를 받을 수 있다.
- 입주권의 비과세 요건 중 보유기간은 주택으로서 관리처분계획인가일 전 2년 이상 보유해야 한다. 한편 2017년 8월 3일 이후 조정대상지역 내에서 취득한 주택은 원칙적으로 2년 거주요건이 적용된다.
- 2021년 6월 1일 이후부터 입주권 보유기간이 1년 미만인 경우 70%, 1~2년 미만인 경우 60%의 세율이 적용된다.
- 다주택자가 입주권을 양도해도 중과세율은 적용하지 않는다. 일종의 입주권에 대한 특례에 해당한다.
- 재건축사업에 의한 관리처분계획인가로 1세대 1주택 비과세 요건을 갖춘 종전주택이 2개의 조합원입주권으로 변경되고, 2조합원입주권을 양도한 경우 선양도분은 과세, 후양도분은 비과세된다(사전-2017-법령해석재산-0528 [법령해석과-2961]). 다만, 비과세의 경우 1주택만 보유한 날로부터 2년 이상 보유해야 하는지의 여부는 별도로 유권해석을 받아서 확인해야 할 것으로 보인다.

제8절 분양권관련 세무리스크 관리법

분양권(分讓權)은 조합원 자격이 없는 사람들이 경쟁방식에 의해 획득한 주택을 취득할 수 있는 권리를 말한다. 세법에서는 이 분양권도 하나의 재화로 보아 양도소득세 등의 과세 대상으로 하고 있다. 이하에서는 일반분양자의 분양권에 대한 세무리스크 발생 사례 및 이에 대한 관리법을 알아보자.

1 분양권관련 세무리스크 발생 사례1

K씨는 아파트 분양현장에서 상담사로 일을 하고 있다. 각 상황별로 답을 하면?

자료

- ㅇ A씨는 현재 무주택자에 해당함.
- ㅇ 분양가액 : 5억 원(VAT 2천만 원 포함)
- ㅇ 분양면적 : 전용면적 85㎡ 초과

- 상황1 : A씨의 취득세는 얼마인가?
- 상황2 : 위 취득세를 면제받을 수 있는 방법은?
- 상황3 : 양도소득세는 어떻게 과세될까?

위의 상황에 대해 답을 찾아보면 다음과 같다.

첫째, (상황1) A씨의 취득세는 얼마인가?

취득세는 과세표준에 취득세율을 곱해 계산한다. 사례의 경우 분양가액이 5억 원이나 이 중 VAT가 포함되어 있으므로 이를 제외한 금액에 대해 취득세가 적용된다.

참고로 프리미엄을 포함해 취득한 경우에는 프리미엄을 포함한 가격에 대해 취득세가 부과된다. 참고로 취득세는 분양가액이 6억 원 이하는 1%, 6억~9억 원 사이는 2%(2020년 이후는 산식으로 정함. 제2장 제2절 참조), 9억 원 초과는 3%를 적용한다. 사례의 경우에는 1%가 적용된다.

구 분	취득세 과세표준	취득세율*				총 취득세
		취득세	농특세	지방 교육세	계	
전용면적 85㎡ 초과 주택	4억 8천만 원	1%	0.2%	0.1%	1.3%	624만 원
비고	부가가치세 제외, 프리미엄 포함		85㎡ 이하 주택은 비과세			

* 2020년 8월 12일 이후에 취득한 분양권의 경우 계약당시에 보유한 주택 수에 따라 취득세율이 결정된다. 예를 들어 계약당시에 이미 2주택을 보유하고 있다면 분양주택에 대한 취득세율은 중과세율이 적용될 수 있다.

잠깐퀴즈

프리미엄에도 취득세가 부과될까?
그렇다. 정부는 이를 취득세 과세표준에 포함하도록 하고 있다.

둘째, (상황2) 위 취득세를 면제받을 수 있는 방법은?

취득세를 면제받기 위해서는 「지방세특례제한법」에서 규정된 감면규정에 적합해야 한다. 「지방세특례제한법」 제31조를 중심으로 살펴보면 다음과 같다.

- 신규로 분양되는 공동주택일 것
- 전용면적이 60㎡ 이하에 해당할 것
- 취득 후 60일 이내 임대주택으로 등록할 것

사례의 경우 본인이 거주하기 위해 취득한 것에 해당하므로 취득세가 감면되지 않는다.

셋째, (상황3) 양도소득세는 어떻게 과세될까?

A씨는 현재 무주택자이므로 주택으로써 2년 이상을 보유(일부는 거주요건 있음)하면 양도소득세 비과세를 받을 수 있다. 여기에서 주의할 것은 보유기간은 통상 잔금청산일을 기준으로 산정한다는 것이다.

※ 분양권 취득시기와 세금의 관계

- 잔금청산일로부터 2개월 내에 취득세를 납부해야 한다.
- 잔금청산일로부터 2년 이상 보유(거주) 시 양도소득세를 비과세 받을 수 있다.
- 2017년 8월 3일 이후 조정대상지역 내에서 주택을 취득한 경우에는 2년 거주요건이 추가된다. 참고로 이 날 이전에 계약하고 이 날 이후에 잔금을 청산한 경우에는 종전 규정을 적용한다. 다만, 분양권 계약일 당시에 무주택자에 해당되어야 한다.
- 2020년 8월 12일 이후에 취득한 분양권은 취득세 산정 시, 2021년 1월 1일 이후에 취득한 분양권은 양도소득세 산정 시 주택 수에 포함된다.

2 분양권관련 세무리스크 발생 사례2

서울에 위치한 K법인은 부동산매매업을 영위하는 법인이다. 이 법인은 최근에 상가 3개를 분양받아 계약금과 중도금을 납부하였으나 잔금은 납부하지 않은 상태에서 1개의 상가를 매매하려고 한다. 각 상황별로 답을 하면?

자료

- ㅇ 당초 분양가액 : 총 분양가액 6억 원(토지 3억 원, 건물 3억 원, 부가가치세 별도)
- ㅇ 분양권 매매가액 : 총 매매가액 7억 원(토지 3억 8천만 원, 건물 3억 2천만 원, 부가가치세 별도)

- 상황1 : 사례에서 부가가치세 과세표준은 다음 중 어떤 식으로 정해야 하는가?
  - 1안 : 당초 분양가액의 토지와 건물가액 비율로 총 매매가액인 7억 원을 안분계산한다.
  - 2안 : 매매계약서 내용에 따라 토지 3억 8천만 원, 건물 3억 2천만 원으로 한다.
  - 3안 : 기준시가에 의거 토지와 건물을 안분계산한다.
- 상황2 : 부가가치세 없이 포괄양수도계약 조건으로 계약이 가능한가?
- 상황3 : 만약 당사가 당초 부동산매매업에서 부동산임대업으로 사업자등록을 정정한다면 포괄양수도계약이 가능한가?

위의 상황에 대해 순차적으로 답을 찾아보자.

첫째, (상황1) 사례에서 부가가치세 과세표준은 다음 중 어떤 식으로 정해야 하는가?

사업자가 토지와 정착된 건물 등을 일괄공급하는 경우 실지거래가액을 공급가액으로 하는 것이 원칙이다. 다만, 이때 건물 또는 구축물 등의 실지거래가액 구분이 불분명한 경우에는 「부가가치세법 시행령」 제64조 규정에 의하여 '감정가액 > 기준시가 > 장부가액'을 순차적으로 적용한다. 따라서 사례의 경우 원칙적으로 3안을 기준으로 안분계산하는 것이 타당할 것으로 보인다(2안도 가능하다고 판단된다).

둘째, (상황2) 부가가치세 없이 포괄양수도계약 조건으로 계약이 가능한가?

통상적으로 부동산매매업자 또는 건설업자가 보유부동산 중 일부를 양도하는 경우에는 사업의 양도로 보지 않는다. 따라서 사례의 경우 포괄양수도계약이 힘들 것으로 보인다.

셋째, (상황3) 만약 당사가 당초 부동산매매업에서 부동산임대업으로 사업자등록을 정정한다면 포괄양수도계약이 가능한가?

만일 부동산매매업에서 부동산임대업으로 사업자등록을 정정하고 신축중인 상가를 양도하는 경우에는 포괄양수도가 가능하다.

3 분양권관련 세무리스크 관리법

(1) 주택 분양권

주택 분양권은 잔금청산 전에는 주택 수에 포함되지 않는다. 한편 분양권 상태에서 양도하면 보유기간에 따라 세율이 달라진다. 1년 미만 보유 시 50%, 1~2년 미만 보유 시 40%, 2년 이상 보유 시 6~45%가 적용된다. 다만, 조정대상지역 내의 주택 분양권은 50%의 세율이 적용된다(단, 무주택자 등 일정한 사유에 해당하는 경우에는 50% 세율 적용 제외). 그런데 2021년 6월 1일부터 분양권 양도소득세 세율은 조정대상지역과 무관하게 1년 미만은 70%, 1년 이상은 60%가 적용된다. 참고로 2021년 이후부터는 주택에 대한 중과세 판정 시 분양권도 주택 수에 포함된다는 점에 유의하기 바란다. 따라서 주택 외에 분양권을 보유한 경우에는 주택 수가 늘어나므로 다른 주택의 양도소득세 비과세와 중과세에 영향을 주게 된다. 예를 들어 주택과 2021년에 취득한 분양권을 보유하고 있다면, 분양권 취득일로부터 3년 내에 주택을 양도하면 비과세를 적용한다. 그리고 더 나아가 분양권이 주택으로 완공된 날로부터 2년 내에 종전주택을 양도해도 비과세를 적용한다(이때에는 완공주택으로 2년 내에 이주하고 그 곳에서 1년 이상 거주해야 함). 이에 대한 내용은 저자의 신간 「양도소득세 세무리스크 관리노하우」 책을 참조하기 바란다.

(2) 오피스텔 분양권

오피스텔 분양권은 단순한 권리에 해당하며 잔금청산 시 부동산이 된다. 한편 오피스텔 분양권을 양도하면 부가가치세 납세의무가 발생한다. 그리고 오피스텔 분양권을 양도하면 양도소득세가 부과세된다. 세율은 위 주택 분양권에서 본 보유기간에 따른 세율이 적용된다.

(3) 상가 분양권

위 오피스텔 분양권과 과세체계가 동일하다.

Tip

■ 주택분양권 거래 시 알아두어야 할 것들

- 최근 주택분양권도 주택으로 보아 세법을 적용하고 있음에 유의해야 한다.
- 취득세의 경우 2020년 8월 12일 이후에 취득한 분양권이 주택 수에 포함되며, 분양권 계약일 당시의 주택 수에 따라 분양아파트의 취득세율이 결정된다.
- 양도소득세의 경우 2021년 1월 1일 이후에 취득한 분양권이 주택 수에 포함되며, 분양권과 주택을 보유한 경우에는 2주택에 해당되어 주택에 대한 비과세 및 과세판단에 영향을 준다. 특히 2021년 2월 17일에 개정된 「소득세법 시행령」 제156조의2에서는 분양권을 소유한 경우의 상속·혼인·동거봉양 등에 따른 비과세 특례를 상세히 정하고 있으니 관련 규정을 참조하기 바란다.
- 2021년 6월 1일 이후부터 분양권을 양도하면 1년 미만은 70%, 1년 이상은 60%의 양도소득세율을 부과한다.
- 분양권이 주택으로 완공되면 권리에서 주택으로 변하기 때문에 그 이후부터는 주택에 대한 세제가 작동된다.

| 저 | 자 | 소 | 개 |

신 방 수 세무사

• 연락처: 02) 554 - 6438
• 이메일: shintaxpia@hanmail.net
• 카　페: 신방수세무아카데미(네이버)

[학력 및 경력]

• 1991년 2월 한양대학교 경영학과 졸업
• 2015년 2월 연세대 법무대학원 조세법 전공
• 1991년 7월~1996년 8월 쌍용자동차(주) 회계부, 경영관리부
• 2001년 9월 제38회 세무사시험 합격
• 2002년 6월~2003년 6월 세무법인 진명 근무
• 2003년 11월~2004년 3월 법무법인 대유 근무
• 2004년 4월~2004년 11월 세무회계사무소 운영
• 2005년 3월 세무법인 정상 창립
•2022년 1월 현재 세무법인 정상 근무

[주요 활동]

• 전) 세무법인 정상 대표이사
• 전) 한국세무사회 연수원 교수
• 현) 세무법인 정상(www.toptax.co.kr) 이사/세무사
• 현) 매일경제 전문세무상담위원
• 현) 현대카드 자문위원단
• 현) 건설기술교육원 세법 전담 교수

[강의]

• 오프라인 강의 처 : 한국생산성본부, 중앙일보 조인스랜드 부동산아카데미, 매일경제 부동산아카데미, 경기대 사회교육원, 중소기업 진흥원, MBC아카데미 · 현대백화점 · 삼성플라자 · GS백화점 · 롯데백화점 문화센터, 건설기술교육원, 대한건설협회, 한국여신분석사회, 대한상공회의소, 중소기업연수원, LIG화재보험, 삼성생명, 대한생명, 신한오렌지라이프, 뮌헨재보험한국지점, 무역협회, 대한주택보증, 삼일인포마인 등
• 온라인 강의 처(동영상 강의) : 휴넷, 삼성SDS, 이패스코리아, 유비온, 신용보증기금, 이나우스에듀, 부동산써브, 매경인터넷 등

[방송]

• MBC, KBS, 부동산TV MC, MBN, OBS, SBS, YTN 등 출연

[세미나]

• 매일경제, 스피드뱅크, 닥터아파트, 중앙일보 조인스랜드, 동부증권, 타워팰리스 · 아이파크 입주자세미나, 한국사립대학재정관리자협회, 부동산써브, 대한주택보증, 한국주택협회 등

[칼럼 기고]

• 월간조세, 한국경제신문 월간머니, 한경비즈니스, 중앙일보 조인스랜드, 매일경제, 한국경제, 매경이코노미, 아시아 경제, 현대카드, 신한생명, 네이버, 백동, 주류저널 등

[저서]

• 합법적으로 세금 안 내는 110가지 방법(개인편/기업편/부동산편)
• 합법적으로 세금 안 내는 세금대백과
• 신방수의 합법적인 절세의 기술(개인편/핵심실무자편/핵심리더편)
• 부동산 절세법 무작정 따라하기
• 자산관리 절세법 무작정 따라하기
• 부동산 전문 세무사가 알려주는 부동산 세테크
• 한권으로 끝내는 회계와 재무제표
• 부자들만 알고 쉬쉬하는 부자공식
• 격파! 빨간 가계부
• 신입사원 왕초보, 재무제표의 달인이 되다
• IFRS를 알아야 회계가 보인다
• 중소기업세무 가이드북 – 실전편
• 상속 · 증여세무 가이드북 – 실전편
• 기업회계 가이드북 – 컨설팅편
• 부동산매매 · 임대사업자세무 가이드북 – 실전편
• 세무조사실무 가이드북 – 실전편
• 토지세무 가이드북 – 실전편
• 부동산계약중개세무 가이드북 – 실전편
• 병의원세무 가이드북 – 실전편
• 주택 · 아파트세무 가이드북 – 실전편
• 보험 · 금융자산세무 가이드북 – 실전편
• 부동산 거래 전에 자금출처부터 준비하라!
• 2022 확 바뀐 부동산 세금 완전분석
• 이제 부동산 세금을 알아야 주택 보유&처분할 수 있는 시대다
• 법인부동산 세무리스크 관리노하우
• 상속 · 증여 세무리스크 관리노하우
• 회사 세무리스크 관리노하우
• 양도소득세 세무리스크 관리노하우
• 1인 부동산법인 하려면 제대로 운영하라
• 상속분쟁 예방과 상속 · 증여 절세비법
• 확 바뀐 상가 · 빌딩 절세가이드북
• 직장생활에서 한걸음 앞서 나가는 리셋 회계공부
• 부동산 증여에 관한 모든 것
• 주택임대사업자 등록말소주택 절세 가이드북(근간)
• 토지 절세컨설팅 가이드북(근간)

개정증보판 법인부동산 세무리스크 관리노하우

2019년 10월 25일 초판 발행
2022년 2월 7일 4판 발행

저자협의
인지생략

저 자 신 방 수
발 행 인 이 희 태
발 행 처 삼일인포마인

서울특별시 용산구 한강대로 273 용산빌딩 4층
등록번호 : 1995. 6. 26. 제3-633호
전 화 : (02) 3489-3100
F A X : (02) 3489-3141
I S B N : 979-11-6784-027-1 93320

♣ 파본은 교환하여 드립니다.

정가 50,000원